The Fateful Year ; England 1914

1914 運命の年

第一次世界大戦
開戦時の
イギリス社会

マーク・ボストリッジ 著
真壁広道 訳

えにし書房

母に
そして母の母Ｎ・Ｗ・Ｃ（一八八九―一九八九）の思い出に

「パンチ」誌、1914 年「年鑑」。

一九一四年――運命の年《目次》

凡例

本書はMark Bostridge, *The Fateful Year: England 1914* の全訳である。

〔　〕でくくってあるのは、原書中の注記である。

訳注は、本文中に〔　〕でくくって入れた。

我々は霧の中を未知の海岸目指して全速力で進む蒸気船のようだった。

レズリー・スティーヴンソン「戦争」（一八七八年）

真実はこうなのだ——私が好きな格言によると……
期待したことは起こらない

ハーバート・ヘンリー・アスキスからヴェネチア・スタンリーに宛てた手紙（一九一四年三月二十五日）

「天気はどうだね、ジーヴズ？」

「とりわけ穏やかです」

「新聞に何か載っているか？」

「バルカンで小さな摩擦があるようです。他には何もありません」


P・G・ウッドハウス「春のジーヴズ」（一九二一年）

図版リスト

（四頁）「パンチ」誌、一九一四年「年鑑」。

（十三頁）ロンドン西部アクトンにあるカーゾン・ランドリー社の従業員。一九一四年八月三日のバンク・ホリデーの遠出（George and Margaret Chapman）。

（十七頁）トテナム・ホットスパーのゴールキーパー、ジョン・ジョイス。一九一四年一月、レスター・フォスとの優勝杯争奪戦。

（三十五頁）蝋人形のようなウィリー・スターチフィールドの遺体。「デイリー・スケッチ」紙の一面に掲載。

（五十三頁）ハーバート・ヘンリー・アスキスとヴェネチア・スタンリー。精霊降霊祭の日のペンロスで、ヴェネチアのペットのペンギンと。

（七十五頁）ベラスケスの「鏡のヴィーナス」。サフラジェットのメアリー・リチャードソンの手斧により損傷。

（九十五頁）バーストン・スクールでストライキをする子どもたち。親、友人、キティ・ヒグドンおよびトム・ヒグドン（中央）とともに、バーストン・グリーンで。

（百十五頁）一九一四年四月、『ピグマリオン』のイギリス初演用ポスター。ヘンリー・ヒギンズ役のビーボーム・トゥリー、花売り娘エリザ・ドゥーリトル役のパトリック・キャンベル（右）。

（百三十七頁）一九一四年二月二日、グスターヴ・ヘイメル、ウィンザー城の上をループ飛行。

（百五十九頁）一九一四年七月、「ブラスト」誌第一号一頁。

（百八十一頁）グレート・ウェスタン鉄道のウースターとモールヴァーンの停車時刻表。一九一四年六月二十四日、エドワード・トマスが乗った午前十時二十分の列車のもの。

（二百一頁）一九一四年五月二十一日、バッキンガム宮殿の外で主席捜査官ロルフに捕まったエメリン・パンクハースト。

（二百二十七頁）ハンプシャー州イチェン・アバスにあったサー・エドワード・グレイのコテージ。

（二百四十九頁）一九一四年八月、サウス・コースト海岸で遊ぶ子どもたち。

（二百九十五頁）一九一四年、風刺画家の見たキッチナーの入隊呼びかけ。

（三百十九頁）一九一四年十一月、北フランス、ヴィレル＝コトレの墓。

（三百三十九頁）エセックス州グレート・リーズの教区牧師アンドリュー・クラーク。

（三百五十七頁）一九一四年九月、「パンチ」誌の風刺画。ドイツのスパイが床屋で変装しているという噂話を描いている。

（三百八十五頁）一九一四年十二月、ドイツ海軍による東海岸の砲撃によって生じたハートルプールのバプティスト教会の被害を二人の少年が見ているところ。

（四百五頁）一九一四年十二月、「デイリー・エクスプレス」紙の第一面に掲載された想像画。ツェッペリンが議会の上空で威嚇している様子。

はじめに

十三頁に掲げた写真は多くの点で、典型的な八月の祝日（バンク・ホリデー）の月曜日の様子を物語っている。写真は、ロンドン西部アクトンに軒を並べるクリーニング屋の一つ、カーゾン・ランドリー社の社員による毎年恒例の催しで、テムズ川の川遊びでウィンザーまで蒸気船で遠出したときのものである。イギリスではお定まりだが、天気の予測は難しかった。その前の二週間、イギリス各地で大雨と強風が続いた。だが、この川遊びの午後は期待を裏切ることなく太陽が顔を出し、空は青く、雲ひとつなかった。

アイロン担当者や配達担当者を含めクリーニング屋の労働者たちは、好天に恵まれて酒も入り、当然のこととしてみんな上機嫌だった。若い女性たちは手持ちの服の中で自分に一番よく似合う白色のサマードレスを着て、腰には小さな花のブーケを留めている。若い男性の多くは、昔は紳士の特権だったがすでに階級に関係なく、誰もがかぶるようになった麦わらのカンカン帽を頭に載せている。この写真が船の往復のどちらに撮られたものかわからないが、おそらく帰路に撮ったものだろう。特別な日の記念として撮ったのだ。

だが、この日は他の年とは全く違う一日だった。一九一四年八月三日の月曜日は休日だったが、撤回不可能な運命の最終決定をすることになる日だった。のんびりした一瞬を捉えたカメラのシャッターが下りるこの瞬間も、平和が保たれるのか、あるいは戦争になるのか、大きく揺れ動いていた。ベルギーに対するドイツ軍の脅威が急迫し、イギリス国民の良心に重くのしかかっていた。この日の午後、イギリス議会はベルギーの中立を守るためにヨーロッパ戦争に参加することを決めた。それから約三十時間後、イギリスはドイツに宣戦した。川遊びに出かけていた彼らの生活は一変した。近代史上初の総力戦にイギリスは飲み込まれたのだ。百年を経て私たちが、川遊びに集まった人々に襲いかかろうとしている変化と破壊の大渦を予感させる兆しを彼らの顔の中に探したくなるのは、ごく自然のことだろう。しかし、識別できる力があったとしても、写真の人々の頭の中にその兆候を見つけるのは難しそうだ。イギリスの人々は、ドイツと戦争することになるかもしれないと何度も考えていた。その想像は無意識のうちに彼らの中に浸透していた。だが、小説家ヘンリー・ジェームズが書いているように、「それは恐ろしい怪物が巣から飛び出してきたように、突然現れた。怪物は私たち全てに襲いかかり、私たちには方向を変えて逃げる時間がなかった」のだ。

平和から戦争への移行は衝撃的だった。一九一四年のイギリスの経験について書こうとする者は、誰でも惹きつけられるテーマである。フィリップ・ラーキンの「ＭＣＭＸＩＶ」は人気が高く、アンソロジーに入れられることの多い詩だが、その中に「こんなに無邪気でいられたことはない／後にも先にも（'Never such innocence,/Never before or since'）」という有名なくだりがある。動詞を一つも置かずにセンテンスを長く重ねることで、詩はこの年が予想できない展開になった経緯を巧みに、かつ劇的に描いている。ラーキンは現在分詞を使うことで時間が流れていく様を浮かび上がらせているが、最後のスタンザ〔一定の韻律をもった四行以上からなる詩の単位〕にあるラーキンの言葉は、一九一四年の人々が予想もしなかった暴力の爆発を示唆している（ラーキンは「一九一四」のタイトルに、アラビア数字ではなくローマ数字を用いた。それは戦争の記念碑に刻まれる文字を暗示するためであり、「一九一四の示す感情の衝撃が大きかったため、できるだけ個性を出したい」と感じたからだった）。

階級闘争に影響を受けた労働運動とストライキが繰り返し行われ、イギリスの産業は間もなく麻痺してしまうのではないかという不安が広がっていた。また、「女性参政権」を求めるサフラジェットが展開した人目を引くた

ロンドン西部アクトンにあるカーゾン・ランドリー社の従業員。1914年8月3日のバンク・ホリデーの遠出（George and Margaret Chapman）。

めの派手な行動は、抗議を意味する象徴的な意思表示から、財産だけでなく人命をも深刻に脅かす行動に移りつつあった。加えて、きわめて厳しい困難な先行きが予想されるアイルランドの状況があった。新しい自治法案が通過すればアルスターで激しい抵抗が起こり、アイルランドは内戦になるのではないかという不安が高まっていた。

百年後の私たちには些細なこととして簡単に無視してしまうこともありうるが、それでも消しがたい、失われたエデンの神話の一部だったのだ。一九一四年の不思議なイギリスの夏のイメージ――それは、黄金時代の突然の終焉を記す集団的な記憶となって刻み込まれている。事実、一九一四年の夏の天気は決して、後に言われるように特殊な天候ではなかった。気象学上の記録をざっと見ると、六月は晴れて暑かったが湿度も高かった。七月は曇りがちで気温は平年並み、むしろ乾燥していた。八月はかなり涼しく、不安定な天候だった。

四年間の血なまぐさい戦争を経験した一九一四

年の世代の人々が戦前の最後の夏を、ロマンチックな記憶として完璧に牧歌的だったと思い込んだのは、十分納得できる話である。だが、ずっと限定した形でこそあるものの、失われたエデンの神話は、真実の一端を示している。一九一四年の世代の人々が、最終的に八月四日に始まることになる戦争がいかに残酷なものとなるか思いもよらなかったのだというのであれば、彼らの全く呑気な気分もそれなりに理解できる。

＊

本書は一九一四年のイギリスの歴史を生真面目に綴ったものではない。むしろ、この重要な年の特質と精神と有り様を、当時のイギリス人の生活に起きた重要な出来事として、また一風代わった様相を照らす物語やエピソードとして捉えようとする試みである。これから扱う話はさまざまなテーマや人物を広範に網羅するが、よく知られている話もあるし、どちらかといえば忘れ去られてしまった話もある。全くといってよいほど知られていない話さえある。趣も異なるし、軽い話から深刻な話まで多様である。

話の中には、私の人生を支える知恵袋の一部となっているものもある。十四歳のとき、私は一九一四年四月のバーナード・ショーの戯曲『ピグマリオン』の初演について劇を書いたことがある。その後何十年も経った現在の有利な立場から、この記念すべき傑作劇の初演という主題に戻ることができるのを喜ばしく思う。

戦争時のエセックス教区の様子を描いたアンドリュー・クラーク師の日記は、一九八〇年代に編集済みの縮刷版として出版された。その頃、私は彼の日記の存在を知って関心を持ち、その内容を研究した。オックスフォード大学ボドリアン図書館が所蔵している一九一四年の原著を調べながら、クラークの頭の中にあったもう一つの関心についても考察した。戦争が英語の拡大にどう影響したかという、彼の関心についてである。

たとえば、戦前に見世物として、また参加型スポーツとして人気のあった航空機にまつわる話のように、本書で取り上げた話の中には、私が新たに関心を持つようになったテーマも含んでいる。この時代の概観に通暁している読者の皆様が、数多く登場させた人物や出来事から新たに心に訴えるものを見つけてくださることを願っている。

イングランドと他のイギリス諸島との間で重なり合う部分もあるが、本書はイギリス全体について書いたものではない（「イングランド」を「イギリス」と混同させる表現はヴィクトリア時代後期から目立ってきた。「イギリスらしさ」という言葉に囚われた結果ともいえるが、常に避けて通れない問題でもある）。スコットランドやウェールズ、アイルランドには、それぞれ独自の歴史がある。たとえばスコットランドの場合、一九一四年の経験で非常に興味深いのは、戦争当初に志願兵としてキッチナーの新軍に参加した割合が、他の地域に比べて非常に高いということだ。

私は本書を三幕の劇仕立てにした。第一幕は一九一四年の一月から四月である。第二幕は同年夏の開戦（七月二十八日）まで、第三幕は開戦後の八月からその年の終わりまで、すなわち戦争開始から五ヵ月間の範囲である。ロンドンの列車で起こった謎めいた幼児殺人事件を幕開けとし、一九一四年十二月のドイツ海軍による東海岸攻撃により亡くなった多くの子どもたちと、クリスマスイブにドイツの複葉機がケント州の民家の庭に小さな爆弾を初めて落としたところを描いて終幕とした。

＊

六、七歳にも満たない子どもの頃、私は一九一四年発行のペニー硬貨を手にして、この年の歴史的な位置づけについて初めて考えた。硬貨の文字は磨耗し消えかかっていたが、数字とジョージ五世の顔をはっきりと見て取ることができた。貨幣に十進法が導入される前の時代の、比較的遠い過去から届いたこうした遺物を日常的に手にすることができたのは、今となれば不思議なことのように思える。

だが、一九一四年が重要な年だという意識を私が最初に持つようになったのはそのすぐ後、その年が私の一家に与えた衝撃を知ったときのことだ。母方の祖母は一九八九年、百歳で亡くなった。祖母は晩年、軍服姿の若い男性の写真を小さな居間に飾っていた。第一次世界大戦のときの写真だった。男性はフィリップ・ラーキンの詩に描かれたような「古風な髭」を生やしていた。濃いブラシのような髭の下で唇を結び、優しそうな笑顔だった。生き生きとした瞳で、楽しそうだった。

トマス・アーサー・ローズは私の祖父——私の母の父親——ではない。祖母の最初の夫で、一九一四年から一八年にかけて行われた戦争で亡くなった。「吹っ飛ばされて粉々になった」。私の父はこう言ったことがある。無遠慮で乱暴な口調だった。祖母の耳に届くところでの話だったから、よりいっそう冷酷に聞こえたものだ。

一九一四年に母の家族は突然の暴力的な断絶に突き落とされたのだという思いが、すぐに私の中に生じたことを記憶している。それから私は、一九一四年の出来事がなければ自分は存在していないのだと意識するようになった。

父方の家族は早い時期からドイツに対して敵意を抱いていた。父の母方の曽祖父ジョン・ジョイスは当時、有名なサッカー選手だった。このことを知ったのは、本書を執筆するための調査で一九一四年の新聞を読むようになってからのことだ。曽祖父の写真は何度も新聞に載り、試合の結果も記事になっていた。実際、見落とすのが難しいくらいだった。ジョン・「タイニー」・ジョイスは身長百八十センチ以上、体重百キロ以上ある大きな熊のような男で、競技場では近づきがたい存在だったようだ。曽祖父はトテナム・ホットスパー〔プロサッカークラブの一つ〕でゴールキーパーを務めた。ジョージ五世がＦＡカップのファイナルに赴きプロサッカーが王室の認可を得た一九一四年四月、クラブの歴史上初めてペナルティーキックを阻止して最高の栄誉を勝ち得た。「ジョイスはよくゴールを守った」と「デイリー・クロニクル」紙は書いている。「ジョイスの強烈なボールさばきとキックで、観客は拍手喝采だった。ペナルティーキックを阻んだときには大喝采だった」。

トテナム・ホットスパーのゴールキーパー、ジョン・ジョイス。1914年1月、レスター・フォスとの優勝杯争奪戦。

一九一四年四月後半、ジョイスは他のチームメートと一緒にスイスとドイツへ教育ツアーに出かけた。南西ドイツのフォルツハイムで試合をしたとき、チームは醜いシーンに遭遇した。ドイツチームがイギリス選手を足蹴りにしたのだ。控え室に向かう途中にジョイスのチームメートの一人をドイツのゴールキーパーが故意に蹴ったのを見て、ジョイスはこれ以上傷つけられないよう階段の方に体を傾けた。すると、傘を持っていた観客の一人がジョイスの頭を叩き、争いが始まった。投石されながら、イギリスの選手は競技場を離れた。「我々はサッカーに来ているのだ。戦争じゃない」。選手の一人が抗議した。

だが、本書執筆中に私の思考が向かったのは、祖母の経験であった。一九一四年の出来事によって静かに満ち足りた生活をしていた祖母の家庭がどのようにかき乱されたのか、ということである。これは特に、「薄れゆく希望」の中でヴァイオレット、すなわちレディ・エドワード・セシルがモンスの戦いから数週間後、息子ジョージの運命を探ろうと行った試みをたどるところで実感することになった。ヴァイオレットが懸命に息子を探した結果、遺体は集団墓地で見つかった。ヴァイオレットはその後、息子と同じ部隊に所属する労働者階級の兵士の母親や妻たちに、愛する者たちが眠る場所を知らせたのだ。

祖母の最初の夫トマス・アーサー・ローズは、軍務に就く前はガスを取り付ける仕事をしており、三人の子どもがいた。そのうちの一人は彼の死後、間もなく生まれた。一九一五年に入隊したとき、二十八歳だった。翌年二月にトマスはロイヤルエンジニア部隊に入ってフランスに送られた。トマスはソンムの戦いの初日である七月一日に行方不明となり、おそらく死亡したのだろう。

一年後――その頃、祖母は弟のウィリアムをソンムで亡くしてつらい思いをしていた――祖母のもとに夫の所有物が届いた。腕時計（壊れていた）、靴、数葉のハガキ、ケースに入った剃刀、水着、写真のフレーム、釣り道具とハンカチ数枚だった。

国立公文書館で祖母が陸軍省に送った手紙を初めて目にしたときには驚いた。表現できないことも多かったのだろうが、抑制した調子で次のように書いていた。「拝啓、ご親切にも夫の遺体があったのかどうか私にお知らせくださろうと骨を折られたことに感謝しております。持ち物を送ってくださったのですから、亡骸を見つけてくださったのでしょう。敬具。ミセス・ローズ」。

祖母の思い出と、第一次世界大戦後には祖母の新生活の一部となり祖母を支えた母に、本書を捧げる。

マーク・ボストリッジ

（注）一九一四年の一ポンドはイングランド銀行のインフレ計算機によると、今日の九七・七一ポンドに相当する（一九一四年には二十シリングが一ポンド、十二ペンスが一シリング）。さらに、一九一四年のイングランドの背景となる情報を確認するには四百二十五頁以降を参照のこと。

プロローグ――一九一四年の幕開け

一九一四年はわが国の歴史にとって運命の年となるのかもしれない。

ヨーク大主教コズモ・ゴードン・ラング　一九一三年十二月三十一日

一九一四年、ロンドン中心部では何かの前触れのように、とかく論議の的になりがちな新しいダンスに対する熱狂がリズムを刻み始めていた。新年を迎えるサヴォイホテルには二千人の客が見物に集まっていた。時計の針が午前零時を回る直前、ザ・コールドストリーム・ガーズ楽団がトランペットによるファンファーレを鳴り響かせた。最後の響きが収まりサヴォイホテルの大舞踏場が真っ暗になったとき、スポットライトの一筋の光が一段高い中央部を照らした。二人のダンサーが一九一四年を象徴するものとして「優雅にタンゴを踊り始めた」。

近くのピカデリーホテルでは、例年どおり新年を迎えた。何色ものライトが輝き、パーティーに出席していた人々が一万発にも及ぶクラッカーを鳴らした。リッツホテルでは、「一九一四」と書かれ赤と緑で色づけされた巨大なクラッカーが十二時ちょうどに鳴らされた。

一方、ロンドン北部にあるヘンドン飛行場の新年の祝いはもっとドラマチックだった。五十馬力のグレアム＝ホワイト複葉機を操縦するレジナルド・カーがさまざまな囲いの周りを旋回し、大勢の群集が喝采を叫んだ。コースに沿って飛行機の後ろから強力なサーチライトが照らされる中で一九一四年の新年を迎え、同機は午前零時十五分に着陸した。

数日後、サヴォイホテルに続き、ロンドンの主だったホテルとレストランでは新年の祝いとしてタンゴのデモンストレーションと競技会が流行し、イギリスの新聞社の関心を呼ぶことになった。エセル・レヴィーはロンドン・ヒッポドームで行ったヒットショー「ハロー、タンゴ！」の中で、「誰もがタンゴに夢中／踊りはスペインのリズム」と歌った。外国から伝わったこのダンスの肉感的でエロチック——あるコメンテーターによると「情熱的で原始的」——な動きは、突然に大流行した。だが、品位ある伝統的なイギリス人の性格やイギリスの舞踏場には似合わないと嘲笑する人々もいた。

ドイツではすでに、皇帝が将校に対しタンゴを禁じていた。バチカンの教皇庁はタンゴを「不埒で品のない野蛮なダンスで、家庭生活と社交生活を破壊する」ものであると酷評していた。イギリスでは、主だった社交界の中心的存在であった女性たちの見解が吟味された。ノーフォーク公爵の妻は「こういうダンスは望ましくありません。タンゴそのものもそうですが、タンゴに関する意見も、私たちが誇りにしたいイギリス人の性質や理想からすると、確かに異質のものです」と断言した。レディ・リーランド＝バラットは、分別のある女性にとってタンゴはあまりに下品だと考えた。レディ・ビアトリス・ウィルキンソンの言い方はもっと激しかった。タンゴは腐敗していて不道徳だと述べ、一九一四年のイギリスが道徳の衰退に直面していることの証だとした。

イギリスの他の地域では、騒々しく歓喜に満ちた新年を迎えた。議論する材料も特になく、天気が悪いのが新年のお祝いには玉にきず、という程度だった。至るところで凍結し、広い範囲で雪が降っていた。ウェスト・ヨークシャー州ではモーターの付いた橇を初めて披露する機会が訪れた。トマス・ハーディが小説に描いた、ケント州の町サンドウィッチで六十頭の羊の群れが激しい吹雪に遭い溝に転落して溺れたという新年のシーンがある。北西部の波止場では、船のサイレンと霧笛の耳をつんざくような音が一九一四年の新年を告げた。マンチェスターのアルバート広場では、一万人の人々がラグタイム〔十九世紀から二〇世紀初頭にかけてアメリカ合衆国で流行した音楽〕を歌い、ラッパを吹き鳴らした。リバプールの木綿市場では花火が打ち上げられ、従業員たちが取引場のホールの回りに大きなロープを巻いてぶら下がり、花火を眺めた。各家庭では昔ながらの伝統が守られていた。年越しの瞬間、人々は家の裏口を開けて古い年を追い出した。縁起を担ぎ、玄関から迎える最初の人は、パンと塩と石炭を持ってくる濃い色の髪をした男性ということになっていた。そうすれば、これからの一年は家族全員が食べるものとお金に困ることはなく、寒さから守ってくれるというのだ。

一九一四年はいつも以上に幸運が求められる年だと考えられた。ヨーク大主教は新年のメッセージでこう述べている。「わが国の歴史にとって、一九一四年は運命の年となるのかもしれない」。国を麻痺させるおそれがあったのは、アルスターの人々とアイルランド民族主義者との間で今にも内戦が勃発しそうな「アイルランド」だけでなく、ストライキの可能性が依然として高かったことだ。大主教自身の管区でも、明らかに危機を意識させることが起こっていた。クリスマスの二週間前に始まったリーズにある会社の労働者によるストライキに、衛生、水道、ガス、電気部門に従事している三千人が参加し、日を経ずして鉄道労働者千人も加わった。ストライキは依然として未解決だった。新年を祝う時期、リーズの通りは暗がりに包まれ、木綿工場の営業時間は短縮された。教会では「夕べの歌」をランタンの明かりの下で行ったのだ。

運命論的なことを述べた大主教とは反対に、ロチェスターの主教のような教会の指導者は「一九一四年のすばらしい可能性」を予見していた。未来を信じている人々もいた。とはいえ、国民所得がその世紀の初めから五分の一ほど上昇していたにもかかわらず、事態は金持ちにとってはそれほど輝かしくも、楽観的でもなかった。貧しい人々にとっては、生活はいつもと同じように苦しく、喪失感を伴っていた。イギリス国民の十%が健康を維持できるほど十分に食べることができなかったからである。しかし、一九〇九年以降、老齢年金と国民保険計画を含む社会福祉について、週五シリングから一シリングの範囲で改善案が示されたことで、少なくともより暮らしやすく、より安全な未来についての約束が実現された。また、長い間一般労働者の悩みの種だった平均賃金は、一九一四年にようやく生活費に追いつくようになった。一方、失業率は二％強まで下がっていた。

物質的に豊かになれば世の中は当然、退廃的な傾向が強まると考える人々がいるのは、おそらく避けようもなかった。革新的なダンスはモラルが退廃した象徴である、と。一九一四年のイギリス社会の不安を高めるどす黒い力――ストライキを行う労働者とサフラジェットが闘っている「女の戦争」――が、大英帝国の衰退の予兆になると信じている人々もいた。「ザ・タイムズ」紙の通信員が匿名で元日の紙面に書いたのは、この集団のことだった。記事の冒頭は「今日、イギリスの公正さと偉大さがあまりにも多く見過ごされている」だった。「イギリスの堕落について語る話が多すぎる」が、それではいけない。「卑下する国民の習慣」をやめ、「往年のイギリスの偉大さを学び、イギリスと帝国が今日ほど拡大したことはないという強い信念を持つ」必要がある、と。

一九一四年に比類ない「男らしさ」の証拠を大英帝国が必要としていたならば、二十ヵ月前にタイタニック号が沈没したときにイギリス人が示したモラルを思い起こせばよい、と記事は続けた。最近の例では、悲しい運命に遭遇したイギリスの南極探検隊員スコット、ウィルソン、バウアーズとオーツが最期に示したヒロイズムの例を思い起こすのだ、と。

想像を絶する不利な状況のもと、スコット大尉とその一行が帰国に向かう途中で亡くなり、続いて彼らの凍った遺体が見つかったというニュースは、一九一三年初頭のイギリスを大きく動揺させた。一九一四年一月、ロンドンの大英博物館の財団はスコットの日記のオリジナル原稿を妻からローンで購入することを決め、原稿に「不屈の精神、忍耐、勇気」の物語を添えて展示したところ、人々の関心を大きく集めた。博物館長サー・フレデリック・ケニヨンは、スコットの日記が「偉大な行進の最後に大尉の脳裏に何度もよぎった教訓、すなわち、イギリス人は国の名誉のためには尻込みすることなく、死に向かい合うことができるという教訓を伝えるうえで大きな力となると財団は信じる」と寄せた。

二つの重要な記念日を祝う計画が、一九一四年の初めに始まった。一つは、百年前に英語を使う国としてともに発展したイギリスとアメリカ合衆国との間で結ばれた講和であるガン条約百周年記念で、同年末に祝う行事だった。もう一つは、一年先の計画だが、イギリス政府にとってはすでに頭の痛い問題となっていた件、すなわち一八一五年六月十八日のワーテルローの戦い百周年記念のことだった。西ヨーロッパでイギリス軍が血を流して戦ってから百年が経とうとしていた。ワーテルロー記念をすればフランスの気持ちを害してしまうのではないか、という懸念があった。かつてフランスは伝統的にイギリスの敵国だったが、いまや大切な協商国のパートナーだった。また、ウェリントンの勝利についていえば、ブリュッヘル率いるプロイセン軍が決定的な役割を演じたということを認めざるをえない。ドイツ皇帝は一年ほど前、公式の場でこう演説していた。ブリュッヘルがいなければ、イギリスは戦場でほぼ確実に敗れていた、と。

だが、一九一四年のドイツは、イギリスにとって深刻な脅威ではなくなっていた。特にそれは、自由党内閣の財務相デビッド・ロイド・ジョージが公にしていた見解だった。一月一日の「デイリー・クロニクル」紙のインタビューで、ロイド・ジョージが英海軍の新予算について過剰だと批判したことで、世間はすぐさま騒然となった。ロイド・ジョージは自由党の急進派と組んだのではないか、財務省でふんだんに使った予算の埋め合わせをするつもりではないか、あるいはもっと個人的な動機があるのではないか——たとえば、ロイド・ジョージは一九一二年のマルコーニ事件で決断した財政政策は人々の信頼を失っていたので、傾いた自分の名声を取り戻すためにスリム化した予算をつくる必要があったのではないか——と。

真実がどこにあるのかはさておき、防衛予算を減じる必要があるというロイド・ジョージの言葉の裏に何があるのか、新聞を読んだ者の多くが大変な関心を示し、気に留めるのは当然だった。「わが国とドイツとの関係は、数年前より格段に良くなっている」とロイド・ジョージは取材者に答えた。「(イギリスとドイツは)ずっと以前から然るべき状態を理解している……争いによって得るものはなく、争えば全てを失うということを。ドイツとわが国との間で何世紀も維持してきた昔の友好政策に立ち返ることで失うものはなく、あらゆるものが手に入るということを」。

ロイド・ジョージの発言が紙面に載り広く伝わった数日後、ベルリンで一つの結婚式が執り行われた。リーズデール卿の下の息子ジョン・ミットフォードと、プロイセンの「石炭王」の一人っ子で、ドイツで最も裕福な人物の遺産を受け継ぐことになっている「ベイビー」・マリー＝アン・フォン・フリードレンダー＝フルドの結婚である。もちろん、しっかりした基礎のうえで成立した結婚ではなかったが、新たな英独同盟を記すもの、さらには、二国間の関係が温かいものへとなっていくことの証しであると考えられた。一月五日に結婚届が提出され、その二日後、教会で式と披露宴が催された。まばゆいばかりの宴で、新婚カップルと招待客はタンゴを踊った。フォン・フリードレンダー＝フルドからベルリンにある壮麗な屋敷が結婚祝いとして贈られ、そのすぐ後、ジョン・ミットフォードは義父のビジネスに加わった。

だが、それから十週間後、新婚の二人は別れることになった。マリー＝アン・ミットフォードはバーデン＝バーデンのサナトリウムに入って自分の将来を考えた。「性格の不一致」が離婚の理由としてまず示された。これはその後、「より深刻な理由によるもの」と訂正され、ジョン・ミットフォードが寝室でとても口にはできないことをしたという噂が広がった。

振り返ると、この結婚は英独関係の勇ましいシンボルとして幸先の良い前触れにはなりえなかった、ということになる。

第一幕　一月から四月まで

チョーク発午後四時十四分列車殺人

一月八日木曜日、寒さの厳しい午後四時十四分、列車がチョーク・ファーム駅を出た。日は暮れ始めていた。辺りには濃霧が立ち込め、一日中かすんで視界が悪く、音も聞こえにくかった。この週の初め、やはり濃霧のために同じ路線で悲劇的な事故が起こっていた。線路で働いていた作業員が濃霧信号に気づかず、近づいた列車にはねられて足を切断、即死したのだ。

ノース・ロンドン線を走る四時十四分発の列車は、チョーク・ファームとブロード・ストリートの間を四十五分間間隔で運行していた。カムデン・タウンの灰色をした冬の町並みからカレドニアン・ロード、ハイベリーを通過し、列車はきっちり四時三十三分にマイルドメイ・パークに到着した。この駅でプラットホームから三人の乗客が列車に乗り込んだ。そのうちの一人、ジョージ・ティルマンという名の十六歳の家具職人見習いは、気動車近くの三等客室に乗車した。この車両に乗っていたのはティルマンだけだった。

一分後、ティルマンは靴紐がほどけていたことに気づき、結び直そうと身をかがめた。すると、すぐ反対側のシートに「何か白いもの」があることに気づいた。近づいてよく見ると、「ちょっと汚れた」小さな膝であることがわかった。膝の上に両手が乗っているのが見えた。

ティルマンは驚きのあまり固まり、しばらく動けなかった。だが、ドールストン・ジャンクションでティルマンは列車を降り、列車の反対の端にいた車掌に声をかけようとした。しかし、車掌に知らせる前に列車が動き始めたので、次の駅のショーディッチまで待たなければならなかった。ショーディッチの駅員はドールストンからの電話で問題が起こっていることに気づき、行動を起こした。車掌のチャールズ・ペットは駅のポーターであるエドワード・クックを呼び出した。「三等客車百三十九番のシートの下に何かがある」。客車の扉を開けると、チャールズは小さな巻き毛の男の子の死体を発見した。紺のジャージを着て、灰色のニッカボッカーを履き、フェルトの帽子をかぶり、シート下の埃の中に横たわっていた。後にクックはこう述べている。「私は男の子に『起きなさい。大丈夫か！』と呼びかけました」「帽子を取ってやり、抱きかかえました……シートの下から出してやりました……客車から降ろしました。何も落としていません。切符はなかったし、血の痕もありませんでした。嘔吐物もなく、争った形跡もありませんでした」。

子どもの名前はウィリー・スターチフィールド、五歳だった。死因は絞殺だった。

＊

二つの殺人がすでに起こっていた。一つは現実の事件で、もう一つは空想話だったが、それは一九一四年初頭に人々の想像力をかき立てていた。現実の事件とはクリスティナ・ブラッドフィールド殺害事件で、その二週間後はクリスマスだった。犯罪史上「リバプール袋詰め殺人事件」と命名されたこの事件は、瞬時に有名になった。気味の悪い話ではあるが、昔からよくある典型的なイギリスの殺人事件で、殺人者の特定については明々白々だった。クリスティナは四十歳の独身女性で、リバプールのオールド・ホール・ストリートで兄弟とともに防水用品店を経営していた。クリスティナは言葉のきつい雇用主だったが、彼女の目から見ると二十二歳の店員ジョージ・ボールは失敗ばかりしでかすグズだった。

一九一三年十二月十日、逆恨みしたボールはクリスティナを襲った。クリスティナがその日の会計処理をしているとき、ボールは彼女に掴みかかってレイプした。さらに、鈍器を使って殴り殺したうえ、死体を入れた袋の口を縫い付けた。その後、同僚でひどくおつむの弱い若者サミュエル・エルトフトの力を借り、ボールは死体の入った袋を防水布で包んで手押し車に載せ、地元のリーズとリバプールを結ぶ運河に投げ捨てた。ボールとエルトフトにとっては不運なことに、鉄の棒を重しに使ったにもかかわらず袋は沈まず、翌日、水門に引っかかっているのを発見された。

殺人者と共犯者にとって、店の外でガールフレンドを待っていた店員が、いかにも疑わしい形をした袋を手押し車で運んでいる二人の男を見たことも災難だった。この殺人を記事にした新聞によると、店員はまっすぐ警察に行き、二人に対する捜査が始まった。警察はすぐにベッドで寝ていたエルトフトを逮捕したが、ボールを見つけるのにさらに十日を要した。警察の手を逃れるため、ボールは奇怪な変装をした。眉毛を剃り、片目に眼帯をした姿はまるで海賊だった。

一月八日、ウィリー・スターチフィールドの遺体がノース・ロンドン線で発見されたその日、クリスティナの死を調査した裁判はボールとエルトフトに対し「殺人」罪と認定した。この事件はリバプール巡回裁判にかけられた。エルトフトは幇助犯として懲役四年の有罪となった。ボールは二月二十六日、ウォルトン刑務所で絞首刑となった。

一方、ある模擬裁判が「リバプール袋詰め殺人事件」と同じくらい関心を集めていた。架空の人物エドウィン・ドルードド——ジョン・ジャスパーの甥で聖歌隊の指揮者、アヘン中毒者でもある——による殺人事件だ。チャールズ・ディケンズの最後の小説『エドウィン・ドルードの謎』は、一八七〇年に彼が死去したことで未完となった。クリスマスイブの激しい嵐の中、行方がわからなくなったドルードがその後どうなったのか？　ドルードは本当に死んだのか？　もしそうであればジャスパーが殺したのか？　これは長年の謎だった。一月七日の晩、コヴェント・ガーデンのキング・ストリートにあるキングズ・ホールで、この事件の解決を目的として討論会が開かれた。

「裁判」を企画したのはディケンズ・フェローシップだった。経済的に厳しい状況にあったディケンズの孫の何人かが支援し、チャリティイベントとして行われた。司会はディケンズの著作について第一人者であるG・K・チェスタトンが担当した。背が高く、恰幅の良いチェスタトンの姿は、シェイクスピアの喜劇に出てくる肥った兵士フォールスタフを思い起こさせた。チェスタトンが創作した探偵ファザー・ブラウンは、ずんぐりした得体の知れないカトリックの僧侶で、大きな傘を手にしていた。コナン・ドイルが描いたシャーロック・ホームズを代表とするような科学的で詳細、緻密な事象に関心を持つタイプとは違い、人の心を巧みに読んで犯罪を解決するタイプだ。物語の第二巻『ファザー・ブラウンの知恵』で登場した。

弁護士役はチェスタトンの弟セシルが務めた（検察官役はディケンズの小説の専門家であるJ・カミング・ウォルターズだった）。十二人の陪審員の中には、ホラー小説『猿の手』――ある夫妻の息子が切り刻まれて死んだ後に甦るという内容――の作者W・W・ジェイコブズやヒレアー・ベロック、ウィリアム・アーチャー、オスカー・ブラウニングがいた。陪審長役にジョージ・バーナード・ショーが就いた。ジャスパーを演じた俳優のフレデリック・T・ヘンリーは「冷たい無関心」を装って証拠を聞いていた。出版者のアーサー・ウォーが謙虚な牧師キャノン・クリスパークルを演じる場面で、特別な喝采が送られることになっていた。

その晩の討論会は午後六時三十分に始まり深夜まで続くことになっていたが、世間の関心が高く、場所を当初の予定より大きなスペースのあるキングズ・ホールに移さなければならなかった。その大ホールでも立見席しかなく、観客は階段席を確保するために一ギニーほど払わなければならなかった。ディケンズの小説を改造する試みに反対していたショーは進行の最中に薄っぺらい冗談を挟み、熱心なディケンズファンをかなり苛立たせた。ショーの態度は酷い、とファンたちは非難した。

午前零時になろうという頃、ショーは陪審員としての判断を述べた。遺体が発見されない場合、判事はふつう「無罪」判決を言い渡すことをショーは認めたが、陪審員たちが「もっと思慮を働かせる」と、近い縁者で「冷血な殺人」を犯した男が被告席を「何ら罰せられることなく」去っていくのを認めることは、「我々全員がベッドで殺される」リスクを冒すことになると感じる、と付け加えた。結果、判事はジャスパーを殺人の罪で有罪とした。聴衆から笑いが起こる中、法廷を侮辱したかどで自分以外の者は全員牢獄入りだ、とチェスタトンは述べた。

新聞記事は不当ともいえる批判をし、ジャスパーに対する訴訟は模擬裁判が認めたよりずっと明白だと論じた。ディケンズは友人で伝記を書いたジョン・フォースターに、ドルードの筋書きを打ち明けてはいなかったのか？　おじが甥を殺すというのが、ディケンズの息子チャールズが固めた大団円の構想ではなかったのか？　この物語を連載している雑誌にイラストを描いていたルーク・フィルデスはディケンズから、ジャスパーがドルードを絞め殺すことができるようにしておくために、イラストの中に細いネクタイを描いておく必要があると言ったのではなかったか？

だが、クリスティナ・ブラッドフィールドとエドウィン・ドルードの殺人とは違い、チョーク・ファーム駅午後四時十四分発の列車で首を絞められて死んだ男の子を取り巻く謎は、単純な解決を許さなかった。男の子の遺体が見つかって数日も経ないうちに、捜査員たちはそれぞれ、ウィリー・スターチフィールドの事件の状況は全く暗中模索であり、動機について皆目見当がつかないことを認めていた。一方、イギリスの大衆はこの犯罪の解決を望み、素人探偵を始めた。

＊

ウィリーの母親アグネス・スターチフィールドが生きているわが子の姿を最後に目撃したのは、一月八日午前十一時十五分頃のことだった。アグネスは息子の朝食に、ひどく貧しい家庭の主食の象徴であるレーズン入りパンプディングの大きな塊を出した。ウィリーは食欲旺盛だったが、虫歯があるためパンの耳を残した。その後、アグネスは子どもを大家のミセス・エミリー・ロングスタッフに預けて家を出た。ウィリーはお使いをすることができる、とエミリーに伝えておいた。

巻き毛で濃い色の長い髪をしたかわいらしいウィリーは、間もなく六歳の誕生日を迎えるところだった。貧しい労働者階級の子どもたちの特徴でもあるのだが、ウィリーは華奢で、小さな頃から病気がちだった。ウィリーは二歳半のときにコヴェント・ガーデンのエンデル・ストリートにある保育園に入り、三歳まで在園していたが、肺炎を患いキングズ・カレッジ・ホスピタルに入れられた。その後、ウィリーは保育園をさらに二つ移った。最初の保育園は溶連菌感染症に罹ったため、一九一三年夏に入った次の保育園はたむしを病んだため、退園した。この年の十一月には自動車にはねられて鎖骨を折るという怪我をしたウィリーは、ハムステッド・ロードの自宅から百メートルほど離れたテンペランス・ホスピタルで治療を受けた。その後、ウィリーが保育園に入ることはなかった。

ウィリーと母親は、ハムステッド・ロード百九十一番地の正面にある建物の二階の一間を借りて住んでいた。家はカムデン・タウンからユーストンに向かう、交通量の多い幹線道路に位置していた。その部屋は十月に、鉄砲鍛冶の夫を持つエミリーから家具のない状態での又貸しという形で借りていた。アグネスは三十歳くらいで、ウィリーの父親である三十五歳の新聞販売員ジョンとは離婚していた。ジョンが働いているスタンドはトテナム・コート・ロードとオックスフォード・ストリートの角のオックスフォード・ミュージック・ホールの近くだった。エミリーは後日、こう証言している。「彼女は争いごとを好む人ではないし、ちゃんとしたモラルのある人です。訪ねて来る男などいませんでした」。

ジョンが別れた妻子に金を渡すことはめったになかった。離婚後、ジョンはアグネスに毎週一ポンドを渡すことになり、アグネスはそこから毎週の家賃五シリング六ペンスを支払っていた。だが、ジョンは必ずしも頼りにならず、その朝もアグネスは仕事を探しに出かけていた。アグネスができるのは簡単な仕立て仕事だった。給料は安く――しかも、アグネスは賃金を貯めてミシンを買わなければならないはずだった――長時間労働だった。アグネスは自分のものだけでなく、子どもの服をつくるためにも家計を抑えなければならなかった。

一月八日、アグネスはコヴェント・ガーデンの街を歩き回ったものの、仕事を見つけることができなかった。アグネスはまず、クリーヴランド・ストリートにあるフォーテスキューの職業紹介所に行ったが見つからず、それから望みはないと思いながらもプルトニー・ストリート、フォーバート・パレス、バーウィック・ストリート、ブリュワー・ストリートにある紹介所を続けざまに訪ねた。通常、そこには仕立て仕事の求人広告が貼られているはずだった。午後二時頃にソーホー・スクエアのベイツマン・ビルにいる友人を訪ねた後、アグネスはオックスフォード・ストリートを通って元夫の姿を探した。その朝、ジョンはニューススタンドにいなかったのだ。このときもジョンの姿はなく、アグネスはバスで家に帰り、午後三時にハムステッド・ロードに着いた。

アグネスはウィリーを呼んだが返事がなかった。部屋に戻ってエミリーに会った途端、彼女は大声を上げた。「ウィリーがいないの」。「私は冗談かと思いましたが、エミリーが泣き始めたので、本当のことだと思い、一緒に探しに行こうと言いました。ウィリーのオーバーコートとマフラーを手に取り、二人で探しに出ました」とアグネスは述べている。

午後零時四十五分頃、エミリーは近所の新聞屋にウィリーを使いに出した。ウィリーは「家具なしアパートあり」と書いたカードがほしいと記されたメモを店員に渡すよう頼まれた。ウィリーがカウンターの上にあるおもちゃで遊んでいたところ、そのうちの一つを壊してしまったことを、店員は後に思い出した。エミリーがどちらかを選ぶように、とカードを二枚預かってウィリーは帰った。エミリーはそのうちの一枚を取り、もう一枚を店に返すようウィリーに頼んだ。それから一時間経ってもウィリーが戻ってこないのでエミリーが店まで行ったところ、ウィリーが店には来ていないことが判明した。

エミリーとアグネスは近所でウィリーを探し回ったが、彼がいた形跡はなく、彼について知っているという情報もなかった。午後四時半になると、二人はウィリーが父親に会いに行ったのではないかと考え、確認のためにジョンが新聞を売っているオックスフォード・ストリートを訪ねた。このときジョンはそこにいたが、ウィリーの姿はなかった。

病院や警察署も訪ねたが、ウィリーに関する情報はなかった。家に帰ったが、アグネスはすっかり気落ちして

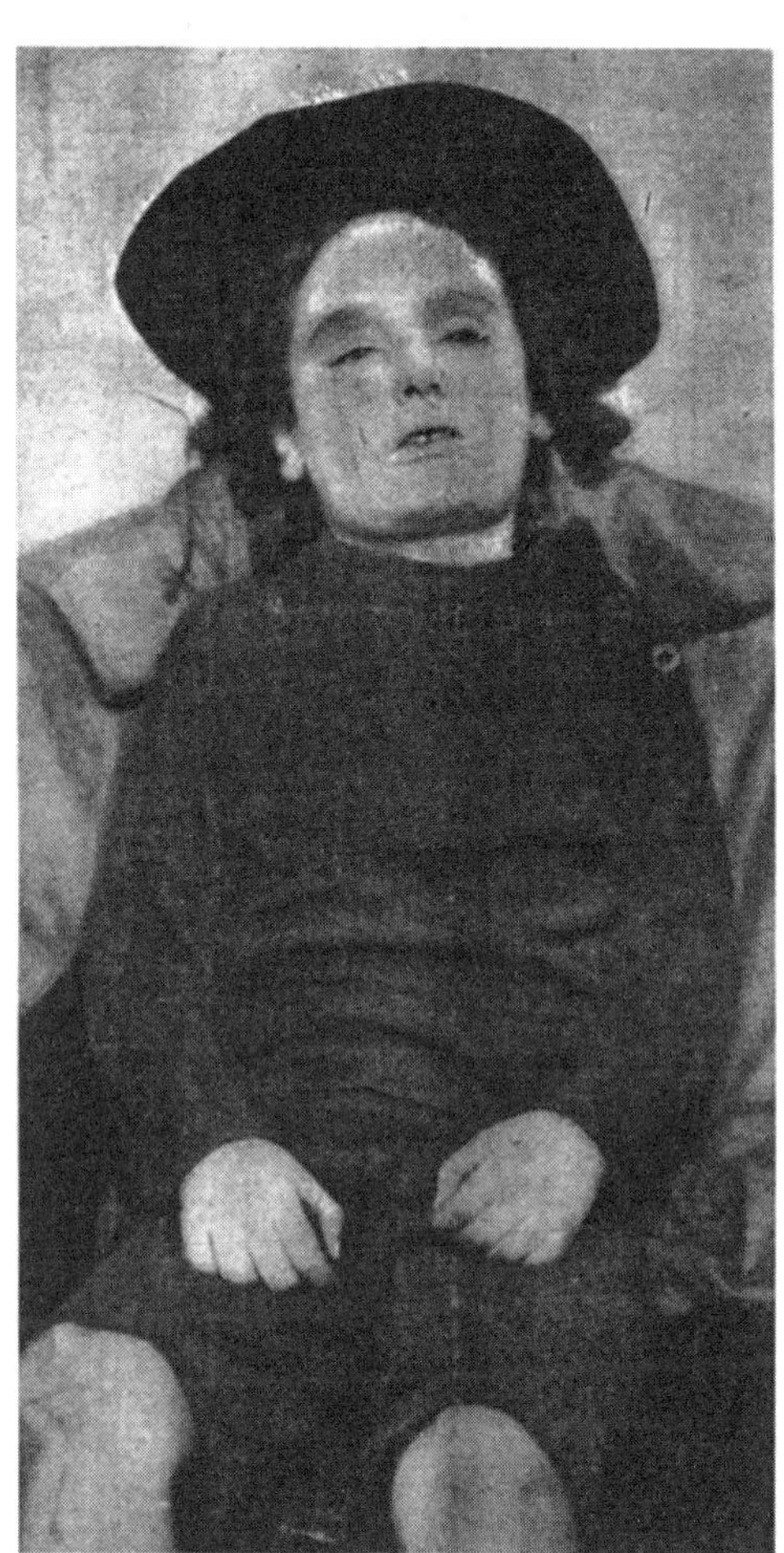

蝋人形のようなウィリー・スターチフィールドの遺体。「デイリー・スケッチ」紙の一面に掲載。

取り乱していた。ウィリーの容貌を詳細に描いた紙がロンドン警視庁（スコットランド・ヤード）の管内全署に回覧された。その日の夜九時半、一人の警察官がハムステッド・ロードを訪ねた。そして、チョーク・ファーム駅を発車した列車で見つかった子どもがウィリーかどうか確認するため、ショーディッチの死体置場に同行するようアグネスに求めた。

「痛ましいことだが、彼女はすぐに男の子がウィリーであると確認した」と殺人捜査を長年担当してきたロンドン警視庁の主任捜査官ゴウは書いている。「なんとか懸命に宥めて、崩れ落ちそうになっていた彼女を家に帰らせた」。

濃い口髭をたくわえたゴウは五十代になったばかりだった。ゴウはキューの気象庁で短い間助手として務めた後、二十歳になってロンドン警視庁に入署し、着実に出世の階段を上った。今世紀の初め、有名人が関わった殺人事件の一つ——ヤーマス・ビーチで絞殺され遺体が発見された——で、妻殺しのハーバート・ベネットを裁判へと持ち込んだことで、比較的若いうちに主任刑事に昇進したのだ。ゴウはダウニング・ストリートで請願を行っていた、あるサフラジェットの女性を逮捕しようとしたことがあった。そのとき、いろいろなタイプの同志が、隠れていた街角や戸口などいたるところから姿を現した。ゴウは彼女たちに従わざるをえなかった。彼女たちがゴウのズボン吊りを外し始めると、ゴウは顔から喉元まで「真っ赤になって」拘束した女性を解放しなければならなかった。

列車と駅での目撃者から話を聞くため、ゴウは警察長官補佐バジル・トムソンとともにチョーク・ファームを訪ね、それからコヴェント・ガーデンのロング・エーカー通りハノーヴァー・コート十二番地に宿を借りていたジョンに会いに行き、その後ジョンをオールド・ストリート警察署に連行して尋問した。

ジョンが借りていた簡易宿泊所は一晩四ペンスで、社会の最下層の人々のシェルターとなっていた。一九一四年のロンドンには合わせて二万七千床ほどの宿泊所ベッドがあり、二種類の常連客がいた。ジョンのように定住して宿泊し、共同寝室を使ったり、羽目板で区切った小部屋を使ったりするタイプと、たまたま通りすがりに利用する一時的な宿泊者というタイプだった。

慎重な尋問にもかかわらず、ジョンからは確たる情報をほとんど得ることができなかった。殺害が行われた当日、ジョンは体調が悪く午後三時半までベッドにいた、それから宿泊所を出てエンデル・ストリートの近くにある喫茶店に行った、さらに喫茶店からは徒歩で自分のスタンドに行き、午後六時半までトテナム・コート・ロード地下鉄駅の外で新聞を販売していたと説明した。ジョンは、息子は「少々放浪癖があり、何度も迷子になったことがある」と打ち明けた。

だが、ジョンのアリバイは宿泊所の管理者であるフランス人ジュール・ラバルブの証言では確認できなかった。ラバルブはジョンが一月八日の午前中――通常、部屋は掃除が行われて施錠されると午後五時まで使用できなかった――ベッドにいることを認めたが、ジョンが午後零時半以降もベッドにいたかどうかはわからない、と述べた。ラバルブはパブに行き、午後二時前に戻った。ラバルブの説明は次のように記録されている。「戻ったとき、彼は宿泊所にはいなかったと思う……宿泊所には部屋が二十八ある。彼の寝室を確認したとは言えない……スターチフィールドは二階の五十七番ベッドで寝ている。彼のベッドはドアを入ったところにあるから、中を覗いたときに見落とすことはありえない」。

ウィリーの死体が発見されてから半日も経たないうちに、殺害が行われた時間と場所についてさまざまな可能性が出てきた。警察署で検死を行ったドクター・ヘンリー・ガーネットによる最初の調査で、殺人についての詳細が明らかになった。ウィリーの首にあるひっかき傷と瘢痕から争った様子が伺われ、腹部にあるわずかな出血から首を絞められたときに犯人の膝の間に跪いていた可能性が指摘された。ガーネットの見解では、女性が殺した可能性も考えられるとのことだった。「裾が広がる普通のスカートであれば、膝の間に隙間があるから女性でも十分可能だ」。だが、犯人の女性が当時流行の裾をすぼめたホブルスカートを履いていれば、殺人はかなり難しかっただろう。

絞首刑のときに使うような細い帯状の紐が絞殺に使用され、首の回りの柔らかな組織に筋ができていた。ウィリーに麻酔薬が使われた形跡も、何らかの性的な暴力が加えられた痕跡もなかった。事件から二日後、ドクター・バーナード・スピルスベリー――法医学者で、三年前のドクター・クリッペンの裁判では、クリッペンの妻で被害者であるベル・エルモアの遺体の一部から身元を明らかにした――が行った調査で、有力な詳細が新たに明らかになった。ウィリーは胸腺とリンパ節が肥大するリンパ体質だった。この体質の赤ん坊や幼児は、健常児では特に問題を生じないような刺激で突然死を引き起こす可能性があると考えられていた。この発見により、ウィリーを殺すには健康な少年を相手にするよりも小さな衝撃で済んだ可能性もあると考えられた。

だが、ゴウと捜査員の頭をひどく悩ませたのは、ガーネットが述べた死亡時刻だった。医学的な証拠から死亡時刻は午後二時から三時の間で、ウィリーが午後一時前に行方不明になった時間と一致したが、午後四時十四分発の列車内で、チョーク・ファームからマイルドメイ・パーク間のどこかで殺されたという想定とは隔たりがあった。

ウィリーを殺害後、遺体を列車に置いたのか？　あるいは、もっと早い時間のチョーク・ファーム－ブロード・ストリート往復便で絞殺してシートの下に隠した遺体を、清掃員が見落としたのか？　清掃員は列車が路線の一方の終点に着いたら、折り返しで出発する前に掃除をすることになっていた。チョーク・ファームからブロード・ストリートまでの各駅の間は三分以上かからない中で、殺人者が子どもを絞殺して遺体を隠すことが可能だったのだろうか？

一九二〇年代の終わりに、主任捜査官のゴウは回想録を書いた――普通、引退後の上級警察官が収入を増やす目的で回想録を出すが、ゴウの場合は私立探偵としての資金を得たいという思いも絡んでいた――。その中でスターチフィールド事件を振り返り、ジョンが心根の優しい男で、子どもや動物が好きだったと記している。しかし、捜査で集めた目撃者の証言によるとむしろ異なる、もっと複雑な様子がうかがわれる。

目撃者の一人は、アグネスがジョンと「かなり不幸な生活」をしていたと証言しているが、それはどちらかといえば穏やかな表現だった。二人は一九〇三年に結婚し、翌年の六月に長男ジョン・ジュニアを出産した。その直後から、ジョンはアグネスに対して残酷な態度をとるようになった。赤ん坊が十五ヵ月になる頃には、それはさらにひどいものとなった。後にアグネスが説明したところによると、「人生を終わらせてしまおうと思ってシュウ酸水素カリウムを飲んだ」ほどだった。アグネスは自殺未遂で検挙されたが、一週間の病院送致で不問となった。治安判事はジョンに、これから妻をもっと大事にした方がよいと告げるだけだった。

だが、ジョンは狼藉を続けた。度々酔っぱらい、家庭を崩壊させ妻に暴力を振るった。絶望したアグネスはヴィクトリア時代中期に設立された「女性および児童保護協会」に助けを求めた。協会は彼女の話を聞き入れ、アグネスのために別居を命じ、ジョンはアグネスの生計維持費として週五シリングを支払うことになった。支払いができなかったジョンは二十一日間の収監という宣告を受けたが、「金を払うくらいなら二十一日牢獄に入った方がましだ……囚人服を着なくていいなら牢屋に入ってもいい」と強気だった。釈放後、妻に会ったジョンは再び暴力を振るった。

一九〇六年二月頃、二人はすでに別居していたが、アグネスは二人目の子どもを出産した。クリストファーという名前の男の子だったが、わずか二ヵ月で「消耗性」疾患で他界した。その年の終わり、長男は麻疹にかかり肺炎を併発して亡くなった。

次の数年間、二人の結婚生活は陰鬱なサイクルを繰り返した。ジョンはアグネスに手紙を書いて自分は変わると約束し、戻ってくるよう懇願した。二人は一緒に住み始めるが、しばらくするとジョンは酒を飲み、やはり暴力を振るった。このパターンが数度繰り返された。一九〇九年の初め、ジョンは再び牢獄に入り、アグネスを捨てた。「困窮」したアグネスは教区の救済に頼らなければならなくなり、新たに生まれた赤ん坊のウィリーは気管支炎になった。

以後、アグネスはこれまで以上に転々とした暮らしをするようになった。ジョンから行方をくらますため——それに、たまった家賃の返済から逃れるためとも思われる——アグネスは引っ越しを繰り返した。ブルームズベリーからキングズ・クロスを経て、オックスフォード・ストリートとコヴェント・ガーデン、そしてカムデン・タウンへと移った。

その頃、二人は思わぬ幸運に出会った。一九一二年九月、ジョンがトッテナム・コート・ロードのホースシュー・ホテルで酒を飲んでいたときのことだ。スティーヴン・タイタスという名のアルメニア人が錯乱状態になって拳銃を持ち、人殺しを始めた。まずバーテンを撃ち殺し、他にも三人に怪我を負わせた。そのうちの一人はそのときの負傷が原因で数週間後に死亡した。ジョンはタイタスに掴みかかり捕らえたが、その際に銃で撃たれ、五発の銃弾が内臓を貫通するという怪我を負った。間違いなく英雄的なこの行為によって、ジョンは一九〇八年に創設されたカーネギー・ヒーロー基金——人命救助のために怪我を負った個人に対し財政的な支援を提供する——から賞を受けた。合計五十ポンドと週に一ポンドの手当てを貰うことになったのだ。

ジョンにはボーア戦争（南アフリカ戦争）でキングズ・ロイヤル・ライフルズ第四部隊に従軍した経験があり（その後は予備役）、このときに目覚しい勇気を示した。だが、基金から貰った金はすぐに、ジョンと別れた妻との間で争いの種になった。アグネスはジョンが自分に支払いをしないのならばカーネギー・ヒーロー基金に手紙を書き、ジョンの正体を暴くと脅した。母子の生活費を十分に渡してくれないうえに、ますますお金がかかるようになっていたウィリーの養育費の埋め合わせにしようとした。

収監を逃れるためには妻に金を渡す以外に選択の余地はなかったが、ジョンにとってそれはひどく腹立たしいことだった。アグネスは大家のエミリーに、ジョンはウィリーに焼きもちを焼いているのだと思うと述べた。後の警察への証言で、ジョンは息子に対して「愛情がない」し、息子は父親に「手紙を届けるのを嫌がる」とアグネスは述べている。愛情がないというより、ジョンは息子に無関心だった可能性がある。これは、亡くなった二人の子どもたちについて主任捜査官のゴウに語った言葉にも表れている。ジョンは最初の子のことを話す際、「それ」には関心がなかったことを認めた。二番目の子については明確ではないが、埋葬のときに立ち会わなかったうえに、死因についても答えられなかったのだ。

ウィリーが殺害された数日後、ジョンはハムステッド・ロードのアグネスのもとを訪ねようとした。二人の動きを監視していた捜査官らは、ジョンはアグネスに家に入れてもらえず追い返されたと記録した。

ウィリーのおじのジェームズ・スターチフィールドは当初、甥の殺害はこれまでイギリスで起きた殺人事件とは性質が異なる可能性を示唆した。キングズ・クロス駅でメトロポリタン鉄道の従業員を務めていたジェームズは、ホースシュー・ホテルでスティーヴン・タイタスの逮捕にウィリーの父親が関わったことで、身元不明のアルメニア人のグループが復讐としてウィリーを殺したのだと主張した。

この復讐論は、もっとしっかりした根拠に基づく別の推論が出るとすぐに消えた。ハムステッド・ロードにあるイタリアコーヒー店の経営者の息子アンジェロ・ポルティナリは、ウィリーの顔かたちをよく知っていた。行方がわからなくなって三十分も経たない一月八日午後一時十分に、くすんだ色の服を着てとがった帽子をかぶっした若者とウィリーが一緒にいるところを見たと警察に証言した。若者――アンジェロは「大きな男の子」と表現していた――は子どもに大声で「ついて来い」と言い、それから手を引いて引きずっていったという。

主だった捜査員たちにとって望ましい証言だったが、よく調べると完全に間違っていた。さらに厳しく調べを行った結果、二十四時間後にはアンジェロは証言を取り下げた。アンジェロは殺害が行われた当日ウィリーを見たことに確信がなく、行方不明になる一日前だったかもしれないと考えたのだ。だが、多くの新聞はすでに、事件解決に向けた記事をさまざまに脚色し、コラムにスペースを割いて書き始めていた。たとえば、ウィリーの殺害は、一ペニーで売っている恐怖小説を読み、あるいは比較的新しい、危険な楽しみがたくさん詰まった同じような犯罪が「画像となって表現された」映画を見て、恐ろしい殺人を犯してみたいと考えついた精神的に障害のある子どもによる行為の可能性があるという記事や、年長の少年はがら空きの客車でウィリーの首を絞めるふりをしていただけなのに、偶然に殺してしまった可能性があるという記事もあった。

ウィリーの殺害は「当世最大のミステリー」だと新聞は書き立てていたが、ゴウと捜査員はチョーク・ファーム駅に戻り、この事件の特に謎めいた点を解決しようとした。ウィリーが列車で殺されたのでないとすれば――一月八日の発券状況を見ると、午後四時十四分発の列車で子ども用乗車券は発行されていないし、カムデン・タウンから三分後に出た列車についても同様だった――たとえば、駅のトイレなど他の場所で殺害されたのか？　死んだ男の子を袋に詰めて列車に運んだのか？　袋に生きた子どもを入れて駅の柵を越えて列車に乗る実験をしたところ、事は単純でないことが明らかになった。だが、殺害の「凶器」である可能性のあるもの――往復便の反対側の終点ブロード・ストリート駅近くの線路で見つかった一メートルほどの長さの丸く結わえた紐――が何日か前に発見されたことで、男の子がもっと早い時間帯の列車内で殺害され、死体が見逃されていた可能性も再び高くなった。

「否定が重なり、警察は突破できない死の壁にぶつかった」。「デイリー・メール」紙は捜査が行われた六日間について報じ、さらにこう付け加えた。「一週間続いた吹雪の中で特定の雪片がどうなったか、その運命をたどるような状況といえる」。この事件には五十人の警察官が投入され、千人を超える人々が尋問を受けたが、主任捜査官ゴウの万策が尽き、解決の糸口が全く見えないと報じられた。警察は「シャーロック・ホームズ」の作者サー・アーサー・コナン・ドイルと接触を取り事件のヒントをくれるよう頼んだが、ドイルはホームズの最終話となる長編『恐怖の谷』を執筆中で、申し出を断った。

一方、新聞社は素人探偵から送られた協力の申し出の手紙で溢れた。ジュール・ヴェルヌのＳＦ小説の世界でよくみられる展開に影響を受けた人物から、殺害された男の子が最後に見たものが残っていたとすれば、それを見つけるため男の子の網膜を写真に撮る手立てを取ったのか、という質問もあった。ウィリーのジャージをミクロレベルで調査すれば、他人の髪の毛や細胞といった証拠が明らかになるのではないかという、もっとオーソドックスな科学的調査を求めるものもあった。

ロンドン警視庁と大衆新聞との密接な関係を利用し、ゴウはタブロイド版の「デイリー・スケッチ」紙の一面に男の子の遺体の写真を掲載した。写真のウィリーはきちんと服を着た小さな蝋人形のように見える。唇は苦しそうにゆがみ、開いている。殺人者を特定することにつながる情報には五百ポンドの報酬があると記載された。「スケッチ」紙の読者の中には掲載された写真を見て絶叫し、同紙の「おぞましい」ほどの判断力の欠如と趣味の悪さに抗議の投書をする者もいた。

捜査の滞りに対する批判を無視できず、ゴウは通常の科学的知識では説明のつかない力を使うことも考えた。「スケッチ」紙の報じた奇妙なエピソードによると、鉄道の線路で見つかった紐はリージェント・ストリートの透視能力のある女性マダム・ローマに渡されたという。紐を指でつまみ、円いテーブルに座ってインドから取り寄せた黒色の鏡を覗いたマダム・ローマは、目がくらむばかりの透視力を示した。「この紐は列車の中にあったものだと感じます。恐ろしい何かが潜んでいます」。こめかみに手を当て、こう続けた。「外国人からの遠い影響力がありますす……このタイプの紐はイギリスの北部か、外国でしか手に入れられないでしょう」。

これ以上は続かなかったが、殺人者が外国人であるということが暗示されただけで、ロンドン中の導火線に火がついたようにてきめんの影響があった。何十人という目撃者が現れ、ウィリーが行方不明になった日に、子どもたちにブロークンイングリッシュで話しかけた怪しげな外国人を見たと主張した。疑いをかけられたのはアルメニア人に限らず、多くの国の人々が対象になった。ギリシャ人、オランダ人、フランス人、イタリア人——それに他の国の人々全てで、その二分の一を占めたのがドイツ人だった。ハムステッド・ロードのウィリーの家を囲む半径三キロは、首都の中で最もコスモポリタン的な地域へと一気に変容した。

ウィリーの死に関する審理は一月十五日にショーディッチの検死官事務所で始まったが、翌週の最初の一日は彼の葬儀のために中断した。葬儀はケンサル・グリーンで行われ、四千人以上の人々が参列した。フリーメーソンおよび呪術的な儀式に関係したことで過去にその権威が揺らいだことがあるカルト的な組織ハーメティック・オーダー・オブ・ゴールデン・ドーンの共同創設者ドクター・ウィン・ウェストコットが主任検死官〔変死者などについて陪審員の前で査問する役割がある〕を務めた。

アグネスは人混みの中を法廷へと進み、ジョンはそのすぐ後ろに従った。黒い衣装に身を包み、黒い帽子をかぶり黒の羽飾りをつけたアグネスが公衆の目に触れることのないよう、二人の警察官が大きな傘を面前に掲げていた。アグネスと出席者が聞くことになっていた、お使いに行って戻らなかった巻き毛の男の子に関する証拠は、「現実生活の中で起こったことというより」「ギリシャ時代にリュケイオンで行われた劇」のシーンと共通性があった、と主任捜査官ゴウは書いている。

召喚された最初の証人は、ケンティシュ・タウンのミセス・クララ・ウッドなる人物だった。一月八日午後一時十五分に、彼女はケンティシュ・タウン・ロードで買い物をしていたとき、アングラーズ・レーンの角近くを黒っぽい髪で濃い髭を生やしたずんぐりした男が五歳くらいの巻き毛の男の子と手をつないで歩いているのを目撃した。特に印象に残ったのは、男の子がお菓子を食べていたことだった。「子どもを見るのが好きで、すれ違うときに〝いいわね〟と声をかけました。小さな子がとてもおいしそうに食べていたのを見て、微笑ましかったからです」とクララは法廷で証言した。

一月十一日に「ロイズ・ウィークリー・ニューズペーパー」紙に載った写真を見て、クララは自分が見た男の子はウィリーだと気づいた。亡くなった男の子の胃袋にはお菓子の残存物があったという法医学者バーナードの分析を読み、クララは捜査員に話そうと思い立った。クララは「私が見た小さな男の子が手に持っていたお菓子と、色と形、大きさが同じ」ものだったので、男と子どもを見た場所の近くにある店でココナッツケーキを購入した。彼女がロンドン警視庁に持ち込んだそれをバーナードが調べ、ウィリーの胃袋の中にあったお菓子の構成物と同じものだと確認した。それはクララの証言を驚くほど強力に裏付けるものだと思われた。

法廷は事態のさらなるセンセーショナルな展開を待つ必要がなかった。陪審長がその後、子どもと一緒にいた男を見たことがあるかと尋ねたところ、クララは法廷の向こうにいたジョンを指差し、「はい、そこにいます」と述べたのだ。

「俺だと？」。ジョンは立ち上がって叫んだ。

動揺することなくクララは続けた。「すみませんが、あなたです……はい、あなたです」。そして判事の方を向いて断言した。「あの日、私が見た男です。私は法廷の外にいた彼を見ました。今の男が、私があの日見た男です。

見てすぐに、あの男だとわかりました」。

「嘘だ！」。ジョンは法廷中に響き渡るような大声で叫んだ。

法廷にいた人々は皆、彼がウィリーの父親だと知って衝撃を受けた。ジョンはイタリア人のような外見で、肌の色と目が黒っぽく、黒い口髭を垂らしていた。

次の証人が証言台に立つと、法廷の緊張は高まった。ジョン・モーチャーはチョーク・ファーム駅に隣接するカムデン貯炭場の機関手だった。殺害が行われた午後二時半から三時の間に、モーチャーは三等客車の二両目である第四個室――ウィリーの死体が見つかったところ――にいた男が、荷物を結わえてでもいるかのようにシートの上に屈んでいるのを見ていた。「顔は見ていませんが、広い肩幅から考えると、がっちりした男だと思います」と述べた。

セント・パンクラスの信号手ジョージ・ジャクソンの証言は当初、モーチャーの証言を裏付けたように思われた。彼の発言は、メイデン・レーン駅とカムデン・タウン駅の間にあるボックスから、チョーク・ファームから来た列車の三等個室で、ウィリーと思われる小さな男の子の上に男が身を屈めている姿を見ていた、というものだった。だが追及されると、そのとき身を屈めていた人物は女性だと思うとジャクソンは述べ、前言の証拠力を弱めた。

尋問で、ジョンが滞在していたロング・エーカーにある宿泊所の管理人ラバルブは、ウィリーの殺害が行われた午後十二時半以降、宿泊所にいなかったかもしれないという前言を撤回し、部屋を見て回っているときにジョンの寝室を見なかった可能性が高いことを認めた。これは、ジャクソンの証言とともに、ジョンにとって有利な証言だった。だが、クララの証言を重要視した判事はジョンに対し「殺人」の判断を下した。

ウィリーの父親は息子を殺人のかどで逮捕され、裁判まで再拘留された。拘留から二ヵ月経ち、ジョンは「何もしないでずっとここにいるのはつらい」とブリクストンの監獄から兄弟に手紙を書いた。「自分は無実だし、こんなことをするはずがないのはわかりきっているはずだ……」。

オールド・ベイリーにある中央刑事裁判所で行われたジョンの裁判の翌日、被告人席にいる男性が命懸けで闘っている殺人罪の裁判を傍聴することが「上流の」女性たちの間に流行しているのは人として嘆かわしい行動だと、四月一日に「デイリー・スケッチ」紙の記者が書いた。傍聴席を求めて並ぶ列が裁判所を取り巻いた。その中には、恥ずかしさからか、単に身元を知られたくないからか不明だが、顔を隠す厚いベールをまとい、高価な衣装を着た女性が大勢いた。

イギリスで最初の列車殺人事件が起きてからほぼぴったり半世紀になるという偶然の一致を、新聞各社はすぐに取り上げた。それも同じノース・ロンドン線だったのだ。一八六四年七月にトマス・ブリッグスという名前の男性の遺体がハックニー・ウィック駅とボウ駅の間の線路上で発見された。ブリッグスは車内で棍棒によって殴り殺され、線路に投げ捨てられた。結果的に殺人罪で絞首刑となった若いドイツ人の仕立屋フランツ・ミュラーの逮捕につながる手がかりとなったのは、ブリッグスの帽子だった。殺人者が間違えてブリッグスの帽子をかぶって客車を降り、自分の帽子を現場に残したのだ。ジョンがかぶっていたものに関する質問が、彼を弁護するうえで大きな頼みとなったのは、この一九一四年の列車殺人とヴィクトリア時代の殺人とを結ぶもう一つの偶然の一致だった。

検察官はアーチボルド・ボドキン、弁護人はヘンリー・マージェッツだった。アトキンが主任裁判官を務めた。検死官事務所で行われた基本的な内容が再確認された。クララは当時彼に会ったという証言を逐語的に繰り返し、ジョンはそのとき眉まで隠れるようなフェルトのソフト帽をかぶっていた、という新たな証言を付け加えただけだった。セールスマンのリチャード・ホワイトが証人として出廷した。この事件の陪審の記録を読み、証人となった人物だった。彼も、午後二時二分発の列車がブロード・ストリートに向かう直前、カムデン・タウン駅の切符売り場で会った小柄な小さな男の子と一緒にいた男をジョンだと指摘した。ただ、ホワイトの記憶では、ジョンは濃い色のソフト帽をかぶり、濃い色のオーバーコートを着ていた。別の目撃者もいた。話によれば、目撃者はロンドン北部周辺の何軒かのパブを梯子(はしご)し、飲み仲間と楽しくやっていたということで、明らかに信頼度が低いことは否めないが、殺害が行われた日にカムデン・タウン駅の外でジョンに会ったと主張した。四年ぶりの再会だったが、かつてドミノでジョンと組んだことがあり姿かたちをよく知っていた、彼がジョンに首を振って挨拶すると、それに不安を感じたかのように帽子をつまんで挨拶を返したという。

他の目撃者たちは、ジョンらしき男は山高帽をかぶっていたと証言した。だが、弁護側が本格的に最初の反対弁論を行うと、被告人に対する状況証拠に深刻な疑念が生じた。一月八日の午後一時少し前に、ハムステッド・ロードのウィリーの家からほんの数分のところにあるカムデン・タウンのプリンセス・ビアトリス・パブの近くで小さな男の子といる女を見たと、ある男性が証言したのだ。女は乱暴に男の子を引き寄せ、急いで自分の前を通り過ぎたという。男性は殺害の日以降その女を見てないが、それ以前には近所で何度も会ったことがあり、もう一度見ればすぐにわかると続けた。一月八日の昼食時に地下鉄のモーニントン・クレセント駅を通り過ぎたバスの運転士と車掌の二人が、女と殺された子だと思われる男の子を乗せたと証言したことで、男性の証言の大部分が裏付けられた。

法廷に興奮が広がる中、主任裁判官アトキンは検察官にこう質問した。「この件についてこれ以上進行できますか?」。声があまりにも小さかったので、傍聴人は言葉を聴こうと立ち上がった。被告人席ではジョンが体を前に倒し、一言一句を聞き漏らすまいとした。

「ミスター・ボドキン、このような状況になってしまった以上、尋問を継続しないとおっしゃった方が分別があるように思いますが」とアトキンは言い、それから他の裁判官に向かって殺人者が誰なのか確定することについての疑念を要約し、その後、「無罪」判決を言い渡した。

中央刑事裁判所を出ると、ジョンは文字通りうまくいくよう願っていた群衆に通りを追いかけられ、ある店の戸口に隠れなければならなかった。ジョンはそこに数分間閉じ込められ、それから流していたタクシーに押し込まれた。集まっていた大勢の支持者たちの喝采と「上出来だ」という叫び声がいつまでも続いた。しばらくの間、ジョンはカーネギー財団から賞金を貰ったヒーローからセンセーショナルな殺人を犯した悪党にまで落ちぶれていた。いまやジョンは再びヒーローになったのだ。だが、息子の死をめぐる状況と殺人者が誰であるのかという問題は、永遠の謎だった。

＊

約三ヵ月後、すなわち六月第三週の日曜日の早朝、警察官のムンディーが担当のカムデン地区を巡回していたとき、アルバート・ロードの角で哀れな光景に出合った。薄い寝巻きの上にコートを羽織ったアグネスが路上に座りこんでいた。アグネスは死にたいと慟哭していた。「天使のところに行きたい」。

アグネスは警察に連れて行かれた。持ち物の中に塩酸の瓶があった。所持品の中から見つかった遺書には、次のようにしたためられていた。「彼と結婚したために、全てがうまくいきません」「子どもなしで生きていくことなどできません……あの人は苦痛と悲しみを残して行ってしまいました。独りぼっちです。あの人（おそらくジョン）に後を追わせないでください」。自殺未遂で訴追を受けた後、アグネスは釈放され兄弟が引き取った。以後、彼女の記録は歴史から消えている。

一九一四年の前半、イギリスの大衆はウィリー・スターチフィールド殺害事件にしばらくの間夢中になったが、事件はすぐに忘れ去られた。この事件の捜査は一九二〇年まで続けられた。公的には、この殺人事件は未解決のままだった。お菓子をあげると言ってウィリーを連れ去った可能性のある犯罪者は謎のドイツ人だったのか、それとも他の外国につながりのある者だったのか？ カムデン・タウンの通りをウィリーに似ている幼児の手を乱暴に引っ張っていった特定不能な女の殺人者なのか？ あるいはやはり、ジョン・スターチフィールドが息子を殺したのか？ 主任捜査官のゴウが胸の内で真実だと考えていたのは、最後に挙げた可能性である。ゴウの推論によれば、ジョンは妻を苦しめるために小さな男の子を誘拐しようとしただけだった。ウィリーに会ってお菓子を買い、午後二時に一緒に列車に乗り込んだ。そこで争いになって、ジョンが子どもを叩いた。子どもが叫び声をあげたのに驚き、ジョンは黙らせようと新聞を結わえるのに使っていた紐を息子の首に巻いた、ということだ。

釈放後、ジョンに対する刑事補償問題が議会で取り上げられたが、内相のレジナルド・マッケナは、この事件は誤審の範疇には入らず、したがって公金から支出は行わないと判断した。しばらくの間、ジョンは人々が自分に関心を持ってくれることを利用して、映画俳優として生計を立てた。「やったのはあいつか？」といういかにも挑戦的なタイトルで、一九一四年九月に封切りした小編に出演したのだ。ジョンの役は、殺人者を取り押さえて怪我をした元新聞販売人で、現在は庭師という設定だった。雇用主の子どもが誘拐され、庭師は犯人から子どもを救い出すという内容だった。裁判後、ジョンは二年しか生きられなかった。古い銃創が原因で、一九一六年四月にセント・パンクラス診療所で死んだ。

ジョンの死後間もなく、ノースフリートの近くを流れるテムズ川に浮かんだ瓶が見つかった。瓶の中には鉛筆で書かれた紙切れが入っていた。「私Ｊ・Ｓは息子のウィリアムを一九一四年に殺したことを告白します。神よ、お赦しあれ」。ジョンの筆跡であると断定されることはなかったが、このメッセージによって、ウィリー・スターチフィールドを殺したのが誰なのかという疑問はあっけなく解明した。

首相の恋

彼女は二十六歳で、娘の親友だった。彼は六十一歳で、彼女の祖父といってもおかしくないくらいだった。二人が一緒に過ごした時間は「神聖」な時間で「美味」だった。彼は彼女のことを「自分に生命を与えてくれる存在」だと思い、もっと彼女に会いたいと願い、毎週金曜日の午後にリッチモンドかハムステッドにドライブすることを想って自分を慰めた。ドライブのときには二人はひざ掛けの下で手を握り合い、運転手付きの車ネイピアの後部座席で彼がこっそり彼女の唇を奪うのだ。

一緒にいないとき、彼は彼女の手に触れたいと想い焦がれ、気持ちが取り憑かれたようになり、彼女の気持ちが「自分から離れてしまったのではないか」と考え絶望的になる。だが、熟慮のうえ自制していたが、一緒にいるときには「君が考えているよりずっと抑えて」いたのだ。

彼の命さえ左右するような想いのはけ口は、彼女に書く手紙だった。最初の頃、世情から感じる不安な気持ちを和らげるため、彼は週に二通か三通の手紙を書いた。だが、一九一四年には彼は毎日、ときには一日に数通の手紙を書くようになった。優秀な郵便制度が、手紙で結びついた関係をさらに緊密なものにするうえで役立った。午前六時に彼が官庁街で投函した手紙は、彼女がロンドンにいれば、その日の晩には彼女のもとに届いた。彼女がチェシャー州かアングズリー海岸のホリーヘッドか、いずれにせよとにかく親の所有する別荘にいるときでも、翌朝には彼女の手元に手紙が届いていた。

初めの頃の手紙は、共通の友人や知り合いの噂話、彼女にお薦めの本などだった。だが、間もなく彼は、現在の政治や自分の仕事の進展について秘密を明かすようになった。愛情の印として、自分は彼女を「深く」信じているから、彼女に話さないことは何一つないと言うようになった。彼女に手紙を書くことによって、彼は仕事が厳しさの絶頂にあるときに慰めを得ることができた。手紙によって彼は「幸せな気持ちになり、もっと希望が持てるように」なった。もちろん、彼女がうっかりと彼が書いた手紙を置き忘れ、他の人が読んでしまうかもしれないとか、封筒に誰か別の人の宛名を書いてしまったかもしれないという不安を漏らすこともときにはあった。

彼女は彼の「愛する人」だった。彼はいつも自分の気持ちを彼女に書き綴ったが、彼女はいつも手の届かないところにいて、言葉で伝えることができないくらい大切な存在だった。

＊

ハーバート・ヘンリー・アスキス――親しい人はハーバートと呼び、妻のマーゴットはヘンリーと呼ぶ――はイギリスで最も成功を収めた、平和な時代の首相だった。一九一四年までの三度の総選挙でアスキスは続けて勝利を収め、自由党政府による進歩的な社会改革プログラムの先頭に立ち、上院である貴族院の憲法上の権力を決定的に抑制することに成功した。だが、権力の絶頂期にあって、アスキスは孤独と幻滅に苛まされていた。一九一二年に全国規模の炭鉱組合によるストライキを終わらせるための交渉後、アスキスは精神的にも肉体的にも力が枯渇した。同時に、アスキスの家庭生活には全く違う種類の軋轢があった。昔、乗馬中の事故で上唇が曲がってしまったマーゴット・アスキスは傲慢で人を見下す印象を与え、批判がましく、要求の多い女性だった。神経質で鬱に悩み、妊娠中も苦しんだ。出産で三人の子どもを亡くしたこともあり、彼女の性格はますますきつくなった。マーゴットは派手であけすけにものを言うことから、アスキスの同僚に敵対心を抱かせるところがあったうえに、アスキスの最初の結婚で生まれた連れ子たちとの間には積もり積もった難しい関係があった。特に、娘のヴァイ

ハーバート・ヘンリー・アスキスとヴェネチア・スタンリー。精霊降霊祭の日のペンロスで、ヴェネチアのペットのペンギンと。

オレットとの関係は難しかった。父親の関心を引いたマーゴットに対してヴァイオレットは嫉妬を感じ、何かと争うことが多かったのだ。アスキスの義理の娘シンシア・アスキスはこう述べたことがある。「マーゴットは人々を傷つけ泣かせて、訪問先から帰ってきた」。

首相のラブレターを受け取っていたヴェネチア・スタンリーは、アスキスを絶望の淵から引き戻した。もちろん、イギリスの他の首相にも愛人や恋人がいたことがあった。だが、彼らは国の歴史の決定的なポイントで、自分自身や政府や首相としての仕事について記録を綴ったものを、アスキスのように後に残すことはなかった。さらに言えば、この当時はまだ正式な閣議録さえ導入されていなかったのだ。

ヴァイオレットの友人であったヴェネチアのことを、アスキスは彼女が子どもの頃からよく知っていた。ヴェネチアはオールダーリーとシェフィールドに所領のある、非の打ち所のない自由党一族（バーナード・ラッセルは彼女の親族の一人である）の貴族の末っ子だった。ヴェネチアは家庭環境と受けた教育から自由思想を重んじるようになり、父親の書斎にある本を濫読した。ヴェネチアは高い知性を持つ人にも物怖じせず、生き生きした冗談を好み、オールダーリー・パークにある種の動物園をつくっていた。猿や犬、狐、ペンギンに加えて、しばらくの間は熊もいた。ヴェネチアのことをきれいだという者は誰もいなかったが、「黒い瞳をした鷲のような見た目のよさ」は魅力的で印象的であるには違いなく、同世代の若い男性は近寄りがたさを感じていた。そのうちの一人であるロレンス・ジョーンズは、ヴェネチアのおてんばぶりを回想してこう書いている。ヴェネチアは「うら若く人生のよい時期にあっても、女性らしさを頼みにすることは決してない。頭の中にはいろいろな知恵が詰まっているが、アマゾン族のように乱暴に馬に乗りこなし、男の子が歩くように大またでオールダーリーの庭の壁の上を歩いていく。豪快で純真、親しみやすい生き物で、優れた頭脳と秘めた心を上手に隠し、尻尾を掴ませない」。同世代の他の人物は、こと政治の話題となるとヴェネチアとの会話は、男性と話をするのと同じだと回想している。

一九〇七年、ヴェネチアがちょうど二十歳のとき、マーゴットはヴェネチアが夫の「小さなハーレム」の一員であることに気づいた。「ハーレム」は当時財務相だったアスキスがそこで浮気心を満たし、心の安らぎを得ることを求めて集めた若い女性たちから成るグループだった。だが、アスキスがヴェネチアのことを違う目で見るようになったのは、一九一二年一月以降のことだ。アスキスと娘のヴァイオレット、首相の前議会秘書で当時インド相となっていたエドウィン・モンタギューが休日にシチリアに出かけたとき、ヴェネチアが同行した。そのときから親密な関係が始まった。アスキスにとって「私たちの人生で一番楽しく、おもしろい二週間」だったのだ。

首相官邸でアスキスを見送った後、マーゴットはアスキスに同行した人々に嫉妬を感じた。そして、マーゴットが馬鹿にして「ヴァイオレットのインディアン女」と言っていたヴェネチアに対し夫が浮気心を感じていることを深刻に思い、涙を流した。帰国して数週間後、ヴェネチアはリミントン近くのニュー・フォレストの端で行う週末の家族パーティーのゲストとして迎えられた。アスキスはここで、ヴェネチアに後に述べているように、目から鱗が落ちた。一瞬にして、「これまでなじんでいた人々の姿や笑顔やジェスチャーや言葉が、全く新しいものに見えた」のだ。アスキスは自分が人生の岐路に立っていることに気づいた。

アスキスとヴェネチアはロンドンで、あるいはヴェネチアの両親の領地であるオールダーリーかペンロスで会った。ヴェネチアはオックスフォード付近のテムズ川に面したサトン・コートニーの波止場にあるアスキスの別荘にも滞在した。ヴェネチアがアスキスに書いた手紙は、一通を除いては存在していないようだ。ヴェネチアが書いた他の手紙と同じように、きびきびとして実務的だったことを思わせる。逆に、アスキスの手紙はたいてい冗長で、ヴェネチアを楽しませることを狙って書いたものだった――彼らは与野党の要人に、二人だけにわかるニックネームをつけていた。保守党の党首、アンドリュー・ボナー・ローには「ボナー・リサ」といった具合である――また、ヴェネチアが聞きたがっていた現在の政治の流れについても書いていた。アスキスの風貌には堅苦しいところがあり（いつもむさくるしかった）、行動にもそんな傾向があった。いわゆるオックスフォード大学の優秀なベリオール・カレッジ出身者が身につけている「努力しなくても優れている」といった雰囲気があり、ヴェネチアの読書についてあれこれ指示し、彼女の知識を試すような質問をすることに傲慢ともいえる喜びを見出していた（アスキスが残念に思ったのは、ヴェネチアは十二使徒のうち二人しか名前を挙げることができなかったことだ。ヴェネチアは当時、全ての宗教を軽蔑していた）。

アスキスにはヴェネチアのサポートが必要で、次第にヴェネチアの意見を尊重するようになった。ヴェネチアに対する依存が高まって以降、アスキスの酒量は減ったようにみえた。保守党の一部からは「老いぼれの酔っ払い」と陰口を叩かれ、週のうち三、四日は酒宴に出ていると責める者もいたのだ。特に、一九一一年の議会法をめぐる委員会で明らかに酔っ払い財務相の椅子に倒れこんで以後、アスキスの飲酒は議会で話題の的となっていた。ようやくアスキスは正気に戻った。決意を新たに、しっかりと政治に関わるようになったのだ。

アスキスとヴェネチアは恋人同士だったのか？　これは、アスキスがヴェネチアに書いた手紙が一九八〇年代初めに最初に出版されて以来、伝記作家と歴史家を悩ます問題となった。手紙には情熱的な言葉と愛情に溢れた表現が書かれているが、現実にセックスまで至ったのか？　それとも愛と情熱は紙の上のことで、現実の政治問題から逃避する一時的なロマンチックな誘惑にすぎなかったのか？

確かに同時代の人々は、アスキスがかわいい女の子が好みであることを承知していた。ヴェネチアの血筋に当たるウィンストン・チャーチルの妻クレメンタインは、アスキスが魅力的な若い女性の隣に座るといつも「ペンシルヴァニア・アヴェニュー」（女性の胸の谷間のこと）を覗き込むのを嫌がっていた。一九一四年二月、作曲家でサフラジェットのエセル・スマイスは、「評判の悪い老人の『信念』のせいで、何百万という女性が、ディナーの後には若い女の子と一つ部屋にしておけないと馬鹿にされているのは恥ずかしい」と、カンタベリー大主教ランドール・デビットソンに怒りを表明した。アスキスが女性参政権に反対していることを言ったのだ（七年後、オルダス・ハクスリーは小説『クローム・イエロー』の中で、前首相のことを「かわいい女の子とあれば誰でも芝生の上をよろよろと追いかける老人」として描き、アスキスの支持者の怒りを買った）。

だが、常識的に考えると、アスキスとヴェネチアとの身体的な関係はありえたとしても、セックスの前戯以上のものではなかったように思える。ヴェネチアはこの関係の重みについて、相手と状況によって異なる説明をしていたようだ。彼女は首相に関心を持たれ言い寄られたことに悪い気はしなかったが、三十歳以上も年上の男に言い寄られるのは嫌だったと主張したという。この証言をした者は誰か特定できないが、それなりに重視しなければならないだろう。しかし、ヴェネチアが首相在任中の重大な時期にアスキスに精神的な慰めを与えたということは疑問の余地がない。

だが、さらに複雑な要素があった。ヴェネチアはダブルゲームをやっていた。アスキスに追いかけられるのと同時に、アスキスの内輪のグループにいる別の人物、思い出のシチリア旅行に同行したエドウィン・モンタギューの愛情の対象でもあったのだ。一九一二年八月初め、モンタギューはヴェネチアに結婚を申し込んだ。ヴェネチアはプロポーズを断ったが、気持ちが変化する可能性をほのめかし、彼に希望を与え続けた。一九一三年九月、モンタギューは再度求婚し、また拒否された。だが、それでもヴェネチアを熱心に追い求め、抑えが効かないままだった。ヴェネチアが将来のことで気持ちが揺れ動いている頃、モンタギューはヴェネチアに「あなたのことで私の胸が痛むのです」と手紙を書いた。彼女がモンタギューを受け入れないのは、彼と性的な関係を持ちたくないというのが大きな理由だった。モンタギューはヴェネチアより八歳年上で、あばたのようなシミがあり、黒く濃い口髭を生やし、何かに怯えているような顔つきをしていた。大きな片眼鏡をかけているためにそれが強調され、身体的な魅力に乏しかった。

ヴェネチアの愛情を自分だけに向けるにあたり強力なライバルが存在していることに、アスキスは次第に気づくようになった。その気持ちが反映し、ヴェネチアへの手紙の中でモンタギューの暗い性格や醜さを書き連ねることとなったのだが、これが戦術だとすると、ヴェネチアから彼を遠ざけるのに成功したのかもしれない。その後、これはもっとどうかと思えるのだが、モンタギューがユダヤ系だという、不愉快でますますたちの悪い愚弄をアスキスはするようになった。アスキスは、バイロンの「センナケリブの破壊」という詩の一節「(破壊者の)アッシリア人は囲いに近づく狼のようにやってくる」をまねて、モンタギューのことを「アッシリア人」と呼んだり、怪しげな中国人という意味で「ミスター・ウー」と呼んだりした。モンタギューがウェストミンスターのクイーン・アンズ・ゲートに新しい家を買うと、アスキスはヴェネチアのことを「セムの絹のテント」に足しげく通う「キリスト教徒の子ども」と表現した詩を数節、彼女に送った。反ユダヤ主義が透けて見えるこうした発言の裏にある意図は明らかだった。ヴェネチアは、モンタギューは宗教が異なり、真のイギリス人ではなく異邦人だと考えるようになった(皮肉なことに、モンタギューには信仰心がなく、正統派の規則を守らないとの理由で億万長者の銀行家だった父親から、罰として金を融通してもらえなかった)。

アスキスの嫉妬は徐々に膨らんでいったが、モンタギューのキャリアの邪魔はしなかった。一九一四年二月、モンタギューは財務省の金融長官に昇進した。だが、アスキスはヴェネチアに新たな反ユダヤ主義的な当てこすりを伝えたい気持ちを抑えられなかった。「彼は財務省の持っている金に目が眩んでいる」と書いたのだ。

一九一四年の初めの頃には、アスキス、ヴェネチア、モンタギューの三角関係はそれなりに落ち着いていた。マーゴットはこれまで外からこの三角関係をぼんやり見ていることしかできなかったが、夫とヴェネチアの関係に精神的にひどく打撃を受けていた。マーゴットはアスキスのことを心から愛していたので、「関係によって自分がどれだけ傷つき、惨めな気持ちになっているのか」伝えることができず、代わりにモンタギューにその思いをぶつけた。洗練されず想像力も欠けているとマーゴットが切り捨て、軽蔑していたヴェネチアと、モンタギューが今なお結婚したいと思っていることに気づかなかったのだ。マーゴットはアスキスの前妻の子どもたち、特に馬面の継子ヴァイオレットは自分が嫌な思いをしているのを見てほくそ笑み、陰であざ笑っていると考えた。金曜日の晩になるたびにマーゴットは「苦悶」し、「ヘンリーがヴェネチアと一緒にいるのだと思う」自分が嫌で、ベッドで夕食を摂ることもあった。

ヴェネチアが結婚してくれればと、マーゴットはモンタギューに宛てた手紙の中で述べた。愛することができないのに「自分の虚栄心のために自己主張し、ほしいものを奪っていくカッコウ」のような若い女性たちのことを嘆いた。ヴェネチアのおつむは「完全に曲がっている」とマーゴットは吐き捨てるように書いた。

＊

後世の人々にまで伝わった噂によると、マーゴットは波止場に滞在していたヴェネチアに会ったとき、いかにもマーゴットらしい、人を苛々させるような言い方で「あなたがここにいると、いつもとてもうんざりするの。でもこのことを誰にも言っていないのよ」とヴェネチアに言った。だが、嫉妬こそしていたものの、ヴェネチアがアスキスにとって大事な存在であることをマーゴットも気づかないわけにはいかなかった。国の問題についてアスキスが気安く話をすることができたのがヴェネチアだった。また、当時最大の問題だったアイルランド自治法をめぐる危機に際し、アスキスがひたすらにヴェネチアを必要としていることがはっきりと示されることになった。

一九一四年初頭、政府はこの問題に圧倒され、不安定になり、首相自身もひどく動揺したのだ。

一九一二年、アスキスを首相とする自由党内閣は下院のアイルランド民族主義の議員に主導権を握られ、アイルランドの自治の原則を強く推していた。これは何十年も自由党の重荷となっていた問題を解決する絶好の機会だと思われた。上院の権力を奪った一九一一年の議会法のおかげで、保守党の上院議員は法案に反対票を投じることができなくなっていたのだ。

一九一四年夏、アイルランド自治法案は下院で三度目の審議を経た後に成立した。だが、アスキスは運命的な計算違いをしていた。内閣の他のメンバー同様、自治法でダブリン議会なるものをつくれば、プロテスタントが優位にあるアルスターが反対することを過小評価していたのだ。アイルランド北東部の人々は社会的、経済的、文化的に、自分たちが他の地域とは全く違うと考えていた。ウェストミンスターでアイルランド統一党議員の指導者だったサー・エドワード・カーソンのもと、アルスター統一党は必要ならば武装して反乱を起こす用意があった。

カーソンはクイーンベリー裁判でオスカー・ワイルドを譴責したことのある、はったりをきかせることの多いメロドラマ的存在だった。一九一二年秋のベルファスト・タウン・ホールで派手なプロパガンダを展開したカーソンは、「アルスターの厳粛なる同盟およびその規約」に最初に署名し、自治法に抵抗することを約束した。この約束を支持する波がこの年の後半に高まってアルスター・ボランティアーズが発足し、その結果、武装したアルスター義勇軍の創設につながった。一九一四年一月末にはメンバーは八万人となり、数ヵ月後には秘密の武器庫に、二万五千丁に達する近代的なライフル銃を含めて、あらゆる種類の武器を蓄えるようになっていた。これに対抗し、民族主義者は私設軍を立ち上げ始めていた。一九一三年にはアイルランド義勇軍に在籍する者はわずか一万人だったが、一九一四年の春には、その力はアルスター義勇軍に匹敵するほどになっていた。

現実的には、政府の自治法案を打ち砕くチャンスはわずかしかないことをカーソンは知っていた。カーソンはアルスターにとって最善の解決を実現するというもっと大きな目的を犠牲にしたと、彼の反対者たちは次第に明確に理解するようになった。ウェストミンスターで、カーソンは一八〇一年の統一法――イギリスの中に全アイルランドを統合した――を政治的信条の神聖な一部として擁護し、統一に反対することは大英帝国そのものに対する挑戦だと考えた保守党を断固支持していた（統一は保守党のアイデンティティの中核だったので、「統一党」という言葉を党名に入れ込んだ）。カリスマ的とはいえない保守党党首ボナー・ローは、自身の一族がアルスターのプロテスタントだったので、「アルスターが行う抵抗がどれだけのものとなるのか」想像できないが、「カーソンを支持する用意がある」とすでに公言していた。

だが、アイルランドの雰囲気が過激で脅迫的で、内戦の危機が高まっていたにもかかわらず、アスキスは議会を通じて解決する道が見つかるはずだと信じ続けていた。慌てることなく穏やかさを保ち、アスキスはいつもの「成り行きを見る」方法を採用した。

最初アスキスは、ダブリン議会でアルスターが特別な拒否権を付与されるように、「自治の中の自治」を認める計画を先延ばしにした。一九一三年から一九一四年にかけての冬には、こんなことでカーソンと統一党を満足させることはないと気づき、アスキスは一定の年限についてはアルスターを自治から除外する妥協策に傾きつつあった。

しかし、なおも政府は動揺しているようだった。時間稼ぎのため、アスキスはボナー・ロー、カーソン、そして下院のアイルランド国民党党首であるジョン・レドモンドとそれぞれプライベートに話し合いを持つことにした。アルスターが自治の対象から除外されるとなると、レドモンドの協力を得ることが絶対に必要だった。

新聞記者を近寄せないため、アスキスはカーソンとの会合をエドウィン・モンタギューの家で行った。ヴェネチアが絹のカーテンの後ろに隠れて「両方の」示す率直な意見交換を聞けば、きっと興味深く感じるだろう、翌日のディナーの前に会話の詳細を教えたい、とアスキスは手紙を書いた。

アスキスが手紙で漏らす用意があったゴシップの一つは、最近妻を亡くしたばかりのカーソンが三十歳も年下のルビー・フルーエンに「どうにもならないくらい」恋しているという話だった。ルビーはカーソンの演説と彼の「高貴で押し出しのある物腰に心を動かされていたが……尊敬はしても心を奪われたわけではなかったし、ましてや手を握らせようなどという気はさらさらなかった」、「この小さな悲喜劇が政治上の出来事に、とにかく、どんな影響を及ぼすことになるのか」知りたいとアスキスは書いた。これを読んだヴェネチアが、自分と同じ状況だということに気づくのは無理のないことだった。

＊

他の分野でも政治上の論争があり、新年の最初の数週間、アスキス内閣の関心はアルスター危機から目が逸れた。三十九歳の第一海軍卿ウィンストン・チャーチルが策定した海軍予算が、政府内でも自由党内でも、広く軋轢を引き起こしたのだ。国中の新聞も同様で、チャーチルは内閣から辞任を迫られるのではないかと憶測された。チャーチルは一匹狼だった。彼は甘やかされた横柄な子どもだと思われていた。チャーチルは下院時代に党を移り、十年前には保守党に見切りをつけ自由党に入った。昔の背信行為を今度は逆方向ですぐにも繰り返すのではないかと思われた。

今回、チャーチルが要求したのは新たな四隻のドレッドノートの建造――革命的ともいえる規模の戦艦をつくり、ドイツより六十％優位に立つ状況を維持しておくこと――と五千二百万ポンド近くの海軍予算の増額だったが、即座に強い反対を受けた。非難の的はチャーチル自身だった。ドイツの侵略の可能性について行われた主張に多くの自由党員が懐疑的だったのに対し、チャーチルはあまりに好戦的な姿勢であったうえ、軍事支出の漸増を抑えるべきという自由党の主流派からも逸脱していた。

マーゴットは財務相のロイド・ジョージに手紙を書き、いつものように自分の意見をわかりやすい形と雰囲気で伝えている。「ウィンストンにお金を持たせすぎるのはよくありません――いろいろな意味でわが党をだめにします……外国はどこも平和だというときに予算を切り詰められないというなら、いつ切り詰めるのでしょう」。予算が経済に及ぼす影響と一九一五年に控えた総選挙がロイド・ジョージの頭の中を占めていた。海軍支出が増えれば春に予算案を首尾よく通過させるのが難しくなるし、将来の福祉改革について結果は言わずもがなとなる。

ロイド・ジョージはチャーチルと政治的に近く、友人であり協力関係にあったが、財務相の関心は第一海軍卿との相違点を明確にすることだった。一月一日付の「デイリー・クロニクル」紙のインタビューで、ロイド・ジョージは「軍備支出が圧倒的に過剰となっている」ことに抗議し、英独関係が史上最も良好な関係にあることを鑑み、海軍の予算は削減すべきだと論じた。

アスキスはヴェネチアに、外相のサー・エドワード・グレイをはじめとした閣僚の大多数がロイド・ジョージのインタビュー記事について「不注意も甚だしい……全ヨーロッパが耳を傾けている」と捉えている、と教えた。港に入るときには浸水して沈んでしまいそうなほど船が古くなっていることをアスキスは認めていた。「だが、特別に注意して操縦し、災いを避けてきたのだ」。アスキスは内閣の分裂を抜け目なくコントロールした。ロイド・ジョージをなんとか枠の中に閉じ込め、最後の瞬間になって、チャーチルを沈めるのにロイド・ジョージの支援を望んでいた仲間を見捨て、海軍予算を通過させるよう図ったのだ。

二月十日午後、議会開会のとき、全体の関心は再びアイルランドに集中した。結核のため六週間カンヌで療養していたマーゴットはその二日前にダウニング・ストリートの首相官邸に戻り、新しい会議のはじめに先立つ正式なパーティーに出席した。ロイド・ジョージが海軍予算についてアスキスに行った「猿芝居」が失敗したことでマーゴットは気分が良くなっていたので、もっと早く帰宅すべき体調だったのに戻らなかった。

マーゴットにとって子どもたちが出払っていることも上機嫌の原因だった。アスキスと「二人きりなので喜び」、一緒にいるのは「ハネムーン」気分だと日記に書いた。だが、マーゴットには一九一四年がアスキスにとって決定的な年になることがわかっていた。アイルランド自治法案を通さなければアスキスのキャリアが終わり、自由党の運命は何年も封印された状態になるに違いなかった。「我々は困難な、嵐のようなときを迎えることになる」。マーゴットがカンヌからロンドンに向かう直前、アスキスはこのように述べた。

ある程度ファッションを意識して――幹部たちをうろたえさせてやろうと、ダウニング・ストリート十番地の首相官邸で「ファッションショー」を行ったことがあった――マーゴットは黒とにび色のドレスに身を包み、ローズピンクのベルベットのエプロンとカラーをつけて、公のレセプションに出かけた。その身なりはホブル・スカート（アスキスはヴェネチアに、「足が縛られ手錠をかけられた」姿の女性が宮廷風の挨拶をしようとしていると茶化した）や、パリから最近伝わった新しい流行の、やはり細身のトラウザースカートのような「勘違いしたグロテスクな」ファッションとは違っていた。

開会の催し物が行われたが、両議会は緊張と不安が広がっていた。国王ジョージ五世はスピーチで自治法について声明を出した。その中で、解決に向けた努力がこれまでうまくいかなかったことに遺憾の意を表し、所属する党と信条に関わることなく「全ての人々の善意と協力こそが……永続的な解決の土台となるよう切に希望する」と強調した。アスキスはヴェネチアに、国王は首相に脅かされているという噂がある、と書いた。だが、その後にこう付け加えた。数日前にバッキンガム宮殿を訪問した折に、アスキスはディナーでメアリー妃の隣に座り国王と良い雰囲気で話し合った、メアリー妃は音楽が大嫌いだとアスキスにすぐに言葉をかけてくれた、と。実際には、ジョージ五世がアスキスと行った会話の大半はアイルランドについての心配だった。国王はアスキスに、交渉が失敗して内戦が起きた場合にアイルランドに駐屯する兵士の多くが戦うことを拒否するのではないか、と直に警告した。

国王の心温まる善意と協調の願いを踏まえたかのように、その日の午後の下院の討論では、カーソンが反対側に座っているアイルランドの民族主義者に対し「同胞」と呼びかけ、アイルランドの運命を決めるのは武器ではなく理解と共感であってほしいと嘆願した。傍聴席から見ていたマーゴットはカーソンの演説を聴き、胸がいっぱいになった。和解の精神に共鳴したアスキスはカーソンに手紙を書き、演説を讃えた。カーソンはとても「印象的」だったとアスキスがヴェネチアに送った手紙は、彼女に進捗状況を知らせるため、カーソンがくれた手紙への短い返事を引用して結んでいた。

カーソンは初めて統一党のために公に声明を出し、アルスターを除外する条件のもとでアイルランドの他の地域に対して自治法を適用することには抵抗すると述べた。二月の間、アスキスとロイド・ジョージは民族主義者のリーダーと交渉を再開することによって主導権を取り、アイルランド自治法案の適用範囲から統一党の地域を除外しようとした。レドモンドはこの譲歩案にやむなく同意した――マーゴットが気づいていたように、レドモンドがその話を聞いたときには「ただ涙を流すだけ」だったが――が、大きな障壁が残っていた。除外の期間をいつまでとするのか？　当初、三年間と要求されたが、ジョージ五世が割って入った。三年に限ったのでは国王の立場を持ちこたえることができないという懸念を表明して反対したので、六年間となった。

熟慮の末、除外する地域は定義しなかった。カーソンは常に、少なくとも六州、できれば九州全てを除外するよう求めていたが、実際にはアルスター北東部のアントリム、アーマー、ダウン、ロンドンデリーの四州と、併せて都市であるベルファストとロンドンデリーが自治法から除外されることが考えられた。

アスキスがつくった修正法案には、これら詳細についての決定も含まれていた。イギリスで少なくとも二度の総選挙が行われる六年間、アルスターの諸州に自治法の対象とならない選択権を付与し、自治法から除外されるか、対象となるかを確認する機会を与えるというものだった。住民投票が行われなければ、問題となった諸州は六年後、他のアイルランドと同様、自動的に自治法の適用下に入るとされていた。

三月九日、アスキスはこの法案を議会に提出した。再び傍聴席に行ったマーゴットは、かつて敵対していた保守党のセレブでアイルランド自治政府にずっと反対してきたレディ・ロンドンデリーと、互いに視線で非難しあった。自治法をめぐる過程でレディ・ロンドンデリーは、同法を非難するコメントを続けてきたのだ。クリスマス前からスーダンを旅行中のヴァイオレットは急ぎロンドンに戻り、午後三時二十五分にチャリング・クロス駅に到着、ぴったり時間通りに下院に着き、傍聴席の中からやっと立見席を見つけて父の演説を聞いた。

アスキスは立って演説を行っている間、ヴェネチアの姿を探して女性の列に目をやったが見つけることができず、ひどく落胆した。「どうして新聞記者を装ってやってきてくれなかったのですか?」とアスキスはヴェネチアに書いて、討論が終わったらできるだけ早く会う段取りをつけた。「人が大勢いますが、興奮を引き起こそうとは考えませんでした。むしろ葬儀の際の弔辞のような話っぷりで臨むことにしました。ボナー・ローは最悪でした」。

だが、この申し出に対し、政府に真っ向から球を投げ返したのはカーソンだった。カーソンはこの譲歩案をアスキスの新たな遅延戦術だと考え、この提案はさらに六年間、アルスターをイギリスの政治ゲームの人質にするだけだと論じた。「アルスターはこの問題が今このとき、そして永遠に解決することを望んでいる」とカーソンは断言した。「我々は六年間の猶予付きの死刑判決を望まない」。

どちらの保険もさらに高くついた。三月十一日、統一党に申し出が拒否された二日後のことだ。ダブリン城から届いた警察の報告書が閣内で回覧された。そこには、アルスター義勇軍が力を増している証拠――十一万人以上の兵士、八万丁以上のライフルを持っていた――が示されていた。また、さらに驚くべきことに、義勇軍がアルスターを軍事支配することを想定した行動計画を立てているという証拠も示されていた。その中には全ての鉄道、電信および電話の断線、武器と弾薬庫の奪取が含まれていた。

アルスター義勇軍の計画が即座に蜂起を促すものなのか、自治法が成立した後の長期的な見通しのもとでの行動なのかを判断する証拠は何もなかった。だが、両者の緊張が高まり、下院での意見交換がさらに厳しさを増す中で、政府が何も行動を起こさないのは賢明というより無責任であることは明らかだった。

三月十六日の質疑のとき、政府の譲歩案に対しカーソンは「恥ずべき偽善」だと非難し、ボナー・ローは不信任案を突きつけた。この時点まで「現実に和解のチャンスはある」と楽観的だったアスキスはこの後、妥協の希望が潰えたようだとヴェネチアに告白せざるをえなかった。その二日前、海軍予算をめぐる嵐の後、自由党内での立場をなんとかして回復させようとしていたチャーチルは、ブラッドフォードで挑発的な演説を行った。アスキスはこれを聞き、「全く良いタイミングだった」と述べている。いかにもチャーチルらしい演説だった。典型的なレトリックを使い、政府はアルスターからの脅しに屈することはないし、「大規模な流血の事態よりもっとひどいこと」が起こると警告した。政府の譲歩案が拒絶され、「威嚇と蛮行」に晒されるとなれば、「ともに前進して、そんな重大なことが起こるのかどうか試してみようではないか！」。

アルスター義勇軍が行動を起こす可能性について、内閣は収集した情報をもとに、アイルランド駐在軍の司令官アーサー・ペイジェット中将――アルスター中の武器庫の安全を確保するため、決定的な動きをした――に指令を出し、アイルランドに駐屯している二万三千人の兵士の一部を配置転換し、政府が所有するものの安全を確保することになった。さらに根拠がないことだったが、スペイン北西部の海岸からベルファスト沖百十キロほどにあるアラン島のランベスに第三艦隊を移動せよ、との命令がチャーチルから出された。彼は後に、艦隊は陸軍を予備的に補助することを意図していたと主張した。だが、三月二十一日にこの命令は撤回された。そのとき戦艦は、まだシチリア島にさえ着いていなかった。

政府は何ヵ月も言い逃れを続けてきた末に、ようやく断固たる姿勢を示した結果、三月十九日、下院で劇的なやりとりがあった。首相の話を聞いたカーソンが、自分はウェストミンスターではなく運動の最先端であるベルファストにいるべきだと感じると断言すると、「剣を抜いて行くのか?」と叫んだ者がいた。アイルランド民族主義者の議員ジョゼフ・デヴリンが、野党を支持すれば自分の財産を増やすチャンスがあると考えてカーソンは自治法案を見捨てたのだと非難したことに対し、カーソンは「とんでもない嘘だ」と反論し、議長席の背後にあるドアに向かった。議長のそばでカーソンは、乱暴な保守党と統一党の喝采に応えて別れの印に手を挙げ、背中を向けてドアから出て行った。その後、議場には静寂が広がった。踵を返す前、カーソンは「ベルファストに行く」と宣言した。

午後五時十五分だった。五時五十五分に、カーソンはユーストン駅で臨港列車に乗り込み、「デイリー・メール」紙の記者に「自国民がいるところに行く」と言い残した。カーソンはアルスターに行って暫定政府を宣言する、あるいは内戦の導火線に火をつけるのではないかという噂が広がった。

カーソンと同じ列車でアイルランドに向かったのが、アーサー・ペイジェット将軍だった。アルスターへの軍隊の派遣について陸軍省と協議した二日後、ダブリンに戻ったのだ。ペイジェットはかなり興奮し、神経が高ぶった状態だったと報じられた。アイルランドに戻ったペイジェットは、アスキスの悩ましい自治法政策を新たな危機の段階に突き落とすことになる。

アスキスは風邪が長引いていることを言い訳にして週末はロンドンに留まり、別荘にいるマーゴットを避ける一方、三月二十日の土曜の晩にはマンスフィールド・ストリートにあるヴェネチアと彼女の両親であるシェフィールド卿夫妻を訪ねた。午後十一時から午前零時の間に電話があり、アスキスはブリッジをやめて首相官邸に戻り、ペイジェットから届いた電報を見せられた。驚いたことに、ダブリンから約五十五キロ離れたところのカラッハ駐留地にいた第三騎兵隊の七十人の将校のうち三十八人が、アルスター鎮圧に参加するくらいなら軍を首にしてほしいと言っているという内容だった。

この事件の根底には、ペイジェットの小細工がいくらか絡んでいることは明白だった。かつてボーア戦争で指揮を執ったときのペイジェットは方向が定まらず怒りっぽいという評価だったが、今回の行動もその通りだった。ペイジェットの気質は、陸相が与えた明確さを欠いた指令と合わさって混乱を生み、破滅的な結果を招いたのだ。

陸軍省の会合でシーリーとペイジェットは、アルスターで予防措置として軍隊を動かすときにはアルスターに駐留する将校は後方に留まることが認められる、というペイジェットの主張に合意していた。いったん何らかの行動がとられる場合、彼らは自分のキャリアに影響することなく、自分の地位を回復できるとされたのだ。北に進軍することを拒否して辞退したり命令に従わないことに対し他の将校が脅しをかけた場合、彼らは全員直ちに解雇され、年金が支払われないことになった。

残念なことに、そして謎ともいえるのだが、これらの指令は文書化されなかった。さらに惜しいことに、シーリーは命令に従えない将校がいるという最悪の緊急事態のみを想定した場合の手引きとして、これらの原則をペイジェットに指示したことを全く公にできなかった。(「ペイジェットにブレーンがいたのだとしたら、間が抜けているとしか言いようがない」というシーリーの評価が確かな証拠だともいえる)。彼らにはアイルランド管下にいる将校全員に仮定としてこの問題を投げかける意図はなかったが、まさにそれこそペイジェットが次に行ったことだったのだ。

土曜日の早朝ダブリンに着いたペイジェットは、すぐに七名の上級将校を集めて陸軍評議会を開いた。ペイジェットは――出された命令のほとんどは、実際、二個歩兵大隊と付随する歩兵連隊いくつかを動かすだけだったにもかかわらず――計画が「積極的に攻撃を行う性格のもので、大規模に展開する」ものだという印象を与えて「激しい興奮を呼び」、翌日、アルスターを怒りの炎で燃え上がらせた。ペイジェットはそこで彼らに二つの選択肢――アルスター駐留の将校に対する作戦行動からの除外と、他の将校に対する即座の解雇――を突きつけた。まるで将校たちの頭に銃を突きつけているようだった。

ペイジェットの話を聞いていた将校の一人が、第三騎兵大隊の司令官ヒューバート・ゴウ准将だった。アスキスはヴェネチアに宛てた手紙の中で、ゴウのことを「際立って優秀な騎兵将校、アイルランド人で熱烈なアルスター支持者」と描いている。ゴウはアルスターで育ち自治法に激しく反対していたが、アルスターに駐留していなかったために除外の対象ではなかった。だが、駐屯地カラッハに戻ると、ゴウは自分の指揮下にある将校のうち五人がアルスターの住人だと主張していると報告した。残りの者のうち、十二人はどのような命令が与えられようとも従う用意があったが、ゴウ自身を含め五十八人はいわゆる「アルスターに対する積極的軍事行動の開始」に巻き込まれるくらいなら解雇を受け入れたいと考えていた。

すでに新聞は、「重大な国民の危機」と断言した見出しを掲げて詳細を報じ、それが首相官邸にも浸透している中、アスキスはヴェネチアに穏やかな調子で「今日聞いた話では、誤解があったようだ」と書いた。「彼ら（七人の上級将校）はペイジェットの発言を聞いて、アルスターの盟約に加わった人々を攻撃するという命令を受けたと考えたようです。兵站部を守り……命令を遵守する他の軍と同様に、義務に背くつもりなどないと言っています」。そして、「数時間のうちに解決がつく」とアスキスは予言した。

一方、浮かぬ顔をした人々がダウニング街十番地の首相官邸に次々と現れた。そのうちの一人が国王の秘書スタンフォーダム卿だった。ジョージ五世がカラッハ駐屯地のいきさつを聞いたのは、その朝、「ザ・タイムズ」紙を開いた後のことだった。ジョージ五世は、「我が軍を襲った恐ろしくなす術もないカタストロフィーに、言葉では言い尽くせないほど悲しみに沈んだ」。

だが、カタストロフィーは始まったばかりだった。ゴウと彼が所属する連隊の将校三人はロンドンに召喚され、三月二十二日と二十三日にシーリー、将軍補佐サー・ジョン・スペンサー・ユワート、帝国参謀長サー・ジョン・フレンチによる査問を受けた。フレンチはサー・ダグラス・ヘイグから、ゴウが処分されるとオルダーショット管下の全将校が辞任することが考えられると警告を受けていた。そこで、ゴウと部下を説得し、何事もなかったかのように軍務に戻そうとした。独善的な怒りで煮えたぎっていたゴウは、軍隊を用いてアルスターに自治法を課すことをしないという約束を文書化しなければ断る、と主張した。この線に則って覚書の草案が作成され、三月二十三日に内閣に提出された。草案は差し戻され、アスキスが修正し、論争的に映らないようトーンを改めた。辞任は誤解によるものであり、ペイジェットの査問の意図は全く合法的なものであり、陸軍評議会は満足したと草案に記されただけだった。財産と生命の保護のため法に基づく命令であることが確認された、という内容だった。

次に起こったことをそのまま明確に定義するのは困難である。だが、ヒューバート・ゴウに対し、いずれの段階でも陸軍評議会、特にシーリーを誘導しようとする傾向があったことは間違いない。覚書の改訂作業をして閣議が解散したちょうどそのとき、シーリーは首相官邸に戻った。シーリーがこの覚書をポケットに押し込み、老齢の国璽尚書ジョン・モーリーと話をしていたとき、アルスター義勇軍を鎮圧するのに軍を用いないという保証を求めたゴウからのメッセージが届いた。モーリー――マーゴットによると、事態に通じていなかった――と一緒にいたシーリーは、この文書にさらに二つのパラグラフを追加して先手を打った。

この、いわゆる「犯罪的なパラグラフ」には、政府は軍に対し法と秩序を守らせる権限を持っているが、「政府は自治法案の政策および原則に対する政治的反対を抑え込むことに軍を利用しよう」などとは考えていない、と書かれていた。この文書はフレンチとユワートに送付された。この条項は首相と内閣の承認を得ているという印象を持った彼らは、陸軍評議会のために署名した。

大胆になったゴウはさらに先に進んだ。ゴウは二つ目の「犯罪的なパラグラフ」に対する正しい解釈は、いかなる条件下でも軍隊は「現在の自治法案をアルスターに強制することを求めてはいないし、我々は将校たちにそれを保証できる」という意味であることを、再確認させた。フレンチは端に「私はそう読む」とメモした。アスキスはその後、この文書を撤回しようとした。だが、すでに時を失していた。ゴウは自分が持っている紙切れを携えてカラッハに凱旋し、隊全体から喝采を受けた。

「続く状況は……好ましいものではないが」と譲歩したものの、「差し迫ったカラッハの困難は調整できると思う」とアスキスは三月二十二日にヴェネチアに書いた。それから四十八時間以内に、アスキスの言葉は先見の明を帯びていたことが明らかになった。文民政治家と上級将校との関係の行く末は不安に満ちていた。ゴウは直ちに、政府には武力を用いてアルスターに自治法を課す権限がないと保証し、その過程で政府の政策を巧みに混乱させた。三月二十日以前に政治的な妥協が失敗した場合には、アルスターの意に反して軍が動員を命じられる可能性があることには、依然としていくばくかの真実味があった。ペイジェットの「無策から出たへマとシーリーの気が利かない言葉の後、真実味は消え去ってしまった」。

新聞の中には、カラッハの「反乱」を「ボーア戦争以来の大事件」と呼ぶべきだという論調もあった。統一党を支持する新聞の代表である「モーニング・ポスト」紙は、「軍は自治法案を粉砕した」と誇らしげに報道したが、自由党の見解を代表する「ネーション」誌は、「一介の兵士が、自分の仲間たちがその存在と給料を支えてもらっている議会に挑戦し、軍で最も人気のある存在となって凱旋した」のは甚だ信じがたいことだと捉えていた。

下院では、政府は軍を用いてアルスターの運動を粉砕する言い訳にしようとした、と政府を非難した。アスキスはヴェネチアに、なぜアルスターの武器庫の保護に騎兵隊だけでなく軍艦八隻を派遣する必要があるのか説明するにはかなり骨を折る必要があった、と認めざるをえなかった。

政府が一息つけたのは、軍が政治に介入することについて国内で穏やかならぬ様子が広がっていることと、将校の間に不満と反発を募らせていると攻撃を受けた野党の弱さが露見したことだけだった。

アスキス自身が、自ら表現する「馬鹿馬鹿しい災難」から受けた影響は厳しいものだった。アスキスは見るからに動揺していた。公務員のアルメリック・フィッツロイの報告によると、彼は大きな打撃を受けており、「上手に処理する力がないのに、このような状況をつくり出したのはとんでもなく愚かなことだ」った。

首相として最も困難だった週の終わりの三月二十七日金曜日、アスキスは神経を鎮めるためヴェネチアとドライブに出かけた。それから下院で演説を行った。アスキスはその後も「一人きりで」ドライブをしたが、ヴェネチアがいないのを「ひどく」寂しいと思った。これほどヴェネチアに傍にいてほしいと願ったのは初めてのことだった。

一ヵ月後の四月二十四日の夜、蒸気船マウントジョイ号は灯りを燈し、アントリム州の東海岸にあるラーン港に錨を下ろした。そして、二万丁以上のライフルと何百万発もの銃弾が船から降ろされた。埠頭でヘッドライトをつけて待っていた何百台という自動車が、降ろされた荷を運んでいった。作業が終わると、「国王」と「義勇軍」のために万歳三唱が行われた。

アルスター義勇軍を武装させようとアルスター統一党評議会が考え、実行したこの疾風迅雷の計画は、なんら抵抗を受けることもなかった。カラッハの危機の後すぐに行われたラーンでの非合法の銃器の密輸入は、政府の面子を潰すとともに、自治法に基づく政策を施行する能力がアルスターにないことを浮かび上がらせた。「アルスターに強制するのはもはや問題外だ」とチャーチルは不吉な調子で述べた。「我々がアルスターから強制されないようにするのが現下の問題だ」。

切り裂かれた「鏡のヴィーナス」

三月十日火曜日の朝、体にフィットしたタイトなグレーのジャケットとスカートを身にまとった女性が、ホルボーンのダウティー・ストリート四十八番地の、かつてはチャールズ・ディケンズが暮らしていたが今や廃墟のような下宿屋を出発し、レスター・スクエアを目指してソーホーの方向に歩いていた。ロンドン警視庁の最新の報告では、当の女性は三十一歳で身長は百六十五センチを少し上回るくらい、褐色の髪と瞳をしていた。顔色が悪くて痩せていた、とも書かれていた。

ジャケットの左袖には小さな手斧が隠してあった。前日にテオボールズ・ロードの金物屋で購入したものだった。手斧は安全ピンのついたチェーンで固定してあり、使うときにはそれを外さなければならなかった。

午前十時を少し回った頃、女性はトラファルガー広場にあるナショナル・ギャラリーに入場した。当日はギャラリーの「無料開催」日で、階段と展示室は人でごったがえしていた。一階からの階段は途中で左右に分かれていて、彼女はいったん立ち止まった。それから人混みを通り過ぎ、第十七展示室の北壁の右に掛かっていたベラスケスの「鏡のヴィーナス」と呼ばれる絵を覗き込んだ。絵の中では裸体の愛の女神が鑑賞者に背を向けて横たわり、息子のキューピッドが手にしている鏡に映った自分の姿を物憂げに見ているのだ。鏡の中の顔は霞がかかったようにおぼろだが、その眼は恥じらいを含んだ親密さを秘め、鏡を通して絵を見る人々に視線を返しているように見える。

ベラスケスの「鏡のヴィーナス」。サフラジェットのメアリー・リチャードソンの手斧により損傷。

女性は隣の部屋に進み、さらにいくつかの部屋を通り過ぎて風景画や肖像画を眺めた。それから「鏡のヴィーナス」が掛かっている部屋の戸口に戻ると、バッグからスケッチブックを取り出し、デッサンを始めた。二人の係員が絵の前の赤いビロードの椅子に座っていた。

正午になり、係員の男性の一人が席を立ち部屋を出た。もう一人は昼食の時間だと気づき、明らかにリラックスした様子で背もたれにもたれかかり、足を組んで新聞を広げた。女性は素早く斧を掴むとバッグを床に落とし、「ヴィーナス」に飛びかかった。最初の一撃で被せてあった保護ガラスが割れた。その音を聞いて椅子から立ち上がった係員は、新聞を手にしたまま周りを見て歩き、それから天窓を見上げた。最近修理したばかりだったのだ。部屋に戻ったもう一人の係員は、当の女性を見つけ捕まえようと焦ったが、いつも磨きこんであった床に滑って転んでしまった。その隙をついて女性は手斧でさらに絵を傷つけ、刃をキャンバスに突き刺した。その後、彼女は捕まった。

別の者が気づき、ドイツ人旅行者のために用意してあった旅行ガイドブック『バーデカー』を二冊、彼女の首の後ろに投げつけた。この段階になって係員はようやく、割れたガラスが天窓とはなんら関係がないことに気づき、女性に近づいて斧を取り上げた。物音に気づいた他の観客は、彼女の頭に一撃を加えようとした。怒った人々がこぶしを振り上げ犯人を蹴ろうと一塊になって大騒ぎになり、部屋の外の広い階段に人だかりができた。

警察官と係員と捜査官が廊下沿いに犯人を追い立て、階段を下って大きな地下室に押し込んだ。息を切らし、顔が紫色になった警察官が「ギャラリーには他に仲間がいるのか?」と尋ねた。

「いると思うわ」と女性は答えた。

「なんてこった!」。そう叫んだ警察官はくるりと向きを変え、彼の前にいる者を全て押しのけながら部屋の外に出て、「ギャラリーから人を追い出せ」と大声で命令を発した。

＊

ヴァイン・ストリート警察署で、女性は武闘派のサフラジェットでメアリー・ローリー・リチャードソンだと名乗った。ベラスケスの「鏡のヴィーナス」を「損壊した」として、リチャードソンは直ちに起訴された。その日の午後、リチャードソンはボウ・ストリート警察裁判所裁判官の前に連行され、保釈金なしで公判にかけられた。現在、リチャードソンが書き署名した声明がキングズウェイにある女性社会政治連合（ＷＳＰＵ）の女性参政権本部により公開されている。これによると、絵画に対する攻撃はその前日にグラスゴーでなされたＷＳＰＵのリーダーであったエメリン・パンクハーストの再逮捕に対する抗議だと明らかになっている。顔色が悪く、弱々しい姿のパンクハーストはホロウェー刑務所に収監された。パンクハーストはそこでハンガーストライキを始めたが、三年の刑期のうち四日あまりを務めた後、心臓に痛みを覚え許可を得て再度釈放されていた。自分の行動を説明するに当たり、リチャードソンは「近代史上最も美しい心を持っているパンクハースト夫人を痛めつける政府に抗議して」「神話の歴史の中で最も美しい女性の絵」に傷をつけるつもりだったと書いた。「正義は女性にとって姿かたちと同じくらい重要な美しさの要素だが、正義のためにパンクハースト夫人は裏切り者の政治家たちが集まっている政府によって、ゆっくりと死に追いやられている」と。その晩、リチャードソンはパンクハーストと同じホロウェー刑務所に収監され、六ヵ月の刑の判決を受けた。

リチャードソンは警察から、武闘派サフラジェットに最も深く関与している者の一人だと見られていた。事実、ボウ・ストリートの裁判官ホプキンスによると、リチャードソンがこの一年の間に法廷に呼ばれたのは十回ということだ。放火、暴行、警察署の窓へインク瓶を投げ込んだことなど、さまざまな理由で起訴されていたのだ。ともに行動していた仲間たちとは違い、リチャードソンは「猫とねずみ法」[※]で再逮捕された経験はなかった。初期の虫垂炎にかかっていることを含めて健康状態が悪く、投獄後に彼女がハンガーストライキを行うと死に至る可能性が高いと当局が考えたためだったと思われる――だが、リチャードソンが法廷で述べているように、彼女は死を恐れてはいなかったのだ。

しかし、他の筋金入りの武闘派とは異なり、リチャードソンは定期的な監視下に置かれていた。私服刑事が彼女の動きを追い、彼女に気づかれないよう写真を撮っていた。近年、ロンドン警視庁もオートバイを使った追跡をするようになり、リチャードソンのような女性の尾行は容易になったが、当時ではオートバイを使用した監視

※「猫とねずみ法」は、正式には「不健康な場合に囚人を一時的に釈放する法令」といい、一九一三年四月に導入された。〝いたちごっこ〟の意である。この法は、健康状態の悪いサフラジェット、いわゆる「ねずみ」はすぐに釈放されコミュニティに戻ることができたが、問題を再び起こせば「猫」に逮捕されることになっていた。

の試みは派手に失敗することもあった。

リチャードソンは、「言葉ではなく行動」によって投票権を獲得しようというパンクハーストの戦略に身を捧げた女性武闘派の闘士として必要不可欠な、二つの要素を備えていた。一つは、リチャードソンが根無し草だったことである。リチャードソンは一八八三年にイギリスで生まれたといわれるが、オンタリオでカナダ人の母親と祖父に育てられた。十六歳で母親を亡くした後、祖父への責任もかなぐり捨て、ヨーロッパに戻って芸術を学び、パリとイタリアを旅した。二十代でロンドンに落ち着き、トロントの新聞に記事を書くフリーランスとしてわずかな生活費を稼いでいた。

リチャードソンのもう一つの重要な要素は、未婚だったことだ。逮捕され投獄されたサフラジェットは、かなり高い割合で独身者だった。一九一四年には、WSPUの加入メンバーの六十%以上が「ミス」として登録されていた。独身を貫いたリチャードソンは、マンチェスターに在住する中流階級の女性でWSPUを支持していたエヴァ・ケラーと同じ運命をたどる危険はなかった。エヴァ・ケラーの夫は窓を割る襲撃行動に反対し、妻を参加させまいと食糧貯蔵庫に閉じ込めたのだ。リチャードソンは後に、「本当の意味で、私は命令に従って自由に行動できた」と述べている。

結婚せず、生涯のパートナーを持つこともなく、リチャードソンは大義のために身を捧げた。一生涯——ベラスケスの絵画を傷つけた後、ほぼ半世紀生きた——「荒々しい情動」と全精力をサフラジェット運動に賭けた。この感覚に勝るものは他になかった。一九五三年には自叙伝『挑戦を笑う *Laugh a Defiance*』(エセル・スマイスがつくったサフラジェットの闘いを鼓舞する賛歌「女性の行進」の最後の一節から取った)を発表した。その中でリチャードソンは、一九一四年以後の人生にはほとんど触れていない。投票権を獲得するための運動の「熱狂」に焦点を絞って書いている。

だが、人々がリチャードソンの自叙伝を手に取るのは、彼女が戦闘的なサフラジェットとして生きた日々を詳細に、正確な時系列で綴っているからではない。新約聖書の福音書がイエス・キリストの生涯と業績について目的をもって歴史を記述していると期待して読むのではないのと同じことだ。自叙伝を見ると、日付や事実の詳細について彼女は平気で改ざんや無視をし、自ら信じることを綴ったものであることがわかる。雰囲気を伝え、劇的な効果を狙った叙述を目指した自叙伝であって、運動の主役となった人々の心理をうまく表現しているのだ。

リチャードソンはサフラジェットの歴史の中で起こったさまざまな重要な出来事に参加している。彼女は一九一〇年十一月十八日の下院襲撃（以後、「ブラックフライデー」と呼ばれる）でも、女性参政権を黙殺する姿勢に抗議してアスキスに直訴しようとしたサフラジェットの代表団の一人だった。このとき、抗議を行う女性たちに警察官が暴力を振るうのを彼女は目の当たりにした。一九一三年六月、彼女はエプソム競馬場にいた。ダービーでエミリー・ウィルディング・デイビソンが国王（ジョージ五世）の馬の前に身を投げ出して致命傷を負い、怒った群衆によりサフラジェットが鉄道の駅に追い込まれるのを見た。リチャードソンは暴徒たちから逃れるため、トイレに身を隠さなければならなかった。彼女はジョージ五世がブリストルを通過するときに請願書を渡そうと、国王が乗っている馬車のステップに飛び乗ったことについても記している。そのとき、国王の眼が信じられないほど青かったことに強い印象を受けたようだ。

それほど注目すべき内容でもないのだが、リチャードソンはロンドンの主教アーサー・ウィニントン＝イングラムと、ホロウェー刑務所でハンガーストライキを行っていたサフラジェットが強制的に食事をさせられることについて議論したこともあった。また、ホルボーンのレストランで投票権について熱弁をふるって他の客のディナーを妨害し、硬いパンの塊を何度もぶつけられたこともあった。

リチャードソンによる説明の中には正確さという点で十分耐えられるものもあるが、そうでないものもある。

このテーマの冒頭、私は「ヴィーナス」が傷つけられた直後のナショナル・ギャラリーの混乱した様子を描いたが、これはリチャードソンの自叙伝から引用したものである。事件の模様をはっきりと思い描くことができるよう、リチャードソンは自叙伝に記している。だが、この時期の新聞は騒動について何の記事も載せず、「傷ついた聖母アリア」（ヴィーナス）がギャラリーの展示から静かに外されたと報道しているだけだ。

リチャードソンはアルバート・ホールで行われた示威活動でパンクハーストに会ったことで、サフラジェット運動に関わる無名の人物から「聖なる十字軍」に従軍する、血潮がみなぎる闘士となった。その日、パンクハーストが示した威厳とすばらしい弁舌によって、リチャードソンは魔法にかけられたようになった。後に、リチャードソンはWSPUのリーダー（パンクハースト）との面会を許され、彼女から個人的にバーミンガム周辺の鉄道駅爆破の指示を受けたときには、自らを特権的な立場にあると感じた。

だが、リチャードソンが明らかにしているように、他の多くの点で闘士の生活は孤独で寂しく、ときには恐ろしいものだった。サフラジェットのシンパが所有する安全な家で束の間の休息を取るのがやっとだった。闘士には身体だけでなく言葉でも侮蔑を受ける脅威もあった。特に、年配の男性は街角でサフラジェットの新聞を売っている女性の耳に「猥褻な言葉」を囁くことを面白がった。ホロウェー刑務所で、食事を強要する道具の一部であるチューブと開口器を運ぶ鉄製の手押し車がガタゴトと鳴る音を聞くのは恐ろしかった。なかでも一番恐怖を感じたのはおそらく、個としての存在を失い、上からの命令を何の疑問もなくこなすようオートメーション化することだった。

それに、闘士として行動しようとするとき、勝ち誇った気持ちがあるわけではなかった。胃に穴が開くような痛みを感じた――任務が終わってようやく、確かな安らぎを得るのだ。

＊

リチャードソンが攻撃を行った午後、ナショナル・ギャラリーの外では、入館できない理由を知らない来館者たちが怒ってドアを叩いた。館内ではギャラリーのディレクターであるサー・チャールズ・ホロイドを長とする財団の緊急会議が開かれていた。博物館や美術館に対して武力攻撃が行われるおそれがあると、警察当局は何ヵ月も前から考えていた。ロンドン警視庁は一九一三年の夏以来、サフラジェットが「暴挙」に出る可能性について警告し続けた。一九一三年夏には「爆弾」――後に火薬が入っていないカートリッジだけだったことがわかるのだが――がナショナル・ギャラリーの部屋で見つかっていた。ギャラリーには私服刑事を増員して配置していたものの、現実に攻撃が行われたことから、ランズダウン卿とカーゾン卿もメンバーとなっている財団は、二時間以上会議を行った。しかし、長期的な見通しと今後の見通しについては合意に至らなかった。最終的に、財団は二週間ギャラリーを閉館することとし、重要な絵画については厚いガラスで保護し、来館者のコートやバッグ、マフラーなどは預かるという新たな方針を打ち出した。

猫の鳴き声のような声で話をする、と意地悪く言われることもある収蔵品管理者兼事務局長のホーズ・ターナーはベラスケスの絵を念入りに調べ、受けた傷について報告を書いた。保護用のガラスが割れて、キャンバスに七ヵ所の傷がある、顕著な切り傷は六ヵ所で、そのうち一ヵ所は「打ち身のような破れた傷」と記されていた。ターナーは、破れた傷はリチャードソンが使った斧の刃――彼が言うには「チョッパー」――によってできたようだと考えた。幸運なことに、問題となった「チョッパー」には鋭い刃がついていて、古くて切れ味の悪い武器より打撃が小さかったとターナーは説明した。

翌日、新聞は傑作につけられた傷というテーマを熱心に取り上げた。大衆紙は、頭のおかしい「聖母マリア斬り」が完璧な女性のヌードに対して衝撃的な攻撃を行ったと、まるで本当の殺人事件であるかのようにセンセーショナルに報道した。事件の背後に病的な男の姿がないことだけが残念だった。「ザ・タイムズ」紙でさえ、堅いキャンバスではなく、まるで柔らかな肉体を切りつけたかのような調子の記事で、攻撃の詳細を煽情的に描写する誘惑に逆らうことができなかった。一番大きな打撃は「首のところにある無惨な傷」だった。左肩に近いところから始まる「大きなかき傷」があり、他の二つの傷とあわせて、大まかにNの文字を形づくっていた。体を超えて体の下の敷布まで続く「深い傷」があり、他の傷は「腰の辺り」につけられていた。

だが、この「嘆かわしい野蛮な行為」に対するショックと痛みのもとは、「鏡のヴィーナス」が並の傑作ではないということだった。もちろん、絵画そのものも、ディエーゴ・ベラスケスが描いた現存する唯一の裸婦画で、希有なものだった。だが、それ以上に、「鏡のヴィーナス」は国民の聖画像であるとともに、本当の意味で国民の所有物であり、国民が特別に愛情を感じている作品だった。一六四〇年代末に描かれた「ヴィーナス」の最初の記録は一六五一年で、スペイン宰相の息子の収蔵物の目録の中に見られる。おそらく異端審問を避けるため、私的に飾っていたものだろう。一八一三年、「ヴィーナス」は芸術作品のバイヤーで企業家だったウィリアム・ジェームズ・ブキャナンによってイギリスに持ち込まれ、ダーラム州のロークビー・ホールの持ち主J・B・S・モリットがサー・トマス・ロレンスの助言のもと、五百ポンドで購入した。それからほぼ百年の間、モリット家はこの絵の購入の申し出を拒み続けた。そして、一九〇五年、当時の所有者H・E・モリットが先祖伝来の財産を売る許可をチャンセリーの法廷から得て、「ヴィーナス」が市場に出ることになった。価格は驚異的な金額、四万五千ポンドだった。

イギリスのナショナル・コレクションを獲得するのを支援するために新たに設立されたナショナル・アート・コレクション基金が人々の心に火をつけた。最終的には成功したものの、社会のあらゆる階級から寄せられた要求に疑念が広がり、論争が起こった。画商が絵の価格を意図的に吊り上げているのではないかという懸念があったし、基金の委員会のメンバーがこの購入で利を得ていることを暗示するものさえあった。これほど大きな金額を、人間の猥褻な部分を表しているような絵画に使うことの道徳的な意義について疑問を感じる人々もいた（めったに一般向けの展覧会が開かれなかったマンチェスターでは、「ヴィーナス」は十九世紀半ばに短期間展示されただけだった。地元の批判が気になる人々は、裸婦画は「高いところに掲げるべし」と主張した）。だが、最終的に一九〇六年一月、基金は「ヴィーナス」をナショナル・ギャラリーに贈った。一万ポンドを寄付した国王をはじめとする「あるイギリス人」から、二シリングを送ってきた「若い学生」まで、あらゆる階級、あらゆる経済階層の人々が寄付を通じてこの要求を支持した。

それゆえ、リチャードソンが襲撃した「ヴィーナス」に対し、人々がこの絵を金銭的な面から見ても国民の財産だと認識していたことは間違いない。リチャードソンが気づいていなかったのは――そんな余裕はありそうにもなかったのだが――ナショナル・ギャラリーの購入の背後で最初に動いたのがクリスティアーナ・ヘリンガムで、ナショナル・アート・コレクション基金の委員会では唯一の女性だったことだけではなく、武闘派のサフラジェット運動の支持者だったことだった。

美術館への攻撃が行われたことに対する衝撃は間もなく国中に広がった。「マフラー、手提げ鞄、杖の持ち込み禁止」が広く導入された。ロンドンではその影響が特に大きかった。ナショナル・ギャラリーに加えてナショナル・ポートレート・ギャラリー、ウォレス・コレクション、ギルドホール・アート・ギャラリー、それにウィンザー城の王室コレクションがしばらくの間閉鎖された。一方、セント・ポール大聖堂のような公共建築物にある芸術作品の保護対策もとられるようになった。大英博物館は女性が入場するには男性同伴か、同伴が無理であれば紳士の推薦状を必要とした。庶民が立派なコレクションを見に行くときには、将来的に「裸に」ならなければならなくなると、保守党の上院議員ウェイマス卿は冗談に述べた。

一般の人々は、博物館や美術館に行けなくなることの不便さに当然ながら困惑した。アナベル・ジャクソンはウォレス・コレクションの管理者であるD・S・マッコールに、数日の間ロンドンに滞在するオランダ人の友人が「絶望している」と手紙を書いた。その友人は特にコレクションを見たいと希望していたのに、「この恐ろしいサフラジェットのために」閉館になったと気づいたのだ。友人が当コレクションのお墨付きをもらうことができれば入場するチャンスがあるのか？　落ち込んだアメリカ人の旅行者たちがナショナル・ギャラリーを去っていくのを見て、「イーブニング・ニュース」紙は「美術愛好家が閉め出される」という見出しをつけた記事を発表した。「来訪者たちは、『閉め出される』ことなどありえない、ネルソンとライオンたちの絵で我慢しなければならなかった」と書いたのだ。一方、ナショナル・ギャラリーの閉じた門の外では、絵葉書売りが「切り裂かれたヴィーナス」の絵の販売で大忙しだった。

ミリセント・フォーセットが率いる非武闘派のサフラジェットの団体である女性参政権協会全国連盟（NUWSS）はこの攻撃を知り、自分たちが危険で「暴力的な」WSPUの武闘派と袂を分かつ決定をしたのは賢明だったという確信を強めることになった。WSPUは自分たちが反対している「野蛮な力」の産物に他ならないように思われたのだ。NUWSSのスポークスマンは、リチャードソンが「ヴィーナス」の真の価値を知らないとコメントし、「彼女たちの復讐精神が、最も高貴で純粋な大義を支持する少数派の人々の心をひどく傷つけている」ことを嘆いた。

リチャードソンの行為は、これまでこの大義に共感を持っていた一般の人々の間にも怒りを生んだ。サフラジェット・クラブのメンバーの一人はクラブをやめて、「美術作品の破壊は死刑に値する」と思うと述べた。ヴェラ・ブリテンはダービーシャーのバクストン出身の若き女性で、オリーブ・シュライナーが一九一一年に書いたフェミニストの古典ともいうべき『女性と労働』を読み、女性参政権に賛成するようになっていた。この攻撃が行われた日、ヴェラ・ブリテンは憤慨して日記に「斧を使ってベラスケスの有名な『ヴィーナス』をサフラジェットが切り刻んだ……野蛮だ！……天才芸術家が気の毒だ！　偏執的に政治にこだわりを持った者の恨みと悪意から作品に穴が開けられた！　最良の女性たちが闘っているすばらしい大義を辱めるものだ。こんな行動をすれば、自分たちのレベルを貶めることになる」。

パンクハーストの長女クリスタベルは亡命先のパリからＷＳＰＵの指揮を執ろうとしたが、うまく機能していなかった。しかし、法廷で行われたリチャードソンのスピーチに、すぐに賛同した。クリスタベルは「裏切り者の政治家たち」が「わざとらしく今新たに目覚めた芸術愛」で流す「嘘くさい涙」と、彼らが男性のみの選挙権を「ドライに」容認し、女性を経済的、性的に搾取していることを対比した。五月初めに「サフラジェット」誌で、エセル・スマイスは少し和解に傾くトーンで論じる記事を発表した。芸術の傑作の破壊は困ったことである。だが、自分は過去だけでなく現在と未来に関心がある。だから、「汚れた土壌のもとでは偉大な芸術が栄えることはない」。女性の体の「冒瀆」が続いているのに、芸術の宝を積み上げていくことには「おぞましく、邪悪で、気分が悪くなる。そもそもモデルにしたものが胡散臭いのだとしたら『昔の傑作』など存在しない。なくなったところで、いまお偉い身分に収まっている紳士の多くがいなくなっても何とも思わないのと同じで、悲しい気持ちになるものでもない」。

一方、風刺画家たちには活躍の場ができた。サフラジェットを風刺するドナルド・マッギルの絵葉書のシリーズの中で、こぎれいな服装をしたカップルがミロのヴィーナスを見ているというものがある。キャプションにはこう書かれている。「恥ずかしくないわ。サフラジェットがやったんだから！」。「パンチ」誌はサフラジェットの武闘派のプロパガンダをアルスターの武闘派によくなぞらえていたのだが、このチャンスを捉え、アスキスをボナー・ローの斧から自治法案を守ろうとしているキューピッドにして描くという風刺画を掲載した。

「ヴィーナス」の絵画そのものはナショナル・ギャラリーのバッテリー氏が百ポンドの経費をかけて修復した。

「ヴィーナス」の価値が最初に持ち掛けられた四万五千ポンドから下がり、一万ポンドと一万五千ポンドの間になるのではないかと不安が広がった。だが、きれいに切られていたので、裏布を張り替えて「傷」を修復するのは比較的簡単だった。

さらに激しい嵐が起こるまで、短い小康状態があった。五月四日、ゆったりした紫色のマントを羽織った年配の白髪の女性が、ロンドンのピカデリーにあるロイヤル・アカデミーに歩いてやってきた。ジョン・シンガー・サージェントが描いたヘンリー・ジェームズの新しい肖像画が飾られている第三展示室で突然、ガラスが割れる音が響き渡った。白髪の女性――後にメアリー・ワードという名前だと判明した――は肉切り包丁で肖像画に三ヵ所、深い傷をつけた。その女性は、すぐに「顔を真っ赤にして大声を上げた」他の訪問者たちに取り押さえられた。彼女を守ろうとした男性は自分の身も守らなければならず、メガネが壊れて鼻の上にぶら下がった。モールバラ・ストリートの微罪裁判所で、ロイヤル・アカデミーの事務局長ウォルター・ラムは、この絵は数日前に国王がアカデミーを訪問したときに賞賛していたもので、七百ポンドの価値があると述べた。ワードは、もしこの絵を描いたのが女性であればそんな金額にはならなかったはずだと主張したという。

その後、ナイツブリッジ・ホールで行われたWSPUの地元支部の会合で、ワードが述べたという声明文が読み上げられた。その中でワードは、「女性に政治上の自由が付与されるまでは、財産も芸術の宝も安全ではないということを一般の人々に示したかったので」価値ある絵画を破壊しようとした、と述べていた。今度は、一人の男の肖像画に加えたダメージとカーソン指揮下のアルスターの武闘派によって何千人もの「生身の」人間が殺される可能性を対比して、必然的に同じような関係にあるとしたのは「サフラジェット」誌だった。同誌は、ワードの攻撃の「目撃証人」であるアカデミーの人だかりは「良質の作家を丁寧に描いた肖像画より価値のある」ものがあるということを理解しない人々であり、ジェームズの「微妙な心の動きを描いた作品が、こういう明らかに残酷な人々の心にいったい何を伝えているのか」と問いかけた。

ワードはジェームズについて聞いたこともなかったし、一冊も本を読んでいなかったという。だから、ワードはジェームズが女性を繊細に描いていたことも、ジェームズが「女性問題」に幅広い共感を持っていたことも知らなかった。ワードがサージェントの肖像画を攻撃の対象として選んだのはおそらく、ジェームズの禿げた頭とチョッキを着た恰幅の良い姿が、威圧的で父権的な権威の典型に映ったからだろう。ジェームズは「親切なお悔やみの手紙を三百九十通」受け取ったと述べた。頭にインディアンの斧が突き刺さる前にワードは三度切りつけたのだと、ジェームズは心配する友人に述べた。「もちろん頭の皮がはがされ、みっともなくなったような気がするけれど、治すことができるというから安心してください」。

一週間後、ロイヤル・アカデミーにある別の絵が切り裂かれた。五月十二日、有名な武闘派メアリー・アンセルがヒューバート・フォン・ハーコマーの描いたウェリントン公の肖像画に二ヵ所の傷をつけ、係員に捕まった。アンセルは「いつもの抗議をした」と「ザ・タイムズ」紙は書き、明らかにこの種の事件に飽きた様子だった。ロイヤル・アカデミーでは十日後にも、クラウゼンの裸体画が包丁で二ヵ所傷つけられた。

小型の斧がこの時期のサフラジェットの選んだ武器だった。ロイヤル・アカデミーが襲われた五月十二日、私服刑事とギャラリーの係員がそれぞれ三人ずついたにもかかわらず、フリーダ・グレアムはナショナル・ギャラリーのベリーニの五作品を傷つけた。さらに困った事態は広がり、六月三日にはニュー・ボンド・ストリートのドレ・ギャラリーがアイヴィー・ボンに襲われ、バルトロッツィの版画「傷ついた愛」とシャプランドの「ベニスの大運河」が被害に遭った。係員がボンを止めようとしたのは、彼女が三つ目の絵を壊そうと武器を振り上げたときだった。ボンはすぐに係員に向かって斧を振り上げたが、他の係員が加勢してボンは抑え込まれた。五日後、新たな武闘派の運動は首都からバーミンガムに移動した。バーミンガム・シティ・アート・ギャラリーで、バーサ・リーランドがロムニーの「マスター・ジョン・ベンズリー・ソーンヒル」を切りつけたのだ。七月十六日、ナショナル・ポートレート・ギャラリーではミレーの描いたトマス・カーライルの肖像画が襲われた。アニー・ハント（本名はマーガレット・ギブ）を名乗る女性が「恐るべき力で」破壊したのだ。カーライルの頭は「左目から頬に至るまで」切られたと「モーニング・ポスト」紙は書いた。アニー・ハントは壊れたガラスで手に傷がつき、血を流していた。

三十年間ほど前から、ロンドンではあらゆる階級の女性が公的分野に進出し、男性のエリートが伝統的に持っていた特権に挑戦するようになっていた。だが、一九一四年の春から夏になると、女性――特にアニー・ハントのように洗練され、きちんとした服装をしている女性――は、公共の財産に対して暴力的な行動に打って出るのではないかと疑いの眼差しで見られることが多くなった。首相の下の娘エリザベスでさえ、父親のいる陸軍省――アスキスはカラッハ駐屯地での事件でシーリー大佐が辞任した後、事態を収拾し規律を引き締める手立てとして陸相を兼任した――を初めて訪ねたときには、サフラジェットではないかと疑われ「追い返された」。

ナショナル・ギャラリーは三ヵ月間も経たないうちに二度も深刻な事態に陥り、無期限で閉館することになった。

話を三月に戻そう。メアリー・リチャードソンはホロウェー刑務所のいつもの独房から購買所を眺めていた。リチャードソンはいつまでも続くように思われたハンガーストライキと栄養の強制、釈放と再逮捕を繰り返すようになってから、まだそこには行ったことがなかった。

「鏡のヴィーナス」の事件を起こしてから三ヵ月後の四月六日に虫垂炎のため釈放されたリチャードソンは、五月二十日に再逮捕された。合併症のため手術が延期されたのだ。ホロウェー刑務所で虫垂炎が再び悪化し、このとき在監したのはわずか五日間だった。それから六月六日に彼女は刑務所に戻り、七月二十八日に釈放された。虫垂炎がこれまで以上に深刻な状態になったからだ。

肖像画を切りつけた理由について、パンクハーストが政府によって「じわじわと殺されている」からだ、とリチャードソンは述べていた。後年、特にこの作品を斧で傷つけたのは、この絵の「性的な雰囲気」と男たちが裸のヴィーナスの姿をよだれを垂らすように見ている様子が嫌いだったからだ、と彼女は付け加えた。だが、「ザ・タイムズ」紙は明確に断定していないものの、「つぼみが花開く瞬間の完全な女性の……若さと健康を具現した女神と表現したもの」に対するリチャードソンの攻撃は、無意識ではあるが、残酷に栄養が強制されることで自分の体が傷つけられることに関心を引き寄せようという試みだったにちがいない、と評している。

鼻と喉の両方に同時にチューブを入れる方法、あるいは、肉体的な苦痛を伴うが胃に直接チューブを入れるなど他の方法が用いられたこともあるが、強制摂食の一般的なものは鼻孔からチューブを入れるというやり方だった。一九一四年夏に行われた二度の極端なケースでは、一つはチューブを腸に押し込むというやり方で、もう一つは通常のやり方のバリエーションとして、直腸と膣から栄養を入れるというやり方があった。サディズムという以外、何の目的もあるようには思えなかった。

強制的に栄養を摂らされるにあたり、かなりの暴力が伴うことが多かった。三人以上の女性看守に押さえつけられ、二人の医師のうち一人が開口器を操作し、一人がチューブを押し込むときのことをリチャードソンは回想している。彼女が渾身の力で抵抗しホロウェー刑務所の独房のベッドを二台壊したので、彼女のために特別に強いフレームのついたベッドが購入された。リチャードソンと格闘した女性看守の一人は、自分は柔術を覚える必要があると言い切った。開口器からゴムが入れられ、五センチほどの熱いゴムが喉に引っかかって危うく窒息しそうになったにもかかわらず、食物を注入され続けた。虫垂炎が痛むからそんなに多く食べ物を入れないでほしいと頼んでも、鼻と喉にチューブが押し込まれた。

「史上最悪の闘いがホロウェー診療所、地獄の診療所で行われている」。リチャードソンは七月に釈放された直後、公開書簡を出してこう述べた。題は「虐待された女性、強制摂食とは何か」という感情に訴えるものだった。自分が経験したばかりの苦痛の詳細を綴った。

彼らは五週間にわたって鼻から栄養を入れた。それから彼らが「ビット」と呼んでいるチューブが鼻に入れられた。それが手っ取り早いのだ。口からチューブを入れるのではなく鼻から上に突っ込まれ、両目の神経を痛めた……それで、口から栄養を入れ始めた。女医の一人が私の顎の左端に指を突っ込み、無理やり口を開ける。女性看守が同時に顎の右端に指を突っ込む——二人の間で私の唇は引き裂かれんばかりだった。

四月、ハンガーストライキを行っている闘志たちの医師を務めていたフローラ・マレーが声明を出し、強制摂食に抵抗するリチャードソンの力を弱めるために催眠剤を使っているとホロウェー刑務所当局を非難した。批判は激しく拒絶された。二ヵ月後、内務省はリチャードソンが直近の刑期の際に持っていた錠剤は、分析の結果、吐剤の塩酸塩と判明したと反論した。この錠剤を飲むと強い吐き気を催すとのことだった。どちらの批判も証明できなかった。結果的に膠着状態となった。

一九一四年になってから七ヵ月の間に、サフラジェットがイギリス中で行った破壊行為は百四十一件に達していた。攻撃の対象は芸術作品だけではなかった。鉄道駅、埠頭、スポーツ競技場、乾草置場に火がつけられた。

ウースターシャー州ノースフィールドにあるカーネギー図書館は「放火一味」に焼かれ、本は全て焼失し建物も骨組みを残すのみとなった。サマセット州のレドリンチ・ハウスは大部分が焼かれ、教会財産の破壊はますます頻繁かつ広範に行われるようになった。ダービーの近くのブレッドソールにあったノルマン時代の戸口と十三世紀の礼拝堂の内陣を遺していた教会、バークシャー州ウォーグレーヴの教会は焼け落ちた。ハノーヴァー・スクエアのセント・ジョージ教会、ウェストミンスターのセント・ジョン教会、セント・マーティン・イン＝ザ＝フィールズ教会に爆弾が仕掛けられた。六月十一日、ウェストミンスター寺院で爆発があり、聖エドワード懺悔王のチャペルにあった戴冠式の椅子が少し損傷した。落雷のような耳をつんざく爆音があり、たくさんの煙が屋根まで立ち上り、訪問者たちは出口に押し寄せた。

武闘派はますます大胆になり、爆弾や放火に使う道具も初期の頃と比べてますますプロフェッショナル仕様で、強力なものとなった。彼女たちに対して一般の集会で行われる、ときには性的な意味を帯びた野蛮な無差別の非難は、獄中の強制摂食と相まってサフラジェットを追い込み、サフラジェットは以前には考えられなかった類の暴力に駆り立てられていった。

内相レジナルド・マッケナは「猫とねずみ法」が運用されている間、彼女たちは「狂信的でヒステリックになり、女性の大義だと信じているもののために闘い、死を恐れていない。マフディーの戦いでスーダンの原住民が死を恐れずに戦うのと同じだ」と論じ、強制的に栄養を摂らせることなく死に至らしめるという考え方に反対した。一般の人々はサフラジェットに強制的に栄養を摂らせることにほとんど関心がないだろうとマッケナは考えていた。おそらくその通りだったのだろう。教会が声を上げ始めた一方で、ジョージ・バーナード・ショーは強制摂食の違法性に抗議し、「中世的なおぞましいやり方だ」と表現した。だが、ロイヤルカレッジの学長や影響力のある医療系専門誌の編集者を含む医療専門家らは、わずかな例外を除いて沈黙を守るか内務省への支持を表明した。強制的に栄養を与えることに関わる道徳的問題は、マッケナよりも現場の人々を悩ませた。現場では武闘派の人々を生かしておかなければならならず、命を賭けてハンガーストライキを行っている戦闘行為を──「生きるか死ぬかの」ぎりぎりまで──エスカレートさせないよう努めていたのだ。

ＷＳＰＵのリーダーは常に、自分たちは人間の命の尊厳を約束すると公言してきた。窓を壊すために石を使うときでさえ、偶然に誰かを怪我させないように紙でくるむか、紐をつけていた。戦闘のやり方は新しくさらに攻撃的となったが、ルールは変わらなかった。命を奪ってはならなかった。失ってよい命は闘士自身のものだけだった。

だが、戦闘そのものについて再検討せざるをえなかった。戦闘行為をさらに極端な方向に進ませるか、闘いから退きメンツを失うことを忍ぶのか。武闘戦術の放棄はＷＳＰＵにとって、優柔不断であるという単純な批判や敗北を意味しているわけではなかった。投票権を求める闘いにおいて存在意義を失うことであり、非戦闘的な憲政に則った参政権拡大論者から独立した立場を失うことであった。

だが、さらに狂信的となったメンバーに対し、サフラジェットのリーダーが戦闘行為を規制したり抑えたりすることが次第に難しくなっていたことを示す兆候も、一九一四年までに見られるようになった。メアリー・リチャードソンが主張したように、国が保有している芸術作品に対し自らの意思で行い大勢の模倣者が後に続いた大胆な攻撃は、新しい行動の中でも穏やかなものの一例だった。

しかし、下の方からもっと過激な戦闘行為が突き上がるようになり、困ったほどエスカレートした。ＷＳＰＵのリーダーの抑えが利かなくなり、責任を取ることができなくなった。こうした行為の中には、生命と身体に被害を与えることに反対するというサフラジェットの原則を損ねるものもあった。例えば一九一四年六月、二人のサフラジェットが強制摂食に抗議して、ホロウェー刑務所の所長代理で医務官だったドクター・フランシス・

フォーワードに立ち向かい、馬の鞭を使って襲い掛かった。一ヵ月後、ブラックプールからの列車で運ばれた郵便袋の中に入っていた、あるサフラジェットがつくった硫酸と火薬の入ったガラス管が爆発し、列車の乗務員が手と腕にひどい火傷を負った。

ますます暴力的となり、女性投票権が付与される可能性も定かでなかったことから、サフラジェットの扇動者の中にはさらに飛躍する者が出てくるようになった。究極の悪夢のシナリオを仕掛ける可能性が高まった。政治的な意図を込めた暗殺である。二月、ロンドンのユーストン駅で、結婚式に行くために二百人余りの客とともに列車待ちをしていたウェアデール卿が、サフラジェットのメアリー・リンジーに犬の鞭で襲われた。首相と間違えたとのことだった。サフラジェットたちがロンドン周辺の射撃場で射撃訓練をしているという噂が広がっていた。一九一四年の情況がこのまま続き、パンクハーストがハンガーストライキで死ぬことを認められれば、可能性が現実になり、権威ある人々に対して銃撃が行われたに違いない。

子どもたちの力

バーストン村は田舎にぽつんとある、小さな集落にすぎなかった。ノーフォークとサフォークの境に位置する隣町ディスから北に数キロのところにあり、ノリッチ市は村から三十キロほど南に行ったところにあった。村には風車と広場があった。聖マリア教会の建物の一部は十四世紀にまで歴史を遡ることができたが、悲しいことに塔がなかった。十八世紀半ばに塔が倒壊したとき、村があまりにも貧しかったためにつくり直すことができなかったという。

一九一四年、バーストン村には五百人から六百人ほどの住民がいた。七〜八人ほどの家族が幹線道路沿いに並んだピンク色の二階建て（上下に二部屋ずつ）のコテージに詰め込まれ、衛生的とはいえない環境のもとで生活していた。村人の男性の中には鉄道会社に雇われている者もいた。鉄道を使えばロンドンまで直通で行けたのだ。だが、大半は農業労働者で、週にわずか十二シリング六ペンスほどの収入をなんとかかき集めていた。バーストン村には地主が住んでいなかった。主要な地主はマン醸造所のサー・エドワード・マンで、村から数キロ離れたセルベトンに住んでいた。村のことには一切口を挟まず、借地農に土地と家を貸していた。借地農は聖マリア教会の教区牧師とともに、教区のヒエラルキーの上層部を構成していた。

三月三十一日の夜のことだ。日が暮れると、たくさんの村人が広場に集まった。彼らは村に送られてきた文書に対応しようとしていた。文書には「学校の問題を検討すること、何らかの対策を取るべし」とあった。議事進

バーストン・スクールでストライキをする子どもたち。親、友人、キティ・ヒグドンおよびトム・ヒグドン（中央）とともに、バーストン・グリーンで。

行を務めたのは地元の顔役で、魚の行商人兼密漁者のジョージ・ダービッジだった。百八十センチを超える身長で肥えており、酔っ払っては暴力を振るう男としても知られていた。毎週水曜日にはバーストン村のクラウンズ・インで不法に稼いだ金を使い、帰宅すると妻を殴ったのだ。ダービッジの馬屋から持ってきた暖炉で火を焚き明るくなった広場で、バーストン・カウンシル・スクールで三年半教員を務めたトム・ヒグドンとキティ夫妻がその日に解雇されたことに抗議する決議文が読み上げられた。「不当な解雇が行われた状況のもとで、新たな教員が学校に赴任することに対し我々は抗議する。我々は州の教育当局に対し、この問題全てを即座に再考することを要求する。我々は解雇された二人の教員のこれまでの仕事ぶりを高く評価している」。決議文は大きな喝采をもって承認された。男女が入れ代わり立ち代わり進み出て、短いが怒りを込めたスピーチを行った。教区牧師チャールズ・タッカー・エランドのためにヒグドン夫妻が犠牲になったと思い、憤慨していたのだ。これで良しと主張していたエランドの名前が挙がると、一斉にヤジが飛んだ。

これは間違いなく異常な状況だった。参加した人々の多くは、かつて公に声明など行ったことのない人々ばかりだった。彼らは、これまで許されることのなかった、気持ちが著しく高揚する経験をしているさなかだった。ダービッジの結びの言葉は、村人たちの間に新たに生まれた連帯感を維持するよう呼びかけるものだった。「毛布についた血の混じった糞みたいに、取ろうったって取れないくらいくっつくんだ」。一方、村の子どもたちは、彼ら自身の計画に取り掛かろうとしていた。親たちの許可を得て、子どもたちはストライキを行うつもりだった。教育委員会が新たに送り込んだ教員には教わりたくないと思ったのだ。勇気があり、意思の堅い十四歳のヴァイオレット・ポッターはヒグドン夫妻が教えていた上級学年の生徒で、学校を辞める覚悟をした子どもたちのリストを作成した。二十七人の子どもたちのうち、参加を拒んだ子どもはわずか六人だった。広場で集会が行われた夜、ヴァイオレットはキティのカメラやミシン、タイプライターなど、夫妻の私物を学校から宿舎に運び出す手伝いをした。それから教室に忍び込み、翌日に代わりの教員が黒板をイーゼルに掛けたときはっきり見えるように、いくつかの言葉を書いた。ヴァイオレットの書いた言葉は学校の玄関と村の掲示板に書いたものと同じだった。「私たちは明日ストライキをします」。

＊

「私たちが営んでいる産業の平穏に暗雲がのしかかっている」。ヨーク大主教のコズモ・ゴードン・ラングはこの年の初め、「一九一四年の危機」としてこのような予言めいた警告をした。一九一〇年から一九一二年にかけて大規模な、ときには暴力的な闘争に発展する産業不安が劇的に高まっていた。港湾労働者のストライキ、全国に広がった鉄道ストライキ、広範に及んだ炭鉱ストライキが続いたのだ。事実、一九一四年に入ってからの七ヵ月間は前年以上にストライキが増加しているようにみえた。イギリスのストライキの発生件数は七月の終わりには千件近くに達し、一人当たりの労働日をトータルすると九百九十万日が失われていた。

ロンドンでは一月の第三週、急に気温が氷点下に下がり、石炭産業に関わる労働者七千人が賃上げを求めてストライキを行った。その二日後には荷馬車の御者三千人がストライキを行い、首都では随所に石炭が行き渡らなくなった。厳寒の一週間、ロンドン市民は暖を取る火を確保するのに必死だった。報道写真家たちは、凍りついた状況をなんとか少しでも楽にしようと努めている人々の姿を写した。学生たちがミドルセックス病院に運ぶためにセント・パンクラスから石炭を積んで輸送している姿や、ふだんは金持ちの中流階級の女性が煤で真っ黒になり、石炭を家に運ぶために辻馬車を借りている姿を報じた。

職場では毎週、新たな闘争が始まった。感染症が抑えられず大流行する熱病、制御しきれなくなった危険な火災であるかのように受け止められることもあった。ロンドンでは建築業者が五ヵ月間職場を閉鎖し、影響は労働者十五万人に及んだ。リーズとブラックバーンでは市の公務員がストライキを行った。ヨークシャー州の炭鉱地帯では闘争が起こっていた。リバプールの造船業は一日八時間労働を要求していた。綿業では、賃金が年毎に五％しか上昇しないと決めていたブルックランズ協定が期限切れとなり、ストライキあるいは工場閉鎖が行われる可能性があった。

こうした行動は大産業に限ったことではなかった。一九一三年に始まったハイ・ワイコムの椅子製造工のストライキは長引き、一九一四年二月末までだらだらと続いたうえ、地元で暴動が起こって暴力がエスカレートしピケが張られるまでになった。この年初めに音楽家組合連合のメンバーがストライキを行った結果、オズワルド・ストールが経営するチジック、シェファーズ・ブッシュ、ウッド・グリーンにそれぞれあった音楽ホールが幕を閉じなければならなかった。一方、マンチェスター・ヒッポドームではオーケストラのメンバー二十三人が、演奏が始まったとたん楽器を置いて劇場を出て行った。この夏、イチゴ摘み労働者がケント州でストライキを行い、エセックス州北部では農業労働者がストライキを行ったため、農場経営者が警察の保護下で乾し草を集めなければならなかった。プロラグビーでさえ、ボーナスを貰えなかったウォリントンがハル・キングストン・ローヴァーズ・リーグの試合に出場するのを拒否し、中止となった。

こうしたストライキの中には、単なる模倣や自分たちの連帯を示したいという願いがもとになっているもの、あるいは国の失業率が目立って低く、平均賃金が少なくとも生活費の上昇に追いついていたこの時期に、産業力を固めておきたいという意図のものもあった（ストライキの発生件数が最高に達していた一九一三年には失業率は二・一％で、一八九九年以来最低水準だった。一九一四年にはわずかに上昇し三・三％となった）。イギリスの労働組合加入者数は一九一〇年に二百五十万人だったが、一九一四年には四百万人を超えるところまで達し——労働者のほぼ四分の一を占める——経営側も労働者側もともに、ストライキが成功すると考えるのも当然だった。一九一〇年から一九一四年にかけて、労働組合が完敗する結果に終わるのは七回に一回の割合にすぎなかった。

政府や社会の体制派、保守派にとってなお厄介だったのは、一九一四年の春から夏にかけて進められていた鉄道労働者、運送労働者、炭鉱労働者を代表する労働組合からなる「三組合同盟」を結成しようという動きだった。この「三組合同盟」はこの年の後半に全国レベルでゼネラルストライキを行う可能性があると突きつけていた。熱狂的に考える者たちの頭の中には、ぞっとするような革命の風景が描かれていたのだ。

「社会主義とサンディカリズムによる扇動が、正常で誠実な労働組合運動に介入している」と「デイリー・エキスプレス」紙が論評した。サンディカリズムの思想の中にある階級闘争と黙示録的に言われるゼネラルストライキに煽られ、産業における戦闘的行動が拡大していることに対する純然たる不安が多方面に広がっていたが、政府を脅かしていた、巨大な労働組合が創られるという概念は、早い話がこけおどしにすぎなかった。実際には、個別の労働組合がストライキを打つ際、その効果を拡大するための方法を同盟はコーディネートすることを意図していた。労働組合のリーダーたちが戦闘的になった組合員を舞台裏でコントロールするための試みで、産業の混乱を回避しようとするものだった。

だが、近年の産業関係の中で生じていた驚くべき経験を踏まえると、資本と労働の間の緊迫した衝突に対する不安は、相変わらず残っていた。Ｈ・Ｇ・ウェルズが一九一一年の夏に激増する反逆の動きを見て思ったように、新たに流行しているストライキは単なる押し問答には留まらず、「怒りを表明するレベルを超えている」のだった。

＊

労働者階級の不満を最も顕著に表現したものはおそらく、小学校で発生した子どもたちによるストライキだったのだろう。これには先例があった。一八八九年にスコットランドとの境界で発生した授業数および授業時間の短縮を求めるストライキはすぐにタインサイドに拡大し、さらに南に広がってブリストルとロンドンにまで達したことがあった。一九一一年九月にウェールズ西部の沿岸にあるラネリの学校で始まったストライキは、二週間のうちにイギリス国内の六十二の市町に広がった。

こうしたストライキが争点としたものは体罰（鞭で手を六回打つのが当時の標準的な罰だったが、さらに残虐な鞭打ちの例も数多くあった）、学校の拘束時間、休業日、学業終了年限、教員の任命と解雇といったものに集中していた。学校当局に対して、また、教育の管理を地元のコミュニティから奪っていく中央集権的な学校制度に対して行われたこうした行動は、本質的には労働者階級の子どもたちによる一種の抗議で、親と一緒に行うこともよくあった。学校に対するストライキは、子どもたちがピケを張ったり、通りでのデモといったやり方で、親たちの例に倣っていた。また、こうしたストライキは概して、広範なコミュニティで産業闘争が最も強力に行われた時期に発生していた。

一九一四年の初めの頃にはイングランドで数多くの学校ストライキが行われ、過去の例ほど広がりはしないものの大規模なものだった。ボールトンのギャスケル・ストリート・スクールでは、高学年の男子に対する鞭打ちをめぐって約十人の子どもたちがストライキを行った。教室に入ることを拒否したが教員たちから何ら譲歩を引き出すことはできず、体罰が「げんこつ四回」に変わっただけで、子どもたちはすぐに教室に戻った。ブリストルのセント・ジュード・スクールでは、年少の子どもたちに指導と躾を行うことの代償を要求する級長たちによるストライキが行われた。このストライキは地元の副牧師の助力を得て、残酷な形で鎮圧された。

いろいろ論議のある学業終了年齢を引き上げる問題をめぐって大きな組織がつくられ、一般の人々の支援を受けた子どもたちと親たちによるストライキが、イクゾールのベドワースとウォリックシャー州北東部のいくつかの村で発生した。学業終了年齢を十三歳から十四歳に引き上げるとした地元当局の決定は、子どもたちの季節労働収入に頼っていた家族に重大な結果をもたらすことになると考えられた。この地域では子どもの労働に大きな需要があったのだ。この要求に対する請願書には六千人の地元民が署名した。ストライキはこの春、数週間にわたって続いた。教育当局が、大家族の十三歳以上の子どもたちについては学校に出席しなくても訴追を受けることはないという保証を含むいくつかの小さな譲歩を行い、ようやく終息した。一方、ロンドン北部のハリンゲイでは、地元の学校再編によって遠くの学校に通わなければならなくなったことに対し、子どもたちがストライキを行った。

人々の関心を大きく集めたのは、一九一四年二月初めに行われた、ヘレフォードシャー州で最も賃金の安い教師たちが集団となり賃上げと給与表の改訂を求めて行った運動を支持する、同州の子どもたちによるストライキだった。地元当局がストライキに参加した教員の代わりに無資格の者も含む新しい教員を任命すると、州の町村の子どもたちは新しい教員に教わることを拒否し、教員のストライキに共感を示したのだ。

たとえば、レドベリー・ガールズ・スクールでは暴動が起こった。午前中の休み時間に子どもたちが「私たちはストライキをしたい」と繰り返し唱えながら町に行進し、それから教室に戻って机をひっくり返し、インク壺を叩き割り、「ピアノを勝手に弾き始めた」のだ。同じようなことがロス・ボーイズ・スクールでも起こった。二百人の生徒たちが校門の外に立ち、ストライキの歌を歌い、壁や道路や通りにあった乗り物に「僕たちはストライキをやる」と殴り書きした。七十校が休校となり、四千人の子どもたちがストライキが成功するまで非公式に休業することになった。ヘレフォードシャー州教育当局は、もともといた教員の給与を増額しなければならなくなった。

こうした現象に言及した人々の中には、このような動きが学校で起きているのはモラルと人間に対する敬意が子どもたちの中で低下していることの証左ではないか、と不安にとらえる者もいた。さらに危険な兆候を感じる者もいた。社会秩序を破壊しようという左翼の陰謀に他ならない、というのだ。

ヘレフォードシャー州の学校のストライキと同じ頃、ダービーシャー州のドロンフィールド小学校でも問題が生じた。地元当局と親子との関係でいえば逆転のケースだった。親たちは地元の署名を千二百集め、女子学校の校長で二十六年にわたって教員を務めたミス・サラ・ウートラムを解雇するよう州教育委員会に請願したが、かなわなかった。ウートラムが非難されたのは、彼女が十二歳の子どもたちに対して行った「性教育」だった。ウートラムの児童はストライキを行ったわけではないが、先延ばしになっている調査が行われるまで、親たちは子どもたちを学校に行かせなかった。

ウートラムは、一人の女子児童から赤ちゃんを産むということについてきちんと説明してほしいと頼まれ、「生命の神秘」について子どもたちに話すことになった、と弁明した。だが、子どもたちの証言によると、彼女が話したのはそれ以上のことだったという。例えば、ウートラムはある折に割礼について話した。また別のときには、男女の関係について議論をするという流れの中でサフラジェットについて触れ、女性が無理やり食べ物を押し込まれるのは間違っていると述べた。

親たちは激怒し、女教員の振る舞いは「無垢な子どもたちに対するおぞましく胸が悪くなるような」言葉の暴力だと抗議した。そこで親たちは、自分の子どもを学校に通わせないという強い措置をとったのだ。教育当局は、視学官には宗教教育の中身について指導する権限がないとした一八七〇年の教育法の条項を隠れ蓑にした。ドロンフィールド小学校の事件は何ら解決に至らないまま、一九一四年の夏までうやむやになった。

＊

一九一四年のバーストン・スクールで起こったストライキの中心にいたトム・ヒグドンとキティ夫妻がこの村に来て教員としての地位を引き継いだのは、一九一一年一月末日だった。キティは当時四十六歳で校長職に就き、五歳年下の夫は助手だった。

キティことアニー・キャサリン・ショリックは、チェシャー州ワラジー近くにある船大工の親方の娘として生まれた。先祖は十九世紀のある時期、オーストリアからイギリスに逃れてきたという。キティが一八九六年に結婚したトムの一族はサマセット州出身で、トムの父親は農業労働者だった。二人の社会的な背景の違いが、教員としての地位にも反映していた。キティは良い教育を受け、女性教員として職業訓練も受けていたが、トムは生徒が先生から手ほどきを受ける制度によって教員資格を得ていた。この制度は、優秀な生徒が低い報酬で学校に留まり、生徒自身も学びながら教師としての実務訓練を受けるというものだった。

結婚後、ヒグドン夫妻はロンドンに移り、トムはソーホーの貧民区の子どもたちのためにつくられたイギリス国教会が運営するセント・ジェームズ・スクールとセント・ピーター・スクールで、「熱心で良心的な」助教員として務めた。一九〇二年春、二人はノーフォークに引っ越し、バーストン村から六十キロほど離れたところにあるウッド・ドーリング・カウンシル・スクールで、二人でチームを組んで教えることになった。

キティは小柄で明るい眼をした親切な女性で、生まれながらの先生然としており、清廉潔白な感覚を備えていた。トムは背が高くがっしりした体型で、片手でズボン吊りを掴み、もう片方の手で髭を引っ張りながら、ゆっくりと丁寧に話をした。トムの艶のある、わずかに飾った話し方のスタイルは、労働生活と貸家に縛りつけられているシステムについて小説風に描いた『住居を持たない人々』を含む何冊かの本とパンフレットの中に読みとることができる。トムは福音とともに労働組合思想を融合させることを奨励する、非国教会セクトである原始メソジスト教徒だった。キティはイギリス国教会で育てられたものの、非国教徒だった。もっとも、村で教え始めた当初、教区牧師が教会で話をするときに幻灯機〔スライド映写機の原型〕を操作していたことを覚えていた人々もいた。キティは平和主義者を自称していた。反対に、トムはすぐ頭に血が上る瞬間湯沸かし器で、穏やかでおおらかで遊び心のある態度から、攻撃的ときには威嚇的な行動に瞬時に切り替わった（子どもたちはトムの「鞭打ちが厳しい」ことを覚えていた。二人とも人付き合いを上手にしようということに時間を割こうとはしなかった）。

こうしたことはウッド・ドーリング・スクールでヒグドン夫妻が教え始めるとすぐ明らかになった。キティは照明が暗く、湿気があり不衛生な学校環境を改善しようと運動を行って成功し、教育委員会から四百ポンドが配当されることになった。二人は宗教教育と慣習となっている三つのR（読み、書き、計算）の練習だけにとどまっていたカリキュラムを、幅広い内容にしていくことも狙っていた。二人は子どもたちが自然に触れられるよう散歩に連れて行き、フランス語やロシア語など外国語の基礎も少し教え、音楽と図画を取り入れ、課外活動として集会の時間やお楽しみの時間を設けた。キティは自宅のキッチンで料理のレッスンもした。二人は寛大で、自分の財布から子どもたちのために食事を与え、服や靴下をつくった。子どもたちの大半は農業労働者の子だったのだ（キティは自由に使える個人資産を少しばかり持っていたようである）。

だが、ヒグドン夫妻がこの地域の農民の親たちが学業時間に子どもたちを不法に働かせることのないよう努めたことから、必然的に摩擦が生じた——その結果トムは訴追を受け、ノーフォーク治安判事に召喚されることがあった。一九〇二年秋、ギャンブルという名の農場経営者から金銭をもらって学校から連れ出され、畑で馬を使って作業していた子どもをトムは保護した。過去六ヵ月のうちにギャンブルが子どもたちを学校から不当に連れ出したのは、これで三度目だった。「一言二言かけた後」、トムはギャンブルを「こぶしで殴り倒し、倒れたギャンブルをさらに殴った」と「ノリッチ・マーキュリー」紙は報じている。ギャンブルの眼の回りは黒ずみ、顔に傷ができ、頭と背中に何ヵ所か打撲傷を負った。トムの「怒りによる暴力の爆発」は譴責を受け、有罪となり罰金が科せられた。

十八ヵ月後、ヒグドン夫妻にさらに不運なことが起こった。ギャンブルがウッド・ドーリング・スクールの評議員の一人になったのだ。この頃にはすでに、教育委員会の学校担当理事が用意した内々の報告書の中に、ヒグドン夫妻は問題ありと記録されるようになっていた。二人ともほとんど理事たちと話をする機会を持たなかった。キティは学校の建物の改善を求め続け、トムは組合運動に関わって農業労働者の賃上げ要求をした結果、農場経営者たちと争うことが多くなった。

ジョゼフ・アーチが一八七二年に土台をつくった農業労働者の権利確立運動が広がりをみせる時代背景の中で、トムは成長した。アーチの全国農業労働者組合は内部の対立と農業不況に苦しんだが、自由党が地滑り的に勝利した後、一九〇六年に出現した農業労働者による二つ目の組合は、ノーフォークの二人区から議会に議員を送ることができた。二十九人が当選した労働党候補者のうちの一人だった。

一九〇七年から、トムは授業がないときにはノーフォーク周辺の田園地帯を自転車で回って農村の労働者に演説を行い組織づくりに関わるようになり、農場経営者の大きな怒りを買うようになった。一九一〇年には、農場経営者に代わって教区の議会議席を確保するために同士に投票するよう、トムは労働者を説得した。トム自身も、農場経営者でパブの持ち主であり教区の学校評議員を務めていたＪ・Ｊ・ブセンズを退け、議長に選出された。ウッド・ドーリングにおけるヒグドン夫妻の行動から生じる結果は避けようもなかった。農場経営者たちは復讐に出た。二人に対し、でっち上げの訴追を行ったのだ。中傷まで込められ、キティが強く否定したにもかかわらず、学校評議員の二人を「嘘つき」と呼んだと非難された。

調査の結果、ノーフォーク教育委員会は「この厄介な教員たち」に辞職するか、別の学校に異動するかを選ばせることにした。バーストン村への異動を選んだヒグドン夫妻は、ウッド・ドーリングよりも状況がはるかに悪いことがわかった。組合支部がなかったこの地域は農業労働者の賃金はさらに低く、住居環境はおぞましいほどで、教室は暗く暖房もないうえに、風通しも悪かった。

後に判明したことだが、最悪だったのは、バーストン村の新しい聖職禄〔カトリックにおいて、教会から給料その他の利益を受ける権利〕所有者チャールズ・タッカー・エランド牧師が「大きな結果を狙う小人物」だったことだ。父権的な権威を用い、尊敬されるのは当然といった感覚の持ち主で、専制的ともいえるやり方で教区と学校を治めようとしていた。

地方でのイギリス国教会の社会的な威信は、過去四半世紀の間にさまざまに劇的な形で攻撃に晒されていた。一八九四年の地方行政法のもとで教区の議会が地方の町村につくられ、民主主義の拡大とともに、かつては教会のものだった民衆の力は国の代表者へと移った。同時に、成長しつつある農村地域の組合運動によって、地元の教区牧師に対して慣習的に示されていた敬意が失われたように思われた。一九〇二年のノリッチ監督管区会議では、聖職者の農場で働く労働者に対して彼らの影響力が失われていることをテーマに取り上げた。十年後、オールバン・ベイヴァーストック牧師は『村落における教会の失敗』という研究書の中で「労働者の反抗」について論評し、「反抗」という言葉を「あらゆる手段を用いて、これまで従属していた階級から労働者が独立するために力を行使すること」であると定義した。

対照的に、一九〇二年の新しい教育法——地方の納税者から選出された代表が運営する学校評議会を廃止し、その代わりに教育担当部署として州の議会を置く——は、教会にとって明るい兆しに見えた。地方の教育担当部署には農村地域の教育委員会委員を任命する権力が付与され、委員会は当該地区に特別な知識を持っている人々で構成されること、と規定された。実際には、急進的な「ジャスティス」誌が認めているように、委員会は「教区牧師と地主」で構成され、民衆の子どもたちへの教育に関心を持つ可能性は乏しく、子どもたちをつつましく従順な賃金奴隷の状態にしておくことしか望んでいなかった。

このような展開、すなわち農村の組合化と教区牧師が学校評議員になっていることがともに、バーストン・スクールのストライキの背景となっていたのだ。

チャールズ・タッカー・エランド牧師が一九一一年にレクター〔聖職禄に加え、地元から十分の一税を収入とすることができる教区牧師〕としてバーストンに赴任してきたときは五十代半ばで、ヒグドン夫妻が着任してから一年になろうとする時期だった。エランドは一八八〇年代半ばにロンドン・スクール・オブ・ディヴィニティで学び、出世は比較的遅く、エセックス州北西部フェルステッドでヴィカー〔地元から十分の一税を集めることができず、聖職禄のみを収入とする教区牧師〕となり、その地に十年以上滞在した。エランドの肖像画や写真は一枚も残っていない。だが、訳あってエランドを嫌っていたバーストン村の住民の一人が、彼のことを小柄でイタチのようだと表現している。彼と妻のメアリーの間には、グレースとルースという名前の十代後半の娘が二人いて、十二の寝室を備えた教区牧師の屋敷に一家は住んでいた。屋敷には「曲がりくねった径、雨風をよける木々、クリケットとクロッケーをする芝生、果樹園と手入れをした庭園」があった。年間四百九十五ポンドの給料と、毎年八十六ポンドを産み出す五十四エーカーの教区教会領の畑地があり、この素晴らしい住居をエランドは十分楽しんでいた。村人が見たところによると、「エランドが説教をするのは週に一回だけで、相手は三人の老婦人と寺男だけだったから」である。

エランドがバーストン村に新しいレクターとして赴任するとすぐ、慣習として、学校評議員会の議長に選出された。一九一四年までに学校評議員会は体制が整い、レクターの支持者で固められた。構成員はエランドの妻、隣の教区シンプリングのレクターであるチャールズ・ミラード、エランドの農地を借りて農場経営をするＲ・スターンとフィッシャー、それにエランドの意のままに動く非国教徒のウィザリーだった。

エランドとヒグドン夫妻の関係は初めのうちは慇懃なもので、互いに距離を置いていた。二人が教会を拒否し非国教徒の礼拝堂に行くのを好んでいることにエランドは反発し、この村では「神」の存在が薄いと不満を述べていた。エランドは「学校の女教員がいるところが教会のようになっていて、子どもたちが女教員とともにいる」と述べ、バーストン・スクールに通う少なくとも半数の子どもたちが非国教徒の家庭だという事実に憤慨していた。エランドはキティの教えているカリキュラムが広範であることについて、また課外活動についても脅威を感じていたに違いない。たとえば、些細なことであるが、女子児童にタイプライターの使い方を教えたり朗読法のレッスンを行ったことで、より良い生活の場を得る可能性が村の外にあるという期待を子どもたちに与えていた。貧しい人々には堅苦しく伝統的な教育を施しておけばよい、ということにエランドは固執していた。教育とは社会秩序の中で決まっている自分の分をわきまえて行われるべきであり、身の丈以上の期待を膨らませるものであってはならない、と。バーストン村にはエランドをこき下ろした、次のような下手な詩がある。「あんたは飢えた男を見下して教える／神様のプランてぇのは地主の欲望そのものんだ」。

教区におけるエランドの権力基盤を最も揺るがすことになった事件は、一九一三年三月に起きた。教区の議会議員選挙があったのだ。トムは当初、地元であるバーストン村の政治に関わりたいという気持ちを抑えていた。ウッド・ドーリングのときのように、農場経営者の怒りを買うことを心配したのだ。だが、ずいぶん前から組合活動を始めていたこともあり、農業労働者の議員候補として立候補を求められ、断ることができなかった。またしてもトムは、彼が言うところの「教区議会の民主的改革」に関わることになった。投票結果は古強者の農場経営者の多くを圧倒した。彼らは二人を当選させることさえできなかったのだ。トムは三十一票を得てトップ当選を果たし、レクターのエランドは最下位で九票しか取れなかった。

エランドがトムに対する復讐を始めたのはこのときだ。まず、キティの学校における地位について辛辣な反対運動を行った。すでに学校評議員から、子どもたちの衣服を乾かすのに教室で贅沢に火を使っているとキティは批判されていた。校庭に適切な排水溝がないため、教室の床が湿って腐っていることも彼女は報告していた。だが、わずかな修理しか認められず、学校の鐘を鳴らすためのロープと大きな水槽を購入できただけだった。エランドが家族とともにスイスに出かけバーストン村を不在にしていたとき、村で百日咳が流行した。キティは必要な措置を取るべく学校評議員会副議長の承認を得て、学校を一週間閉鎖した。エランドが戻ると、キティは評議員会議で非難された。評議員は「許可なく学校閉鎖したことを深刻に捉えていた」。キティが学校で許可なく焚き火をしたことをエランドが知った一九一三年十一月まで、問題が続いた。十一月二十九日、エランドはノーフォーク教育委員会に、「ヒグドン校長は評議員の願いに反する行動をしたいと思っているようで、建物の現況に数多くの不満を述べている。評議員一同は委員会に、彼女を罷免してくださるよう願う」と手紙を書いた。

手紙を受け取った教育委員会がバーストン・スクールにおけるキティの地位を再検討することはなかった。そこで、エランドは校長に対して新たな、潜在的にもっとダメージが大きくなる可能性のある非難をでっち上げた。

子どものための慈善団体バーナード・ホームの庇護のもとにある二人の子どものうち、男の子の方が校庭で卑猥な行動をしたと、もう一方の子どもからの訴えを受け、キティがその二人を鞭で打った、と訴えたのだ。問題となった子どもたちはエセル・カミングズとガーティー・スティアーンズという名前で、村では怒りっぽくてだらしないことで知られていたフィルポット夫人という女性に育てられていた。フィルポット夫人はバーナード・ホームから預かった子どもたちの面倒を見るのに必要な経費を毎週受け取っていたが、それは慈善団体の地元代表でレクターであるエランドが渡していた。

この訴追には嘘も混ざっていた。記録によると、卑猥な行動を指摘された男の子（ガーティー）は、その行為をしたと思われる日には登校していなかった。平和主義者だと自称していたように、キティが女の子（エセル）を鞭打つことはなかったし、訴追の主張のように背中をみみず腫れにした子どもたちを家に送り返すこともなかった。学校にいた他の子どもたちは、キティがエセルたちに罰を与えなかったことを知っていた。キティはエセルたちに、ガーティーのことで嘘をついたことを叱責しただけだった。結果的に、エセルたちもこのような話をするように圧力をかけられたことを告白した。そうしなければ里親に殴られる、と怯えていたのだ。

ヒグドン夫妻はバーナード・ホームに手紙を書き、子どもたちはフィルポット夫人の世話を受けない方がよいと勧めた。そして、もっと問題のあることは、と手紙に付記した。それは、エセルには道徳的、精神的な欠陥があり、学校に置いておくことの危険を指摘したものだった。バーナード・ホームは受け取った手紙の内容について何も調査をせずエランドに渡し、彼はこれを利用した。一九一四年一月二十三日、フィルポット夫人と里子に対するヒグドン夫妻の非難は何の根拠もないとエランドは教育委員会で述べた。「これら全ての状況のもと、評議員一同対応が不能であり……この不快な問題について全校をあげて継続的に大議論するのは無策であり、全校の士気を落とすことになると考える。女教員の不服従と粗野な振舞いのせいで、彼女と評議員との間の連帯感が喪失し、協働は不可能だと考えている。それゆえ、謹んで彼女の異動をお願いする」。重要なポイントは、鞭打ちについての訴追をエランドが行おうとしなかったことだ。

ヒグドン夫妻は公平な調査を要求したが、全国教員労働組合にはウッド・ドーリングで起こった摩擦が依然として鮮明な記憶として残っていたため、やむをえず法的な支援をすることに同意しただけだった。二月最終週の午後、ノーフォーク教育委員会からバーストン村に三人の地元議員が二度にわたって派遣され、そのうちの一人が議長を務めて裁判が行われた。最初の弁論では、ヒグドン夫妻に優位な方向に動くようだった。「すばらしい、すばらしい！」と全国教員労働組合の弁護士は勝利を確信して叫んだ。焚き火の件は延期が告げられる前、初日に却下された。学校評議員会はキティの即刻解雇を認めないかもしれないと心配になったエランドは、ノリッチ市の弁護士を招聘した。

以後、裁判は校長とその夫に不利な方向に動き始めた。非礼な態度を取ったという訴追――キティが自転車を飛ばしてすれ違ったときにレクターの娘にお辞儀をしなかったこと、エランドの妻が学校を訪問したときにキティが「冷たい対応」だったこと、道でエランドとすれ違ったときキティが無視したこと――が取り上げられた。トムによると、全国教員労働組合の弁護士は「争うことを諦めた」。弁護士は中傷が行われた場合に備えて留保しておくと主張して目撃者を召喚することを拒否し、ヒグドン夫妻がバーナード・ホームに宛てて書いた手紙は正当化するのが困難であると論じた。

事実認定の結果、裁判は「校長は可能な限り遅滞なく、他の雇用を探すべし」と判決を下した。ヒグドン夫妻は三月三十一日までに学校を去るよう求められたのだ。四月一日の早朝、教育委員会委員長補佐のアイキンズがバーストン村に現れ、二人に給料の小切手と二週間以内に学校の宿舎を空けるよう指示した通知書を手渡した。小切手は学校の宿舎のテーブルの上に置かれたままとなった。

村の広場では、六十六人の子どもたちが行進の形に並んでいた。学校の鐘が鳴ると、子どもたちは動き始めた。旗を持ち、「私たちは私たちの先生に戻ってほしい」「皆に正義を！」とスローガンを書いたカードを首にぶら下げた。

エランドは子どもたちの行進と出会わないようにしていたが、彼らが屋敷の前を通り過ぎるときは窓から見ていた。そしてこのストライキを、すぐに忘れられてしまう一過性の騒ぎ、あるいはエイプリルフールの冗談と片付けた。行進はあらかじめ決めていたルートに従い、「燭台を回った」（ぐるぐる回って歩くことを意味するイースト・アングリアの表現）。ストライキの発起人ヴァイオレット・ポッターはアコーディオンを演奏し、他の子どもたちはそれに合わせて愛国的な歌「ハート・オブ・オーク」を歌った。子どもたちは校門でディスから来ていた警察官に監視され、学校評議員二人から非難がましい眼を向けられた。新たにやって来た教員は、五、六人の子どもしか残っていないことに気づいた。村を回り終えた子どもたちには、パブ「クラウン・イン」の脇の小さな広場で、褒美としてレモネードとナッツ、お菓子が振る舞われた。行進はその日の午後だけでなく、毎週繰り返された。

ヒグドン夫妻に対する村民の愛情と揺らぐことのない支持が、学校の宿舎から追い立てられる日に明らかになった。二人が一時的に住むことになった水車小屋に荷物を運ぶのを手伝うため、バーストン村のほとんど全ての住民がカートや一輪者を引いてやってきた。四月の第三週に村の大人が十八人、ディスの治安判事裁判所に召喚された。子どもたちを登校させなかったのが理由だった。法廷の外ではストライキを行った人々がデモンストレーションを行って篤志家の関心を引きつけることに成功し、罰金の費用をカバーするだけの資金を集めることができた。

治安判事裁判所からさらなる召喚が行われたが、今やある意味無駄なことだった。暖かな四月の陽射しのもと、親の求めに応えて子どもたちがストライキを行ったことなど露知らないヒグドン夫妻は、村の広場で授業を行った。出欠が取られ、授業は完全な形で行われた。続いて、新たに任命された学校委員会が、空き家となっていた大工の店を引き継いだ。親たちから借りた道具とテーブルを白く塗って調度にしつらえたそこが、最初のストライキ校となった。

バーストン村の子どもたちによるストライキのニュースは、瞬時に外の世界に拡がった。全国紙は次のように報じている。村民が「辞めさせられた教員たちに強い共感を持っている。政治的な意図が問題の根底にある。ヒグドン氏の政治的見解が、レクターと学校評議員の多数から反対されているという意見が大半である」。「デイリー・クロニクル」紙の記者から、農業労働者組合のメンバーになっているのかどうか尋ねられると、トムはこう答えた。「僕は労働者だ——頭から爪先までそうだ」。村の公共広場は、ストライキと村民との連帯を表明しようと長距離を踏破してきた同調者たちの拠点となった。毎週日曜日には広場で演説（雨が降ってくると大工の店で行われた）が行われ、それを聞くために、独立労働党ノリッチ支部のメンバーである来訪者たちが大勢バーストンにやってきた。バーストン・チャペルの平服を着た牧師のジョン・サットンが開会での祈りを捧げ、その後、ヒグドン夫妻と子どもたちの親を支援しようと集金が行われた。

他方、エランドの教会には、彼を支持する一握りの人々しか集まらなくなった。メソジストの礼拝、洗礼、葬儀でさえ広場で行われた。野外のデモンストレーションに参加した来訪者たちに見つかると村の中を追い回されるのではないかと思い、エランドは教会の中に逃げ込んだ。「くたばれ、教区牧師」と題した詩が新聞紙大の紙に書かれ、ノリッチ市内のいたるところに投げ込まれた。エランドはその中で「バーストンのゴキブリ」と隠喩された。

バーストンのゴキブリが死ぬときには
燃える火車に乗っていく
偉そうな格好で、真っ赤に焼けた板に
「悪魔とイスカリオテのユダ」の間に座って

その後、エランドはさらに絶望的な復讐の手段に打って出た。学校の従業員に対し、ヒグドン夫妻に反対しなければ解雇し、使用中の小作地から締め出すと脅しをかけたのだ。だが、彼らは怯まなかった。村民は子どもたちをストライキ校に通わせ、エランドの権威に挑戦し続けた。バーストン村の反抗は社会の不正に反対する闘争の小さな希望の証しとして、そしてさらに重要なことだが、草の根民主主義の萌芽を体現し、祝福するものになったのだ。

一九一四年七月十五日、村で大集会が開かれた。労働組合の旗が十八本、広場の周りに掲げられた。ノリッチ市からブラスバンドがやってきた。ロンドンからの特別列車からは鉄道労働者たちが降りてきた。彼らはバーストン村の大義に心を打たれたのだ。演説が行われた。村の子どもたちはそれをじっと聞いていた。それから歌を歌い、カントリーダンスを踊った。

今後行われるであろう学校ストライキを支援する集会の、最初のものだった。

ちくしょう、ありえない

あの悪魔にスリッパを投げつけた

柔らかなベルベットのスリッパが狙いをつけたミサイルのようにステージに向かって投げつけられ、当劇場の看板であるサー・ハーバート・トゥリーの顔にぶつかった。トゥリーは一瞬驚いたような顔をした。その後、トゥリーはわずかによろめいて、後ろにあった椅子に大仰に倒れこんだ。眼には涙が溢れていた。

ジョージ・バーナード・ショーの『ピグマリオン』が初めてイギリスで上演されるに当たり、ヘンリー・ヒギンズ役のトゥリーがリハーサルをしていた。リハーサルは二月の第三週からヒズ・マジェスティー劇場で、作者であるショーの監督のもと行われていた。言語学者のヒギンズが音声学を用いてレディに仕立て上げようと目論んだ花売娘エリザ・ドゥーリトル役のパトリック・キャンベルも一緒だった。

一九一四年四月にロンドンでの初演が期待されていた劇だったが、契約は進まなかった。飛んできたスリッパに対するトゥリーの反応は、制作がうまくいかず混乱状態に陥っていることを示す出来事が続いている中に加えられた新たな一頁にすぎなかった。トゥリーが台本を正確に読み込んでいたら、第四幕のことを覚えているはずだった。台本には、大使館のガーデンパーティーでエリザが成功を収めウィンプル・ストリートのヒギンズの研究室に戻ったときに彼女がスリッパを投げつけ、ヒギンズが当たってしまう、とあった。怒ったヒギンズはエリザの気持ちなど構わず、機械仕掛けの人形のように彼女を扱う、と。

1914年4月、『ピグマリオン』のイギリス初演用ポスター。ヘンリー・ヒギンズ役のビーボーム・トゥリー、花売り娘エリザ・ドゥーリトル役のパトリック・キャンベル（右）。

だが、トゥリーはパトリック・キャンベルが荒々しく投げつけたことに全く気がつかなかった。劇中にこんな動きがあることを忘れてしまっていたかのように見えた。ショーは後にこう回想している。「キャンベルが突然悪魔のような怒りと憎しみの衝動に駆られ、トゥリーに対して正当な理由もなく残酷な攻撃を行ったとトゥリーは思ったようだ」。トゥリーが惨めな気持ちを癒そうとする間、仲間が彼の周りに集まって台本を示し、スリッパはシナリオ通りの動きだと慰めた。だが、すっかり気持ちが挫けたトゥリーが回復してリハーサルに戻るには、少し時間が必要だった。

遅れが影響してスケジュールがタイトになったため、ショーは気も狂わんばかりに血迷い、苛立っていた。一八九七年の設立の際、フランス・ルネサンス様式で建てることに一役買ったヒズ・マジェスティー劇場の管理者として、トゥリーはステージにいる時間と同じくらいドームにある事務所にいることが多かった――訪問客を接待したり、ビジネスマネージャーのヘンリー・ダナと打ち合わせをしたり、衣裳部屋から代役によるリハーサルを見てヒギンズ役をチェックするのだ。リハーサルのときにはショーを憤慨させるような即興で演技し、台詞を覚えていないことがよくあったし、自分なりに解釈して台詞を変える傾向があった。一方、パトリック・キャンベルはいつも遅刻した。トゥリーの姿が見えないとキャンベルはまっすぐに自分の楽屋に行き、彼が来るまでリハーサルをしなかった。キャンベルはショーに、自らを「内気でおとなしく、とても従順」だと明言していた。だが、ステージ上では監督に従わないことで有名だったが、それも評判以上だった。キャンベルはあらゆることに反対した。ショーの指示に口を挟み、ショーが場面を止めようとすると邪魔をし、家具の置き場を変え、リハーサルの初日に自分が持つはずの花の入ったバスケットがないと抗議した。私はプロなのよ、そう言って彼女は楽屋に戻り、自分の要求が通らなければリハーサルに出ようとしなかった。

リハーサルが始まって一週間も経たないうちに、激怒したショーは劇場を出て行った。二人の主役の気まぐれな行動に我慢できなくなったのだ。ショーは廊下を進みながら、町を出ていくと大声で啖呵を切った。実際には、ショーはコヴェント・ガーデンに行ってワーグナーの『マイスタージンガー』を観ただけだった。翌日、トゥリーは和解しようとショーに手紙を書いたが、ショーは「パトリック・キャンベルの言うなりになって」「臆病な言い逃れ」をしていると叱責した。トゥリーは「私たちの働き方はそれぞれ違っている。私は獲物を襲う前に、周回する。後で周回するために獲物を襲うような人もいる」と強調した。それでもなお、ショーにはすぐ戻ってきてほしいと訴えた。「あなたの劇には、どうしても劇全体にあなたの精神が行き渡る必要があるのです」。

『ピグマリオン』には三つの原則があり、それぞれ新たな挑戦と方向性を表していた。おそらく、トゥリーはそのほとんどを備えていなかった。ヒズ・マジェスティー劇場の俳優兼マネージャーでありながら、劇をつくるにあたっての技術や経費の問題についてあまりよく理解していないことは伝説にもなっていたが、管理されることには慣れていた。一方でトゥリーは、上演項目を巧みに組み合わせることで劇場の名を高めていた。目がくらむような贅を尽くしたシェークスピア劇のシリーズを含む古典劇、現代の詩劇、ヘンリー・アーサー・ジョーンズといった著名なイギリス劇作家の作品、メロドラマや道化芝居、十九世紀の小説家であるサッカレーやディケンズの作品をアレンジしたものなど、さまざまな劇を上演していたのだ。

だが、俳優やマネージャーの地位がおしなべて落ち、演劇そのものと脚本家に新たに重きを置くようになっていた。そうした傾向の中で、トゥリーは自分の権限の多くをショーに委ねていた。しかし、こうした状況下では当然ともいえるのだが、トゥリーも自分の考えをどうしても主張したくなることがあり、ショーに反対することが多かった。一方、監督として、トゥリーは常に大枠を考えた。トゥリーがプロデュースした『ベニスの商人』はルネサンスの頃のゲットーを再現することに力を集中し、『ヘンリー八世』はウェストミンスター寺院でアン・

ブーリンが王妃となるきらびやかな場面に焦点を当てていた。『ピグマリオン』については、トゥリーはショーに対し、観客にエリザの勝利というインパクトを伝えるため第三幕の終わりに豪華な舞踏会のシーンが必要だと言った。ショーはこの提案を意味のないあざといやり方だと却下した。ショーはオープニングのコヴェント・ガーデンのシーンのときに、タクシーがステージに登場するのは良くないと考えた。リハーサルで騒動が起こっているという噂を聞きつけた新聞記者の一人に、ショーはこう述べている。「本当のところ、これがヒズ・マジェスティー劇場で制作する上で唯一だめなところだ。裏の話に関わることが多くて、作者の言葉から関心が逸れてしまいがちになる」。

ヘンリー・ヒギンズ役についても、トゥリーは居心地の悪い思いをしていた。トゥリーは巧みに容貌を変え、役になりきることができた。複雑な化粧をし、パテや顔料を使って見た目を変え、スヴェンガリ（ガイ・デュ・モーリエが一八九五年に書いた小説『トリルビー』に出てくる東ヨーロッパ出身の催眠術師で、イギリスの少女トリルビーを誘惑して利用しようとする）やフォルスタッフ（シェークスピア の『ヘンリー四世』と『ウィンザーの陽気な女房たち』に現われる陽気で機知に富む、ほら吹きの太った騎士）、ミコーバー、ハムレットといった役になりきった。トゥリーは大胆に身のこなしを変え、身体的にも完全に変容することができた。背が高くほっそりしたトゥリーだが、ルイス・パーカーの劇でベートーベン役を務めたときは、背が低くてずんぐりした垢ぬけない人物がひょこひょこ歩く姿をうまく演じたのだ。

俳優としての技も仕草も最小限に抑えて、近代の衣装を着てヒズ・マジェスティー劇場のステージの上をぶらぶら歩くというのは、トゥリーにとって気が乗ることではなかった。がっかりしたトゥリーはショーに、片足を引きずるとかスコットランド訛りで話すとか、何かそれなりの雰囲気を役に匂わし、ときどきはピアノの上に乗ったり下りたりするようなことをやらせてほしいと頼んだ。これが却下されると、トゥリーはヒギンズ役をもっと魅力的なものにして、ロマンチックなヒーローにしようとした。ショーは結局のところ、『ピグマリオン』に「五幕のロマンス」と副題をつけたのではなかったか、と。

トゥリーがヒギンズ役をロマンス路線で演じようと決意したことが、いつまで経ってもショーと折り合わない原因であったことが判明した。ヒギンズがエリザに自分のところに戻ってほしいと請う第五幕のリハーサルを見ていたとき、ショーはこう叫んだ。「トゥリー。君は唐変木（とうへんぼく）なのか？」。ショーは、オヴィディウスの書いたピグマリオンとガラティアの神話、そして自分が行った近代的な解釈の違いとをはっきり伝えようとしたが、無駄だった。神話では、ピグマリオンは自分が彫った木像と結婚し、生命を吹き込むことになっている。ショーは対照的に、ヒギンズとエリザの結婚を断固として認めなかった。こんな結果は「耐えられない」に違いないとショーは断言した。ショーの劇の終わりでは、独立した女性となったエリザがヒギンズと言い争いをして自分の主体性を守るのだ。そこでエリザは、ヒギンズがピグマリオンとは違うこと、自分に生命を与えてくれた存在ではないことを認識するようになる。ヒギンズはエリザにとって母親役であり、自らの音声学に縛られ、エリザにより大きな自由を与えたのだ。ショーによれば、『ピグマリオン』は「エリザの変容が全くありえないものであるように思える」からこそロマンスなのだ。

トゥリーと同じく、パトリック・キャンベルも自分の役と格闘していた。キャンベルが喜劇に出演するのは初めてだった。加えて、エリザ役はキャンベルが名声を確立した、アーサー・ピネロの書いたメロドラマの中に登場するセクシャルな過去を持つ女性ポーラ・タンカレー役とは全く異なるものだった。キャンベルは五十歳に手が届こうとしており、すでに孫もおり、肥満に悩んでいた。十八歳の「浮浪者」役をやるには少なくとも四半世紀分、歳を取りすぎているという事実を、彼女は十分自覚していた。ショーはキャンベルが自分の顔に向けて強力なスポットライトを当てるよう主張していることを知っていた。それは年齢を隠すためだったが、その結果は俳優を隠すのに役立つだけで、不都合な影ができた。強い照明に当たったキャンベルの顔はプルーンが二個乗ったディナー皿のように見える、とショーは言った。劇場の特別席から、ショーは少々失礼な言い方でこう叫んだ。「まあいい。君はエリザをやるには四十歳ほど年上だ。じっと座っていればいい。目立たない」。ヒギンズがエリザに「顔立ちは捨てたものじゃない」と追従を言う場面で、ショーはリハーサル用のノートに「がっかりするくらい老けて見える」と綴った。

キャンベルにとってもう一つの問題は、ショーから丁寧に指導されていたものの、最初の方のシーンで使うコックニー訛りだった。「言い出しはゆっくり、それから畳み掛けるような速いテンポ」で、大きな響き渡る声で台詞を言うのだ。ショーはエリザ役をやらせることで自分を馬鹿にしてあざ笑っているだけではないか、とキャンベルは疑い始めた。何年も前に「サタデー・レヴュー」誌に載った批評では、ショーはキャンベルの「本能的な」発音を褒めていた。それなのに、わざとらしい母音の発音を批判し、特にキャンベルが貴婦人の役を演じるときに英語のａの音を落としていると批判した。エリザのコックニー訛りの抑揚のときに――キャンベルはリズムをつけようとしたが「コミカルな発声にはならなかった」――また、その後エリザが貴婦人として話すときに意識して正確な発声をしようとすると、ショーが自分を嘲笑しているようにキャンベルは感じた。彼女自身の母親がつましいサーカスのブランコ乗りだったという噂があるのを暗に仄めかしているのではないか、とさえ疑ったのだ。

ショーにとって『ピグマリオン』のロンドン公演は、長い間待ち望んでいた願いを実現する絶好の機会だった。ファッショナブルなウエスト・エンドの劇場で、新しい価値のある演劇により商業的な成功を収めることになるのだ。結局、ショーが言うように、「人はときどき人気が出る作品を書かなければならな」かった。『アンドロクレースとライオン』（ローマの奴隷アンドロクレースが競技場で戦わされた相手のライオンからとげを抜いてやった話に基づく）でかなり大きな赤字が出た後だっただけに、なおさら重要だった。この劇は一九一三年九月に熱狂的な前評判で幕を開けたものの、たった五十回の上演で終了となった。ショーの他の多くの劇と同様、『ピグマリオン』が最初に制作されたのは外国だった。ショーは自分の作品はロンドンより、ニューヨークかウィーンの方が共感を得られやすいと信じていた。ロンドンでは「劇をつくると、これは劇ではない――退屈で冒涜的、人気がなく興行しても成功しない――と世界に向かって」と伝えるのがイギリスの新聞の慣習だとショーは書いている。『ピグマリオン』は一九一三年十月にウィーンで初演を行い、成功を収めた。長期にわたってショーと協働したジークフリート・トレビッチがドイツ語に翻訳し、ホフブルグ・テアトルの喜劇スターの一人であるティラ・ドゥリューズがエリザ役を務めた（オープニングのシーンでは、ショーはコヴェント・ガーデンを背景にするつもりだったのにセント・ポール大聖堂になっていたという混乱があった）。さらにベルリンとニューヨークではドイツ語を使う移民が演じ、その後、ブダペスト、ストックホルム、ワルシャワ、サンクトペテルブルクと続けて公演した。

だが、いつになったらイギリスの観客はショーの新作を観られるのか？　リハーサルでの争い――ショーとトゥリーが衝突した――によって遅れる可能性があるという新聞報道とともに、キャンベルがコックニー訛りの花売り娘を演じることに関心が高まっていた。興味を持ったナショナル・シネマ・カンパニーが、リハーサルの一日を映画化するのに百ポンド出すと申し出た。ショーはそれらを無視した。

だが、ステージ上の軋轢の背後にはもう一つ、ショーとキャンベルとの間に語ることのできない複雑な伏線があった。約二年前、ショーは「危険なほど陶酔感のある」黒髪の魅力に溢れたキャンベルに愛を告白して情熱的に求愛したが、彼の申し出は一九一三年八月、ケント州のサンドウィッチにある海岸に近いギルフォード・ホテルで激しく拒絶されたのだ。

エプロンを身に付け、オレンジを三つ抱え、
赤いダチョウの羽根飾りをしたイースト・エンドの貴婦人

かなり前になるが一八九七年頃、ショーがパトリック・キャンベルに演じさせたいと思った「やんちゃな花売り娘」の役は、そもそもこの貴婦人だった。当時、ショーは俳優のジョンストン・フォーブス゠ロバートソン――キャンベルの愛人の一人だと考えられていた――に「ウエスト・エンドの紳士」として彼女の相手役になり、主役を務めてほしいと思っていた。

この計画は実を結ばなかったが、『ピグマリオン』の着想そのものはずっと残っていて、後に蘇った。ショーは一九一二年三月七日にこの劇を書き始め、ちょうど三ヵ月後に完成した。『ピグマリオン』の筋書きの概要は、トビアス・スモレットが一七五一年に発表した小説『ペレグリン・ピックルの冒険』のエピソードを土台にしていた。小説は、ペレグリンが粗野な労働者である少女を教育し、立派な貴婦人に成長させるという内容だった。ヘンリー・ヒギンズの性格はイギリスの大音声学者ヘンリー・スウィートから部分的にインスピレーションを得た可能性もあるが、若かったショーに影響を与えていたもう一人の人物も下敷きにしていたのは明らかだ。それは、ジョージ・ジョン・ヴァンデラー・リーである。リーは音楽教師で「メソッド」を教え、ショーの母親ベッシーに対し、スヴェンガリのような影響力を行使していたのだ。

花売り娘は当時、バーミンガムのブル・リングのような大商業地域やロンドンのウエスト・エンドの中心街など、イギリスの大都市でよく見かける存在だった。花を売る彼女たちだが、オレンジが安いときには花の代わりにオレンジを売る、というのが伝統だった。一九一四年初め、花売り娘たちが商品を売り歩いたドルリー・レーン・シアターの表玄関から彼女たちを排除しようという試みがあった。ネル・グウィン（貧しい家庭の出身で十一

歳からオレンジ売りをしていたが女優となり、その後チャールズ二世に見初められ愛人になった）の時代以来初めてのことだった。しかし、強い抗議と内相への請願があった。内相は、今後も彼女たちの邪魔をすることはないと約束した。ショーはヴィクトリア時代中期のロンドンの人々の生活を描いたヘンリー・メイヒューの古典『ロンドンの労働者とロンドンの貧民』をもとに、花売り娘の詳細を想像していたふしがある。メイヒューの研究の中に出ている上級の花売り娘――花売りの副業として不道徳な稼ぎをしない――のように、ショーの描いたエリザはリッスン・グローブの下宿屋に住んでいた。だが一九一四年には、オレンジ色とスカイブルーと赤色の三本のダチョウの羽をつけたエリザのかぶる帽子は、すでにアナクロニズムになっていた。ロンドンの花売りはダチョウの羽をつけた帽子ではなく、もっと実用的な、くすんだ色の藁の帽子を好むようになっていたのだ。

『ピグマリオン』に取り掛かったときに、新聞で大きく取り上げられた新しい事件にショーが注目していた可能性も考えられる。ウェストミンスター橋から飛び込み自殺を図ろうとした花売り娘の話が報じられていたのだ。小さな馬車に乗っていた男性が娘を呼びとめ、事情を尋ねた。少し話をした後、娘は男性の馬車に乗った。その後、その男性は成り行きで娘をある店の店長として職に就けてやったのだ。

劇を完成させて一週間も経たないうちに、ショーはキャンベルと共通の友人でもあるデイム・イーディス・リトルトンが所有するウェストミンスターの家で、彼女に『ピグマリオン』の最初の部分を朗読した。仮に「ひどい言葉遣いで……もぞもぞ動く虫を殺そうと自分の帽子をオーブンに入れたり、ステージから追い出され水を掛けられたりする花売り娘の劇をやらせて、傲岸な態度で有名なスターの威厳を傷つけてしまうのではないか」とショーが心配していたとすれば、それは杞憂だった。キャンベルはすぐに、ヒギンズ役についてショーと議論を始めた――ショーが選んだのはロバート・ロレーンではなく、おそらくマセソン・ラングかC・オーブリー・スミスだった（サー・ジョージ・アレグザンダーはショーに対して慇懃に、ヒギンズ役をやってもいいが「相手役としてミセス・パトリック・キャンベルだけはごめんだ」と言っていた）――キャンベルはショーに「かわいい女」だと思ってもらえていることに感謝し、ケンジントン・スクエア三十三番地の自宅に招待した。翌日の六月二十三日、キャンベルはショーの手を握り、ショーの指を自分の胸に押し当てる「破廉恥なトリック」を使って、ショーを天にも昇る気持ちにさせた。

ショーは自分の話を聞いてくれる人には誰にでも、自分は「猛烈にすばらしい」恋をしていると話した。ショーは女優のリラ・マッカーシーにこう書いている。「昨日はずっと、彼女がヒロインで僕がヒーローになるシーンを千回も繰り返し想像してばかりだった。僕はもう五十六歳になる。こんなに馬鹿馬鹿しく楽しいことなんて、この世の歴史にはありえない」。

不埒なロマンスのヒロインに、ショーは溢れんばかりの気持ちを込めて手紙を送り続けた。「パトリック・キャンベル」――彼女の芸名で、パット・キャンベルが夫だったことからこの名を名乗っていたが、パットは一九〇〇年にボーア戦争で死んでいた――と呼ばず、ショーは彼女を「ビアトリシシマ」、あるいは興奮しているときには彼女のセカンドネームにちなんで「ステラ、ステラ、ステラータ、ステラシスマ」と呼んで神格化した。キャンベルがショーにつけたニックネームは「ジョーイ」で、無邪気な人を怒らせるようないたずらをする道化師、という意味を込めていた。だが、キャンベルのショーの手紙に対する最初の反応は、彼の情熱に冷や水を掛けるものだった。「私にはあなたの緑色の紙に書いたお手紙に答える」時間がないと書き、あなたに愛を込めてと結んだ。そして、あなたの奥様にも、と付け加えたのだ。

だが脚本を読み始めて一ヵ月も経たないうちに、ショーが「ステラ」と呼ぶキャンベルは、ペットの猟犬ジョージナと一緒にアルバート・ホール付近でタクシーの衝突事故に巻き込まれて大怪我をし、ひどい打撲傷のため床に伏した。キャンベルはショーの目から逃れ、療養のためロンドンを離れてエクス＝レ＝バンに出かけた。ロンドンに戻ってもキャンベルの具合は悪く、六ヵ月間床に就いた。キャンベルは後に、「私は死んでしまうところでした。気持ちもすっかり萎えてしまい、仕事のことなど考えられませんでした」と書いている。ショーがすぐにキャンベルを見舞い、元気づけたことは幸いだった。ショーは笑顔で甘い言葉をかけ、ベッドクロスに横たわる彼女の写真を撮った。それは、影のある慎み深い美女をイメージさせた。仕事ができず思うような収入を得られないで生活をしている間は、彼女に必要な現金を渡した。キャンベルはショーに頼っていることを認め、「本物のラブレター」を書いてショーの気持ちに報いた。その一方で、結婚指輪を貰わなければ誰にもキスをさせないとも言ったのだ。

ロミオ役を演じるのは楽しいゲームだった。ショーにとって問題だったのは、「甘い言葉を囁いて」いるときに、夢中になりすぎて演技中であることを忘れてしまうことだった。ショーはステラ、すなわちキャンベルに対して、自分に恋をしないでくれと頼んだ。だが、「あなたに恋をしていると思うことで、乱暴だが心のこもった優美な手紙を書くことで感じる喜び」をくれなくては嫌だ、とも言った。その一方で、リラ・マッカーシーに明かしたように、「心の奥底」には触れないままだった。

だが、二人は本当に恋をしていたのか？　サフラジェットのようにむさくるしいところがあるとキャンベルが表現した、十五年間連れ添ったショーの妻シャーロットは確信が持てなかった。なるほど、ショーは有名な女優たちとの間で次々とロマンスを重ねたが、キャンベルと夫の性的な結びつきのない関係は、夫の若い頃の遊びにはなかった類のものだとシャーロットは見抜いていた。

一九一二年のクリスマスになる頃には、キャンベルは回復していた。元気になったキャンベルは、再び「魔術」をふんだんに使ってショーを翻弄し続けた。ショーは『ピグマリオン』にはスター女優が必要で、そうでなければ失敗すると確信していた。一九一三年の前半を通じて、キャンベルが『ピグマリオン』に出るかどうかという問題は、ショーとキャンベルの関係がはっきりしないので決まらずにいた。結局、キャンベルは役を引き受けたが、J・M・バリーが彼女のために書き下ろした劇『崇拝者』へ出演した後になった。ショーがキャンベルに、どちらかといえば儲けが確実だと思われるバリーの劇に最初に出て、その後で『ピグマリオン』に出るよう忠告したのだ。キャンベルは抗議したものの、ショーの助言に従った。『崇拝者』は一九一三年九月に開演したが、大こけした。

「好きになってはいけない。でも好き」。一九一三年三月、ショーはベアトリスとシドニーのウェッブ夫妻と「ニュー・ステーツマン」誌の将来を話し合うためビーチー・ヘッドで行った会合から抜け出し、ブライトンでキャンベルと落ち逢った。シャーロットはその匂いを感じ取り、「あらん限りの軽蔑した態度で」分別のないショーと対決した。「全くお手上げだ。いったいどうして誰も犠牲にせずに、一人の愛する人を幸せにすることができないのか」とショーは叫んだ。

だが、ショーとキャンベルの第一幕はすぐに下りた。八月八日の午後、シャーロットが休暇でマルセイユに出発してから何分も経たないうちに、ショーはキャンベルを追いかけてケント州に出かけた。キャンベルはバリーの脚本を練習しようと、ラムズゲート近くのコテージを借りていたのだ。砂浜を歩き夜に到着したショーは、キャンベルがすでにギルフォード・ホテルに移っていたことを知った。二人はそこで二日間一緒に過ごした。キャンベルはショーの存在に次第に苛立ち、出て行ってほしいという気持ちを隠せなくなった。本当のところ、キャンベルは新しい情夫ジョージ・コーンウォリス＝ウェストが来るのを待っていたのだ。コーンウォリス＝ウェストは若く、レディ・ランドルフ・チャーチル（ウィンストン・チャーチルの母親）の前夫で、元近衛将校で狩猟と射撃と魚釣りが好きな人物だった。八月十日、キャンベルはショーに、ロンドンに帰ってほしいと請う短い手紙を書いた――「ロンドンでなくてもいいの……お好きなところへ。でも、ここにいてはだめ」。翌朝八時、ショーはキャンベルの部屋のドアをノックした。しかしそれは、彼女がメイドと運転手、そして犬と一緒にセント・マーガレット・ベイに逃げた後だった。

軽蔑の気持ちを存分に綴ったショーの手紙がキャンベルに届いた。彼女は「女優であって、温かみのある生身の人間とは違うところがある」、彼女は「輝かしい私の二日間を真っ暗にした梟だ」という内容だった。そして、若い恋人フレディ・アインズフォード＝ヒルと結婚すると決めたエリザ・ドゥーリトルを罵る、ヘンリー・ヒギンズを強く思い起こさせる言葉で彼女を攻撃して、手紙は結ばれていた。「行ってくれ。ショーの酸素が君の小さな肺を焼き払うのだ。君にふさわしいやつを探すがいい。君がジョージと結婚することはない！　最後の瞬間に君はジョージに怖気づくのだ……君は僕の虚栄心を傷つけた。考えられないくらい図太さだ。許せない罪だ」。

アーアーアーウーウーウーウーオー

「猫と犬と猿を一緒に袋に入れたら、大騒ぎになるとしか思えないだろう？」と表現したのは、トゥリーのビジネスマネージャーであるヘンリー・ダナだ。ヒズ・マジェスティー劇場で行っている『ピグマリオン』のリハーサルについて述べた言葉である。ショーは自分の写真を何枚か撮ったが、まるで戦闘状態にあるように見えて没にした。ショーはその一枚に「恥ずかしくないか」と書いてキャンベルに、もう一枚に「これがお前の仕事だ」と書いてトゥリーに送りつけた。ショーはキャンベルが他の役者に対して背を向けて癇癪を起こしたり、気に入らないことがあると顔をしかめたりする悪い癖にうんざりした。だが、前年の夏のサンドウィッチでの彼女の仕打ちもあり、ショーは彼女に対していつもの、どちらかというと残忍で無関心な態度を取っていた。「あなたが私を傷つけたことなどありません。あなたがいつもからかったり、ほらを吹いたりしてばかりでうんざりしているだけです」とキャンベルは返事を書き、劇の初演が近づくにつれ、彼女自身も無関心を装うようになった。

『ピグマリオン』の初演は一九一四年四月十一日土曜日に決まったが、パトリック・キャンベルはまだ罠を隠し持っていた。四月六日月曜日、リハーサル最終週の初日、キャンベルがいなくなったのだ。結婚のために出て行ったことがすぐに判明した。ジョージ・コーンウォリス＝ウェストは独身だった。ランドルフ・チャーチルとの離婚が裁判で確定して二時間後、彼とキャンベルはケンジントン登記所に婚姻届を提出し、タンブリッジ・ウェルズ付近のゴルフリゾートに三日間の新婚旅行に出かけたのだ。花嫁は四十九歳、花婿は十歳年下だった。

トゥリーは劇場の特等席にいた記者たちに対し、共演者の再婚についてはあらかじめ知っていた、とずうずうしい嘘をついた――「もちろん秘密を守っていたがね」――ショーはコーンウォリス＝ウェストが自分よりも勇気のある男だとわかったと述べただけだった。キャンベルは木曜日午後六時のドレスリハーサルにちょうど間に合うように戻ってきた。気持ちが萎える場面だった。というのは、招待客の中にH・G・ウェルズとG・K・チェスタトンがいたからである。

ショーは第一幕の最初で雨を降らせないことに、すぐに不満を抱いた。フレディが辻馬車を見つけられず駆け込んだ場面で雨が降っていないのはまずかった。「ひどい状況を演出するためには雨が降っていた方がよい。雨が止んだときに雲を動かして月を出せないか?」とショーは要求した。ショーのリハーサルノートの中で、ヒギンズとエリザを将来一緒にさせてはどうかというキャンベルとトゥリーの提案は依然として最大の問題だった。フレディを演じるアルジャーノン・グレイグは、紹介されたときにできるだけエリザにのぼせ上がって「どうしても心惹かれている」様子を演じるよう言われていた。ヒギンズ役を演じるトゥリーがエリザを三ヵ月のうちにレディに仕立てあげると自慢したとき、「だめだ、だめだ、だめだ。こんなに彼女を見つめては……ヒギンズはこの子じゃなくて、挑戦をすることに関心があるんだ」とショーは叫んだ。同じように、ヒギンズがエリザに「一緒に闘う」と言ってエリザの腕を取ったとき、キャンベルが演じるエリザは「すぐに無情なプライドをもってヒギンズを振り払わなければならない」のだ、と。

トゥリーはどうしたらよいか真剣に悩んでいた。トゥリーはショーに懇願して、第三幕の終わりにエリザが「Not bloody likely（ちくしょう、ありえない）」というセリフを言う場面で、センセーショナルな「bloody（ちくしょう）」の代わりに「blooming（まあ）」とか「ruddy（やだ）」という穏やかな言葉に変えてはどうかと提案したのだが――ショーは「No bloody fear（ちくしょう、やだわ）」と修正したが、結局オリジナルに戻した――無駄だった。ショーはかつて、劇に関して検閲に引っかかったことが何度もあった。最も有名なのは、一九〇九年のアメリカ西部の馬泥棒を描いた劇『ブランコ・ポズネットの本当の姿』で、冒涜的だという理由からイギリスでの上演を禁じられた。だが、エリザが「bloody」という言葉を使うのは宮内省（劇の検閲を担当する）のG・S・ストリートから「この場面はただ面白さを出すだけ」という理由で認められていた。この言葉は確かに、かつてイギリスの舞台で使われたことがあった。だが、「damn（くそったれ）」という言い方と一緒に禁じられたこともあったのだ。ショーは「イギリス国民の八割」が罵るときに普通に使う間投詞だからと主張し、この言葉を入れてもよいと述べた。だが、イギリスの検閲は一貫性がなかった。『ピグマリオン』が始まって数週間後、検閲官はロンドン・ロイヤル・コートで開催されるJ・B・マッカーシーが演じる『サプランターズ』の上演許可を与えなかったのだ。マッカーシーはアイルランド出身の田舎の郵便配達の役だったが、マッカーシーが「Bloody brats（どうしようもない小僧）」という「ショーが使っているような罵るときに使う間投詞」を使っている、というのが理由だった。

トゥリーは洗練されたウエスト・エンドの観客が、一般的に冒涜的だと非難される言葉を聞いてどんな反応をするか、ずっと心配していた。外国で制作される『ピグマリオン』には何らガイドラインはなかった。前年のウィーン版では、「Not bloody likely（ちくしょう、ありえない）」は「つまらない」という意味のドイツ語の「Dreck」に置き換えられていた。

ショーの新しい劇にはスキャンダルめいたものがある、キャンベルが「言ってはいけない言葉」を使うという噂が、初演の朝までに広がっていた。「デイリー・スケッチ」紙の見出しは「『ピグマリオン』は今夜センセーションを巻き起こす」だった。同紙の記者は、宮内省長官が口を挟まなければ「恐ろしい言葉」が「ミセス・パトリック・キャンベルの口から突然爆弾のように出てくる」と書いた（それにもかかわらず、「デイリー・スケッチ」紙は期待を持たせるつもりで、恐ろしい言葉を文字にすることができなかった）。各紙で関心は高まり、ショーは昼食後に劇場に向かう途中、スナップ写真を撮られた。

その晩、ヒズ・マジェスティー劇場で、トゥリーはステージと同じ高さにあるテント内の、キャンベルのために特別にしつらえた楽屋に行った。そして、「bloody（ちくしょう）」と言わないでほしい、言わなければならないのであればせめて「美しく」言ってほしいと頼んだ。

午後八時に幕が開くことになっていた。すでに三十分前には、劇場の周りは馬車と自動車とタクシーでいっぱいになり、三年前の国王の戴冠式以来、ウエスト・エンド最大の交通渋滞となった。十一分遅れて幕が上がると、アルフレッド・グレイブンがセットした舞台の上にはコヴェント・ガーデンのセント・ポール大聖堂の柱廊があった。「デイリー・スケッチ」紙によると「何年来のセンセーショナルなことが舞台で起こる」とのことだった。

七十六秒

ショーによると、第一幕は「スムーズにうまく」いった。第三幕はキャンベルが素晴らしく、観客はほとんど「狂乱」せんばかりに夢中になった。一方、トゥリーの茶番めいた演技は「とても面白かった」が、批評家はトゥリーの対話が台本通りではなく即興になっていることが多いのに気づいていた。ごみ収集人であるエリザの父親ドゥーリトルを演じるエドマンド・ガーニーは、貴族制に対して軽蔑した発言をするロイド・ジョージの言い方を学ぶべく演説を聞きに議会に通っただけあって、大当たりだった。

笑いもたくさんあったが、ショーの思い通りに展開し、大きな滞りもなく人々は劇に見入った。だが、エリザの「Not bloody likely（ちくしょう、ありえない）」という台詞の段になると、「パフォーマンスはほとんど頓挫しそうになった」。観客は大笑いし、「全く我を忘れた状態となり秩序が取れなく」なった。キャンベルに会うのを避けるため三日前にアメリカ合衆国に船で旅立ったシャーロットに対し、ショーはしばらくの間は劇が続けられないかと思った、と述べた。ステージマネージャーのスタンリー・ベルが手にしたストップウォッチで観客が腹を抱えて大爆笑している時間を測ったところ、ちょうど一分十五秒を過ぎるくらいだった。笑っていた時間はイギリスの劇場史上最長だったかもしれない。

最後の二幕の間、ショーは苦悶した。指示に対し、トゥリーが全て反対のことをしていたからだ。逆にキャンベルはすばらしく、第四幕でエリザがヒギンズにスリッパを投げつけるときには二投目が彼の頭に当たりそうになって、ショーは満足した。

だが、ヒギンズとエリザは絶対に結婚しないということを強調するためにショーが周到に準備したことは全て、劇の最後の瞬間にひっくり返された。ショーはリハーサルで、トゥリーにエリザを無視して関心を自分の母親にだけ向けるように指導していた。しかし、ショーが劇場を出るときに最後に見た光景は、ヒギンズが「自分の母親を乱暴に押しのけて、見捨てられたロミオのように、一人ぼっちの家に持って帰るハムを買ってほしいとエリザに懇願する」姿だった。

「bloody」をめぐる熱狂から観客が切符売り場に行列し続ける可能性があったが、それによってこの劇の尖った部分、特にブルジョア的な結婚制度に対する批判から関心が逸れてしまう、とショーは考えて苛立った。この言葉を使ったことについて評論家――それに一般の人々――の意見は分かれた。劇の初日の最後、ブーイングはわずかだった。キャンベルは、ブーイングはトゥリーの演技に対する抗議だと述べた。ブーイングはいつもの劇場荒らしをやるサフラジェットのグループから出たものだと言う者もいた。だが、「嫌な言葉」に賛成しない気持ちを反映していると思い込んでいる人々もいた。

一方、新聞のコラムと投書欄にはこの言葉について、多数の意見が掲載された。「ショー氏が劇場に通う一般の人々に向けて文字にできない言葉を投げつけて以来、上品で教養のある私の妻は、いつ何時もこの品のない間投詞を使うことが、すごい冗談なのだと思うようになった」とある人物が「サンドウィッチ・ガゼット」紙に書いた。「サー・ハーバート・ビーボーム・トゥリーのファンだった者たち」と名乗った二人の女性は、「大多数の女性は劇場でこの言葉にできないような下品な間投詞を聞くためにお金を出したいとは思っていない——私たちは十分、家の中で耳にしている」と抗議した。反対に、メイドストーンの二十歳の教師パトリシア・ウッドコックは騒ぎ立てることを不思議に感じた。「婉曲に表現する作家たちならひどい言葉だと思うのかもしれないが、どうでもよい形容詞のことなど何とも思わない。騒ぎ立てるのは野暮ったい地方の人々に違いない。うんざりさせられるような野暮ったいピューリタンが抗議したり、ショックを受けたなどと言ったりしているのは、マンチェスターやシェフィールドやバーミンガムやオールダムの田舎だけだ」と彼女は「デイリー・スケッチ」紙に寄せた。

オックスフォード・ユニオンは「ある種の口汚い間投詞を使うことを、英語を解放する影響力の一つとして賛同する」ことについて論じ、満場一致で同意を得た。オックスフォード大学の卒業生ジョン・コービンは、この言葉の語源を「ニューヨーク・タイムズ」紙に提示してひけらかす機会を得た。コービンはベリオール・カレッジ〔オックスフォード大学を構成するカレッジの一つ〕にいるときによくこの言葉を使ったと主張した。コービンはベリオールでボヘミアン的なグループに加わったのだが、そこではこの言葉は堅苦しい大学教師たちにショックを与える方法だった。「bloody」という言葉はエリザベス一世時代の宣誓「By Our Lady（わが女王の名において）」を縮めたものだが、現在この言葉を使うのはコックニー訛りに限られているという説だった。他の寄稿者たちは、コービンの主張を訂正しようと躍起になった。そうではなく、この間投詞は、スコットランドの北端とアイルランドの西端とコーンウォール州の南端で今なお実際に使われている、と。

ブライトンのディセンシー・リーグの書記長が「検閲が機能しているのか、検閲官は提出された劇の台本を実際に読んだのか」明らかにするよう求めた。一方、マンチェスターの主席牧師はこの表現は不敬というより俗悪な表現であるとし、安っぽいセンセーショナリズムに堕落したとしてショーを批判した。アメリカ合衆国にいたシャーロットは夫の名声をできるだけ守ろうとし、ショーは無作法な人では全くない、はにかみ屋で内気な人だと記者に述べた。

この春のミュージックホールでは、「バーナード・ショーは何てことをしたんだ」と、「『ピグマリオン』はありえない」が人気のあるキャッチフレーズとなった。ロンドンのパレス・シアターのレヴュー「ザ・パッシング・ショー」では、ヒギンズ役にアーサー・プレイフェア、長く黒いガウンを身にまといティアラをつけたエリザ役にネルソン・キーズが扮して「ノット・ヴァーミリオン・ライクリー」という寸劇を行い、口汚い「ちくしょう、ありえない」という台詞の代わりにトロンボーンの低音を流した。

ショーには大きすぎる問題だった。キャンベルは『ピグマリオン』に戻ってくるよう、ショーに頼んだ。キャンベルはトゥリーが劇をロマンチックに改竄していると警告する手紙を書いた。「すぐに戻ってきてください。そうしないとあなたの作品かどうか、わからなくなってしまいます」。だが、ショーはしばらく、次の上演まで落ち着いていられなかったし、劇の中の「口汚い要素」に対する敵意ある批判に耐えることもできなかった。開演の晩から二日後、ショーはあらゆる騒ぎから逃れてヨークシャーに赴き、そこで誠意ある友人ベアトリスおよびシドニー・ウェッブ夫妻とともに一週間、散歩とドライブをして休日を過ごすことになった。

第二幕　五月から八月まで

ハネムーン・イン・ザ・スカイ

五月二十三日土曜日の夜が明けてすぐ、パリ南西部の郊外ヴィラクブレーを出発するときには激しい強風が吹いていた。彼の乗った飛行機はフランスの北海岸に向かって急上昇した。

グスターヴ・ヘイメルは木曜日の晩、モラーヌ・ソルニエの工場に飛行し、新しいレース用の単葉機を取りに行った。固定した翼、流線型の胴体、容量の小さい燃料タンク、八十馬力のノーム社のエンジンを備えたこの飛行機は、時速百六十キロ以上で飛ぶことができた。自分の飛行機が土曜日の航空ダービーに出る飛行機の中で最速だと、ヘイメルは自信を持ってもよかった。セントラル・ロンドンの北西にあるヘンドン飛行場を出発し、約百五十キロを周回するレースである。このレースには国王の母であるアレクサンドラ女王、妹のロシア皇后マリー、ドイツ大使リヒノフスキ公ら高貴な来賓を含め、何千人もの観客が訪れることになっていた。ヘイメルは前年のレースの優勝者だったが、勝利に際し危ういところで致命的ともいえる危険を逃れた。リードしていたときにガソリンが漏れて流れ、ヘイメルの乗っているコックピットに飛んできた。わずか数十センチのところに、むき出しになったロータリーエンジンがあった。ヘイメルはすぐにガソリンまみれになったが、指でかろうじてタンクの亀裂を押さえて流れを止め、飛び続けた。ヘイメルは一時間十五分四十秒の記録を残し、勝利を収めたのだ。

ジャーナリスト兼パイロットのC・C・ターナーと共同執筆し、レースから一ヵ月後の一九一四年四月に出版

1914年２月２日、グスターヴ・ヘイメル、ウィンザー城の上をループ飛行。

した『飛行――実戦経験』でヘイメルは、完全な肉体と何ものにも動じない神経を備えた人間が何の変哲もない飛行士となる一方、「全く取るに足らないような印象の青っ白くて頭でっかちで……乱暴な行動など好まない……子どもが、水を得た魚のように飛行する」ことの不思議さについて思いを馳せている。

ヘイメルの外見が見劣りする、というわけではない。ヘイメルはたくましい体つきをしていた。中背で青い眼、ブロンド色の波打った髪をしていた。だが、ヘイメルは飛びぬけて謙虚で、抑制的なところがあった。新しい航空時代において、比較的短期間にヘイメルがイギリスで最も有名な「空のヒーロー」になったことを考えると、なおさら驚かされることである。「飛ぶためにこの世に生まれ、鳥の羽と天賦の才能を持った男がいるとすれば、それはヘイメルだ」とウィンストン・チャーチルは書いている。チャーチルはヘイメルと一緒に飛行した経験があり、海軍省の執務室にヘイメルの写真を額縁に入れて飾っていた。ヘイメルにはさまざまな飛行機を操縦することができるという天然の素質があったようだが、機械がなぜ、どのようにして動くのかということについて、彼はごく限られた知識しか持っていなかった。「ヘイメルはスパークリング・プラグを換えられないと言っていたものだ」と、イギリスで最も著名な航空学ジャーナリストC・G・グレイは書いている。「だが、飛んでいるときに機械の調子の悪いところを確実に言い当てることができた」。

ヘイメルは一八八九年生まれで、二十五歳にも満たなかった。ドイツ人の父親は医師で、スイスで医学の学位を取った後にロンドンで開業していた。母親はデンマーク人で、ドイツ語を話した。父親の患者の一人に国王エドワード七世もいた。国王はグロブナー・スクエアにある一家の常客だったが、妻はいつも、国王がカエサルと名付けていた愛犬のテリアを二階の応接室に上げるのを断るよう訴えていた。ヘイメルはウェストミンスター・スクールでイギリスの伝統的な公教育を受け、一九一〇年に一家は帰化してイギリス国民になった。父親は息子に医師を継いでほしいと考えていたが、ヘイメルはフランス旅行中に同国の飛行士によるパイオニア的な飛び方を目にし、飛行術に惹かれるようになった。間もなく、ブレリオ・スクール（フランスの航空機製造技師ルイ・ブレリオが設立した航空学校）で最も優秀な生徒の一人となった。

一九一四年五月のヘンドン飛行場のレースにヘイメルが参加すれば、ヘイメルを讃える何千というファンが見物したに違いなかった。だが、当日の土曜日は飛行には思わしくない天候だった。ノルマンディーの海岸ル・クロトワでヘイメルは燃料を給油し、朝食を摂り――空腹で空を飛んではいけないというのが基本ルールだった――再び飛び立った。ヘイメルはわずか四十キロしか離れていないブーローニュの南にあるアルデロに行くのに、恐ろしい嵐の中を四時間も苦闘した。

西からの風が猛烈に吹く中、ヘイメルは濃い霧に包まれた。どんな優秀な飛行士でも全く飛ぶことができないほどの霧だった。いつものブーローニュからフォークストンのルートを取らず、カレーからドーヴァーを越える決意をし、ヘイメルにとっては十八回目となる海峡越えに取りかかった。進むにつれて、ヘイメルの飛行機は海上に低く垂れ下がる雲の中に飲み込まれていった。

＊

一九一四年七月まで、イギリスでは航空術への人気が新たな高まりを見せた。重航空機（翼に働く空気の動的な揚力を利用する）が進歩、発展する速さは驚きを禁じえない。アメリカのオーヴィルとウィルバーのライト兄弟がノース・キャロライナのキティー・ホークの近くで十二秒間、三十六メートルほど空を飛ぶ歴史的な飛行を行って以来、十年と少し経ったばかりだった。それから約三年後の一九〇六年秋、パリ在住のブラジル人アルベルト・サントス＝デュモンが、翼を上反角に取り付けた珍妙な形をした「推進式」複葉機を使い、ヨーロッパで最初の飛行を行った。サントス＝デュモンは五十メートルほど空中に浮き、その後着地することができた。だが、これだけのことなのに「デイリー・メール」紙の所有者で新聞王のノースクリフ卿は、「イギリスはもう孤島ではない」と宣言し、「敵の飛行体」が「戦争になるとイギリスの大地に下りてくる」と予言した。二年後、フランスの飛行士が初めて田園の上空を飛行してヨーロッパの航空をリードすると、百九十センチほどの身長があり、肩まで髪を伸ばしてカウボーイのようにテンガロンハットをかぶったアメリカ人サミュエル・フランクリン・コーディ「大佐」が初めて、イギリスの大地ソールズベリ・プレーンで初期の重航空機で飛行した。

コーディが自らデザインし、競争力をつけた飛行機は、あまりにも扱いにくく、デザインの主流として影響を及ぼすには至らなかった。特にヨーロッパの市場では、イギリス系フランス人アンリ・ファルマンが作成した新型の滑らかな複葉機が優位に立つようになった。だが、コーディの飛行が成功したことで、大陸がイギリスに先行しているという不安が和らぐには役立った。しかしながら、イギリスにおける飛行機の新時代の到来を劇的に画したのは、ルイ・ブレリオが一九〇九年十月にイギリス海峡を横断したことだった。ブレリオは三十六分三十秒かけて三十八キロを飛行し、ドーヴァー城に着陸した。もっと長い時間をかけて飛行した者もいたが、海峡横断とそれが大々的に宣伝されたことの意義は大きく、三年前のノースクリフ卿の言葉は正しかったと思われたようだ。他の誰より、ブレリオこそがイギリスの人々に飛行機の時代が来たと確信させたのだ。ブレリオはドーヴァーで、その後ロンドンで、有頂天になった群衆に囲まれた。ロンドンのセルフリッジズ百貨店には、展示されたブレリオの単葉機を見ようと十万人が訪れた。

一九一四年までに、飛行機は信頼性においてもパフォーマンスにおいても測り知れないほど改良が進んだ。先駆者たちが最初の飛行で使ったような、木と布地でつくった脆い型とは全く違うものになったのだ。イギリスでは、空中で壊れないようにより丁寧につくられ、機材も吟味されていた。飛行機の優れた能力に合わせて、パイロットの技術も上達した。パイロットは重心と圧力の中心がどこにあるのかを理解するようになった。技術のあるパイロットが飛ばす近代の飛行機は、いろいろな動きをすることができた。飛行機は機首を下げて急降下しなくとも、姿勢を保ったまま横方向に動くことができた。特に気流の分析については、飛行士による天気観測と気象学者の分析を調整するための手立てもとられた。

単葉機と複葉機――前者は主翼を一枚、後者は二枚、それぞれ機体の左右の胴体に取り付けたもの――の有利、不利について、依然として盛んに論議が行われていた。両者を比較すると、複葉機は速度は遅いが長距離の飛行ができる、単葉機は速いけれども飛行距離が短い――しかし、こうした議論はさらに洗練されたデザインが登場するようになると意味を失った。

航空機に大きな飾りや安全装置がつけられるようになったのは、空中での死亡事故が減少しつつあることを反映していた。一九一三年、イギリスの島々における記録に残された死亡事故の数は十回、死亡者数は十二人まで減少していた。一方、イギリスの代表的な航空学ジャーナル「エアロプレーン」誌は、イギリス人が一日に三百二十キロ飛行することは注目に値する、と書いた。デザイン同様、航空技術ではフランス人がリードしていた――たとえば、一日の最長飛行であるパリからワルシャワまでの記録はフランス人が達成していた――が、一九一四年三月にロンドンで行われたオリンピア航空ショーでは、Ａ・Ｖ・ロー社やブラックバーン社のようなイギリスの製造業者が強力な存在となり、イギリスの飛行機は初めて外国のライバルに対し自分の立ち位置を確保できた。

安全性が高まったことと関連して、見物し参加するスポーツとして、飛行機の人気は急速に高まった。一九一四年初めにマンチェスターのベルヴュー・ガーデンズで行われた航空ショーには大勢の群集が押し寄せた。イギリス人で最初に「宙返り」をやったＢ・Ｃ・ハックスがエイブロ複葉機で三百メートルほど降下しセンセーショナルな三回転を行ったときには、近くで行われていたマンチェスターサッカー大会の会場にいた大勢の人がこの様子を見ていた。一ヵ月後、ハックスはイースト・ライディング・オブ・ヨークシャーにあるヘンドン飛行場のレースコースで、一日に六回の宙返りをした。オックスフォードでは三月に九百メートルほど降下し、その後、町に架かっている橋をハードルのように次々に超える飛行をした。

乗客となって空を飛ぶのに参加したいという人は枚挙にいとまがなかった。リーズ市長の妻はパイロットのハロルド・ブラックバーンと一緒にリーズ上空を飛んだ。また、リーズ郊外ラウンドヘイに住むミセス・ハトリー・ベーコンは子どもたちが飛行機を見ることができるように、ブラックバーンに自分の家の上空を一緒に飛んでほしいと主張した。二月、五歳のビリー・クレイグは飛行機で空を飛んだ最年少の子どもとなった。B・C・ハックスと一緒にハルの周辺を二十分間飛行したのだ。

イギリス中に航空ショーが広がった。三月末のシェフィールド航空週間中、ブラックバーンは二人乗りの単葉機による空のドライブを提供した。ある飛行では「リトル・ミス・インディペンデント」として知られる若い女性が搭乗し、また別の折には歯科医が搭乗してブラックバーンと一緒に写真を撮り、商売用の広告として使った。広告には、義歯一揃い十五シリングとあった。同年夏、ブラックバーンはブラックプール・プレジャー・ビーチ・フライング・ウィークに参加し、クライマックスでブラックプール・タワーの周りを旋回した。このとき、ドーラ・ウィッテイカーが歌いベストセラーとなったSPレコードのタイトルは「ハネムーン・イン・ザ・スカイ」だった。一九一四年一月、ある新婚カップルがその歌の通りに、単葉機でリーズの空を飛んだのだ。

航空学校十七校とともに飛行場がブルックランズ、ヘンドン、イーストボーン——水上飛行機の発着所も備えていた——ソールズベリ・プレーン、リバプール、ウィンドミアにつくられた。サリーのウェイブリッジの近くにあるブルックランズ飛行場は最も古く、一九〇七年に創設された。だが、一九一一年に開設したヘンドン飛行場はブルックランズの最大のライバルになり、イギリスの航空界の中心として一般の人々の心を掴み、他のどの飛行場よりも「航空に対する憧憬」の雰囲気を醸成していた。ヘンドン飛行場は別名ロンドン飛行場としても知られていて、飛行の黎明期を代表する興行主クロード・グレアム＝ホワイトが考案したものだった。グレアム＝ホワイトは三十代になったばかりだったが、興行主や実業家、デザイナー、宣伝家と飛行のパイオニアといったさまざまな役割を一手に結び付けていた。

ハンプシャーの裕福な一族出身であるグレアム＝ホワイトは、そもそも自動車の仕事をしたいと思っていたが、他の航空のパイオニアたちと同様にブレリオの海峡横断に触発され、関心が航空に転じた。一九一〇年初め、グレアム＝ホワイトはイギリス人として初めてフランスの航空クラブからパイロットの資格を得て、その春に「デイリー・メール」紙が提供した一万ポンドの賞金を賭けて、最初のロンドン－マンチェスター間の飛行（ロンドンからマンチェスターまでを二十四時間以内に二回以下の着陸で飛行する）をフランス人インストラクターのルイ・ポーランと競い合った。

このイベントについて、海峡の両側で新聞報道は熱を帯びた。グレアム＝ホワイトはポーランに敗れたが、彼は夜間飛行すると決めたこと――当時は前例のない離れ業だった――と、潔く負けを認めたスポーツマンらしい態度によって、群衆から賞賛を勝ち得た。グレアム＝ホワイトはハンサムでユーモアがあり、ダンディだった。イギリスとアメリカ合衆国（タフト大統領と会うときにはワシントンDCのホワイトハウスに自分のファルマン複葉機で乗りつけた）で続けて賞を得たことで、グレアム＝ホワイトはイギリスで最も有名な飛行士として評判を確固なものにした。グレアム＝ホワイトの蝋人形がロンドンのマダム・タッソーの店に展示されたうえ、J・M・バリーのピーター・パン役でイギリスの劇場をツアーしていたアメリカ人女優ポーリーン・チェイスとの交際により、彼の名前はさらに輝きを増すことになった。

獲得した賞金と一万ポンドの借金をして、グレアム＝ホワイトはヘンドン・ヒルの牧場二百七エーカーを十年間借りる契約を結んだ。溝を埋め、木々を切り倒して見通しを良くし、格納庫を十七棟建てた。ヘンドン飛行場には工場や航空学校、会議室が併設され、国内で最も効率的に組織された飛行場として有名になった。屋根のある特別観覧席と別館が建てられ、クラブハウスがオープンし、三十部屋の寝室のあるホテルを営業し、五つに分かれた構内それぞれに喫茶室とバーを備え、入場料は六ペンスから十シリングだった。

飛行場のゼネラル・マネージャーであるリチャード・ゲイツのもと、グレアム゠ホワイトが目指したのは、ヘンドン飛行場をロンドン動物園やローズ・クリケット・グラウンドと同じくらい有名な娯楽場にすることだった。一九一二年四月に行われた国際飛行イベントのオープニングに向けて行われた宣伝は、紙面がタイタニック号沈没のニュースで埋め尽くされたことでかすんでしまったが、汽車やバス、自動車で首都から簡単に行ける距離にあった「ヘンドン・ハビット」はすぐに人気を博した。ヘイメル、ハックス、ヒューバート、ノエル、ソップウィズといった著名な飛行士たちが曲乗りやアクロバット飛行、その他のデモンストレーションに参加した。レディズ・デー、ボーイスカウトの集会、早仕舞いの日に行われる出店者向けの集会、ミリタリー・デー、議会の日、劇場の日、それに恒例の航空ダービーといった、特別イベントのプログラムがあった。入場者が飽和状態になったことを知らせる「構内満員」の注意書きのポスターが頻繁に貼られた。ヘンドン飛行場の累計百万人の来客のうち、四分の三は一九一三年に来訪した。入場者数が一万人に満たない日は「物足りない」と思われた。飛行場のそばにある聖マリア教会の近くの丘は、飛行を見たいが入場料を払う気がない、あるいは払えない人々にとって、すばらしく有利な場所となっていた。一九一四年の復活祭の季節に先立ち、丘の頂上から見えないようにするため、飛行場の周囲にスクリーンが建てられた。

一九一四年の春にヘンドン飛行場を訪れたあるジャーナリストは、目にした光景に「夢中に」なって記事を書いている。「毎木曜日、土曜日、日曜日の午後三時から日暮れまで（天気が許す限り）飛行披露という形で『すばらしいこと』が行われる。『宙返り』や乗客を乗せての飛行、速度と平行のテストなどだ……二ギニー払えばいつでも乗客になって飛行できるし､腕の良いパイロットだと『家の中にいるのと同じくらい安全』だ」。別の記者はヘンドン飛行場を「流行のリゾート――まぎれもなくロンドンの『アスコット競馬場』に匹敵する」と賞賛した。この記者は構内を走る自動車の数に驚いたが、「車のシートに背をもたれて」「ヘイメルが高さ千二百メートルまで上昇し、降りるときに連続二十二回『宙返り』するのを見るのは何にもまして快適で……さらに、手頃な値段ですばらしいお茶を車まで運んでもらえる」ことがわかった。「プレー・ピクトリアル」誌が派遣したライターは、空中飛行できるようになった革命に畏敬の念を感じたようだ。「すばらしいことだ。十四年前､ロンドンの道路には一台の自動車もなかった。空を飛んだ人間の代表がイカロスだと、まだ思われていたのだ」と書いている。ヘンドン飛行場では、事故は稀にしか起こらなかった。とはいえ、ヘイメルが着地の際に地面に大きな穴を開けるようなアプローチをして、危うくコリンデール・アヴェニューにぶつかりそうになるというきわどいケースは数多くあった。ヘンドン飛行場が一般の人に向けてオープンして以降、最初に死亡事故が起きたのは一九一四年一月だった。初めて逆立ちで飛行したイギリス人で、当時二十一歳のジョージ・リー・テンプルだった。インフルエンザで二週間伏せっていたにもかかわらず、自分のブレリオ単葉機で強風の中をデモンストレーション飛行するとテンプルは言い張った。飛行場の回りを高度百五十メートルで十分間飛行した後、飛行機は突然、垂直に降下した。地面に近づくと北西風が飛行機を襲い、目撃者によると「半ペニー硬貨を裏返すように」ひっくり返った。飛行機は飛行場中央に上下逆さまになって着地し、パイロットは即死した。

この年の一月、ヘンドン飛行場はますます人気が高まっている「宙返り」を演じる高等曲芸飛行の披露で、二つの記録をつくった。資産家で飛行機に夢中になっていた女性エリノア・トレホーク・デイビーズは二年近く前､ヘイメルの飛行機に同乗しイギリス海峡を飛行横断した最初の女性だった。一月二日､エリノアはまたしても､ヘイメルの飛行機に乗って宙返り飛行をしたイギリス最初の乗客かつ最初の女性となったのだ。高度三百メートルまで上がってヘイメルは宙返りをし、その後約百メートル降下した。再度上昇し、ヘイメルは二度目の宙返りを行った。飛行機が頂点に達したとき、止まったように見えた。ほんの少し舞った後、背を上にして下方に滑空し始めた。激しく急降下してから飛行機は正常な姿勢に戻った。「ターンを始めると、自分は座ったままなのに周りの世界が自分の周りを回転し始める。地平線が足下に消え、次の瞬間に頭の上に見える。全ての動きが速く、いつ終わったのかわからなくなる。目に血液が集まってくる以外には不快な感覚はない」。心臓に軽い障害があったが病床を抜け出しやってきたエリノアは、再び大地に戻ったとき、飛行は「かなり健康に良い、神経を落ち着ける作用のある営みだ」と表現した。

コートを着てゴーグルを身につけ、髪を尼僧のようにベールでまとめ、頭を覆った姿をして人前で初めて写真に写ったエリノアは飛行機を数機所有していたが、自ら操縦はしなかった。「飛行は女性には向いていない」「女性は真に優秀なパイロットにはなれない」とヘイメルは論じた――イギリスで女性として初めて飛行士の免許を取ったモーリス・ヒューレットも共有した考えだった。ヒューレットは女性が飛行向けの「神経」を持ち合わせてはいないのではないかと考え、「自動車の運転」がうまくできないことと飛行士として向いていないことを比較した。

ヘイメルが同乗させたのは女性、それも彼の一家と職業上つながりのある貴族の女性が多かった。事実、長時間飛行に二百五十ポンドを支払うゆとりがあるのは貴族だけといってよかった。この料金のおかげで、ヘイメルはおそらく最も裕福な名飛行士となった。リメリック伯爵の娘レディ・ヴィクトリア・ペリーはヘイメルと一緒に逆立ち飛行を行い、自らを逆立ち飛行を経験した最初の貴族女性だと主張した。ダドリー伯爵夫人とレディ・ダイアナ・マナーズは、ヘイメルとの間にロマンスがあると噂のあった女優のグラディス・クーパーとともに、一度ならずヘイメルの飛行機に乗った。

一九一四年一月、グレアム＝ホワイトが中心となりヘンドンの飛行士たちがロイヤル・オートモービル・クラブで行ったディナーで、最初の逆立ち飛行を行った二人のイギリス人であるヘイメルとB・C・ハックスの栄誉が讃えられた。機械整備士が着るオーバーオールを着たウェイターが食事を逆の順序で持ってきた。コーヒーが最初で次にプディング、最後にオードブルという具合だ。二週間後、ヘイメルはジョージ五世とメアリー妃のため、ウィンザー城の上で宙返りのデモンストレーションを行った。集まっていたイートン校の生徒たちは喝采した。国王はヘイメルのことを誤って「ドイツの飛行士」と日記に書いたが、ふだんは感情を表に出さない無表情な国王が興奮に打ち震え、ヘイメルがいともたやすく離れ業をやってのけるのを見るのは「たいへん愉快ですばらしい」と書き留めた。四月、国賓としてパリを訪問するため国王夫妻は王家所有のヨットのヴィクトリア・アンド・アルバート号でドーヴァー海峡を渡るとき、イギリスの飛行機乗りが新たに考え出した仕掛けに一枚加わることになった。B・C・ハックスがブレリオ単葉機で国王夫妻を追いかけた。カメラマンが一緒に乗っていた。カレー港で飛行機は速度を落とし、鳥の視点で、国王夫妻のフランス到着を撮影した。ハックスはすぐにイギリスに戻り、フィルムが現像された。ロンドンのコロシアムに集まっていた観客は同日午後、映画を観ることになった。

飛行パフォーマンスを行うことによって、パイロットは突然の疾風が飛行機を襲っても姿勢を立て直す技を学べるという利点があったし、命の危険がある状況の中で自らの精神をコントロールするのに役立った。航空学産業に従事する者の中には、イギリスでパイオニアとなった飛行の財源のほとんど大部分をデモンストレーションや曲芸飛行から得ていた事実を無視して、まじめで科学的な性質を持たないと遺憾に思う者もいた。特に、ヘンドン飛行場の「劇場の日」は「第三級のミュージックホールのショー」にふさわしい「カーニバル的」な内容に特化していた。「飛行に関心を持って見たいと思っている階級の男性は、概して女優と表現されるようなタイプの、肌を露出した女性がよくやって来るような場所に、家庭の女性を連れて行きたいという気持ちにはならないものだ」と「エアロプレーン」誌は不満を述べた。

同じ誌面で別のライターは、ジャーナリストと写真家がヘンドン飛行場で起こった風変わりな出来事を記録するのにスペースを割いていることを次のように批判した。「父親がたまたま首相で、母親は他の親よりもずっとスマートでいたいと思っていて、自分の息子にシュトルッヴェルペーター（ハインリヒ・ホフマンの絵本の中に出てくるもじゃもじゃ頭の少年。不品行とその結果による悲劇の顛末が誇張された表現で描かれ、明確な教訓が示される）と小公子フォントルロイの間くらいの、それなりの試練を与えてやりたいと考えている、ついていない子ども」の話などにスペースを割いている、と。首相アスキスとマーゴットの下の子、十一歳の巻き毛のアンソニー・「パフィン」・アスキスが飛行に夢中になり、グレアム＝ホワイトに五席ついた乗客輸送用複葉機「シャラバン」もしくは「エアロバス」に乗せてもらった後、オックスフォードにあるサムナー・フィールズ・スクールでクラスメートに飛行について講義を行った話を掲載したのだ。

「エアロプレーン」誌の憂いにもかかわらず、ヘンドン飛行場にはあらゆる社会階級の人々が集まった。貯金をはたいてポンテフラクトから来た炭鉱労働者もいたが、その日の飛行は霧のためキャンセルになった（ハロルド・ブラックバーンは意気消沈した彼を気の毒に思い、飛行場からリーズまで送る、料金は不要だと約束した）。ジョン・リディはロンドン南東部から来ていた二十一歳の事務職員だった。リディの父親は地元銀行の支配人だったが、リディは一九一二年七月にドーセットのシャフツベリ・グラマー・スクールを卒業後、グロースターシャー州モートン＝イン＝マーシュにある家を出て、デプトフォードの鉄鋼業フレデリック・ブレイビー・アンド・カンパニー社に就職した。だが、ルイシャムの穴倉のようなところで地主の息子と部屋を共有する生活で、ロンドンでの暮らしに「打ちひしがれて」いた。しかし、リディはヘンドン飛行場を訪ね、大いに気持ちが奮い立った。

一九一四年初夏のある日、リディは母親に宛てて「すばらしいレース」を見に来ていると手紙を書いた。フランスの試験飛行士であるルイ・ノエルが「飛行場の歴代の最速記録を破り、時速百十八キロを記録。もちろん何度かコーナーを曲がって」飛ぶのを見た、と書かれていた。

ヴェネチア・スタンリーはその夏じっとしていられず、ヘンドン飛行場で空を飛べる機会に飛びついた。アスキスはある晩、下院の最前列の席に並んで座ったウィンストン・チャーチルからメモを渡されるまで、ヴェネチアの「手柄」を知らなかった。「君が空を飛ぶことを前もって知らなかったのは、非常に喜ばしいことだと思う」とアスキスは非難がましく書き送った。「君が無事に降りてきたことを神に感謝する。慌ててまた空を飛ばないでほしいと切に願う」。

一九一四年前半、特別なメニューがヘンドン飛行場で定期的に繰り返し行われ、観客はそれに夢中になった。パイロットが高度九十メートルを周回し、地面にチョークで描かれたダミーの戦艦の上に小麦粉の袋でつくった「爆弾」を落とすのだ。このデモンストレーションはサーチライトと爆竹を使うことで演出効果が高まるため、夜に人気があった。

その六月、ジョン・リディはヘンドンの姉妹飛行場ブルックランズでさらにドラマチックなものを見て、家族に手紙を書いた。模擬戦争が行われたのだ。「飛行機が怪我人を発見し駐屯地に居場所を報告、怪我人は駐屯地に送られ看護を受ける」、「模擬戦争では全てが完璧に行われています」とリディは母親に送った。「アレクサンドラ皇太后とロバーツ卿（イギリス軍の前参謀総長）が出席していました」。

このような戦争のデモンストレーションはイギリス人に対し、飛行機が単にわくわくする見世物にとどまるものではないと示唆することを意図していた。政府はこれまで、飛行機の軍事利用の可能性を拡大することにあまり乗り気ではなかった。グレアム＝ホワイトがノースクリフ卿と組み、一九一一年夏に「イギリスよ、目覚めよ」とキャンペーンを張ったとき、飛行機を軍事利用するよう盛んに主張していたのだ。この運動と、翌年に行われた同様の冒険的試みは、航空時代の現実をこの国に突きつけることを意図していた。有名なパイロットたちの一団とともに、グレアム＝ホワイトはいろいろな町や海辺のリゾートを遊説し、福音ともいえるメッセージを広げた。「イギリスの航空は停滞状態にある。わが国は他の諸国と比べて遅れていること、我々の存在そのものが新しい飛行機を所有できるかどうかにかかっているということを、国民は認識しないでいる」。もちろん、グレアム＝ホワイトの動機は利他的なものだけではなかった。飛行機製造の拠点としてヘンドン飛行場を拡大し続けることができるかどうかは、グレアム＝ホワイトが投資家を引きつけるかどうかにかかっていたのだ。

ある意味で、グレアム＝ホワイトのキャンペーンはすでにその気になっていた人々に説いていくやり方だった。このときまでに、未来の空中戦を描いた小説や物語を読んでいた人々は老若問わず存在していた。一八八六年のジュール・ヴェルヌの小説『征服者ロビュール *The Clipper of the Clouds*』の中で主人公の征服者ロビュールは、敵を探すために手に入れた電気を動力とし水平につけたプロペラで浮上する巨大な飛行船「アルバトロス号」のような重航空機の時代が来ると断言する。二十世紀初頭の大衆小説の多く、特に男の子が読む週刊誌や雑誌に掲載された物語は、航空機によって戦争が行われる時代が必然的に訪れるだけでなく、近代的な航空機が自国の運命に果たす重要な役割をイギリス政府が認識できないために悲惨な結果が生じることになる、という考え方を育む基盤となっていた。こうした読み物の中には、クロード・グレアム＝ホワイトとグスターブ・ヘイメルが航空界の実在のヒーローとして登場し、危機に対し勇敢に立ち向かって解決するというものもあった。

航空機による戦争を予言した作家の中で最も影響力があったのがH・G・ウェルズだった。グレアム＝ホワイトが操縦し、ウェルズは一九一二年に初の乗客となってイーストボーンから飛行した。四年前に発表した小説

『空の戦争』でウェルズは、ドイツがアメリカ合衆国に残虐な空爆を行ったことが文明崩壊の始まりとなると描いていた。さらに前、ウェルズは空想小説『フィルマー』で、優秀な飛行機を開発したイギリス人発明家「フィルマー」を描いている。陸軍省はその飛行機が持つ潜在的な戦闘能力を認識できず、開発を断るのだ。遅まきながら、フィルマーは新聞王バンガースト卿（どう考えてもノースクリフ卿としか思えない）に支援してもらうのだが、そのときには日本がすでに世界最初の空軍国となっている、という話である。

ノースクリフ卿の新聞を味方につけて、イギリスが航空で遅れをとっていることを挽回しようとしたグレアム＝ホワイトのキャンペーンは、ターゲットとした対象の一部の者にとっては打撃で、彼のこれ見よがしのやり方から距離を置くこともあったが、政府高官はこの問題について真剣に考えざるをえなくなった。ノースクリフ卿とグレアム＝ホワイトはともに飛行船より飛行機を第一に考えており、ドイツのツェッペリン〔ツェッペリン伯が開発した硬式飛行船の一種〕の脅威について不安を煽る読み物が新聞と雑誌を賑わしていたが、一九一四年までに、イギリス軍は飛行船を戦争の武器として放棄するという確固たる決断を下した。一方、イタリアは飛行機を軍事的に利用する最初の国となった。一九一一年秋、リビアを戦場にしたトルコとの戦争で、イタリアはドイツ製の単葉機を偵察に使い、戦争終結期には自国製の爆弾を四発、敵に投下したのだ。

フランス、ドイツ、ロシアは一九一〇年内に空軍創設を発表しており、イギリスもそれに続かなければならないのは必至だった。一九一一年の春に航空大隊が設立されたことに続き、一年後にはその規模を拡大し、英国陸軍航空隊となった。英国陸軍航空隊は陸軍と空軍の飛行団、予備団、ファーンバラの英国航空工場、ソールズベリ・プレーンのアパボンのセントラル・フライング・スクールで構成された。

だが、いくつかの重要な部分で、英国陸軍航空隊は政府と上級の陸軍将校が抱いている空軍に対する根深い偏見に苦しみ続け、結果的に、グレアム＝ホワイトのようなロビイストが前から抱いていた期待に応えることができなかった。規模においては初めから、明らかなライバルであるフランスに大きく劣っていた。一九一四年初めの「エアロプレーン」誌の論評は、「英国陸軍航空隊」がつくられて一年以上経過しているのに飛行機の数が最低限の数にも満たず、「近隣国のいずれかが軽率に宣戦しようと考え戦争が起こった場合、わが国の航空機による偵察はほとんど意味がないレベルだと指摘せざるをえないと感じる」という強い調子の内容だった（この段階では、軍の航空機利用は攻撃行動ではなく、まず偵察活動だと思われていた）。

訓練も不十分だった。軍隊では、飛行は乗馬と同じレベルだとされた。ルールは簡単で、上手に馬に乗れるなら飛行機の操縦はもっと簡単だ、パイロットはまっすぐ水平に飛ぶよう教わればよい、と。「飛行ショーのように」飛ぶのは軽蔑の眼で見られた。「わがままなだけで不信感を生む」と英国陸軍航空隊のフレデリック・サイクス大尉は述べ、宙返りのような技を使ってパイロットを訓練するようなやり方を無視した。

こうした姿勢は多くの死亡事故の要因となった。英国陸軍航空隊にとって悲劇が重なったのは一九一四年三月で、十日間で少なくとも四人の将校がソールズベリ・プレーンで死亡した。「陸海軍の両方に関わるには馬鹿馬鹿しいほど規模が小さく不十分だ。だが、わが国の死亡事故はフランスおよびドイツと比べるとその比率がはるかに高い」と「デイリー・メール」紙は論評した。

こうした不運な陸軍の飛行士が操縦した複葉機そのものにまつわる疑念もあった。特に操舵柱が弱かったことが判明して以後、その疑念が膨らんだ。本来の半分の太さしかなかったにもかかわらず、それを放置していたのだ。英国航空工場がつくったBE2Sとして知られるこの複葉機は、陸軍省が英国陸軍航空隊のスタンダードモデルとして選んでいた。安定性のある飛行機だが速度が遅く、時速百二十キロ以下でしか飛ぶことができず、主に偵察用に使われた。この飛行機をスタンダードモデルとした決定に対し、多くの批判が寄せられた。特に、フランスやドイツとは違って政府の支援を何ら受けることがなく、新しいモデルの飛行機をつくるのに賞金と航空学校からの資金調達に頼らざるをえなかった民間製造業者からの異論が多かった。

政府は英国企業への発注に消極的だった。ほとんどの場合、政府は民間のプライベートメーカーと契約を結び、スタンダードモデルの飛行機を製造した。一度につくるのはせいぜい二機か三機だった。リーズのロバート・ブラックバーン（パイロットのハロルド・ブラックバーンとは無関係）は、政府の得意先だった。ブラックバーンは二機目の単葉機と「マーキュリー」の名で知られる二人乗り機によって、イギリスで最有力の飛行機デザイナーとしてその名を確立した。もとは衣料工場の下請けの小さな工場だったブラックバーン航空機会社は、一九一一年にリーズのバーム・ストリートから離れ、大きな敷地に引っ越した。一九一四年六月、フォーンバラがデザインしたＢＥ２Ｓを十二機受注したため、ブラックバーンは有限会社を立ち上げ、この町のラウンドヘイ・ロードの使われなくなったローラースケートリンクに事務所を移転した。ブラックバーンはここで、政府との契約機だけでなく、彼が特別に関心を持っていた水上飛行機を冒険的に製造した。

だが、残念な事実は変わらなかった。英国陸軍航空隊には適切な訓練と飛行場、最先端の飛行機が不足し、目的に適っていなかった。一九一四年夏までに、陸軍省は英国陸軍航空隊に七つの飛行中隊を完全に整備するのは不可能だと認識するようになり、民間所有の飛行機を動員する方向に動き始めた。

英国陸軍航空隊の海軍部門と比べても大きな違いはなかった。大部分は第一海軍卿のウィンストン・チャーチルの肩にかかっていた。一九一一年末に第一海軍卿になって以降、ウィンストン・チャーチルは港湾その他の危険な地点の保護と国土防衛の全体的強化を図るため、飛行機と水上飛行機の役割について詳細に検討してきた。チャーチルは航空母艦となりうる船の建造もしくは採用が必要だと認識していた。スタンダードモデルを好む英国陸軍航空隊陸軍部門とは異なり、海軍はさまざまなタイプの飛行機の実験を積極的に支持し、そうした飛行機を操縦するパイロットの意見を聞いた。一九一四年五月末には陸軍部門から海軍部門を独立させて英国陸軍航空隊を二つに分離し、海軍相の指揮下で英国海軍飛行隊を編成することになった。

チャーチルは根っからの飛行機好きで、一九〇九年には乗員として初めて飛行を行った。チャーチルが一人で飛行することも操縦免許を取得することもなかったが、一九一四年の半ばまでに、大勢のインストラクターたちと約百四十回、何時間にも及ぶ飛行を経験した。チャーチルが乗ったことのない飛行機は海軍には一機もないだろうという評判で、しばらくの間、チャーチルは「空飛ぶ大臣」とまで言われた。

友人や同僚たちは、チャーチルの親族であるモールバラ公が彼に懇願したときの言葉を借りると、「君が何と言おうと、これほど命を危険に晒すようなことはやめてくれ」と頼み込んだ。一九一三年十二月初め、チャーチルの飛行の指導者の一人であるギルバート・ワイルドマン＝ラシントン大尉は、チャーチルと一緒に飛行して何日も経たないうちにイーストチャーチで墜落死した。それ以来、チャーチルの近親者の不安は高まったのだ。「なぜ繰り返し空を飛ぶような馬鹿なことをするのか？」と、法律家で政治家のF・E・スミス（バーケンヘッド卿）はチャーチルに尋ねた。「家族にも、君の経歴にも友だちにも、不誠実だということになるぞ」。

チャーチルは「このすばらしい新しい技に夢中に」なったのだと主張した。チャーチルは「空中で簡単に、強風が吹き荒れているときでも飛行機を操れた」し、「着地をもう少し訓練すれば」「十分安全に」一人で空を飛べる、と信じていた。軍人の死亡事故が報道されると、妻クレメンタインの心配が増すことになると気がつき、チャーチルは内緒で飛ぶことが多かった――少なくとも、飛行が終わるまで秘密にしたのだ。一九一四年五月十七日、ヘイメルはヘンドンからイーストチャーチまでチャーチルと飛行した後、同じ日のうちにケント州北部のミドウェー川の河口のシアーネスまで飛んだ。「ヘイメルと一緒にすばらしい一日を過ごした」。後年、チャーチルはこう振り返った。「午前、午後、晩、私たちは小さなヴァアゾン社の単葉機で飛行した」。ヘイメルがロンドンに戻る前、二人は六回宙返りし、その話は後に「ザ・タイムズ」紙などの新聞で報じられた。娘のサラを身ごもって間もない頃だったクレメンタインの不興を買わないようにチャーチルは、この離れ業をやっていたときに自分はヘイメルの飛行機には乗っていなかった、という文書まで出した。

＊

グスタ－ブ・ヘイメルが創生期の英国海軍航空隊の予備役に応募するとすぐに、ポーツマス近郊の飛行場でパイロットに向けてデモンストレーションを行った。だが、チャーチルとともにシアーネスに飛行してから一週間も経たない一九一四年五月二十三日の土曜日、ヘイメルは参加するはずだった航空ダービーが行われるヘンドン飛行場に到着せず、行方がわからなくなった。

ヘンドン飛行場は濃い霧と雨に包まれ、視界は九十メートル以下になり、グレアム＝ホワイトはレースを二週間延期せざるをえなかった。集まった群衆は落胆したが、豪雨の中で飛行機による宙返りが披露され、わずかに慰められた。ヘイメルが海峡の横断を始めてから三時間半が経過した午後三時になっても、彼について何の知らせもなかった。最悪の事態が予想された。グレアム＝ホワイトはヘイメルが緊急着陸した可能性のある飛行場全てに電話をかけたが、何の情報も掴めなかった。その後、グレアム＝ホワイトは海軍省に連絡した。第一海軍卿チャーチルの指揮下、巡洋艦マラード号と駆逐艦四席がドーヴァーを出航し海峡を捜索した。シアーネスから北軍艦の小隊も捜索に加わり、水上飛行機も数機出た。ヘイメルの形跡は見つからなかった。

その晩、ヘイメルの忠実なメカニックのゴーンとともに、グレアム＝ホワイトはブーローニュまで船で向かった。海峡には依然として濃い靄が立ち込めていた。グレアム＝ホワイトはアルデロで、その日ヘイメルのモレーヌ＝ソールニエ社のレース機に給油したメカニックに質問をした。ヘイメルがイギリスに出発するときには飛行機の状態は完璧だった、と彼らは断言した。

五日後、ヘイメルが生きているという噂が流れた。サウス・シールズで漁船に救助されたということだったが、残念ながら事実ではなかった。このニュースを聞いて興奮した群衆は、通りで号外を手に入れようと新聞売りに押し寄せた。コンパスを持たずに飛行していたヘイメルはコースを外れて北海に達し、予備の燃料もすぐになくなり、重いエンジンを搭載していた飛行機が海に墜落したと想像された。海軍省は次のような声明を出した。ヘイメルは「間違いなく、軍でますます重要性を帯びてきている業をイギリスで体現していた人物だった。彼の勇気、技術、才能、謙虚さといった資質は軍務に就いているあらゆる人々の尊敬に値するものだった」。行方不明になる少し前、ヘイメルは次の挑戦を発表していた。それは、この八月に大西洋を飛ぶことだった。

五月二十九日、さらに衝撃的なニュースのため、ヘイメルに関する記事は新聞の第一面から消えた。スコットランドで製造されカナダ人が所有する定期船エンプレス・オブ・インディア号がケベックを出発しリバプールに向かう途中、セント・ローレンス川でノルウェーの石炭船と衝突し沈没したのだ。死者は千十二人に達した。そのうち乗客は八百四十人で、タイタニック号の死亡者より十一人多かった（だが、タイタニック号の乗務員の死亡者はこれよりはるかに多かった）。死亡したイギリス人の中に、探検家兼ハンターで保守党政治家のシートン＝カー、劇作家で小説家であるローレンス・アーヴィングが含まれていた。ローレンス・アーヴィングはヴィクトリア時代の俳優兼マネージャーのサー・ヘンリー・アーヴィングの息子で、妻の命を救おうとセント・ローレンス川に飛び込んだが失敗し、溺死した。

ちょうど一ヵ月後の七月最初の週に、ブーローニュ沖に浮かんだ遺体が発見された。フランスの報道によると、それがグスターヴ・ヘイメルのものであることは「疑問の余地がない」とのことだった。

予　兆

五月の第一週、外務省事務次官――外務省内で最高級の官僚である――サー・アーサー・ニコルソンは、これほど穏やかな国際情勢は初めてだと考えていた。

これはある意味、それぞれの大国が国内の問題に関心を向けていることによるのかもしれない。イギリスではアイルランド自治法案をめぐって危機が生じていた。フランスでは財務相の妻アンリエット・カイヨーの殺人事件の裁判の行方が注目されていた。アンリエットは夫を厳しく追及していた「フィガロ」誌の編集者を銃殺した罪に問われていたのだ。ロシアの大都市は大規模なストライキによって麻痺し、ドイツでは社会主義勢力の興隆に不安が高まっていた。オーストリア＝ハンガリーも国内紛争によりひどい状態だった。オーストリア議会ではドイツ人代表とチェコ人代表の間で暴力闘争が起こり、ハンガリーではトランシルヴァニアでマジャール人とルーマニア人の緊張が高まっていた。

だが、英独関係という分野では、二十世紀になってから高まっていた敵対心が静まり、両国の関係は徐々に改善しつつあるように見えたのも間違いなかった。「共同」という新しい精神の最初の兆しが一九一二年から一九一三年にかけて見られた。バルカンの大火事を消すに当たり、イギリスとドイツは協力したのだ。英独の和解はポルトガルの植民地に関する交渉で成功を収め、一九一四年には、ベルリン＝コンスタンティノープル＝バグダッド鉄道にまつわる困難な問題を解決する条約を結び、協力は継続した。

それにもかかわらず、水面下では互いに不信と疑念があった。ドイツ皇帝が予測不能な派手なやり方で非公式に外交に介入してくることもあり、なかなか首尾よくいかなかった（外務省はヴィルヘルム二世に「衝動陛下」というあだ名をつけた）。イギリスから見ると、ドイツは人口が増え、軍事産業の基盤も拡大し、領土獲得と政治的な支配権を確立したいという願望をむき出しにしていることは明々白々だった。ドイツから見れば、イギリスが今世紀初頭の一九〇二年に日本と同盟を、二年後にはフランスと協商を結び、さらに一九〇七年には外相サー・エドワード・グレイがロシアと協商を締結したことで、自国が包囲されているという恐怖を強く感じていた。ドイツにとって有力な同盟国はオーストリアだけだった。

一九〇七年以降、英独の根底にある敵対心はさらに強まっていた。莫大な費用をかけたドイツの建艦計画によってイギリスの新しいドレッドノート級の戦艦が挑戦を突きつけられたことが理由だった。ドイツにはすでに、世界最強の陸軍があった。一方、イギリスには大陸で展開できる軍がなく、徴兵制に対する支持も得られていなかった。ドイツはイギリスが伝統としてきた海上覇権を脅かす存在になっていた。サー・エドワード・グレイがかつて述べたように、「海軍はわが国の防衛の唯一の手段であり、わが国の生命は海軍にのみかかっている」のだった。キールとヴィルヘルムスハーフェンのドイツ艦隊が拡大すると、イギリス海岸からわずか六百四十キロのところにある危険が現実味を帯びた。そのため、イギリスは小船の建造をやめて新しいタイプの戦艦の製造し、既存の海軍を再配置——遠く海外に広がっていた任務を縮小し、国の防衛に必要な艦隊を近隣に配置——することにした。

英独の海軍競争は、国内で人々の強い関心を集める数少ない公的問題だった。戦争が避けられないならば決定的な戦闘は陸地ではなく海上で行われる、と多くの人々は信じ込むようになった。新たなトラファルガー海戦が行われ、海の支配者はイギリスであると示すことになるのだ。

BLESS

Bridget　Berrwolf　Bearline　Cranmer Byng
Frieder Graham　The Pope　Maria de Tomaso
Captain Kemp　Munroe　Gaby　Jenkins
R. B. Cuningham Grahame (not his brother)　Barker (John and Granville)
Mrs. Wil Finnimore　Madame Strindberg　Carson
Salvation Army　Lord Howard de Walden
Capt. Craig　Charlotte Corday　Cromwell
Mrs. Duval　Mary Robertson　Lillie Lenton
Frank Rutter　Castor Oil　James Joyce
Leveridge　Lydia Yavorska　Preb. Carlyle　Jenny
Mon. le compte de Gabulis　Smithers　Dick Burge
33 Church Street　Sievier　Gertie Millar
Norman Wallis　Miss Fowler　Sir Joseph Lyons
Martin Wolff　Watt　Mrs. Hepburn
Alfree　Tommy　Captain Kendell　Young Ahearn
Wilfred Walter　Kate Lechmere　Henry Newbolt
Lady Aberconway　Frank Harris　Hamel
Gilbert Canaan　Sir James Mathew Barry
Mrs. Belloc Lowdnes　W. L. George　Rayner
George Robey　George Mozart　Harry Weldon
Challiapine　George Hirst　Graham White
Hucks　Salmet　Shirley Kellogg　Bandsman Rice
Petty Officer Curran　Applegarth　Konody
Colin Bell　Lewis Hind　LEFRANC
Hubert　Commercial Process Co.

1914年7月、「ブラスト」誌第1号1頁。

自由党は急進派、軍縮派、平和主義者を多く抱え、アスキス内閣は防衛予算の上昇に対する彼らの批判を抑えるため、ときにはドイツにアプローチして海軍競争を止めようとした。だが、こうした話し合いは、その代価としてイギリスが中立条約に調印するようドイツが要求したので頓挫した。一九一二年、グレイは外務省の対応を要約して、「我々はドイツに敵対しフランスと結んで戦争をする義務はないが、フランスを支援しない義務をドイツに負うことはない」と述べた。

この頃までに、ドイツ海軍の挑戦は鳴りを潜めるようになった。とにかく、簡単に決着をつけられないからどこまでも競争し続けたくなるようなレースというわけではなかったし、海軍支出に振り分けていた比率を陸軍の構築に集中するよう再配当する決定がなされていた。

一九一四年には、多くのイギリス人はドイツが将来自国の敵となると捉えていた。ウィルトシャー州ダウントン村で、同年一月九日の晩に開かれたイギリス国教会メンズ・ソサエティの会議は、こうした思いを反映していた。地元の牧師補は「ドイツとの戦争は不可避であり、すぐさま徴兵制を導入する必要がある」という動議を出した。投票により、ドイツとの戦争が不可避であることについては承認が得られたが、徴兵制については圧倒的多数で否決された。国民義務兵制連盟と、そのリーダーで退役した最高指揮官で人気のある戦争の英雄ロバーツ卿が精力的に力説していたが、国民は強制的な軍事訓練による利益を理解しないままだった。

一九一四年になるまでに、センセーショナルな「侵入騒ぎ」小説が次々に現れ、ドイツの脅威が存在するという確信が人々の間に醸成された。大衆向けの定期刊行物や書籍といった形で、大人向け、子ども向けの小説も次々と出版され、戦争が始まるという物語を読者は否定できなくなった。こうした話は興奮させる内容であふれていた。同時に、ドイツが侵入するのではないかという不安が広がる原因となり、ドレッドノートや徴兵制といった政治的な問題を論じることにつながっていた。

自然の成り行きで、アースキン・チルダーズの『砂の謎 *The Riddle of the Sands*』が、ドイツがイギリスの侵略者として登場するという大量の侵入騒ぎ小説の下敷きになった。初めてドイツ海軍の脅威が不安を引き起こした一九〇三年に出版されたこの小説は、敵国の皇帝自身の関与のもと、ドイツのフリージアン諸島からイギリスへの侵入を企てて行われていた夜間訓練を目撃した二人のイギリス人紳士が真相を暴くというスパイ物語である。設定と叙述がいかにも本物らしく――チルダーズはフリージアン諸島を航行したことがあった――実話だと信じる読者もいて、数十万部を売り上げた。

三年後、さらにドイツのイギリス侵入を強く警告する本が現れた。ウィリアム・ル・クーズの『一九一〇年の侵入』が、ノースクリフ卿が経営するイギリス最大手の「デイリー・メール」紙で連載され、毎日百万部を発行したのだ。連載はロバーツ卿の序文をつけて単行本として出版された。「モーニング・ポスト」紙によると、ル・クーズは「愛想の良い人好きのする穏やかな小柄な人物で、毎朝アーリングから九時十五分の列車に乗って金融街に仕事に行くタイプ」とのことだったが、イギリスで最も稼いでいる作家の一人だった。彼が書くのは、小さな爆弾を使ったり、ベッドの中にコブラを忍ばせたり、石鹸の中に破傷風菌を、軟膏の中に狂犬病の病原菌を混入させたりするなど、悪辣な方法を使う外国の悪漢による殺人事件と、それに関わるメロドラマだった。

国民義務兵制連盟のメンバーだったル・クーズは、イギリス軍には大戦争に対する準備が不足していると警告する小説も書いた。『一九一〇年の侵入』でル・クーズは大当たりした。この本はこの時代の苛立った雰囲気をうまく掴むだけでなくそれを助長し、二十七ヵ国語に翻訳され、百万部以上売れた。ノースクリフ卿は「デイリー・メール」紙の販路拡大のため、ル・クーズの連載に登場するドイツ人はどんなに小さなイギリスの町も平気で往来する、「デイリー・メール」紙が行き届かない人里離れた田舎の村も逃れようがない、と主張した。サンドイッチマンがドイツ兵の格好をしてロンドン中をパレードし、こうした話を宣伝する小細工も行われた。「鋲のついたヘルメットをかぶり、プロイセン流の青い軍服を着た退役兵の一団がオックスフォード・ストリートを陰鬱な雰囲気でパレードしている」おぞましい光景を目撃した者もいた。

ル・クーズはドイツのスパイがイギリスでウェイターや店員、パン屋、理髪師、奉公人となって雇われ、民間人の間で活躍しているという不気味な小説を書き、国民の妄想をさらに膨らませた。「ドイツ軍に加わりドイツ帝国の命に従っている者はみな、コートの襟の折り返しのところに特殊な型のボタンをつけている……それがあるとドイツ皇帝の忠実な臣下であることがわかる」とル・クーズは書いている。

明らかにナンセンスなのだが、多くの人々は一九〇八年から一九一〇年にかけてピークに達したスパイ騒ぎに驚愕した。この期間、打つ手がないほど事実とフィクションが複雑に絡み合った。当時、陸相のホールデーン卿に対し一人の議員が、ロンドン周辺の諸州で生活していると言われる六万六千人のドイツ人の予備役について情報を求めた。別の議員は、ル・クーズの「情報」に基づいて行動し、ホールデーン卿に「過去二年間……エピング（ロンドン近郊）の近隣に住んでいる外国人で、この地域全体をスケッチしたり写真を撮るなどして自国に直接情報を送っている軍人たち」について質問した。ホールデーン卿は軽卒に、政府陸地測量部が作成した地図から必要な全情報をスパイは得ることができると思う、と答えた。

それでも、政府はドイツのスパイ活動の潜在的脅威を真剣に考えざるをえなくなった。新しい秘密保護法が一九一一年、夏休みで半ば空になっていた下院でまともに審議されることなく通過した。二年前に秘密情報部が創設されていた。ＭＩ５〔イギリスの国内の治安維持に責任を持つ情報機関である保安局の通称。Military Inteligence Section 5の略〕の先駆機関であるＭＯ（ｔ）〔軍事作戦部〕という組織が、国内の対諜報活動の責務を負った。一九一三年七月までに、仮想敵国出身として登録された外国人の数は、約二万九千人に達していた。

スタッフォードシャー連隊のヴァーノン・ケル（「Ｋ」）大尉が、一九一四年に名称を変更したＭＯ５（ｇ）〔軍事作戦部第五課〕の長を務めた。ケルの部署は人員も物資も限られていたし、彼自身も周期的に起こる喘息のため活動は限定的だったが、ケルは勤勉に働いた。ル・クーズや他の人々が熱狂して想像していたほど、ドイツのスパイのネットワークは存在していなかった。だが、ケルは調査で、侵入の暁には鉄道や造船所でサボタージュするに違いない何千というドイツ人予備役の名前を確認しようとした。イギリス在住の外国人三万人の名簿から、ケルの部署は疑いがあり特別の監視下に置く二百人以上の「特別戦争リスト」をつくり出した。公文書を無許可で公開することを禁じた改訂秘密保護法の条項により、五人のスパイを逮捕した。その中に、ドイツ生まれのフレデリック・アドルフス・グールドがいた。ワンズワース出身の五十五歳のたばこ商で、一九一四年二月に妻モードとともに拘留された。モードは海軍に関連する要注意文書を所有していた。チャリング・クロスからベルギーのオステンドに列車で運んだのだ。車内にあったモードの旅行用膝掛けの下で見つかった三通の封筒には、ベルゲンとスピットヘッドの海軍の地図、軍艦のエンジンの絵と配置図が入っていた。

四月の初め、オールド・ベイリーの通りに面した中央刑事裁判所で行われた夫妻の裁判で、モードは運んだ文書の中身を知らなかったと主張し、釈放された。夫の方はもっと大きな掘り出し物で、行っていたスパイ行為をたどるとル・クーズの作品そのものだった。フレデリックは十二年間ドイツ海軍に在籍し、十年以上スパイ活動を行っていた。フレデリックは定期的にポッダムの「ミスター・ＳＴ」――スパイのボスで、グスタフ・シュタインホイザー――とやり取りをし、要注意文書を渡す代価として金を受け取っていた。フレデリックは懲役六ヵ月の有罪となり、その後、国外追放となった。

裁判を報じるにあたり、改めてスパイ熱を高めたいという誘惑に抵抗できなかった新聞もあった。イギリス中にいるドイツの第五列〔スパイの意〕の存在をセンセーショナルに書き立てたのだ。ある記事によると、エージェントの得点となるのはイギリス中に増殖することで、「スパイ同士が分かっているのはその数だけだった」。造船所は「スパイの温床」で、あらゆる陸海軍の駐屯地にいる女性たちは「最も成果を上げているスパイ」だった。ル・クーズの侵入騒動物語を模倣した話が生まれた。P・G・ウッドハウスは、ボーイスカウトのクラレンス・チャグウォーターが九ヵ国による同時侵入から自国を救う滑稽小説『急襲、あるいはクラレンスがどうやってイギリスを救ったのか *The Swoop! Or, How Clarence Saved England*』（一九〇九年）が読者の支持を得られなかったとき、侵入の可能性は笑い話ではなくなったことに気づいた。その一方で、四年後に出版され一九一四年までに数版を重ねたサキの『ウィリアムがやってきたとき *When William Come*』は、ホーエンツォレルン支配下に置かれたイギリスの現実を描いた小説で、究極の悪夢を代表する内容だったが、きっちりとユーモアを盛り込んでいた。

この次々と発表される小説が両国間の敵対心をどれだけ募らせているか、当時のイギリスの評論家たちだけでなくドイツ人も悩んでいたが、簡単に解決を見出すことはできなかった。一九一〇年、小説家のE・M・フォースターは著書『ハワーズ・エンド』で、「イギリスとドイツが戦うことになる」と想定するのは危険だと警告した。「こう言ってしまうと、それぞれの国の大げさで低俗な新聞に煽られた場合に、戦争の可能性を少なからず高めることにつながる」とフォースターは述べた。

すでに囁かれてきた「次の大戦争」についての有力な見方が、この風変わりな予言めいた小説に明確に現れている。戦争は今なお英雄物語の枠組みの中で捉えられ、戦争は一度の大きな戦闘ですぐに決着すると考えられている一方で、科学技術の進歩により発展した新しい破壊兵器は未来の戦争を短期間のものとし、人の命を奪うという恐怖を緩和すると思われた。

だが、こうした熱を帯びた興奮が広がり、こうした物語の類が乱暴に、あっさりと信じ込まれるようになったために、英独間の結びつきが多くの分野で一九一四年以前よりはるかに強くなっていたという事実が曖昧になった。事業と貿易についての英独の結びつき、また高尚なものも低俗なものも併せた文化面での結びつきは、健全な競争の精神に立脚するものとして賞賛され、ときには厳しいライバル関係となり、互いに競い合うことを望むようになっていた。十九世紀の最後の十年間に東欧からユダヤ人がやってくるまで、ドイツ人はイギリス最大の外国人コミュニティを形成しており、一九一四年にはその数はおよそ五万七千人になっていた。

貿易に関していえば、イギリスはドイツにとって最大の顧客だった。一方、ドイツはイギリスにとってインドに次ぐ第二の市場となっていた。政治に関わる者の中にはドイツ生まれ、あるいはドイツで教育を受けた重要人物がいた。ロンドンの金融部門では銀行、船舶、保険における英独関係は強力で、相互に依存していた。政治に関わる者の中にはドイツ生まれ、あるいはドイツで教育を受けた重要人物がいた。ホールデーン卿――アスキス内閣の陸相と大法官を務め、一九一二年に特使としてベルリンに派遣されたが海軍拡大の抑制について妥協に至らなかった――はゲッチンゲンで学び、そこを「精神的な故郷」と呼んでいた。外務省高官のエアー・クローはドイツ生まれで、ドイツで教育を受け、ドイツ人の親族の一人と結婚していた。サー・エドワード・グレイの私設秘書サー・ウィリアム・ティレルは、パリ駐在ドイツ大使を務めたドイツ人のおじであるラドリン公の保護のもとボン大学で学んだ。ルイス・オブ・バッテンバーグ公はイギリスに帰化してヴィクトリア女王の孫娘と結婚し、一九一二年からは第一海軍卿を務めた。イギリスとドイツの王室同士の関係は言うまでもなかった。

芸術、科学および学術分野における英独の結びつきはさらに印象的だった。「我々はドイツ人を芸術と科学をリードする国民だと考える。我々はドイツの研究者からこれまで学んできただけでなく、現在も学び続けている」とイギリスの知識人グループが一九一四年八月初旬の「ザ・タイムズ」紙に寄せた。ヨーロッパのコミュニティにおいて、ドイツは文化と学術の面で傑出していることが認められ、この年の六月三日、オックスフォード大学のエンカエニア〔大学記念祭〕では、イギリス最古の同大学からドイツ人学生に対し名誉学位が授与された。ドイツは同大学で学ぶ外国人学生の中で最大であり――一九一三年から一四年にかけては三十四人が入学を許可されていたのに対し、フランス人は四人しかいなかった――、国に戻った学生たちの間には明らかに親英感情があり、それはヴィルヘルム時代の政治行政体制の一部を形成していた。

一九一四年のエンカエニアで多くのドイツ人やオーストリア人に名誉学位が授与されたが、その中には、古典研究者ルートヴィヒ・ミッタイス、サックス＝コブルク＝ゴータ公、国際仲裁に関する専門家でノーベル賞を受賞したハインリヒ・ランマシュが含まれていた。リヒャルト・シュトラウスは音楽の学位を授与され、セント・ジェームズ宮にドイツ大使として務めたカール・リヒノフスキ公は民法の学位を授与された。リヒノフスキの受賞は大いに喜ばれ、彼の人気はこれに「先立つ数年間」よりも英独間の「感情がはるかに改善されている」ことを明確に示すものだ、と「オックスフォード・クロニクル」紙の記者は考えた。一九一四年にオックスフォード大学でドイツ大使が受賞したのは、特にふさわしいことだと思われた。ナポレオンが破れエルバ島に流された後、プロイセン国王がオックスフォード大学を訪問してちょうど百年目だったからだ。

ドイツ人はイギリス文学、特にドイツの文豪ゲーテ自身が恩恵を受けていると認めていたシェークスピアに無限大の賞賛の意を表明していた。庶民レベルでは、一八七〇年代から一八八〇年代にかけてイギリスからドイツに移住した人々が紹介したサッカーと競馬が、イギリスからドイツに輸出したものとして最も価値あるものと思われていた。

クラシック音楽に関してはドイツが優っていると、イギリス人は疑いもなく信じた。「イギリスは独自の音楽（ちょっとした歌は別にして）を持たない唯一の文明国だ」と作家オスカー・シュミッツは一九一四年に述べている――この頃にはドイツでもエルガーが天才だと認められていたから、どちらかというと不当な言い方である（エルガーの最初の交響曲がブラームスとワーグナーの影響を受けていて、明らかにドイツにルーツがあるといえるにしても）。イギリス中で行われるコンサートのプログラムでは、ベートーベン、ウェーバー、メンデルスゾーン、ブラームス、ワーグナーらの作品が主流となっていることに加え、ドイツはイギリスのコンサートホールにすばらしい指揮者と音楽家を数多く送り込み続けた。

リヒャルト・ワーグナーはイギリスで最も敬愛されている作曲家だった。ワーグナーを上演すると、イギリス人のコンサートに対する態度は一変した。ドイツから来訪した人々はかつて、イギリス人がコンサートの間にとる振る舞いを嘆かわしく思っていた。イギリス人は沈黙することに慣れておらず、コンサート中でもサッカーの試合観戦のように飲食をし、おしゃべりをし、ホールの中を歩き回る習慣があったのだ。

一九一四年二月二日、コヴェント・ガーデンで『パルジファル』の初演が行われると、十四回の上演全てが売り切れとなるほど、イギリスの聴衆はワーグナーに夢中になった。これまではバイロイト音楽祭が『パルジファル』を独占していたのだが、時計が新年を告げた段階でそれは終わり、イギリスで初めてこのオペラのフル上演を行うことが認められたのだ。

Ｅ・Ｍ・フォースターの『ハワーズ・エンド』は海軍競争が行われていた時期に書かれ、出版されたのだが、ワーグナー流の神話を肯定的に受け入れ、両国が互いに理解し合うことを願う作品で、これまで相容れないと思われた両国の文化を結びつける試みだった。一九〇五年、作家エリザベス・フォン・アルニムの娘たちの個人教師となって数ヵ月間北東ドイツで過ごしたフォースターは、主役となる二人の女性の名をマーガレットとヘレン、姓をシュレーゲルとした。この名前は読者に、プロイセンの軍国主義が圧倒する前に存在したドイツロマン主義の旗手で、理想主義的なドイツの象徴であるシュレーゲル兄弟を思い起こさせる名前だった（兄はアウグストフ、弟はヴィルヘルムという名だった)。

フォースターはイギリスの平凡さ(階級や儀礼やお金を稼ぐことへの執着)とドイツの熱情(自省的で文化的な伝統的な生活)との間に「虹の架け橋」をつくる必要があると考えていた。だが、ドレッドノートと国際舞台に存在する不確かな緊張の時代にあって、両国を結びつける架け橋を求めるのは、過大な願望であるように思われた。

＊

ドイツとの戦争は、イギリスや他のヨーロッパ諸国にとって、繰り返し現れる亡霊だった。だが、時間の経過とともに、そこから生じる恐怖は徐々に薄れていった。「あまりにも長く続く脅威というものは、脅威としての影響をなくす」。未来の戦争の恐怖について他の誰よりも人々の心に浸透させ、最新作『解放された世界』で核爆弾の到来を予言したH・G・ウェルズはこのように書いた。

作家ノーマン・エンジェルによる、戦争そのものが時代遅れになるという進歩的な考え方に影響を受けた人々もいた。一九一〇年に出たエンジェルの『大いなる幻影』は、征服戦争が成功したとしても最終的には不毛である、産業が発展した国々は経済的に相互依然しているから、戦争に関わった全ての国が経済的なダメージを受けることになると論じた。さらにエンジェルは、大国は「戦争に対する心理的な衝動を失っている。宗教上の相違を理由として隣人を殺したいという心理的な衝動を持たなくなったことと同じだ」と強調した。

一九一三年の終わり、オックスフォード・ユニオンでエンジェルが講演を行い、「軍事力は経済的、社会的に不毛である」とする決議が採択された後の一九一四年初頭、「エンジェル派協会」がオックスフォード大学に設立された。学部生が「オックスフォード・マガジン」誌でエンジェルの訪問を報じたが、不満だらけの記事だった。ヨーロッパ列強の間であまりにも戦争の話が頻発していたことから、「おそらく、二〇一三年の軍隊も『不可避の戦争』のための準備をし続けていることだろう」と、エンジェルの話を信じられなくなっていたのだ。

戦争への不安が大陸に忍び寄っていた。戦争のレトリックとさまざまな状況が社会のあらゆるところで優勢となり人々を脅かしているとすれば、ヨーロッパ大戦が起きるという予言をどうすれば無視できるのか？一九一四年の夏にはすでに、アイルランドの内戦、性差別反対闘争、階級闘争はいずれも今にも起こるか、否、すでに始まっていた状況だった。アイルランドでは、統一党と民族主義者がイギリス軍を凌ぐ規模で銃の密輸入を開始していた。サフラジェットの抵抗は暴力的な戦術を凌駕していた。産業関係では、労働組合が秋にゼネラルストライキを行うと約束していた。ロイド・ジョージが七月に警告したように、「国民が直面している問題は、この国の政府が何世紀も取り組まなければならなかった問題の中で最も深刻な問題」だった。

拡大する不満の背景に対して、三つの芸術――詩、音楽、絵画――が、特に未来の戦いの予兆のように思える。これらは戦争が来るとはまだ言い切れないものではあるが、「小さな前哨戦」のように映る。

１　「海峡が燃える」
「全ての国の人々が血なまぐさい戦争を始めようとする……」

三つの芸術のうち、トマス・ハーディの『海峡が燃える』は、当時起こっていた出来事と最も直接的な関係がある。一九一四年に書かれ、五月一日に「フォートナイト・レヴュー」誌に掲載されたこの詩は、黙示録のパロディである。イギリス海峡で行われた実弾を用いての戦艦の訓練があまりにも騒々しいため、棺の中で眠っていた死者を目覚めさせた、という話だ。騒音を聞いた犬は吠え、教会にいたネズミと領地の牛が騒ぎ、虫が土塊の中に戻っていくという内容だった。

死者は審判の日が来たと考える。だが、神は「世界は変わらぬ」と保証する。「気が狂った人々が」「血なまぐさい戦争を始めようとする」。だから死者は再び横になる。死者の一人が不思議に思い、大声を上げる。

「気が狂っていた昔の世界……
地下に埋められたときはそうだった
いつのことかわからないが俺たちの時代には！」

この詩の最後の節は、人間が歴史から何も学んでいないことを強調している。ハーディは砲弾が聞こえる三ヵ所の名前を挙げた。それぞれ、はるか以前に滅びた王朝を代表する場所である。侵入したデーン人に勝利を収めたアルフレッド大王を記念するストートン・タワー、侵入するサクソン族と戦ったアーサー王の拠点キャメロット城と結び付けて考えられることがあるサウス・キャドベリー、そして、先史時代のモニュメントであるストーンヘンジである。ストーンヘンジは古代イギリス文化のシンボルだ。これらは全て、ドーセット州ポートランド港にある海軍基地から八十キロ圏内にある。ハーディはドーチェスターにある自宅で、海軍の実弾演習の音を聞くことができたのだ。

一九一四年六月に七十四歳になったハーディはいつも、戦争に夢中になっていた。ロマンチックなナポレオン戦争の戦闘物語に感動していたのだ。ボーア戦争のときにはすでに成人していたが、「自分ほど戦争に惹かれる者はまずいない」ことを自認し、チェスをやるように戦術と戦略を「大いに楽しんだ」。だが、そのためにハーディは、戦争の人間的な部分に目を閉ざす必要があった。というのは、「直接そのことを思うと、ロマンスが何かあざとく、良くないものに思えるからだ」。

ハーディはボーア戦争のときにつくった詩が、「感情的主戦論」に傾くこともなく、「帝国主義的」でもなかったことを自賛していた。『君主たち』（一九〇四年から一九〇八年）の冒頭の部分は、百年前のナポレオン時代に起こったイギリスの侵入騒ぎを想像して描いているが、ハーディはその時期を、戦争のグロテスクな狂乱に人々が反応し圧倒されている現在と同じだと考えた。だが、ナポレオンから百年経った今、「時が満ちて戦争の時代は終わった」と信じていた。人を殺すことへの情熱は死に絶え、力をつけた個人がもっと他のことに力を注げるようになっているとハーディは考えていた。さらに言うと、二十世紀初めに戦争は「冷徹に科学的なもの」になり、戦争に燃えるロマンスを感じる者など根絶するのではないか、と。

それゆえ、英独間の敵対心の高まりにハーディは思い悩んだ。一九〇九年にこの時代の文化について取材されたとき、ハーディは「兵器という夢魔」と「偽善的に愛国心を装った領土的野心」を特に強調した。ハーディは同年、偶然に「侵入騒ぎ」文学の一つで、ガイ・デュ・モーリエの劇『イギリス人の家』のウエスト・エンドでの初演を観て、不安な気持ちになった。ハーディはこの作品がドイツを「イギリスとの戦争に向かわせる気持ち」にさせる、あるいはその言い訳になるほど挑発的な内容であり、上演を控えるべきだと考えたのだ。

海軍の軍拡競争が『燃える海峡』を書く起爆剤となっていたことは明らかだった。ハーディがこの詩を書く三ヵ月前、最新の海軍予算案に関する論争が新聞に載った。一九一四年二月十四日の「イラストレーテッド・ロンドン・ニューズ」紙の記事には、一週間前にハーディが静謐のうちに結婚した二度目の妻フローレンスの、憂いに沈んだように見える写真が掲載された。夫妻が飼っている恐ろしく硬い針状の毛並みをしたテリアのウェセックスと一緒にポーズをとっている写真だった。同じ新聞の数頁前には、船の横につけられた強力な新タイプの砲弾避けの、少々不穏な衝撃的な写真が出ていた。

「スティンズフォード（マックス・ゲートのハーディ宅近くの教会墓地）に埋葬されている人たちは、ポートランド島の砲撃の音を聞いています」。ハーディの新妻は四月五日、友人に宛ててこのような手紙を書いた。おそらく、未刊だった詩が完成したことを知らせる手紙だったのだろう。ハーディにとって実弾訓練は人間の狂気を示すものに他ならず、文明を血なまぐさい暗い淵に突き落とすものだった。それは、「常識は人の心の中にある怒号に取って代わった」とするハーディの信念を壊した。

2「火星、戦争をもたらす者」

四分の五拍子の執拗なリズムの繰り返しで始まるこの曲は、クラシック音楽の楽曲の中でもすぐに識別できる作品である。『惑星』組曲の中の一つ、ホルストの「火星」は七分以上、音楽による暴力と恐怖の世界を聴く者に提供する。控えめな静寂から始まり、威嚇するように音が大きくなり、不安と不吉な予感が高まっていく。その後、金管楽器によるファンファーレとスネア・ドラムが鳴り響き、戦争を強く暗示する。最後に、木管楽器と弦楽器が不吉なうねりを表現し、粗暴な最終韻律で不気味に閉じる。いかなる解決の可能性をも拒絶しているようだ。

一九一四年夏、七つの管弦楽曲による組曲の最初となる「火星」の最初の素描を完成したグスターブ・フォン・ホルストは三十九歳だった（「フォン」は十九世紀の終わりにチェルトナムの音楽教師だった父親のアドルフが、もっとドイツらしい名前にしようと付け加えたもので、音楽界の流行だった）。近視で神経質でひ弱な「本の間で思い悩む教養ある図書館司書」のような風貌のホルストは、ジェームズ・アレンズ女学校、セント・ポール女学校、労働者のためのモーリー・カレッジの三校で音楽教師を務める傍ら、余暇に作曲をしていた。

三十代になって、ホルストは『リグ・ヴェーダ賛歌』と『サマセット・ラプソディ』で成功を収めた。作曲で生計を立てることは無理だったが、かなりの数の上演を行うことができた。だが、大作である賛歌『ザ・クラウド・メッセンジャー』が一九一三年にヒットしなかったことで非常に落胆した。ホルストは「特に自分自身の」音楽にうんざりした、と書いた。スペインのマジョルカ島で休日を過ごしたとき、作家のクリフォード・バック

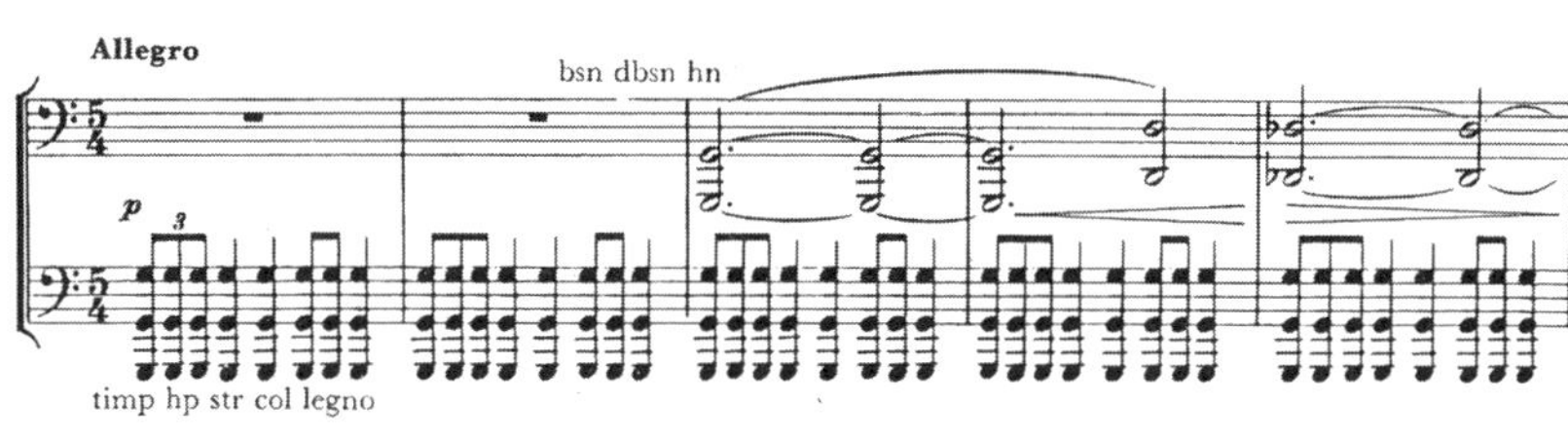

スも同席するパーティーに出た。そこでホルストは、自分は失敗したと思うとはっきりと認めた。だが、ホルストはバックスが自分と同じように占星術に夢中になっていることを知った。惑星に関する占星術研究こそ、ホルストが次の音楽作品としてインスピレーションとして感じていたものだった。

ホルストは、おそらく数年前から『ラファエルの星占い』を所持していたのだろう。占星術者ロバート・クロスが書いたこのガイドブックは、「惑星と星座が世界の国々に与える影響」を示していた。だが、ホルストがこのテーマをさらに探求しようという気になったのは、別の占星術者アラン・レオの作品だった。レオの『総合の技 *The art of Synthesis*』は、何世紀も無視されていたテーマに対する新しい先駆的なアプローチとなるものだった。レオは占星術において、緩いアプローチで特別な出来事を予言することに反対し、特徴的な流れに集中し、調和もしくは緊張が可能な領域を描くことを主張した。

ロンドンだけでも占い師や透視能力者、手相占い、山師の類が六百人から七百人活動しているということだったが、イギリスの法律から見ると、占星術は今なお疑わしいものだった。一九一四年春、アラン・レオは「運勢を騙り偽る者」の活動を禁じた一八二四年制定の浮浪者取締法で訴追された。五月には大勢の傍聴人が見守る中、レオは市長官邸で裁判にかけられた。このときは証拠不十分で釈放された。

ホルストはレオの研究から惑星の特徴を導き出した。惑星それぞれにイメージがあり、「それほど違いのない」他の惑星を引き立てる役割を果たしながら、音楽でさまざまに表現を変えていく。音楽の中でホルストが主に影響を受けたのは、ストラヴィンスキー（『春の祭典』が一九一三年初演だった）とシェーンベルクの『五つの管弦楽のための小品』だった。重要なのは、ホルストが組曲を「火星、戦争をもたらす者」から始める選択をしたことだった。占星術的にいうと、これは常識から外れていた。というのは、水星「翼のある使者」が最初の惑星だからである。だが、火星は根本であり、攻撃的で、出発点としてドラマチックで聞き手を引き込む力があった。

ホルストの仕事の状況が変わったことが「火星」を作曲するうえで力となっていた。セント・ポール女学校の新しい音楽室には、音楽部長であるホルストのために防音室が設けられた。一九一三年冬、五日に及ぶエセックス州北部へのウォーキング・ツアーでホルストはサクステッドに行き、バプティストのセント・ジョン教会の大きな尖塔を直接目にした。教会の因習に束縛されない教区牧師コンラッド・ノエルとホルストは親密な関係を築き、その結果、毎年行われる聖霊降臨祭〔キリスト教の祭日で、復活祭から五十日目の日曜日〕にサクステッドで定期音楽祭を行うことになった。ホルストと妻のイゾベルは、村を臨む丘の上にあるモンク・ストリートの、築三百年ほどになる藁葺きの小屋を週末と休暇用に借りた。「小屋は周囲の豆畑と草原の上にそびえ立っていて、柳の木があり、遠くには教会の尖塔が見えた」。ホルストの娘イモージェンはこう追想している。「とても静かで、庭の垣根の向こうのくすんだ赤いクローバーに飛んでくる蜂の羽音が聞こえるほどでした」。

サクステッドの小屋に、ホルストは十二ポンドで買った中古のピアノを置いた。右腕に神経炎があったので軽いタッチのピアノだった。占星術の師だったアラン・レオが係争中だった一九一四年五月までに、ホルストはエセックス州の田舎の静寂の中で、あるいは学校の防音室で懸命に「火星」に取り組み、平和と暴力のコントラストを表現し、ドラマチックな曲の中に盛り込んだ。

ホルストは一九一四年八月には完成した「火星」を作曲するにあたり、戦争が差し迫っているという感覚を描いたのだろうか？　ホルストはそんな意識はなかったといつも主張した。だが、この作品を聞いた後世の人々は、機械化された戦争の容赦ない恐怖を描いていることは間違いないと感じたのだ。

３「泥浴」

一九一四年七月の初めに、チェルシー・タウン・ホールの隣、ロンドンのキングズ・ロードにあるチェニル・ギャラリーの前を通りかかったとしたら、ある光景に目が釘付けになったかもしれない。ギャラリーの外壁に大きなキャンバスがぶら下がり、明るい赤色を背景にして人間とも機械ともつかない、もだえるようにねじれ角張ったものがいくつも、くっきりと描かれていたのだ。

『泥浴』はスレード・スクール・オブ・ファイン・アートを卒業したばかりの、イギリスの若い芸術家世代の中で最も早熟で大胆な二十三歳のデビッド・ボンバーグが描いた抽象画だった。ボンバーグの父親はポーランド系ユダヤ人の移民で、皮革労働者だった。ボンバーグはバーミンガムで生まれ、ホワイトチャペルのロンドンユダヤ人コミュニティで育てられた。ボンバーグの芸術の才能は早くから認められていた。ボンバーグはウォルター・シッカートが指導する夜のレッスンに出席し、一九一〇年にグラフトン・ギャラリーで開催されたロジャー・フライのポスト印象主義展覧会で初めてセザンヌの作品を見た。

一九一四年春、ボンバーグはホワイトチャペル・アート・ギャラリーで開催された「二十世紀美術」展のユダヤ人セクションに、マーク・ガートラーやアイザック・ローゼンバーグなど他のユダヤ人芸術家とともに出展した。この展覧会でイギリスのモダニズムは明確に定義されることになった。一九一四年夏にチェニル・ギャラリーで開催したボンバーグの個展には五十五点の素描と絵画が展示され、伝統的な構図を描く芸術家からラディカル運動に関わり『泥浴』の色彩を描くようになった軌跡をなぞっていた。

この絵の背後にあるボンバーグを突き動かした衝動とは何か。ボンバーグの生涯をたどってみると、彼が育ったところに近いブリック・レーンのシナゴーグの向かい側にあったシェヴジクの蒸し風呂の思い出に行きつく。これら「ロシア風蒸し風呂」は、通りに建てた天蓋の浴場を自賛した言い方で、ホワイトチャペルのユダヤ人住民がひいきにしていた場所だった。「泥パックをしてマッサージ」することに本当に風呂としての機能があったのかどうかは疑問だが、風呂の周りに飛び散り入浴者の足元に蓄積した泥が、ボンバーグにとってはインスピレーションを高める源となったのかもしれない。

もっと理論的なレベルに立つと、シェヴジクの蒸し風呂で洗浄する過程が、ボンバーグが芸術家としての目的だと考えていたことを適切に暗示していたのだ。チェニルの展覧会のカタログの序言で、ボンバーグは「無関係なもの」を全てはぎ取ることを意図していたと主張した。ボンバーグは偶然に生じた場合に限り、装飾に関心を持った。「私の目的は純粋形を構築することだ。私は東洋の色彩、近代の中世主義者、ルネサンスのでぶが嫌いだ」とボンバーグは力を込めて書いている。

チェニル・ギャラリーの壁に展示され、ユニオンジャック〔イギリスの国旗〕で飾られ（ボンバーグが計画した色にマッチしていた）、雨に晒され日差しに焼かれるのを何度も繰り返した『泥浴』には、さまざまな反応があった。二十九系統の乗合馬車を引いた馬はキングズ・ロードの角を回ると大人しくなった。ギャラリーの外では交通渋滞が生じた。一方、通行人の中には、これは絵画とは認められないと言って無視する者もいたようだ。

ボンバーグの『泥浴』はイギリスの前衛芸術を推進する運動の旗となった。一九一四年には、ロンドンの芸術界は熟れすぎた状態になっていた。夏のロイヤル・アカデミー展に出品された絵画——オーペン、マニングズ、ローラ・ナイト、ジョン・シンガー・サージェント（ヘンリー・ジェームズの肖像画がサフラジェットのメアリー・

ワードに切り裂かれた）を含めて――は落ち着きすぎて保守的、現代美術の発展に遅れをとっていると批判された。質の悪い絵画でも、却下される理由は「精神が欠けている」だった。芸術家のC・R・W・ネビンソンは既存の美術界にみられる倦怠感を要約し、バーリントン・ハウスの恒例の夏の展覧会は五十年前の展覧会と全く同じだと述べた。

これとは対照的に、一九一四年は実験的でダイナミックな新しい思想と展示が急進的な芸術界で爆発的に起こった年でもあり、批評家や論客の興奮したコメントも現れた。一月に出版されたクライブ・ベルの論争的な『芸術』は、影響力のあった理論「意味ある形」、すなわち線と色が特別な形で結びついて人々の審美感を動かすという理論を提唱した。同月、哲学者のT・E・ヒュームは事前主義の芸術の終焉と、もっと古い時代の堅く角張った線からなる幾何学的な形の再生を主張した。展覧会も旧習を打ち破るような方法で次々と行われ、ロンドンに新風を吹き込んでいるように思われた。ゴーピル・ギャラリーのロンドン・グループ、ホワイトチャペルの「二十世紀美術」とチェニルのボンバーグ、グラフトンのゴディエ＝ブゼスカ、ドレのイタリア未来派……その年の春にはトゥウェンティ・ギャラリーで「近代ドイツ美術」展が行われ、大勢の観客が訪れた。

未来主義の創始者フィリッポ・マリネッティ――軍国主義、愛国心、アナキストの破壊的な手腕、殺しの美化、女性蔑視と並び、「戦争を称えよう」という願いを表明した――は、ロンドンで自らの運動を宣伝した。前年の秋から一九一四年の夏にかけて、マリネッティはロンドンで十回以上講演を行った。六月のコロシアムで、未来派の作曲家で騒音音楽（機械などの騒音を題材とする音楽）を奏でるアーティストのルイジ・ルッソロは特性楽器イントナルモーリ（騒音を奏でるオルガン）二十三台を集め、ステージで「騒音の大未来派コンサート」を演じた。詩人のエズラ・パウンドはこれを「霧笛で死んだ猫の真似をしているようだ」と書いた。

マリネッティや未来派の人々による暴力や芝居がかったやり方、怒りや断罪的な宣伝が多いイギリスの芸術運動を、パウンドは「ヴォーティシズム」と命名した。その意味するところは絶えず動き、渦を巻くということだったが、画家のウィンダム・ルイスと少人数の仲間たちが採用した厳格な角張ったスタイルからすれば、実際には見当違いの名前だった。「芸術家の精神の中にある鉄と石を反映した」冷徹さと厳しさこそ、ヴォーティシズムの人々が目指す目的であり、近代生活の混沌とした速度とエネルギーを映し出そうとぼんやりした動きを未来派の人々が強調したものとは反対の立場だった。

だが、ヴォーティシズムについて最も重要なことは、曖昧で定義されてこなかった原則や哲学ではなく、芸術としての大義のために集まったことだった。ヴォーティシズムの人々はイギリスのモダニズムの突撃攻撃部隊と呼ばれがちである。あるいは、別の言い方をすると、後の怒れる若者たちの世代と共通する、体制に対する憤りがあった。体制を破壊し、伝統、特にヴィクトリア時代の伝統に背を向ける支持者を求め、ダイナミックで強く新しいものを創造するのだ。

ヴォーティシズムが行った闘いのうち、最も重要でエネルギッシュな行為は一九一四年七月初めに「ブラスト」誌第一号を出版したことだったのは間違いない。明るいがくすんだ薄紫色の表紙――「蒸気オルガンのピンク」色とエズラ・パウンドは表現した――に黒色のサンセリフ書体で「ブラスト」の文字が大きく書かれた冊子を開くと、ルイスが次のような宣戦布告を行っていた。最初に、イギリスの「我々の体にまつわりついた、体内に潜む女々しい田舎者の陰鬱なシンボル」である「礼儀正しさ」を吹き飛ばす。そしてイギリスの風土を「罪悪だらけで、悪い感染症にかかっている」と罵り、「近代世界に遣わされた原始的な傭兵として」、「贅沢でスポーツが好きで、身震いするような優越感と階級意識に凝り固まったイギリス流の『ユーモア』を好み」、「世界で最も俗悪なものを産み出している」国民をヴォーティシズム派は一掃すると誓ったのだ。

人物や評判になっているものなど、それぞれ吹き飛ばすべきものと大切にすべきものを対照し、反対側に一列に並べた。エルガー、ビーチャム「(製薬会社、オペラ、トマス)」(一八七九年生まれのトマス・ビーチャムは製薬会社の御曹司で、指揮者となりオペラ団を結成した)、ロンドン主教「子孫も一緒に」、ゴールズワージー、キャプテン・クック、それに「ストレイチー一族」を吹き飛ばす対象として羅列した。シャルロット・コルデイ(フランス革命の際、マラーを浴室で暗殺した女性)、クロムウェル、リリー・レントン(ダンサーで、エメリン・パンクハーストの演説を聞いてサフラジェットとなり、破壊活動を行った女性)、労働組合員、アルスターの反逆者(サー・エドワード・カーソン)、航空界のチャンピオン(ヘイメル、グレアム＝ホワイト、B・C・バックス)、それにイギリスの「海での勇敢ぶり」は手放しで賞賛に値するとされた。

デビッド・ボンバーグは「ブラスト」誌が提唱したマニフェストに参加した十一人の芸術家(男性が九人、女性が二人)に混じって署名するのを断った。事実、ボンバーグはウィンダム・ルイスが自分の作品を掲載するなら法的な行動に打って出ることも辞さないとまで言った。ボンバーグは党派的な運動から自由であることを願い、チェニルでの個展はそのことを意思表示するものだった。だが、ボンバーグの芸術はほとんどが抽象的、幾何学的、機械的で、明らかにヴォーティシズム派が宣言した信念と共通するものを含み、区別が難しかった。

ウィンダム・ルイスは戦争に取り憑かれていた。後に生涯を振り返り、こう述べている。「戦争と芸術は、私にとっては初めから混じり合ったものだった」。一九一四年初頭、ルイスは大きなキャンバスに向かい、『戦争の計画』という題の作品に取り掛かっていた。この作品は現在、存在しない。この絵は幾何学の形を強調し、線は戦闘ラインを暗示しているように見えた。

これと関連して、時が経つにつれてもともと持っていたように思われた意味は曖昧になるのだが、ボンバーグの『泥浴』は、まだ明確に想定されないまでもすでに人々の話題に上っていた将来の戦闘形態、すなわち塹壕での戦争を、不快な形で予言しているもののように思えた。

アドルストロップ

1　列車に乗って

六月二十四日の夏至の日の朝早く、作家エドワード・トマスと十五年間連れ添った妻ヘレンは、列車に乗るための準備を急いでいた。二人はグロースターシャー州とヘレフォードシャー州の境のレッドベリー近くにあるレジントンに住むアメリカ人の詩人ロバート・フロストを訪ねるところだった。二人はラシャム・ロード十三番地（のちに十二番地）にある立派なヴィクトリア朝様式の屋敷（トマスの両親の家）に住んでいた。彼らはその家を出発し、ナイチンゲール・ラインの地下鉄か、おそらく三十六系統の乗合馬車に乗り、パディントン駅に行くところだった。

トマスは三十六歳で、痩身で背が高く、髪の色は日に焼けて色が抜けてしまったようで、ペール・ブルーの眼には沈んだ様子がうかがえた。トマスはホームスパンのツイードのジャケットを着てリュックサックを背負い、しっかりした職人を思わせる手に杖を持っていたのではないかと想像したくなる。おそらく、足取りにはどこか気持ちが高ぶっている様子があったのではないだろうか？　トマスがロンドンに戻ってきていたのはほんの数日間だった。何といってもロンドンの「クラパム・ジャンクション駅で生まれ育った人」なので、ロンドンを離れて西の方へ旅したい、グロースターシャー州とヘレフォードシャー州に行きたいという思いをずっと温めていたが、なかなかすぐにロンドンを脱出することができなかった。「内に籠った狭い近代的な生活から抜け出して……

136 LONDON, OXFORD & MALVERN

For Local Tables see pages	Down Trains.		a.m.	a.m.	a.m.	p.m.	p.m.	p.m.	p.m.
26 to 35	**LONDON** (Paddington)	dep.	10 20	11 5	*1120*	12 30	...	*1 0*	1 40
	Ealing (Broadway)	,,	.	.	*10 53*	12 41	.	.	.
82, 83	Bournemouth (Central)	dep.	...	...	...	10 2[illegible]	...	...	
	Portsmouth Town	,,	.	.	.	9 35	.	.	
	Southampton Town (for D'ks)	,,	9N8	...	...	11a10	...	...	Luncheon and Tea Car Train.
26 to 35	**Reading**	dep.	11 11	.	*12 8*	1 30	.	.	
	Didcot	,,	...	...	*12M 6*	1 10	...	...	
	Oxford	arr.	11 44	.	*12 43*	2 5	.	.	
...	**OXFORD**	dep.	11 52		*1247*	2 18	2 25		
.	Wolvercot Platform	,,	.		*12 53*	.	2 31		
...	Yarnton	,,	W		*12 57*	...	2 36		
.	Handborough (for Blenheim)	,,	12 7			2 30			
...	Charlbury	,,	12 19			2 41	STOP		
.	Ascott-under-Wychwood	,,	12 26			2 48	.		
...	Shipton (for Burford)	,,	12 31			2 53	...		
.	Kingham	,,	12 40			2 58	.		3*14
159	Chipping Norton	arr.	1 33	Via Stratford-on-Avon.	THURSDAYS AND SATURDAYS ONLY.	3 36	...	Via Stratford-on-Avon.	3*36
		dep.	11M52			.	.		.
159	Bourton-on-the-Water	arr.	1 26			3 36	...		3*36
	Cheltenham (St. James')	,,	2 7			4 1[illegible]	.		4*18
...	Adlestrop	dep.	12 48	...		STOP	...	...	...
.	Moreton-in-Marsh	,,	12 59	.		.	.	.	.
141	Shipston-on-Stour	arr.	1 52	...		...	...	...	
		dep.	11 55	.		.	.	.	
...	Blockley	dep.	1 6	...		...	M	...	
.	Campden	,,	1 13	.		.	p.m.	M	
...	Honeybourne	,,	1 24	1 51		...	*3 42*	*3 49*	
159	Broadway (M)	arr.	2 16	2 10	.	.	.	.	Will not run on Bank Holidays.
		dep.	...	1 22	...	...	*3 26*	*3 26*	
158	Stratford-on-Avon	arr.	1 57	.	.	.	.	.	
		dep.	...	1 30	...	...	..	*3 25*	
.	Littleton and Badsey	dep.	1 30	1 57	.	p.m.	*3 49*	*3 56*	.
...	**Evesham**	,,	1 38	2 2	...	*2 6*	*3 55*	*4 2*	...
.	Fladbury	,,	1 44		.	*2 11*			.
...	Pershore	,,	1 54	...	...	*2 18*			...
.	Stoulton	,,	2 0	.	.				.
...	Norton Junction	,,	2 6	...	...				...
.	**WORCESTER** (Shrub Hill)	arr.	2 12	.	.				3 55

グレート・ウェスタン鉄道のウースターとモールヴァーンの停車時刻表。1914 年 6 月 24 日、エドワード・トマスが乗った午前 10 時 20 分の列車のもの。

日差しがあって空気が澄んでいるところに行こう」。トマスが文学界の英雄だと思っていたリチャード・ジェフリーズはこう書いていた。トマスはこの言葉をずっと「福音」か「魔法の呪文」と考えていた。

ラシャム・ロードの家を出る前、トマスは友人の作家エリノア・ファージョンに「僕たちはレドベリーに出発するところだ。本当に急いでいる」と説明したうえで、前の晩に妻のヘレンと一緒にドルリー・レーンに行ってバレエを見たという手紙を送った。その夏、ロシアバレエ団のセルゲイ・ディアギレフが監督を務め、特許を持った医薬品メーカーの社長サー・ジョゼフ・ビーチャムがスポンサーとなって、シアター・ロイヤルで始まったドイツとロシアのオペラとバレエが、ロンドンを魅了していた。

ファッショナブルで政治的な地位のある人々がドルリー・レーンに群がった。首相アスキスの一家もそうだが、貴族や国内外の王族もやってきた。それだけでなく、上演されるプログラムに対する関心から、オペラとバレエが趣味になったごく普通の、資本で生活している資産家階級も大勢やってきていた。トマスは、まだロンドンでは知られていなかった（この時代の評論家の一人が「偉大な才能が誤った方向に向かった衝撃的な例」だと書いていた）モーツァルトの『魔笛』をすでに観ていた。このシーズンの最初に上演されたのだ。六月二十三日にはトマスは、一幕もののバレエ『ヨゼフ伝説』のイギリスでの初演を含めたリヒャルト・シュトラウスの音楽の夕べを聴きに行った。作曲したシュトラウス自身が指揮者を務め、レオン・バクストが色彩豊かで華やかな衣装をデザインし、ミハイル・フォーキンがバレエの振り付けを行っていた。だが、聖書の中のヨゼフの物語を、ルネサンス期のイタリアを「想定したセッティング」に置き換え、東洋風の奴隷のダンサーやボクサー、レスラーの一座が登場するという演出は、トマスの好みではなかった。トマスはこの音楽を良く思わず、バレエそのものが失敗だと考えたが、それでも翌週には花形ダンサーのヴァーツラフ・ニジンスキーが主演し、ステージを軽々と飛び跳ねるとして知られる『バラの亡霊』を観るために、ドルリー・レーンに戻ることになった。

トマス夫妻はパディントン駅で午前十時二十分発のグレート・ウェスタン鉄道（ウースター、モールヴァーン行き）に乗車した。おそらく四両編成の列車で、前と後ろに三等客車、真ん中の二両のうち一両が一等のコンパートメント付き車両、もう一両が三等のコンパートメント付き車両だったに違いない。二人は三等客車に乗った。トマスの父方の親族に、グレート・ウェスタン鉄道のスウィンドンで働いている者が何人かいた。一八八〇年代から組立工として働いていたおじのハリーもそうだし、公務員であった父親のフィリップ・ヘンリー・トマスは商務省で軽便鉄道と地下鉄の事務員を務めていた。

鉄道員の血がトマスの中に流れているとしたら、それは彼が書いた散文の短編二編と、イングランド南部を歩き回ったときのことを綴った『南部の地方』の一章のテーマの中に脈動を感じられる。短編のうちの一つ「三等客車」では、イングランドの小さな村や町にある仕事といえば唯一、鉄道仕事だけだと書いている。数年後に書いた「不慮の死」では、乗客のうちの誰一人、駅名を確認するため何の感情を動かすこともなく――「要は客車に乗ったときの仕草」として――新聞を膝の上に落とす様子を描いている。一人の男がエンジンの下で倒れていた。「なかには、他の人が経験したことのないことをしたとぼんやり感じている者もいた」。死体が引き出され、ストレッチャーの上に乗せられた。「やがて息子や夫や父親が、予期することなく血にまみれて死ぬ運命にある女性たちが、死の気配を感じ取ることはなかった」。「罪を背負った列車」は再び動き始めた。「蒸気音以外には何も聞こえなかった」。

バターシー・パークを通り過ぎ、トマスはいつも携帯している手帳の一冊に、「スレートとさえないレンガの海が続く景色」を書き留めた。午前十一時四十四分に列車はオックスフォードに到着した。二十世紀になる変わり目の年、トマスは学生としてその地にいた。トマスはオックスフォードで、空に「真っ白な筋雲が伸び」「その上に大きく広がる雲があって、干草と楡の木の上に真っ青な空が覗いている」のを観察した。

「その後、私たちはアドルストロップの駅で止まった」とトマスはノートに続けた。午後零時四十八分だった。柳越しに、トマスは「クロウタドリの群れが鳴くのを聞いた……ツグミが一羽いるだけで、人の姿はなかった。蒸気を発するエンジンの音しか聞こえなかった」。

アドルストロップは今でもそうだが、田舎の小さな教区にあり、住民は当時約百五十人で、ストウ＝オン＝ザ＝ウォルドの東約五キロのところに位置し、一九一四年には駅の下りホームの後ろを流れるイブンロード川の北東沿いにあった。トマスが列車を降りていたとすれば、村を貫く道がアングロ＝サクソン族の時代にまで遡ることのできるコッツウォールド古道の一部だと知って喜んだに違いない。それ以外にも、教会や、ジェイン・オースティンの親族であるリー家と一緒に何度か滞在した教区牧師の邸宅まで、足を伸ばした可能性もある。教区牧師の邸宅は、ちょうど百年前に出版された『マンスフィールド・パーク』の中で、エドマンド・バートラムのソーントン・レーシー・パーソナージとその周辺の様子を描くにあたり、オースティンにインスピレーションを与えたかもしれない。

だが、列車の窓からトマスの目に留まったのは、「深い静寂の表面を漂う田舎の騒音」と正午の太陽の強い日差し、それに駅の名前だけだった。いくつかの駅を過ぎて、列車はキャンプデンの郊外で止まった。

川岸には生い茂った背の高いアカバナとシモツケ草がたおやかに揺れていた。二度の旅行の間、驚くほど静かだった——線路の間にある灰色の敷石を見た。線路は太陽の光で輝き、楡(にれ)や柳、背の高い草が覆いかぶさるようだ——誰かが咳払いをした——その音で田舎の静けさが強調されるように感じられた。

トマスが先般ロバート・フロストに語ったように、毎日のように散文を書いていた。これも、「見たものの印象を短く自由に」述べてはいるのだが、書きたいと思っている詩との懸け橋にしたくても、どうしてもうまく表現できなかったのだろう。

しかし、トマスがノートに記した六月二十四日についての印象は、友人のジョゼ・ブリッジがトマスの「たった一つの、ほとんど一瞬といってよいほどの経験に重要な意味を持たせる、驚くべき才能」と表現した描写に他ならなかった。田舎のグロースターシャー州への鉄道旅行から六ヵ月後、トマスは夏至の日に見た光景とそのときに聞いた音をまとめて初期の詩集の一つを書き、溢れんばかりの創造力を発揮した。それは一九一五年まで続いた。こうして、「アドルストロップ」の十六行は一九一四年のイギリスの田園地帯と、イギリスの様子をほのかに思い出させてくれる作品となった。ランダムな印象と、心の赴くまま自由に書き綴った記録であり、トマス自身が「過去の時点ではわからなかったにしても、後々まで残る印象」と表現したものの記録だった。

２　天気に取り憑かれる

エドワード・トマスほど天気が変化する様子を力強く、濃密に表現した作家はほとんどいない。「まっすぐに突き刺さっていく矢のように侵入」する「北風」。夏の暑い日には「哀れみなど持たないかのような青空、水平線のあたりが黄色く靄がかかっている」。「激しく長く続く雨」、「一瞬の落雷、きらめきが垂直に突き刺さる……夜には少雨」。――トマスの天気の描写は正確な観察に基づいているとともに、暗喩を含んでいる。一九一四年四月に出版された散文の最新作『春を求めて』でトマスは自らを、ロンドンからクァントゥック丘陵に向かって徒歩と自転車で赴く巡礼者になぞらえ、季節の移り変わりを描いた。「冬の墓、春が戻って再生力が蘇るのを待つ」ことを求めたのだ。

イギリスの天気に関するトマスの叙述は、長い時間をかけて徒歩で遠出したことにより研ぎ澄まされた。Ｅ・

M・フォースターが数年前に『ハワーズ・エンド』の中で主人公レナード・バストを描くとき、トマスのことが頭の中にあったのかもしれない。「混乱しているが、知れば知るほど価値のある男」。トマスの初期の作品『ザ・ハート・オブ・イングランド』のように、バストは町を逃れ、西の果ての地域の田舎を、ときには真夜中に散歩する。太陽が照っている日より、雨の方が歩くには具合がよい。トマスが主張していたように、足の向くまま下を見て歩くのだ。すると、生垣の低木やノー・マンズ・ランド――話し言葉で、田舎の道沿いの緑が縞状に走る畑のことを指す――に動物の姿が見える。田舎道を精力的に歩くと、トマスは絶望感が軽くなることが多かった。「でこぼこで草が生えている」大地をリズミカルに踏みしめて歩くと思考の刺激になるし、散文はもちろん詩作でも、トマスの詩的なスタイルが生きてくるのだ。

一九一四年の夏は、トマスによると「薄汚れた天気」で始まった。五月の最終週の始まりの日はイギリス各地で日陰の気温でも三十一度に達したが、その後は六月に入るまで、冬のように寒くなった。月間記録によればこの三十年来最も寒い日々だった。ウォリックシャー州では霜の後に雹が降り、激しい雷雨となった。イングランド南部のいたるところを鉄砲水が襲った。

六月十四日の日曜日の晩、デプトフォード鉄工所の事務員ジョン・リドリーは、ヘンドン飛行場の航空レースを見て楽しんでいたが、「これまで出会ったこともない」大きな雷を経験した。ロンドン南東部のルイシャムにあるトレッシラン・ロードの下宿で見たのは「男たちが靴も靴下も履かずに階段を駆け下りて、地下室の水を汲み出す」光景だった。「私は親指の爪ほどの大きさの雹を拾った」。その日、七人が――そのうち四人が子どもだった――ワンズワース・コモンで落雷に遭い、死亡した。他にも負傷した者たちがいた。死亡した人の中には、木の下で雨宿りをしていた夫妻もいた。彼らの赤ん坊はベビーカーの中にいて無事だった（その理由は明らかで、ベビーカーのタイヤがゴム製だったからである）。嵐は南部で一日中続き、電動のベルが鳴り、電話線と電信線が各地で破損した。

数日後、各所で気温が例年より高くなった。ロンドンを訪問する前に詩人ゴードン・ボトムリーが滞在していたランカシャー州カンブリアとの境界に近いモーカム湾のシルヴァーデール村から、トマスは妻に「かつてないほど変化する天気に面白さを感じるようになっています」と送った。トマスはホーズウォーターで朝の水浴をし、霧に包まれた丘陵と海を眺めた。

「ここでは何年も同じ天気が繰り返されるのです」。トマスは少々結論を急ぐように続けたが、何年か続いた夏の天候不順は終わってほしいと思っていたに違いない。先の二年間は残念な夏だった。一九一二年の八月は記録的な冷夏で、結果的に夏のない年だった。一九一三年も冷夏の傾向があった。さらに、七月十五日の「聖スウィシンの日」は雨で、地元の有名な伝説によればこの天気はこの後四十日続くということで心配されたが、実際にはその年の降水量は例年の平均にとどまった。いわゆる「ハルシオンの夏（穏やかな夏）」は一九一一年の夏だったが、気温が摂氏三十八度という記録的な数字に達し、容赦ない暑さが、長引く産業不安の暴力的爆発を大きなものにしたと思われた。

一九一四年の夏は一九一一年の記録に匹敵、あるいはそれを凌いだのだろうか？　ロンドン地下鉄のノーザン線では、新しい空調システムを部分的に導入し始めていた。多くの人が集まる場所では電動扇風機が普通に使われるようになった。一方、トマスがロバート・フロストを訪ねる途中、六月二十四日にアドルストロップを通過したときには、駅長室の日陰の気温は摂氏二十七度に達していた。

3　選ばれた友人たち

ロバート・フロストと妻のエリノア、そして四人の子どもたちは、グロースターシャー州北東部のレディントトンにコテージを借りていた。レディントンはヘレフォードシャー州に近く、エドワード・トマスはその地を「隣国」と表現していた。フロストは一九一二年、ニューハンプシャー州〔アメリカ合衆国〕の農場を売り払い、心理学の教師としての職を捨てて渡英してきた。イギリスで詩人として認められ成功するための、フロストの最後の挑戦だった。ほぼ二十年間、アメリカ合衆国で評論家から無視され続けたのだ。フロストはイギリスの田舎で簡素な生活を送る計画を立てた。家族が最初に住んだ家はビーコンズフィールドのバンガローだったが、フロストは「藁葺きの家で」暮らしたいといつも思っていた。フロストの友人で詩人ラスカル・アバークロンビーとウィルフリッド・ギブソンは、イギリスで本当の田園生活をするには都会の郊外ではなく、彼らが暮らしている田舎グロースターシャー州の近くに引っ越すよう説得した。転居後、リトル・イデンズと名付けた一家の新しい家も藁葺きではなかった。五つの部屋と最低限度の生活用具しかない小さな家だったが、黒と白の木枠が付き、レンガの床とむき出しになった梁、鉄製の古い水汲みポンプがあり、絵画のような美しさを備えた家だった。フロストはここに落ち着き、ダイモック村の中心部に三角形をつくるように点在する詩人たちの家の一角をなす自宅を、詩人の集まる場にした。最初の住人だったアバークロンビーは村の南東部にあるライトンに「絞首台」と名づけた一対の小屋を借りた。一方、ギブソンは西にあるグリーンウェイ・クロスの藁葺き小屋「オールド・ネイル・ショップ」で生活していた。ダイモック村のあるリードン谷は青々とした肥沃で広々とした場所で、一九一四年にはりんごや梨、プラムなどの果樹園が広がっていた。

エドワード・トマスは一九一四年四月の一週間、リトル・イデンズのフロスト家を訪問した。フロストが引っ越したばかりの頃で、ダイモック村で有名なラッパ水仙の花が咲き誇り、畑は黄色に染まっていた。「有名な評論家の散文作家が家にやってきました」とエリノアは姉妹に書いた。「私もロブも、トマスを大切にしようと思っています。トマスはこれまで会った人の中で最も素晴らしく、愛すべき人物です」。トマスは妻のヘレンと一緒に再訪し、八月には妻と子どもたちを連れてもっと長く滞在できるよう、住居の手はずを整えようとした。マーフィンが十四歳、ブロンウェンが十一歳、マイファンウィーが四歳になろうとしていた。

トマスとフロストの友情は、一九一三年の初めにロンドンのセント・マーティンズ・レーンにあるセント・ジョージ・ベジタリアン・レストランで初めて会って以降、急速に強まっていった。このレストランは詩人や作家が集う場所として人気があった。だが、二人の絆を固めたのは文学への情熱だけではなかった。というより、まるで互いに自分を鏡で見ているような気がしたのだ。フロストは三十九歳でトマスより四歳年上だった。二人とも背が高く、金髪で――フロストの髪はグレーに近くなっていた――明るい青色の目をしていた。二人ともプロの作家としての自信を失っていた。世間から認められず、トマスは家族を養うため「ありきたりのやっつけ仕事」を引き受けていたが、そうすると自分が理想とする文学の探求ができず、才能に見合った作品を書けないのではないかと不安になっていた。どこまでも自分を愛し、献身的な妻に二人とも支えてもらっていたが、どちらも、ときおり自殺したくなるほど絶望し、苦しんでいた。ある折、フロストは妻の目の前で拳銃を振り回し、自殺するかおまえを殺すと迫ったことがあった。一方のトマスは、一九〇八年に自殺を考えた。ある日、拳銃をポケットに入れてハンプシャー州の家を出たのだ。五年後の一九一三年十月にフロストに会ったとき、トマスは作家ウォルター・デ・ラ・メアが言っていた自殺の「形」について話をした。後年トマスは「僕の気持ちは変わった。でも、ポケットには救いの手段の拳銃が入っている」とデ・ラ・メアに述べた。

トマスの「忌々しい怒りっぽい気性と不機嫌な様子」は狂暴の域に達することがよくあり、ヘレンが打ちひしがれることもあった。危機が高まったのは一九一一年の秋だった。体の弱さもあってトマスの気分は揺れ動いた。暴力的な気分になったかと思うと惨めに挫ける様子を見たヘレンが、夫は正気を失っているのではないかと疑うほどだった。後にユングのもとで研究し、助手となった精神分析の専門家ヘルトン・ゴドウィン・ベインズの治療を受けて、翌年にはいくらか回復した。ベインズは自問の過程でトマスを励まし、子どもの頃の思い出をフィクションにして自叙伝を書いてみてはどうかと勧め、トマスはそれに取り掛かった。

だが、トマスは金欠と過労が続いたため、不安と絶望を克服することができなかった。一九一〇年から一九一二年の二年間だけで、トマスは本を十二冊書いた。一九一三年には、ロンドンやウィルトシャー州、ウェールズで過ごした幼少から十代の頃までの思い出を小説にして『幸福に恵まれたモーガン家の人々』を出版した。その中でトマスは、登場人物であるトランスを自分自身として反映させ、「金のために慌てて編集し、ごたまぜのまま、不正確で、未完成の馬鹿馬鹿しいほど大きく膨らませたものを書いて生きていかなければならない」「つぶれる運命にある老いぼれ馬」と描いた。いくつか書いた自叙伝と並行して書いた労作の一つが『イングランドの小さな巡礼者』である。しかし、トマスはすぐにこの本が嫌になった。この後すぐに、トマスはこれも後で愛想を尽かすことになるアンソロジー『好きな花』に取り掛かった。

オックスフォード大学を卒業して十年半経った。この間、書評がトマスの収入に欠かせない源泉となっていた。トマスは約千五百本の署名入りの書評と七十本の記事を書き、洞察力を備えた影響力のある評論家として名声を得た（ウォルター・デ・ラ・メアはトマスが子どもの頃から詩を論評していたに違いないと述べた）。ハロルド・モンロは一九一三年一月に詩歌の専門書店を立ち上げるにあたり、トマスを仲間に加えたいと考えた。もっとも、トマスが書いたこの書店の最初の企画である『ジョージ五世の時代の詩　一九一一年から一九一二年』の書評は、モンロが期待していたような熱のこもった高い評価ではなかった。すぐ後、トマスはモンロの『詩の論評』に収める最も優秀な詩を選ぶ審査員に加わった。トマスはウィルフリッド・ギブソンの詩を選んだが、審査員の多数が賞金三十ポンドの受賞作品に決定したのは、ルパート・ブルックの「オールド・ヴィカレージ、グランチェスター」だった。

だが、評論では金銭的にも精神的にも満足感を得られず、トマスの生活と自尊心はますます大きく傷ついた。

「ジャーナリズムは事務員の仕事と同じくらい退屈で、無意味だ」とトマスはかつて書いたことがある。「ポエトリー・アンド・ドラマ」誌に「書評するということ――技を要しない労働」という題の記事を書き、「デイリー・クロニクル」紙のレギュラー書評欄から降ろされて以後、こうした思いは固まった。トマスが自ら述べたように、「もっと自分らしい」作品を書いている、今とは違う世界をかつて想像したこともあった。一九一三年の『幸福に恵まれたモーガン家の人々』の最終章で、語り手はシェリーの詩の持つ魔力を思い起こすのだが、それは自らの文学の新しい未来に対する信念を予言しているようだった。

一九一四年二月、トマスはロイヤル・リテラリー・ファンドに、収入が減り健康状態が悪くなっていると書き添えて申請をしたところ、助成金百ポンドを手に入れることができた。その結果、金策の不安については一時的に一息つくことができた。何ヵ月も彷徨生活をした後、トマスはハンプシャー州スティープ村にあるユー・トゥリー・コテージに住むことに決め、一家は一九一三年の夏に引っ越した。一つ所に落ち着いたことは、心の安定を得たことの現れとも言えた。ロバート・フロストとの関係によって、作家として他の型への実践と芸術的な方向性を考えることができるようになった。トマスは、ホームシックになったフロストがイギリス滞在を終えてニューハンプシャー州に帰るとき、一家で一緒に引っ越してアメリカで生活することも考えて心が揺れ動いた。何といっても、フロストの力によってトマスは自らを改めて詩人として考えることができるようになったのだ。

一九一四年五月、フロスト宅を訪ねてレディントンに行く一ヵ月前のことだ。トマスはフロストに手紙を書いてこう尋ねた。「僕が韻文を選んだことを想像できるかい？　想像してもらえるなら、韻文は無理だという気持ちを払拭できるかもしれない――君は優しいから、そんなことを言ったらすぐ『できるよ』と言わせてしまうのだろうね」。トマスの最新作『春を求めて』を読んだフロストは、散文作家の陰に隠れて躊躇う詩人の存在を感じ取っていた。二人が一緒にいるときに、フロストは本の文章を朗読した――フロストの「とても滑らかなアメリカ訛りの」深みのある心地よい声で。それはまるで詩のようで、トマスは「同じ韻律を使い、詩の形で書いてみよう」と考えた。

他の友人や知人はトマスが詩を書く前から、トマスの詩人としての資質を賞賛していた。その意味では、フロストの助言は他の人々が何年も前から言っていたことと変わらなかった。ウェールズの詩人で自伝作家のW・H・デイビーズは、『幸福に恵まれたモーガン家の人々』を読んだときから、トマスは「本質的に詩人」だと認識した。「この本を読むと、書かれている人は全て……まさにエドワード・トマスそのものだということに気がつく」とデイヴィーズはリチャード・ガーネットに宛てて書いた。「散文を書こうとする詩人はよくこんなことをするものだ」。一九一二年にトマスと親密になり、不都合な関係を結んだエリノア・ファージョンは、トマスに詩を書いたことがあるかどうか尋ねたところ、「自嘲的に笑って」自分の命を危険に晒したくないから詩を書けなかった、という答えが返ってきたことを憶えていた。

事実、トマスは数ヵ月前から、おそらく一九一三年の秋頃から、本格的に詩を書こうとしていた可能性がある。トマスは後にフロストに、自分は詩を「つくってみようとしているだけ」だと気っ風よく述べているが、トマスがフロストに会う前から、詩人として本願を成就させようとしていたことを示す証拠がある。続く何年間か、フロストは二人の友情をめぐる神話――ワーズワースとコールリッジ、ヴェルレーヌとランボーのような過去の文学上の協力関係と比べられることもある――の源となるものを提供することもあったが、トマスの詩人としての進化が総じて自分とは次元の異なるものであり、「共通性があると思われるようなことはいずれも、会う前から持ち合わせていた」ことも認めていた。

詩の言語は文学的な飾りをかなぐり捨てるべきだし――トマスが言うように「レトリックを全て排除する」――

もっと口語に近づけるべきだ、という共通の確信を二人は抱いていた。その夏の終わり、フロストがついに国際的な名声を得ることになった第二集『ボストンの北』の書評で、トマスはこう書いた。「ここにある詩はレトリックの誇張がないから革命的だ……韻律が昔流の虚飾と甘さだけでなく、後に流行った不協和音と空騒ぎをも避けている。事実、普通の会話と普通の十音節でつくられている」。

六月にトマスがレディントンのフロストを訪ねた三日間は、彼が手帳に書いているように「暑かった」。二人は庭の木の下で話し合い、田舎道を散歩しながら語り合った。「一九一四年は僕たちの年だ。こんなに友情を感じた年はなかったし、これからもないだろう」。

六月二十四日、トマスとフロストがともに夫婦そろって過ごした最初の晩のことだ。フロスト夫妻はトマスたちを連れ、ウィルフリッド・ギブソンと彼の妻ジェラルディーンの家を訪問した。ギブソン夫妻はレディントンへ通じる道とダイモック＝チュークスベリー街道が交差するところにある、藁と赤レンガと木材で建てた家「オールド・ネイル・ショップ」、彼らが言うところの「喜びの楽園」で牧歌的な生活を送っていた。近所には、道を下ったところにライトンから来たラッセルズ・アバークロンビーと妻のキャサリン、カナダやアメリカ合衆国、南洋諸島への一年に及ぶ旅行から帰ってきたばかりのルパート・ブルックも住んでいた。トマスによると、ブルックは「旅をした後で日に焼けて黒くなり、少し大人び、以前より見た目が良く」なっていた。

トマスとブルックは昔からの友人だった。年齢は十歳ほどの差があったが――ブルックはまだ二十代半ばになったばかりだった――トマスはブルックの仕事に強い関心を持っていた。二人はブルックが取り憑かれたように気に入っていたケンブリッジシャー州グランチェスターに一緒に滞在した。訪問客は裸足になってバイロンのプールで泳ぐよう勧められたものだ。トマスが昔住んでいたハンプシャー州にあった家にも滞在した。そこはほとんどブルックと、内気ながら人の心を惹きつけるビデイル校の女学生ノエル・オリヴィエが逢引をする場所になった。ブルックは胸が苦しくなるほど彼女に夢中になったのだ。

ブルックの周りに集まった誰もがそうであったように、トマスはこの若者の美しさを意識した。「彼は伸び伸びとしていた。くせのある金髪を指でかきわけ、笑い、言葉少なに話をし、自分が好かれるのと同じくらい、人のことを好きになった……背が高くて肩幅が広く、よどみなく行動した。もっとよく見ようと身を屈めたり、ふだんより額を前に出したり、落ち着いた青い眼でじっと覗き込む。きれいなバラ色の肌をしていて、大きな女の子を思わせる」。

トマスはブルックの外見と個性が不可分に結びつき、相乗効果を出していることを見抜いていた。トマスは一九一一年の終わりに出たブルックの唯一の詩集の書評で、「歳だけとって青春を謳歌していない者は、全員この本を買うべきだ」と書き、彼が間違いなく詩人として将来有望であると予言した。

南洋諸島に滞在中、ブルックは宗教心を風刺した「ヘブン」を含む新しい詩を数多く書き、イギリスにいた敬愛するパトロンであるエディー・マーシュに送った。そのうち最良の作品が「ニュー・ナンバー」誌に、アバークロンビー、ギブソン、ブルック、ジョン・ドリンクウォーターによる詩のアンソロジーのシリーズとして掲載された。最初の二号は二シリング六ペンスと書かれた表紙で、グレーの紙に印刷され、損失が出た場合にはマーシュが補償することになっていた。しかし各号とも七百もしくは八百部売れた。元を取っただけでなく、好意的な書評も得られた。ブルックの作品は第三号では中心的存在となり、直近に書いた詩五編が含まれていた。その中には「ティアラ・タヒチ」と、衝撃的なフレーズ「僕は偉大な恋人だ」で始まる「偉大な恋人」もあった。ブルックとトマスが訪問した六月の晩、第三号はまだ作成中だった。トマスが詩人たちの共同企画である刷り上がったばかりの最新号を見せられて、少しばかりうらやましそうにしているところを想像したくなる。ラッセルズ・アバークロンビーが雑誌を小包にまとめ、妻のキャサリンが封筒に購入者の宛名を書き、ウィルフリッド・ギブソンが切手を舐めながら、こんなことをしていると膠の毒にやられてしまうと愚痴をこぼしたのだろう。
その晩は地元産のシードルと梨酒をふんだんに飲み、間違いなく楽しい雰囲気になった。ニューハンプシャー州出身で禁酒主義者のロバート・フロストでさえ、魅惑的な匂いに酔った。後年、ウィルフリッド・ギブソンはこのときの会話と笑いの雰囲気をうまく捉え、次のように描いている――もっとも、日付を七月一日の晩と間違えて書いているのだが。ギブソンの詩「ゴールデン・ルーム」は「一九一四年」で始まる。

ランプの明かりの下で
笑い合い語り合った　だが、ずっと話を聞いていた
ロバート・フロストが続ける朗読
ニュー・イングランド流のゆっくりした調べ　それが楽しい
気の利いた話の展開に夢中になる
くすんだ青い眼は瞬きすることもない
〔……〕
今度はアバークロンビーの番だ
横でトマスがそっと声を上げる
今度はブルックのさわやかな笑い声　その後
またフロストの哲学だ　豊かな大人の話
樽に入ったすばらしいシードルが
澄んだ流れとなって注がれる

4　神よ！　荷造りをして列車に乗ります。もう一度イングランドに行かせてください！

三週間ほど前、ルパート・ブルックはプリマスからユーストンに向かう列車に乗っていた。一年前に離れたイングランドに戻ってきたのだ。列車は数時間遅れて駅に着いたが、エディー・マーシュと、ともかくもブルックが今のところ申し訳程度には恋愛感情を持っている女優のキャスリーン・ネズビット、そして音楽家のデニス・ブラウンが律儀に集まって、プラットホームに降りたブルックを出迎えた。

ニューヨークから乗船したフィラデルフィア号は六月五日にプリマス港に入港した。このときブルックがイギリスで最初に嗅いだのは、水上で運ばれる新しく山積みになったデボンの干草の強烈な匂いだった。船尾の手すりにもたれかかり、うっとりとその匂いを嗅いだ。ブルックが「たくさんの花に囲まれた優しく善良な人々」とともに南洋諸島の「楽園」で素朴な生活を送った後、イギリス――特にロンドン――の生活に順応するには時間が必要だったのかもしれない。そもそも、天気に少しがっかりした。ブルックは息子の務めとして訪ねた母親が住むラグビーから、「僕たちの夏はなんと寒いことか」と手紙を書いている。だが、間もなくブルックは「すばらしい日々」を味わった。「干し草と生い茂る草とバラと露、それに何千という野草の花の匂いが立ち込める。空気が濃い……これに比べて、南洋諸島の風は弱くて匂いがないと思うようになった！」。

ロンドンに戻ったブルックは、帰還を祝いマーシュの部屋で開いてくれたパーティーに出席した。ゲストにはハーリー・グランヴィル＝バーカー、リラ・マッカーシー、ダンカン・グラント、ヒュー・ウォルポール、ダフ・クーパー、加えて「ニュー・ナンバーズ」誌で協力したギブソン、アバークロンビー、ドリンクウォーターがいた。夜が明け、来客たちはブルックがハワイアンのシヴァ＝シヴァ・ダンスを踊るのを見ようと、グレイズ・イン・フィールズに集まった。一週間後の六月十八日、ブルックはストラヴィンスキーの交響詩『夜鳴き鶯』のイギリスでの初演を観るためにドルリー・レーンに出かけた。ブルックはそんなに大きな期待をしていないことを認めていたものの、ヒズ・マジェスティー劇場で三ヵ月目に入っていたショー『ピグマリオン』のチケットを手に入れたいと思っていた。

イギリスを離れていた間に、ブルックは驚くほどたくさんの作品を生んだ。ブルックはこの段階までに最高の詩を書いただけでなく、最も新しく個性的な記事も書いた。さらに、旅行の最後に訪れたタヒチでは、タータマタと呼ばれる現地の少女マタイアと幸せに過ごしたこと――性的な満足感を得たこと――もあった。愛人にしたのだ。

こうしたことは全て、ブルックが一九一三年五月に出発した当時の、毒々しく周りを責めて、どうにもならないほど苦悩していた状態とは対照的だった。出発に先立つ一年以上前、ブルックは完全に精神が崩壊した状態だった。ブルックは精神的に参り、妄想状態となっていて、不健康なまでに近しい友人を必要としながらもひどい不信感に陥り、すっかり自己嫌悪となって公然と自殺を口にしていたのだ。

ブルックの精神崩壊の直接の原因は、自分を好いてくれていると思っていた女性が、実は違う人が好きなのだとはっきり述べられたときの、常軌を逸するほどの嫉妬と屈辱感だった。腰周りが大きくふくよかで、温かく率直な心を持った頼もしいカー・コックスは、間違いなくブルックがかつて言っていた「母親みたいな慰めを与え、寝かせてくれる」タイプにぴったりの女性だった。しかし、彼女は一九一一年十二月に芸術家のヘンリー・ラムと関係していることを明かし、ブルックの感情を大きくかき乱したのだ。ブルックはカーに愛人になってほしいと口説いたが、やがてあきらめた。それからはカーを裏切り者と考えて思い切り軽蔑し、腹を立てた。ブルックの混乱は、同時進行的に大勢の女性と関わり、しかもその多くが貞淑な女性たちだったことから、さらに悪化した。ノエル・オリヴィエ、エリザベス・ヴァン・リッセルバーグ、フィリス・ガードナー、キャスリーン・ネズビット……ブルックが一九一二年の終わりに最初に惹かれたのがネズビットだった。

だがこの危機は、ブルックの子ども時代と学生時代にまで遡る、彼のパーソナリティに深く根ざした暗く陰鬱のある断片であった。ブルックがリットン・ストレイチーを嫌ってやまなかったことから――彼はストレイチーがカーとヘンリー・ラムを結び付けたと（事実は異なることが後に判明する）考えていた――、ストレイチーと弟のジェームズ（学校時代のブルックの友人）、そしてブルームズベリー・グループの他の人々に対し、彼は悪意を持つようになった。ブルックの精神状態が最もひどいときには、ブルックは癇癪の矛先をユダヤ人と女性とホモセクシャルに向けた。ブルックは自分のホモセクシャルの経験を隠すことに必死になっているように映り、自分だけでなく他人に対しても「清潔」という発想に取り憑かれていた。それは、ブルックが「ラーニ（ヒンドゥーの女王）」とよく表現した、威張りちらして自分を管理したひどく恐しい母親から受け継いだピューリタン的な性格に他ならなかった。「馬鹿野郎」とブルックはストレイチーに感情を爆発させた。「変態野郎。お前なんかくたばっちまえ……」。農村の牧歌的なイギリスらしさを讃えることで有名な詩人は、国に背を向けた。汚い言葉を並べ立て、自らが崩壊する姿をさらけ出した。「僕は喜んでイギリスを抹殺する命令を出す。沈めて、消してしまうんだ」。ブルックは旅に出るとき、嬉しそうにこう書いた。

一九一四年六月にイギリスに戻ると、ブルックは――彼自身の言葉を使うと――「若返った」ように見えた。だが、必ずしも彼の人格上の困難が解決したわけではないことを示す厄介な兆候があった。イギリスに船が上陸する前になってなお、ブルックは自分が生まれた国、特にロンドンに対する鬱憤を晴らそうとした。舗道は「汚れで脂ぎり」「道には痩せた不道徳な人々、薄汚れた同性愛者、去勢された男、ストレイチー家のやつら、浮浪者、哀れなクズでいっぱいだ」。ロンドンに戻って、ブルックは見苦しくもキャスリーン・ネズビットへの所有欲を示し始め、彼女が女優として独立しているのを嫌がった。『夜鳴き鶯』の上演のときに偶然リットン・ストレイチーと会い、彼が近づくとブルックは踵を返して逃げた。和解の可能性など現実には望みようもなかった。

芸術家らしく無造作な髪で、容貌の良いヘンリー・ジェームズを軟弱にしたような、少年のように発育不全のケンブリッジの偶像は馬脚を現した。その夏、慌しく国中を回って旧友に会い、新たな友をつくるうちに、ブルックは付き合いを面倒くさく感じるようになったようだ。ブルックは自分の人生が根本的に失敗だったと思い、結婚することも子どもをつくることもなく、方向を見失った。一九一四年夏のブルックの運命は——エドワード・トマスの運命のように——宙ぶらりんに見えた。

夏の大騒動

ペッカムにあるティリングバス操車場の整備工ジョージ・パイクは三十歳で、昼からずっと飲んでいた。妻は六ヵ月前にパイクのもとを去ってカリフォルニアで新生活を始めており、この状況になんとか適応しようともがいていたところだった。六月七日の早朝、パブが閉まった後、パイクはピムリコにある自宅までぶらぶら歩いていた。コンスティテューション・ヒルのふもとにたどり着いたとき、バッキンガム宮殿の高さ三メートルの壁によじ登ろうという気持ちになった。

鋲の打ってある手すりに上り、芝生のある小さなスペースに飛び乗り、しばらくの間低木の陰に隠れ、その後さらに壁を上り、地下通路を通って宮殿に入った。それから六階の国王の従者の寝室まで上がり、回り道をしたところメアリー王妃の部屋の近くまでたどり着いた。パイクは自分の服を脱いでモーニングコートとウェストコートとシャツに着替え、杖とシガレットケースと時計を身に着けた。別の部屋に入ったとき、パイクはたまたま目を覚ましていた王妃の近習コップルに見つかり、追いかけられた。パジャマ姿のコップルに捕まり、パイクは警察に引き渡された。

ジョージ五世が間に入り、重い罪を科さないよう求めたので、宮殿に侵入したパイクはボウ・ストリートの中央警察裁判所で寛大な判決をもらって釈放された。パイクは二十ポンドの保釈金で執行猶予となったのだ。この事件は「馬鹿げた酔狂。家庭のもめごとの結果」であり、酒を飲んで弾みがついたことをパイクは認めた。パ

1914年5月21日、バッキンガム宮殿の外で主席捜査官ロルフに捕まったエメリン・パンクハースト。

イクが宮殿に入り込もうという気になったのは、二週間前にバッキンガム宮殿で行われたサフラジェットの集会を報じた新聞記事だった。エメリン・パンクハーストと武闘派の代表が宮殿に押し寄せ、国王に請願を提出しようとしたのだ。「私はサフラジェットがバッキンガム宮殿に侵入したいと思っていたと聞きました。だから、侵入できるのかもしれないと思ったのです」とパイクは説明した。

武闘派がバッキンガム宮殿で行おうと計画したデモンストレーションの宣伝が一月から行われ、国中の女性たちに参加を求める一方で、四年前のブラック・フライデーのときの警察によるサフラジェットに対する残酷な攻撃が繰り返されることのないよう一般の人々にも訴えていた。当然のことだが、内相のマッケナはジョージ五世に、代表団を受け入れないよう助言した。だが、エメリン・パンクハーストは、議会に女性がいないのだから女性には男性以上に国王に話を聞いてもらう権利があると主張し、引き下がらなかった。マッケナの助言は「憲法に反し不忠だ」とパンクハーストは国王に伝え、拒否されたにもかかわらず、代表団は五月二十一日にバッキンガム宮殿で国王を待つと宣言した。このとき、三つの大きな目標を宣言した。女性の参政権、強制摂食への抗議、そしてサフラジェットの武闘派とアルスターの武闘派を同等に扱うことだ。アルスターの武闘派は政府に対して公然と反逆を口にしていたにもかかわらず、訴追されることがなかった。

五月二十一日の午後、約二千人の警察官が馬あるいは徒歩で、宮殿の近隣に配置された。コンスティテューション・ヒルの頂点からザ・マル〔バッキンガム宮殿とトラファルガー広場を結ぶ通り〕とウェリントン・バラックの反対側には、宮殿の構内と中庭をパトロールする一隊が配置された。午後三時までに多勢の群衆がハイド・パーク南端に集まった。百人のサフラジェットがグロズヴナー・スクエアからウェリントン・アーチに向かって行進するのを見ようとしたのだ。逮捕者をできるだけ少なくしようと、群衆を追い立てる命令が出されていた。過去の暴力闘争に参加した女性たちの中には、棍棒や馬の鞭を持ち、赤、黄、緑に塗った卵を投げる者もいた。「警察官は何十人も捕まえ、群衆の中に押し返した。女性たちが戻ってくると、彼女たちに対して警察官の大きな裁量を行使した――腕を捻り、殴り、髪の毛をむしりとった」と、見ていた者が報じている。

アドミラルティ・アーチそばのモールに入った女性たちは、サフラジェットを皮肉った偶像を杖に結わえ、麦藁帽子をかぶった中流階級の若者の人波に囲まれた。宮殿の窓は様子見の人々でぎっしりと埋まり、屋根の上には捜査員がいた。ときどき女性が一人、見物人の中から飛び出して宮殿前の非常線まで行ったが、警察官に捕まり群衆の中に押し戻されるだけだった。すると、麦藁帽子をかぶった若者たちが女性の髪の毛を引っ張り、こう叫ぶのだ。「焼かれちまえ!」。その後、馬に乗った警察官が駆け足でやってきて群衆は散っていく。ある女性が非常線を突破したが滑って転び、警察官に逮捕された。

午後四時、叫び声が上がった。ほとんど気づかれないままバッキンガム宮殿の門まで忍び込んでいたエメリン・パンクハーストは、支持者たちに前に押し出されて、警察官に捕まった。パンクハーストは弱っており、疲れ果てた様子だった。熊のような主任捜査官ロルフは彼女を抱え上げ、宮殿前の空き地を囲む非常線内に運んだ。ここでパンクハーストはタクシーに乗せられ、ホロウェー刑務所に連行され、三月に始まった刑期の残りを最後まで務めることになった。心臓が痛むため、彼女は一時的に釈放されていたのだ。明らかに男性を支持し、女性を非難しているカンカン帽をかぶった男性の横で、ロルフがくすんだ色の帽子に白い羽をつけた小柄なパンクハーストを地面から持ち上げている写真は、サフラジェット運動を象徴する写真となった（二週間後、ロルフは心臓発作で死亡した）。

ホロウェー刑務所でパンクハーストはすぐに、水と食事を拒否する八度目のハンガーストライキを開始し、五日後の五月二十七日に釈放された。不吉な調子で報じる新聞記事によると、彼女はグロズヴナー・プレース三十四番地の「バッキンガム宮殿の地面を見下ろせる場所」にある家に連れて行かれ、一週間後にホロウェー刑務所に戻る、とのことだった。だが、またしてもパンクハーストは再逮捕を逃れることになる。彼女はグロズヴナー・プレースからエセル・スマイスにこう手紙を書いている。「日曜日に、私が死んだと報じられました。恐ろしい、熊のような大きな警察官に抱きかかえられて死んだのだとしたら、マッケナは残念だとは思わないでしょう。幸いなことに私の骨がまだ若くて丈夫だったからよかったものの、そうでなかったら肋骨が砕けてしまったに違いありません……ここで横になって仲間の女性のことを考えると、心が沸き立ってきます。公園に向かって行進したときに、私たちの前でウェリントン・ゲートが閉じられたときの様子を忘れることはないでしょう。仲間は前に突進して、身を挺して門が閉じられないようにしたのです。何度も何度も戻っては突っ込み、か弱い体が傷つき、血を流していました」。

五月二十二日、ボウ・ストリートの中央刑事裁判所に女性六十六人、男性二人が出廷し、バッキンガム宮殿での示威行動に関連する訴追に答えた。大混乱がその後に続いた。叫び声が上がって裁判官たちの声がかき消され、コルネットを持った男性が「ラ・マルセイエーズ」を演奏し始めた。卵と小麦粉が法廷にぶちまけられた。被告人の女性の一人が微罪裁判官に片方の靴を投げつけた。裁判官は上手にキャッチし、助手に手渡した。

バッキンガム宮殿のデモが粉砕された後、サフラジェットはロンドンや他の地域で夏の大騒動を展開した。絵画を切り裂き、爆弾を仕掛け、教会に火を放った。サフラジェットが国王に請願しようとした翌日、ジョージ五世と王妃メアリーの前で、ヒズ・マジェスティー劇場のチャリティとしてヘンリー・アーサー・ジョーンズのメロドラマ『シルバー・キング』が上演されたが、それは戦闘的行為により繰り返し妨害された。劇場に国王夫妻が到着したときに請願書が投げつけられた。幕が上がり、『ピグマリオン』を休んで古代の田舎者を演じるハーバート・ビーボーム・トゥリーが登場すると一人の女性が座席から立ち上がり、ロイヤルボックスに向かって「陛下、なぜお認めにならないのですか」と叫んで追い出された。劇場の他の場所にいた五人の女性が退場させられることになったが、そのうち何人かは座席と体を鎖でくくりつけていた。暴れる女性を座席から引き剥がすため、肘掛を壊さなければならなかった。

三日後のエプソン・ダービーでは、その前年にエミリー・デイビソンが国王の馬の前に身を投じ致命傷を負った行為を真似て、サフラジェットが抗議してレースが妨害されるのではないかという懸念が囁かれていた。デイヴィソンが飛び込んだトテナム・コーナーには木製の横棒を並べ、十センチごとに鉄の縦棒をつけた垣根をつくり、事態に備え三千人の警察官が派遣された。実際には、唯一起こった劇的な出来事といえば、おもちゃのピストルを撃って警官の足にやけどを負わせた女性が逮捕されたことくらいだった。しかも、当の女性はサフラジェットではなかった。「気持ちが高ぶっていただけのことで、女性の大義のためではなかった」と「デイリー・メール」紙は報じている。レースそのものは近年の中では一番盛り上がらなかった。国王の馬ブレークスピアーは六着で、珍しいことに、フランス育ちの若駒ダーバー二世が勝ち、群衆は呆然となって押し黙った。

ロンドン社交界のシーズンは始まっていた。バッキンガム宮殿で一連の舞踏会と集まりが催された。その年にデビューする女性を紹介する正式な催しは二回行われるのだが、その最初の催しが六月四日に開かれた。その晩、何百人という若い女性が白とクリーム色の生地のコートドレスに身を包み、髪をアップにしてダチョウの羽で飾り、母親、父親、兄弟――軍服、あるいは黒のベルベットのジャケットに半ズボン姿――と一緒にセレモニーの開演を待っていた。このセレモニーがデビューの印となるのだ。その中には首相の下の娘エリザベス・アスキスや、作家ラドヤード・キプリングの二番目の子エルジーもいて、「上から下まで真っ白で、ブーケも白色だった」。

太鼓を叩く音が鳴り、アメリカ合衆国大使ウォルター・ハインズ・ページが「世界最高の運営のもと、一流の作法で行われるショー」と呼んだセレモニーの始まりを告げた。謁見室に座ったジョージ五世とメアリー王妃の片側に公爵夫人が集まり、頭上にはインドの宮廷から取り寄せた天蓋がかけられていた。心地よい音楽が流れる中、二時間ほどかけて王座の前をデビューする女性と付き添う年配の女性が列になって進み、膝をかがめてお辞儀すると、国王は威厳をもって頷き、承認を与えた。

十時四十五分、スムーズに進んでいたこの流れがほんの一瞬、ほとんど気づかれないほどだったが、いったん途切れた。何があったのか理解したのは国王夫妻の近くにいた人々だけだった。ほとんどの人々はデビューした女性が気を失ったのだと考えた。ゴシック・リバイバルの建築家で故サー・アーサー・ブロムフィールドの妻レディ・ブロムフィールドが国王に膝をかがめてお辞儀をし、それから王妃に頭を下げたとき、娘のメアリーが突然跪いた。そして手を国王に差し伸べ、こう述べたのだ。「陛下、どうか強制をなさらないでください――」。指揮者の合図で、ギャラリーのオーケストラはすぐに演奏の音量を上げた。ほんのわずかな戸惑いの後、二人の紳士がこの若い女性の腕を取り、彼女が言葉を言い終える前に連れ去った。何事もなかったかのように、デビューの列は続いた。

「ミス・ブルームフィールド（綴りを間違えて書いている）なる女性が昨晩、膝をかがめて礼もせず、国王の前に跪いて女性を苦しませないでほしいと嘆願しました」「稀にみる勇気のある少女だと思います――その場に招待されてよいそれなりの家の女性だし、その場から連れて行かれたときも静かにして、馬鹿なことをしませんでした」。武闘派の運動は別にして、法にかなったサフラジェット運動にこれまで共感を示していたセルボーン卿は妻にこのような手紙を書いた。マーゴット・アスキスはメアリー・ブロムフィールドがその場を静かに利用したことに理解を示した。アスキスがヴェネチア・スタンリーに話したように、マーゴットと娘のエリザベスは「宮廷でサフラジェット的な光景が見られたとき、すぐ傍にいた。この若い女性は自分のやるべきことをしっかりと成し遂げた」と述べた。これに対し、ラドヤードの妻でエルジーの母親キャリー・キプリングは、メアリー・ブロムフィールドの行為が嫌でその場を離れ、娘が国王夫妻の前を進むせっかくの儀式が台無しになったと主張した。エチケットを厳格に守ることを常としていたジョージ五世は、参ったというように手を挙げ、日記に「どうするのかわからない」と書いた。

ブロムフィールド家の人々は事態がまずいことになったと感じ、「具合が悪い」と声明を出した。レディ・ブロムフィールドは娘と同様、十九世紀にペルシャでつくられた一神教バハーイ教に改宗していたが、すぐに娘の行為とは一線を引いた（後に、シルヴィア・パンクハーストは「レディ・ブロムフィールドは他人の娘ならば最も過激なタイプの武闘派でも熱心に支持していた」と辛辣に書いている）。一方、外国の報道機関の中にはイギリスの新聞以上に宮廷の「侵入」に憤慨する新聞を出したところもあり、この出来事を利用してアスキス内閣が戦闘的な過激派を抑えられないことを強調する論説を載せた。「ニューヨーク・タイムズ」紙は、刑務所当局は強制摂食という「醜悪な手段」をやめて武闘派を餓死させてしまえばよいとまで示唆した。これを報じた「ロンドン・タイムズ」紙は、「国内の暴力と理性のない行動の爆発をうまく処理できなければ、世界におけるわが国の評価は落ちてしまうに違いない」と警告した。

サフラジェットの挑戦は終わりがないように思えた。メアリー・ブロムフィールドが抗議を行った四日後、オリンピアで行われた国際馬術ショーで、一人のサフラジェットが国王夫妻の前で新たなアピールを行った。百年前の一八一四年に米英戦争が終わって結んだガン条約を記念し、六月十日にアルバート・ホールで行う平和舞踏会が無事に終わることを望むのはおよそ現実離れしているとさえ言ってよかった。事実、絶頂に差し掛かったときに一人のサフラジェットがロイヤルボックスに駆け寄り、どうしても伝えなければならないと思った嘆願を行ったのだ。「大義のために女性が刑務所で拷問を受けているというのに、どうして平和の話をなさることができるのですか？」。

平和舞踏会は「たくさんの色を使った走馬灯」のようだと言われた。壮大さがことさらに強調され、サンタマリア号の船尾に立つコロンブスの絵や、サー・ウォルター・ローリーとヴァージニア植民者の絵が飾られ、ブリタニア役を務めたレディ・モード・ウォレンダーが、黄金の兜と胸当てを身にまとったイギリスで最も背の高い五十人の女性を率いて行進した。ミセス・ジョン・アスター［ニューヨーク生まれの女性。イギリスの大富豪ジョンと結婚。一九一二年に夫とともにタイタニック号の事故に遭遇、夫は水死した］が自由の女神像に扮し、女性たちを従えた。その後ろにアメリカの四十八州を示す銀の星を散りばめた青い衣装をまとった一団が続いた。その中に、ニューヨーク生まれで植民相ハーコートの妻ミセス・ルイス（「ルウルウ」）・ハーコートがいて、州の一つの役を務めた。夫のハーコートが公然と女性の参政権に反対していたから、ルイスは武闘派サフラジェットにとって特に憎しみの対象となっていた。嘆願したサフラジェットの女性が追い出されると、仮装した貴族の女性たちが持っているプログラムと扇でサフラジェットを叩くという、現実離れした不思議な光景が見られた。

武闘派から継続的に攻撃を受け、王室の神経が少々参り始めた。六月十四日、ジョージ五世はウィンザー城のワーテルロー室にセルボーン卿を召還し、サフラジェットに命を狙われていると述べた。「国王は私に、自分と王妃はサフラジェットに対する扱いが良くないと感じていると述べられた……国王は毎日脅迫状を受け取っているが、その日の朝に受け取った手紙には、今度は国王を撃つつもりだと書いてあったと述べられた」。

だが、「乱暴な女性たち」が比較的害のない行為から生命と財産を脅かす危険なものになるにつれて、人々の気持ちは次第に変化した。「デイリー・メール」紙は、なぜ警察は一般の人々から嫌われている「サフラジェット」を守る義務があるのかと尋ねる、憤慨した読者からの手紙で溢れていると報じた（多くの集会で警察が武闘派に対し明らかに残忍な態度をとっていることを考えると、皮肉な反応だった）。野党のロバート・セシル卿は下院で、「人々の苛立ちが……日々大きくなっている。多くの一般人に、法を自分の手元に取り戻そうとする兆候が際立っている。これは『リンチ』を認めることにつながる」と警告した。

六月になると、サフラジェットとその支持者に対する暴力が顕著になった。その対極にあったのが少人数だが怒りを抱いている人々で、ロンドン主教のウィニントン＝イングラムがブルームズベリーのセント・ジョージ教会でエミリー・デイビソンの追悼会を許可したことを歓迎した（「彼女は女性のために亡くなった」と追悼会の印刷物には書かれており、デイヴィソンが殉教者だと主張した）。

もっと厄介なのは、武闘派の人々とその財産に対してときおり行われる攻撃だった。南海岸のヘースティングズでは、特徴的な緑と白と紫色のサフラジェットの旗やポスター、その他の文書を積んだバンが壊された。バーミンガムでは、サフラジェットの一人が演説を行ったところ、「国王を侮辱するとどういうことになるのか教えてやる！」という声が上がって着ている服に火を放たれ、演説を中止しなければならなかった。六月後半、ロンドン南部のデンマーク・ヒルで開催中のガーデン・パーティーでロイド・ジョージが演説をしているとき、サフラジェットの一人が野次を飛ばした。彼女はパーティーの参加者に攻撃され、争っているうちに衣服を破られた。ブリクストンのエンジェル・タウンにある福音派セント・ジョン教会のC・A・ウィルズ牧師が「女性に選挙権を！」と叫んで彼女を支持する声を上げると、口にハンカチを当てられて口を封じられ、無作法なやり方で近くの池に投げ込まれた。そのとき岸辺で立っていた別の男が水面に飛び込み、ウィルズ牧師を繰り返し溺れさせようとした。見物人は面白がり、はやし立てた。

六月十一日、内相は下院で「国王に対し最近ひどく野蛮な行為が行われている」と認め、サフラジェットに対する政府の政策は完全に失敗したと論じている人々に答えようとした。多くの人々から圧力がかかっている武闘派問題について、内相としてさまざまな解決策を検証したが、女性に投票権を与えるという選択肢を議論することは拒否した。

解決策のうち最も人気があるのは、内相自身が認めているように、強制摂食をやめてサフラジェットが刑務所で絶命するのを認めることだった。だがマッケナは、サフラジェットを死なせることは「武装闘争にこれまでにない強力な動機を与えることになる」と反論した。女性たちが「ヒステリックな狂信的行為」と紛れもない勇気、すなわち「殉教という勲章」を結びつけて考えることになるからだ、と。

サフラジェットを投獄するよりも、イギリス諸島の中で最も遠いセント・キルダ島に島流しにするというのも一つの提案だったが、困難を解決するというよりも単に問題を遠くに移すだけだった。サフラジェットを精神異常と認定することについては、マッケナはそんなに踏み込んで行動する医者になど会ったことがないと断言した。続く議論の中で、サフラジェットと同様、公然と反逆を説いているにもかかわらず訴追を受けないアルスターの武闘派に対し、政府の扱いに差があるという問題が再燃した。ニューキャッスル＝アンダー＝ライム選出の自由党議員ジョシア・ウェッジウッドは議員就任中何度も、自らの党に反対して演説し、強制摂食を行うことはおぞましく、歴史が犯罪行為と捉えるようになる可能性があると訴えて人々の関心を集めた。

この時点での女性参政権問題に関する議会の討論の様子を見ると、参政権を主張した人々を拒絶するため過去にもさまざまな策略がとられたが、武闘派の暴力が続く限り一九一四年の夏にはこの問題について議論を進めるチャンスがないということは誰もが理解できた。六月十三日のバーミンガムの会合で、サフラジェットの飛ばした野次に応えて女性参政権を支持していたことで有名なフィリップ・スノードンは聴衆に対し、この年に「女性たち」がとった行動は参政権問題を時計の針をアン女王〔一六六五―一七一四〕の時代に一時的に逆回しするものだと述べた。

＊

自治法に対するアルスターの抵抗は武力で押さえつけられないと政府に示す結果となったカラッハの失敗の後、アスキスはすぐに、個人的にも政治的にも立場を挽回した。首相はシーリーを放逐後、自ら就任した陸相の責務に満足した。イースト・ファイフで議員として再選されるためファイフに出かけたときも、温かいもてなしを受けて気分が高揚した（一九一八年まで、議員が大臣となったときには、必ず選挙の洗礼を受けなければならなかった）。

アイルランド自治法はさておき、アスキス内閣はグラッドストンから引き継いだ別の問題についても法令化のため闘っていた。ウェールズ教会法案は同教会を国教会から独立させるものだが、内容が複雑だった。五月に出された新しい予算にも問題があった。一月に遡ってロイド・ジョージとチャーチルが合意した海軍予算の増額で出た五百万ポンドの欠損を埋めなければならない一方で、地方当局に行う教育の補助、子どもへの支援の拡大、道路と衛生設備を改善する資金を確保するため、アスキス内閣は所得税と相続税の増税を試みた。一九〇九年の

「人民予算」の後始末をするうえで必須であり、あわせて一九一五年に予定される総選挙で勝利を収めるうえで、整備しておかなければならかった。貧困と病気に対する闘いは「外国の敵に対して行う戦争と同じ現実的な戦争」だ、と財務省政務官のエドウィン・モンタギューは予算を審議する議員に強調した。

裕福な自由党員から予算に対する反対意見があったし、アルスターにどこまで譲歩することになるのか懸念があったにもかかわらず、アスキスは落ち着き、呑気な気性が戻ってきたような印象だった。アスキスは何度もゴルフをしたが、それはドイツ大使リヒノフスキ公が考えたように、ゴルフで気持ちを紛らわしていたのだろう。一九一二年後半に英独関係を改善する覚悟でセント・ジェームズ宮にやってきたリヒノフスキは、六月にサトン・コートニーにあるアスキスの別荘に滞在した。残念ながら、リヒノフスキと妻のマリーがどちらかというと厄介な客であることにアスキスは気づいた。「リヒノフスキは些細なことにうるさくて知りたがりだ」とアスキスはヴェネチア・スタンリーに述べた。一方、妻のマリー――黒のソックスと白のブーツを組み合わせ、「おかしなティアラをつけており、マーゴット・アスキスのファッションセンスからすると悪趣味だった――は「夜の間ずっとピアノを独占し、音程が外れたおぞましい音楽を演奏した」。

アスキスにとってヴェネチア・スタンリーは、心の平安のためになくてはならない存在で、個人的なことや政治上の秘密をぎっしり書いた手紙を送り続けた。逢引きした後、アスキスは「短いけれど――あまりにも短すぎるけれど――すばらしいひとときを過ごせたと思う」「今日のドライブは思い出になる」と五月十一日に書いた。一ヵ月後の手紙では、アスキスは「君といろいろなことを共有するのが好きだ」と書いた。さらに別の手紙で、「他の誰と話してもこんなに楽しいことはない」と書いた。アスキスは概ね、ヴェネチアとの関係が公になるリスクを何とも思わなかった。だが、「自分たちのことがゴシップになるのは嫌だ」と認めていた。噂になる可能性はまずなかった。新聞各紙は首相の女友だちのことなど関心を持たなかった。いずれにしてもアスキスは、リヒノフスキが後に書いたように、「女好き、特に若くてかわいい子が好き」ということで有名だったし、ヴェネチア・スタンリーが特別に取り上げられる可能性はなかった。アスキスが一九一四年、自分の娘ヴァイオレットとヴェネチアを連れて、精霊降霊祭のときにヴェネチアの両親の家があるペンロスに旅行したとき、地元紙の「ホリーヘッド・クロニクル」紙は一行の中に第三者がいたことをあえて記さなかった。だが、休暇のさなかシェフィールド卿の家の外で、アスキスがペットのペンギンを連れたヴェネチアと一緒にいるところを、商売気のある「デイリー・メール」紙の写真家に撮られた。「首相とペンギン」というのが写真の題で、「ミス・ヴェネチア・スタンリー」と一緒にというキャプションは小さく下に添えられただけだった。

精霊降霊祭の休日はアスキスとヴェネチアの関係が難しくなるきっかけとなった。アスキスが直後に送った手紙の行間を読むと、ヴェネチアがアスキスの妄想がどれほどのものなのか調べようとしたことがはっきりと見て取れる。自分に対する依存の大きさに多少の恐れを感じたのだ。首相が自分の娘に関心を抱いていることに不快感を持っていた母親のレディ・シェフィールドから圧力がかかったこともあった。エドウィン・モンタギューがいつになく決意して自分を求めているのを気にかけ、ヴェネチアはアスキスに、自分の人生にはアスキスしかいないというわけではないと伝えた。その結果、アスキスは「すばらしい思い出と悲しい気持ちを抱えて」ペンロスを去っていった。出発前にヴェネチアに書いた悲しく沈んだ手紙の中で、アスキスは『メイドの悲劇』［一六一九年、フランシス・ボーモントとジョン・フレッチャーが書いた悲劇］からボーモントとフレッチャーの言葉を引用してこう書いた。「彼らには私たちの恋愛を壊してしまう力がある」。

だが、外から見た二人の関係は、しばらくの間変わらなかった。ヴェネチアから非難を仄めかす言葉を言われても、アスキスの熱は冷めなかった。「君のことを考えると嬉しくなって元気になる」とアスキスは翌日書き、彼女の関心を惹くため「君は恋人を安全で秘密の場所に隠している」とロイド・ジョージが書いた手紙を同封した。

拒絶されても、アスキスは前にも増してヴェネチアに依存した。アイルランド自治法とアルスター問題の解決をめぐる危機のときに、ヴェネチアはある種受け入れることのできる妥協をペンロスで示し、アスキスが後に言う「絶望に近い気持ち」から救っていたのだ。

一九一四年の精霊降霊祭のときまでに、アイルランド自治法案は上院の騒動の只中で修正も拒否もされず、下院を三度通過していた。主な法案は委員会審議の段階で変更が加えられるものだが、アスキスは、政府と統一党、そしてレドモンドとジョン・ディロンが率いるアイルランドの民族主義者の三者間で合意していた、アルスターを除外するという要求を受け容れることを決意し、別の修正法案を提出した。アルスター義勇軍とカーソンの部隊を合わせたよりも数の上で優位に立ち、レドモンドが制御できなくなっていた民族主義者による義勇軍は訓練と武器の輸入を続け、アイルランドで内戦が起こるという恐るべき予想が日々現実味を増していた。アルスター問題を解決するための調整の時間は尽きかけていた。国王はこのことを重々承知していた。四月にアスキスがヴェネチアに書いた手紙の表現を使うと、国王からの手紙は「どちらかというとヒステリック」で、「解決法が見つからなければ私の立場は恐ろしいものとなる」と強調していた。

国王の気持ちを満足させるため、またエドワード・カーソンが下院で仄めかした和解のヒントを利用するため、アスキスは再びカーソンおよび保守党党首ボナー・ローと、クイーン・アンズ・ゲートにある「シルクのテント」と呼んでいたエドウィン・モンタギューの家で、秘密交渉に打って出た。カーソンが結婚生活のことを考えて――この秋に二度目の妻ルビー・フルーエンと結婚することになった――大きな政治問題から引き、態度を軟化させるのではないかという噂が広がっていた。

事実からは何も先に進むことができなかった。カーソンとボナー・ローは修正法案の手続き上の問題については合意したが、カーソンが無期限にアルスターの六州――四州は概ねプロテスタント、ファーマナ州とティローン州にはプロテスタントよりもカトリックがわずかに多数を占めていた――を自治法案の施行から除外すると主張したことで膠着状態が生じ、どうにも動かなかった。カラッハの事件と四月にラーンで起こった銃器の密輸入によって、アルスター統一党の力は決定的に強くなった。統一党による抵抗運動は組織が整い、アスキスはアルスターの人々に銃を向ける命令を軍に出せない中で、カーソンとボナー・ローが取引上優位な立場にあり、彼らは自分たちに都合の良い条件でアルスターの除外を確保する自信を強めているということを認識しただけだった。

こうした状況を考えると、アスキスが三月の申し出――アルスター諸州がそれぞれ六年間の猶予を与えられるとする――をただ繰り返すためだけに修正法案を使う決定をしたのは、全く不毛であるように思えた。この申し出はアルスターからすでに拒否されているのだから無駄だ、と国王は抗議した。ロイド・ジョージとサー・エドワード・グレイが率いる閣内の小グループは、期限の問題をめぐる闘いについてはもう負けだとアスキスを説得し、「全ての闘いは地域を超えている」ことを受け入れようとした。

圧力が強まる中で、どの党派――野党統一党（保守党）、アイルランドの民族主義者、アルスターの統一党――も、妥協の取引をする意思をもって前向きに交渉のテーブルにつき、膠着状態を打開しなければならないという認識に至ることをアスキスは期待したに違いない。

しかし、アスキスの願いは残念ながら打ち砕かれることになった。六月二十三日、修正法案が上院に送られた。一週間後、上院は統一党の多数派の意見で、法案を統一党が要求する最も過激なものに変更した。住民投票もなく期限も設けず、アルスターの九州全部を除外したのだ。自治法をアイルランドに認めることは別の袋小路に入った。

＊

一方、バルカンではヨーロッパのナショナリズムに火花が飛んだ。六月二十八日の日曜日、ハプスブルクの帝位継承者フランツ・フェルディナント大公と妻ゾフィーが訪問中のボスニア＝ヘルツェゴビナ（当時はオーストリア＝ハンガリー領）の首都サラエヴォで、ボスニアのセルビア人学生ガブリロ・プリンチプに暗殺された。

六月二十七日と二十八日のイギリスは、焼けつくような週末となった。政府関係者を含め政治エリートはロンドンから離れ、田舎で好天を楽しんだ。日曜日の夜、暗殺の知らせを受けて新聞各社の編集者と「ザ・タイムズ」紙のヘンリー・ウィッカム・スティードのような主筆が午後七時に会社に戻ったとき、混乱が広がっていた。大公の追悼文を書くどころか、この犯罪に関する材料が乏しく、意味を解く鍵さえなかったからだ。

大公は毎年恒例の軍事演習に参加するためサラエヴォに来た。大公は訪問の日を六月二十八日にした。この日は象徴的な事件にまつわる日だった。一三八九年のコソボの戦いで、セルビアがトルコに屈辱的な敗北を喫した記念日だったのだ。また、この日はセルビア民族の国民の祝日でもあり、ボスニアのセルビア人の間でハプスブルク家の支配に対する憎しみが高まる日だった。陰謀を企む六人の若者が、大公一行が車で町を通るチャンスを狙っていた。ボスニアの全人口の四十二・五％を占めるセルビア人は、オーストリアの抑圧から解放されセルビアに統合されることを夢見ていた。それは外国の支配下で生活しているバルカンのセルビア人の唯一の願いだった。

フランツ・フェルディナント大公がサラエヴォに到着したタイミングは悪かったが、大公は愛する妻ゾフィー・ホテクと公衆の前に立つ機会を持てたことを喜んでいた。ゾフィーには三人の子どもがいて、夫にとって「幸せの全て」だった。だが、一介の伯爵の娘であるゾフィーは、皇帝家のハプスブルク家と縁組みするには身分が低すぎるとされた。ゾフィーと結婚するため、フランツ・フェルディナントはこの結婚から生まれた子どもをハプスブルク家の継承者にはしないと約束しなければならなかった。

大公の訪問に対する安全対策も、考えられないほど穴だらけだった。プリンチプのグループの一人が大公の自動車に爆弾を投げつけた。爆弾は弾んで車の前に落ち、大公のスタッフである将校二名が爆発により怪我をした。タウン・ホールで公式の歓迎を受けた後、フランツ・フェルディナントは怪我をした将校を見舞うため病院に連れて行ってほしいと頼んだ。途中、運転手が道を間違えて曲がり、プリンチプが待っていた通りに直進した。プリンチプに命令した黒幕は彼が銃を撃てるなどとは思っていなかったが、プリンチプは突然生まれたチャンスを生かし、自動車の後部座席に座っていた乗客に二発の銃弾を撃ち込んだ。ゾフィーはほぼ即死で、大公は病院に向かう途中に失血死した。

この事件に対する疑念はセルビアに向けられた。陰謀を企てたプリンチプと他の「青年ボスニア」の者たちはボスニアで生まれたテロリスト運動に加わっていたが、オーストリアがすぐに疑ったように、セルビアの高官は運動に寛容だったばかりか、支援もしていたのだ。プリンチプと仲間二人は、暴力による行動で全セルビアの統一を目指す秘密組織ブラックハンドが行う訓練をセルビアで受けていた。彼らはベオグラードで武器を受け取り、五月にオーストリア国境を越えてボスニアに持ち込んだ。ブラックハンドのリーダーで「アピス」として知られるドラグーティン・ディミトリエヴィッチは、セルビアの軍事諜報部長だった。セルビア内閣と首相ニコラ・パシッチは、フランツ・フェルディナント殺害計画に関与していない可能性もあった。だが、武装した人々が国境を渡っていたことをパシッチが知っていたのは間違いなく、それに対する唯一の対応は、オーストリアに曖昧な警告をしただけだった。

暗殺から数日間、パシッチはベオグラードで、ウィーンから届くオーストリアの指導を丸く収めようと提案した。同時に、セルビア政府が犯罪に連座しているのではないかという疑問に対しては、パシッチは全て言い逃れようとした。八十四歳の皇帝フランツ・ヨーゼフからすれば継承予定者の死は、息子の皇太子ルドルフの自殺と無政府主義者による妻エリザベート皇后の殺害に続く一連の悲劇に他ならなかったが、オーストリア＝ハンガリーとして次の対応を話し合うためウィーンに戻った。ウィーンでは反セルビアの暴動が起こっていた。

一九一二年から一九一三年にかけて、オーストリア＝ハンガリーはセルビアの力を縮小させようと、戦争寸前までいったことが三度ある。だが、いずれの機会も軍人外交で切り抜けた。今回もそうなのか？　あるいは、セルビアに対する戦争を五十回以上も要求していたオーストリアの参謀総長フランツ・コンラート・フォン・ヘツェンドルフの見方が通るのか？　また、戦争になった場合に他勢力の行動を封じ込めること、特に汎スラヴ主義のリーダーであるロシアをセルビア防衛に駆けつけさせないようにすることが可能なのか？

暗殺から二日後、ロンドンでは外務省事務次官サー・アーサー・ニコルソンが国際関係は比較的穏やかだという見解を改めて主張しており、サンクトペテルブルク駐在イギリス大使に対し、「サラエヴォで起こった悲劇がさらに複雑なことになることはないと信じる」と送った。

同日、アスキスは下院で暗殺について「憤りと深い懸念」を表明し、オーストリアの王族に「追悼」の意を表した。そして、「この殺人事件は人類の進歩について底知れず絶望的な気持ちにさせられる犯罪」だと述べた。大公夫妻は前年の十一月にイギリスを訪問し、ウィンザー城でジョージ五世とメアリー王妃の賓客として滞在したばかりだった。驚いたことに、フランツ・フェルディナントは――A・C・ベンソンの言葉を借りると――「詮索好きで、遠慮がちであまり愉快でないタイプの人物」として知られていたのに、大公夫妻はイギリス国民の心を掴んだのだ。「イギリスの一般の人々からこれほど心の籠った歓迎を受け、気持ちを高揚させた賓客はいなかった」と「デイリー・クロニクル」紙は述べている。ジョージ・セシルの大公夫妻の暗殺に対する反応の背景には、こうした愛情があった。ジョージ・セシルは保守党の首相ソールズベリー卿の孫で、当時十八歳だった。彼はサンドハースト校で賞を取るほどの優秀な幹部候補生で、一九一四年初めには第二近衛歩兵連隊に加わり、エセックス州のパーフリート・キャンプで訓練を受けていた。銃撃があったことを聞いてすぐ、ジョージ・セシルは母親ヴァイオレットに、地元の版画展で大公を追悼する記念の版画を買ってほしいと頼んだのだ。

大公が他のハプスブルク家の人々に比べてはるかに先見の明のある改革を唱え、スラヴの民族主義者の願いに共感を持っていたことを知らなかったガブリロ・プリンチプと陰謀に参加した仲間たちには致命的と言えるが、イギリスの評論家の多くはフランツ・フェルディナントの能力を高く評価していた。ジャーナリストのイーディス・セラーズは「暗殺された大公」について気持ちを込めた追悼記事を書き、「もし生きていれば……統治するさまざまな民族を結びつけてライバル国を寄せつけなかったに違いない」と結んだ。

「誰もが驚愕し、絶望した」と書いたのは作家エドマンド・ゴッセだった。彼は司書を務めていた議会上院の図書館で、六月二十九日付の日記にこう記した。十日が過ぎ、オーストリアがセルビアに対して行動を起こす計画をしているという噂がウィーンから溢れ出し、イギリスの新聞もある種の不安がうかがえるようになった。七月六日付の「モーニング・ポスト」紙が、オーストリアの反応いかんでは「ヨーロッパ戦争」につながる可能性があると予測した。

しかし、その後の状況はかなり落ち着いた。外務省の報告にこの暗殺に係る重要なコメントはなかったし、七月六日に、サー・アーサー・ニコルソンはこの事件から何かが起こることはないはずだと書いた。「デイリー・メール」紙の記事は、皇帝フランツ・ヨーゼフは「状況を賢明に処理し、過激派を抑え、和解政策こそが犠牲となり亡くなった者に対し最も気高い手向けとなると認識している」の箇所に下線をつけた、自信たっぷりの内容だった。

大部分のイギリス国民は、オーストリア大公夫妻の殺害に対する反動で警戒すべきことが起こるとは考えていなかった。バルカンの血なまぐさい不法行為はよくあることで、たいていすぐに沈静化した。とにかく、ヨーロッパの平和という大きな問題とは無関係だと思ったのだ。

戦争の可能性は距離的にもっと近いところにあった。この暗殺事件が緊迫するアイルランド内戦の危機に代わるニュースとして紙面のトップを飾ることはなかった。国中の新聞はアイルランドの民族主義者とアルスター軍が義勇兵を集め武器を輸送する記事と写真を、ほぼ毎日掲載していた。

六月の終わり、北ドイツで行われる世界最大の帆走イベントであるキール・ヨット週間のとき、四隻の軍艦と三隻の巡洋艦で構成されたイギリスの小艦隊がドイツ帝国艦隊に横付けして停泊した。イギリスの海軍大将の軍服を身につけたドイツ皇帝は軍艦キング・ジョージ五世に乗船し、他のドイツ将校もイギリス将校から丁重な歓迎を受けた。

六月初めにアルバート・ホールで行われた平和舞踏会のときにブリタニア役を務めたレディ・モード・ウォレンダーがゲストとして乗船していた。ディナーではモード・ウォレンダーがドイツ海軍相ティルピッツ大将の隣に座り、アイルランド問題について語り合った。ティルピッツは「あなた方イギリス人は分別がたっぷりあるから」厄介ごとなどなさそうに思うと述べると、モード・ウォレンダーは頭を強く横に振り、ティルピッツに「一ヵ月のうちにアイルランドで内戦が起こることに」ソブリン金貨一枚を賭けた。

＊

七月十一日、貴族で統一党のクローフォード伯爵はレディ・ウォンテージ（イギリスの美術品収集家兼慈善事業家）に手紙を書き、ノースクリフ卿が最近行った「大アルスター視察旅行」のことを知らせた。

ノースクリフ卿はライフルの数が多く、弾薬の量は膨大だと言っています。食料の備蓄も十分です。実際、東アルスターのあらゆる動きをカーソンは押さえています。一方、クレイグ大尉（アルスターのダウン州東部の議席を持つ統一党の議員）が……アルスターの石油の獲得に影響力を持っています。問題をひっくり返したいという強い思いがあり、政府の優柔不断な動きをこれ以上待てないと考えています。アルスターの人々がなんとか抑えているものの、刻一刻と悪化していくのが心配です。

……先週のエピソードです……ロンドンデリーから三〜四キロのところにある農場に武器が蓄えられているという噂をナショナリストが耳にしました。彼らは義勇軍部隊を召集してその場を襲撃しようと、昨晩、遠征を開始しました。ホワイト大尉がその話を聞きつけ、それを押しとどめようと自動車を飛ばし、農場から四百メートルほどのところまで行きました。ホワイト大尉は自動車で先に回り込んで彼らを捕まえ、ロンドンデリーに連れ戻しました。

まさにこの瞬間に、農場の周りを八百人のアルスター義勇軍がライフルと銃弾を五十発ずつ持ち、腹ばいになって取り囲んでいることなど、彼もナショナリストの義勇兵たちも（全員拳銃を持っていました）知りませんでした。ナショナリストが目的の場所に到着していたらどうなったか、ホワイト大尉のタイヤがパンクしたらどうなっていたか想像してみてください。ナショナリストが退却させられなければ、十分の差で戦闘になっていました。

ちょうど二週間後、アイルランドのナショナリスト義勇軍がダブリン近くの民家で、アースキン・チルダース所有のヨット「アスガード号」による銃の密輸を計画しているところだった。この計画は、規模はそれほどでもないものの、前年のラーンでアルスター義勇軍が行った密輸に匹敵する大胆な、少々派手で興行師的行動だった。だが、アルスター義勇軍の銃の密輸とは異なり、今回は流血の惨事となった。警察と軍が介入したことでダブリンの群衆と暴力を伴う乱闘となった。正規軍が発砲し、ナショナリスト三人が死亡、他にも三十八人が負傷した。

アイルランドの状況が急速に悪化すると――さらに、修正法案が自治法の法制化と同時に国王の裁可を受けることがどうしても必要になると――アスキスはついに、数週間前から繰り返されてきた国王の要求に屈した。この結果、ジョージ五世が控えめに「わが家」と言っているバッキンガム宮殿で行われる円卓会議に、アスキス、ボナー・ロー、レドモンド、カーソンがそれぞれ支持者を一人ずつ連れて出席することになった。会議の開催を受け入れるとアスキスが返信した手紙に対する国王の反応について、マーゴットは次のように描写している。「文法はひどいが中身は知性があって鋭い。ヘンリー（アスキス）は国王が疲れ切っていると言っている。国王は生涯初めて、自分が真の君主だと感じている」。

各政党が任命した代表ともっと非公式な交渉が七月の前半を通じて行われた。主催したアスキスが主要な目的としたのは、ロイド・ジョージとグレイが提案していたように、地理的な問題に対する相違を縮小することだった。障壁となっているのは、ティローンとファーマナの両州をどのように分割すれば二人が受け入れられるのか、ということのように思われた。この二州は、カトリックの人口が大勢を占める北部四州より解決が困難だった。アスキスが国王に知らせたように、会議は決定的な解決に至ることができない可能性もあった。「だが、確実に、危険で修復できなくなる可能性のある行動を先延ばしにし、向きを転じることにつながるかもしれなかった」。この状況下では、遅らせることが最も望ましかった。

「これが一番良い方向だと君がはっきり言ってくれたから、私はたいへん満足しています。私の大事な相談役さん」とアスキスは七月十七日、バッキンガム宮殿の会議の見通しについて話し合った後、ヴェネチアに書いている。翌日、アスキスはポーツマス港に停泊した国王のヨット、ヴィクトリア・アンド・アルバート号から再度手紙を書いた。スピットヘッドで国王が艦隊を謁見するのを待っている、経費削減の証拠として、海軍の試験動員は通常の海軍演習に代わった、と。

国王と皇太子の他に船上にいた唯一高貴な人物は、国王の次男で国内艦隊の海軍少尉候補生の「兄より少しできの良い」アルバート公だった。「話し合ってからこんなに幸福でこんなに希望があると感じたことはありません」とアスキスはヴェネチアに書いた。翌日、アスキスの満足に水をさした唯一のことは「ノースクリフ卿の二つの機関紙」である「ザ・タイムズ」紙と「デイリー・メール」紙が会議の詳細を記事にしたことだった。

バッキンガム宮殿の「一八四四年の間」（ロシア皇帝ニコライ一世が滞在したことからその名がついた）のテーブルを囲んだ政治家は最終的に、アスキス、ロイド・ジョージ、レドモンド、ディロン、ボナー・ロー、ランズダウン卿、カーソン、クレイグ大尉で構成された。彼らはアイルランドの二つの政党とイギリスの二つの政党を代表していた。ボナー・ローは国王の私設秘書スタンフォーダム卿に、合意の見通しがほとんどないので自分は会議に出る覚悟ができていないが、「陛下の願いとあれば別だ」と事前に伝えていた。初会合は七月二十一日に行われ、三日後に最後の会議が行われた。初日、マーゴットはアスキスを自動車に乗せてバッキンガム宮殿にやって来た。そして、宮殿の前庭に駐車した自動車の中に残り、会議室の内部のやり取りを自分の耳で聞きたいと考えた。マーゴットが駐車していると、一人のサフラジェットが宮殿に請願を届けようとした。

「昨日の私の態度は『気難く』はなかったかい？」。最初の会議の後、アスキスはヴェネチアにこう書いた。「でも、いつものように、君が同志だということ、君との相談、君の理解は、国王の人質となって受け取る身代金より価値がある」。話し合いのテーブルに載せたのは、地域と期限の問題だった。議論の最初は地域について行われた――結果として、期限については議論には至らなかった。アスキスがヴェネチアに宛てた手紙で、このことについて説明がなされている。

私たちは今朝、一時間半座って地図と数字について議論したのですが、話はいつも歪んだ、最もおぞましい形でできている地域――ティローン州に戻りました。この議論で異常なのは、レドモンドとカーソンが（原則的に）完全に一致していたことです。それぞれが「全ティローンを取るか、死を選ぶかだ。君がそう言っている理由はよくわかる」と同じことを言っていました。ぶっきらぼうで想像力のないイギリス人をそのまま体現したような議長が当然割って入りました。「二人がそれぞれ全部所有しなければならないと言っているのだったら、なぜ半分に割れないのか?」。彼らはどちらもこんな提案を受け付けませんでした……こんな友好的な言い方は他にありえないのですが、結果は全く実を結ばない……現実問題を扱ってこんな見込みがないと私が感じることは、まずないのだけれど。出口のない袋小路です……悲劇としか言えません。

それでもなお、アスキスは平静を保っていた。首相と昼食をともにしたヨーロッパの芸術のパトロンでシュトラウスの『ヨゼフの伝説』(アスキスはエドワード・トマスと同じくらい嫌っていた)の歌詞の台本を書いていたおしゃれなハリー・ケスラー伯爵は、「アスキスはこの世のことには関心がないかのように元気に見えた」と書いている。残り二回となった会議が行われる七月二十三日、サヴォイホテルでケスラー伯爵が催すランチパーティーにアスキスは直前になって出席できなくなった。進行状況を報告するため、国王に会わなければならなかったのだ。「アルスターの状況は非常に深刻に思われます。イギリスは内戦寸前です。昨日、アイルランド近衛連隊が宮殿の前でアイルランドのナショナリストの指導者を歓迎していました」とケスラー伯爵は書いている。

マーゴットが千六百人のゲストを招いてその日の午後に行ったガーデン・パーティー――アスキスはヴェネチアと一緒に逃げ出したいと思っていた――で、ケスラー伯爵はウィンストン・チャーチル、チャーチルの母親のレディ・ランドルフ・チャーチル、ドイツ大使のリヒノフスキ公と話をした。レディ・ランドルフは「アルスター会議はせいぜい失敗ねと言った。リヒノフスキはどんなふうに終わったのか尋ねた。チャーチルは『大荒れだった』と述べた」。

七月二十四日、アスキスはヴェネチアに「自分のカレンダーに黒丸をつけた」と言った。事実上、この日の会議は失敗だった。参加者の中には涙を流す者もいた。「最後に国王が入ってきて、感傷的に次の文句を口にした……さようなら。残念だ。ありがとう」。アスキスは初めに示した期限に「選択の権限」に関する新たな条項をつけて、元の修正法案に州の選択による除外を加えて進めようと意図した。だが、それは議会の茶番の延長以外の何ものでもなく、何も解決しなかった。

だが、政治的に予想もしない奇跡が突然降ってわき、全てを一変させた。七月二十四日金曜日の午後、アスキスが会議の結末を閣議で報告した後、ウィンストン・チャーチルが記憶しているように、サー・エドワード・グレイが「静かな重々しい」声で外務省から手元に届いたばかりの文書を読み上げた。文書はオーストリアのセルビアに対する最後通牒だった。セルビア政府に打撃と屈辱を与える譲歩を求めるとともに、フランツ・フェルディナント大公の暗殺について調査のための委員会を設置するよう求める内容だった。四日以内に回答するよう求められていた。サー・エドワード・グレイの表現によれば、これは「一つの国家が独立国家に宛てて書かれた文書としては最も恐ろしい文書」だった。

チャーチルは後に回想してこう書いている。「ファーマナとティローンの教区はアイルランドの霧と豪雨の中で見えなくなった。しかしすぐに見慣れない光が射し、ヨーロッパの地図をグラデーションをつけて浮沈を照らした」。アスキスはすぐさま、この四十年の中でヨーロッパ最大の危機的状況だと認識した。「私たちは真のアルマゲドンが近づいているのを感じることができる」とアスキスはヴェネチアに書いた。「これで、アルスターとナショナリストの義勇軍は小さくなり、本来の大きさに戻るだろう」。だが、ロシアがオーストリアに挑戦してセルビアの防衛に回ることになる。そうなれば、「ドイツとフランスの両国がそれぞれどちらかに手を貸さないでいることは難しくなるだろう」。

これは「血も凍るような展望」だとアスキスは認めた。だが、こう続けたのだ。「幸いなことに、我々が傍観する立場にいられなくなるということではないようだ」。

どん底から逃れて

オーストリアのセルビアに対する最後通牒を閣議で発表した翌日、七月二十五日の日曜日午後、サー・エドワード・グレイはロンドンを離れ、ふだんの決まりきった週末生活に入った。外相グレイはロンドンの雰囲気は抑圧的だと常々感じていた。しかも、この夏ほどそう感じたことはなかった。「建物が堅苦しく攻撃的に感じる。一日中、光が無機質な固い物質を刺すように照らす。蒸し暑い空気で夜になっても休まらない」とグレイはしたためた。

グレイが逃げたのはハンプシャー州イチェン・アバスにある、丸太小屋といってもよい小さなコテージだった。レンガを土台にした平屋建てで、煙突もレンガ造り、屋根は赤色の波状鉄板だった。壁はスイカズラやバラ、クレマチスなど蔓性の植物で覆われていた。砂利を敷いた歩道はない、とグレイの親しい友人で作家のＷ・Ｈ・ハドソンは書き留めている。「庭師が嫌になってしまうようなものは何もない……犬も猫もヒヨコも子どももいない――人の気を引く野鳥がいるだけだ」。コテージは道路から隠れ、イチェン川から五十メートルもしない坂の上の、ライムの古木が並ぶ路地端に建っていた。川向こうには小さなチョークの石切場があり、カワセミの番(つが)いなどさまざまな野鳥が巣づくりをする場となっていた。グレイはそこにフェンスを張り、小さな保護区にした。

ウィンチェスター・カレッジの生徒だったグレイがフライ・フィッシングに熱中したのは、イチェン川がきっかけだった。一八八〇年代に一家の領地フォールドンの近くにあるバーウィック＝アポン＝ツィードの若き議員となったグレイは、イチェン・アバスの宿に滞在し、この川の流域で週末を過ごすようになった。その後、親戚のノースブルック卿から釣小屋を借り受けた。一八九〇年には、グレイと妻のドロシーは小屋を建てた。二人にとって真の生活はアウトドアだった。川の周辺はマス釣りに絶好の場だった。双眼鏡を持って徒歩や自転車で近辺を回り、グレイは鳥の生態についてかなりの知識を持つようになった。専門家となったグレイは後に、野鳥を保護し鳥の保護区をつくる運動を行う人々の間で有名になった。

「日常生活から離れた特別で神聖な生活」。妻のドロシーが乗馬中の事故で一九〇六年に早逝した後、イチェン・アバスの田舎の風景について、グレイはこのよう記している。二人には子どもがなかった。ドロシーは結婚当初から性的なことが嫌いだと宣言し、兄妹としての生活だった。二人が敬愛した自然研究の「師」であるワーズワース兄妹——ドロシーとウィリアム——の精神で暮らしたのだ。ドロシー・グレイのロンドン嫌いは夫以上だった。一緒に暮らした若い頃、ドロシーはいつもロンドンの生活はよこしまだと強く非難した。ロンドンの生活は「たいした価値もない、間違っていること、呪わしいこと」ばかりで、ドロシーは存命中、グレイがウェストミンスターで政治家の仕事をしていることを疑問視するほどだった。

一九一四年の夏、グレイは五十二歳だった。妻を亡くしてから八年、外相になってからは九年が経とうとしていた。グレイは威厳と権威をもって仕事に臨み、広く尊敬されていたが、グレイが世間知らずで浮世離れしていると批判する同僚もいた。ベアトリス・ウェッブが意地悪く書いているように、グレイの生活の中で政治はほんのエピソードにすぎなかった。下院の演説で成功を収めるより、フライ・フィッシングで一キロ以上あるマスを釣る方が満足したに違いなかった。イチェン・アバスで、グレイはドロシーと一緒に始めたシンプルな田舎暮らしを続けた。「無意識のうちに」「ヴィクトリア期の産業の時代」——電話、映画、大都市、「デイリー・メール」紙につながるものを何でも賞賛する風潮——が広がることを残念に思っていたのだ。

ハンプシャー州イチェン・アバスにあったサー・エドワード・グレイのコテージ。

グレイは一九一四年の一年間、個人的な悩みと職業上の緊張に耐えた。この年の初め、グレイは眼科医の勧めで煙草をやめた。視力の低下に大きな不安を感じたからだ。スカッシュをしているときボールを正確に捉えることができなくなっていること、夜空の星の中から好きな星を探し出すことができなくなっていることにグレイは気づいていた。だが、禁煙しても状況の改善はなかった。五月の終わりに専門家の検査を受け、グレイの両眼が重症であることが確実になった。暗がりの中で光を識別することはできても、文字を読むことはできなくなるに違いないと告知されたのだ。グレイの顧問は、どこかで仕事を離れ六ヵ月間休むよう助言した。グレイは議会での会期が終わった後の夏、ドイツの専門家に診察してもらう計画を立てた。ヨーロッパの出来事が急展開したことによって、訪問を延期せざるをえなくなる前のことだった。

ホワイトホール〔トラファルガー広場から国会議事堂に至る通りでイギリスの官庁街になっている〕にある外

務省は、一八六〇年代にギルバート・スコットがつくった宮殿のような建物で、内紛と緊張の時代を潜り抜けた。グレイと事務次官サー・アーサー・ニコルソンとの間には深い溝があった。ニコルソンはドイツの攻勢を阻むべくフランスおよびロシア（ニコルソンはサンクトペテルブルクで大使を務めた経験があった）と緊密な同盟関係を結ぶことに熱心だったのに加え、レディ・ニコルソンがアルスターを公然と支持していたため、グレイはニコルソンを好きになれなかった。ニコルソンがグレイの私設秘書サー・ウィリアム・ティレルとライバル関係にあり、事務次官補サー・エアー・クローとずっと不和だったことも、外務省の円滑な運営を難しくしていた。ニコルソンはパリ大使として異動したいと考えており、グレイはそれが待てないほどニコルソンを追い出したかった。加えて、外務省作成文書の量が深刻なほど増加したにもかかわらず、スタッフを雇用できなかったこともあり、システムが負担過剰の状態になっていた。何といっても、外務省は大きな危機に直面する態勢が整っていなかったのだ。

内閣の他の閣僚がアイルランド自治法をめぐる困難にかかりきりになっていた間、グレイは七月の前半、サラエヴォの暗殺事件に対してオーストリアがどう反応するのか不安になり、情報を集めた。七月六日、ドイツ大使リヒノフスキ公から聴取したところ、ウィーンはセルビアに対し「むしろ強面の」手段を取る可能性があることを知り、グレイは大きな不安を感じ取った。グレイの懸念はその後、リヒノフスキと再会したときにベルリンは同盟国オーストリアを抑えるつもりだと保証されたことで、多少和らいだ。だから、七月二十三日の晩に四十八時間の期限付きの最後通牒がオーストリアからセルビアに出されたとき、衝撃を受けた。だが、数日前からクローは、ウィーンでのドイツの行動を見ると和解にほど遠い様子がうかがえるとグレイに警告していたのだ。紛争を地方に限定し、フランスを説得してロシアが同盟国セルビアのための行動を取らないようにする機会はもはや失われた。

だがグレイは、一九一二年のバルカン戦争のときのようにイギリスが仲介役を務める可能性があると信じ続けた。七月二十五日の土曜日、期限が切れる前に出されたセルビアの回答をオーストリアは拒絶したが、グレイは平和のための努力を続けた。日曜日の昼過ぎ、グレイはイチェン・アバスから電報を二通、ホワイトホールにいるニコルソンに送り、高まる危機を解決するため列強四ヵ国による会議を開くことを提案した。ドイツは、この問題は国際仲裁裁判所の管轄であることを理由に会議への参加をきっぱりと断った。グレイが抱いた期待は打ち砕かれた。ロンドンに戻ったグレイは、この計画が破綻したことを内閣に報告した。「ベルリンでは恐ろしいことが行われている」。グレイは官房に入るのを待っていたが、声がふだんと違い、熱を帯びて高ぶっていた。

協調の呼びかけに対してドイツが否定的な反応をしたため、グレイはニコルソンとクローの現状認識を共有するようになった。「この戦いでは、わが国の利益はフランスとロシアに結びついている。セルビアを誰が所有するかという問題ではなく、ヨーロッパの政治的独裁を目指すドイツと、各国の自由を保持することを望む国々との戦いだ」とクローは外務省の会議で論じた。

この出来事によってオーストリア、ドイツ、フランス、ロシアが戦争に向けて動員せざるをえなくなるなか、翌週最大の問題となったのは、クローの言葉を借りると、イギリスが「何もせず傍観するのか、どちらかに与するのか」ということだった。イギリスが協商国のパートナーであるフランスおよびロシアと連携するというグレイの決断は、オーストリアとドイツの抑止力となり、大戦争に巻き込まれないようできるのか？　あるいは、グレイはこの同盟関係を正式な義務関係にすることを一貫して拒否してきたから、内閣と世論が介入を望む方向性をはっきりと示すまで、イギリスは距離を置き続ける方が適切で論理的だと言えるのか？

もちろん、グレイの想定は正しかった。全ての兆候を正確に読み取ることは依然として不可能だったが、ベルリンには「恐ろしい悪魔」が存在した。リヒノフスキ大使は、いざ戦争になったときにイギリスが中立にとどまる可能性があるのかどうかベルリンに曖昧なメッセージを送っていたが、彼自身が後に認めているように、彼はドイツの主から「重要なことについては全く知らされないまま置かれた」間抜けな存在にすぎなかった。

グレイが知りえなかったのは、ドイツの「戦争支持派」――軍事強硬派で、帝国宰相ベートマン・ホルヴェーク、外相ゴットリーブ・フォン・ヤーゴー、海相フォン・ティルピッツがそのグループにいた――が勝利を収めていたことだった。彼らはオーストリアとセルビアの間の敵対心を利用して大陸戦争を起こすことを画策する一方で、外の世界に対しては、ヨーロッパの大火を起こしつつあるのはオーストリアであってドイツではないと印象付けようとした。ロシアの軍事力の急成長を不安に感じていたドイツは、二年後に両国間で戦争を行うとすると、一九一四年の時点で行うよりもかなり不利な条件になると計算していた。ドイツ参謀本部は、フランスとの戦争は四十日で終わると自信を持っていた。特に、少なくとも初期の段階で参戦しないようイギリスを説得できれば、ベルギーを通過する電撃攻撃によってドイツがフランスを倒す時間は十分にあるはずだった。

七月二十八日にオーストリアがセルビアに宣戦し、ベオグラード爆撃の準備を始め、ドイツとロシアとフランスが総動員を命じると、グレイは最後の綱渡り外交を始めた。平和を維持し、イギリスに選択の余地を確保することを今なお望んでいたのだ。数日後、グレイはドイツとフランスの大使に対して、彼らが聞きたいと思ったことと正反対の話を告げることになる。リヒノフスキには、イギリスがフランスの側で戦争すると仄めかし、同時にフランス大使ポール・カンボンには、イギリスにはフランスに対する義務はないと伝えたのだ。

「わが国の行動は決まっていない」と地方自治相ハーバート・サミュエルは七月末、妻に宛てて書いている。「どちらの側もわが国の方向を知らなければ、リスクを冒したいとは思わないだろうから」。だが、サミュエルは最終決定までの時間は尽きていて「ダウニング・ストリート〔首相官邸〕のテーブルを囲んだ我々十九人は、極めて重大な問題に間もなく直面することになる」ことを知っていたのだ。

奇跡でも起こらなければ戦争を回避することは不可能だ。アスキスは七月二十九日、ヴェネチア・スタンリーにこのように知らせた。内閣ではイギリスの中立を支持する者が多数を占めており、必ずしも参戦に傾くわけではなかった。だが、「戦争危機状態」に向け最初の予防措置がとられた。艦隊がこの月の初めに試験動員されたが、その後も解散しないままにとどめており、七月二十八日には第一海軍卿のウィンストン・チャーチルが海軍にスカパ・フローに終結するよう命じた。デボンシャー海岸で最も突き出た半島であるスタートポイント沖のヨット上で、作家のヒレアー・ベロックは「大きな軍艦がまっすぐに並び、東に向かっていく」のを目にした。

海軍、植民地の駐屯地を含む全軍に、出陣の準備を整えるよう命じた警告電報を送る決定がなされた。「居眠りなどしていられない」とアスキスは妻に説明した。この予防措置段階の指示を丁寧に準備した「戦争本」があるが、そこに書かれてある内容が行動に移されていく速さにマーゴットは驚いた。「全ての電報が二時から三時半の間に驚くほど早く送られた」とマーゴットは日記に書き、アスキスが「こんなに懸命になっている」姿を見たことがないと書き加えた。

＊

ヴェネチアは大きな流れの外にいた。ペンロスで両親とともに過ごしていた。時間もなく、危機の圧力が強いから、首相は定期的に手紙を書いてこないのではないかと思っていた。逆にアスキスは、以前にも増して全てのことをヴェネチアと共有する必要があると、彼女を安心させるために慌てて伝えた。アスキスはヴェネチアと「犬と、岩の上にいるペンギンに」会いたいと切に願ったがそれが不可能だとわかり、せめてもの次善の策は毎日ヴェネチアから手紙をもらい、「絶えず動く出来事の流れ」をヴェネチアと共有することだった。ヴェネチアはアスキスの幸運を願い、白い羽を送った。ヴェネチアの愛と理解がなければ自分は訳が分からなくなってしまうと、アスキスはまたもや返信した。だが、危機のときにはいつも通り、アスキスは穏やかで冷静だった。

白い羽はアスキスに幸運を運んできたように思われた。陰鬱なヨーロッパのシナリオから現れた唯一の恵みは、「アイルランドに関する仕事全部」が「来る戦争」の陰に隠れたことだった。誰もがあまりにも突然の展開に驚いた。七月三十日、アスキスが修正法案の第二読会に向けて用意したアルスターの地図、人口と宗教の統計ファイルに囲まれて内閣官房に座っていたとき、ケンジントンにある保守党党首ボナー・ローの「郊外風の」屋敷で予想外の会議を行うことになり、アスキスはそこに呼ばれた。

アスキスが行くと、ボナー・ローはサー・エドワード・カーソンと一緒だった。二人はアスキスに重要な提案をした。国際情勢の悪化を受け、二人は自治法からアルスターを除外する内容を含む立法の延期を求めた。このような時期にイギリスが国内問題を抱えていることを外に知らしめるのは平和を求めるうえで障害となる、と二人は述べた。カーソンはアルスターの利益より国益を優先するのが自分の愛国者としての義務だと考えるようになっていた。

アスキスはレドモンドとグレイ、そしてロイド・ジョージに相談し、この申し出を受け入れた。レドモンドは国際的な緊張を前にして同様に譲歩する心積もりがあり、アルスターの人々の愛国心に出し抜かれてはいけないと考えた。自治法案は法制化されたが、修正法案が通るまで施行は猶予されることとなった。

これまで続いた一連の話は現状凍結となったように思われた。自治法の法制化とともに、アイルランドの内戦の危機は当面先送りとなった。アイルランドの戦争は、はるかに恐るべき別の戦争に取って代わることになったのだ。ヴェネチア・スタンリーは、頭痛を治すために頭を割ったようだと冗談で返した。修正法案延期の知らせが下院の議長席周辺に広がると、マーゴットは、会期の間ずっと彼女に横柄な態度をとり、もっと情報を出すよう迫っていた統一党「強硬派」の女性たちのグループに相対することになった。

「まあ、マーゴット。これってどういう意味なの？」強硬派の一人が尋ねた。「なんて危機なの！　どうして？

アイルランドは今晩にも戦争になるわ――いったい何なの？」。マーゴットはこう答えた。「内戦が延期になったということよ。内戦にはならないわ……新聞を読めばヨーロッパ戦争の寸前だということがわかるわ」。

七月三十日、アスキスはヨーロッパの状況について、「少なくとも前日より悪い」と評価した。最終的にイギリスが参戦する可能性があるというリヒノフスキの報告に驚いたドイツは、フランスを破っても同国の領土は維持すると約束することによってイギリスの中立を確保しようと、体裁の悪い提案をした。だが、この約束はフランスの植民地までは含めていないし、ベルギーの中立を尊重するという保証もなかった。グレイはこれまで誰も見たことがないほど「怒りで顔が真っ青になって」、イギリス政府はフランスを見捨てることも、ベルギーの中立を取引に使うこともしないと強く返答した。

続く数日間の閣議全体の反応はあまりよく見えてこない。政府と自由党を掌握しておくため、アスキスが妥協しなければならないことは明確だった。この段階で閣内の分裂は避けられず、多数派の十人――モーリー、ビーチャム、サイモン、サミュエル、ピーズ、マッキノン・ウッド、ランシマン、バーンズ、ロイド・ジョージ――は首相と外相に反対し、形はさまざまだが中立と非介入を支持した。チャーチルは戦争支持グループの中で最も好戦的で、平和の方向に話が向かうと自然に伏し目がちになり、海軍の力を見せつけるチャンスがある計画には熱心だった。商務相ジョン・バーンズは閣議のテーブルに身を乗り出して握りこぶしを動かし、最も断固として戦争に反対する姿勢を示した。

財務相ロイド・ジョージの最終的な意図を推し量るのは困難だった。ロイド・ジョージは苛立ち、態度を決めていないように見え、故郷のウェールズに引っ込むとまで話した。海軍と軍事支出の削減を最も主張してきたロイド・ジョージが反戦グループのリーダーとなるのは自然の成り行きだった。介入に反対するキャンペーンを先頭になって展開している自由党系の新聞「マンチェスター・ガーディアン」紙の編集者C・P・スコットはロイド・ジョージに対し、戦争に着手するよう政府に圧力をかける者を首相に推さない、と警告した。だが、少し前の一九一一年、アガディール事件をめぐる論議のとき、ドイツ戦艦パンター号がモロッコ大西洋岸の港に入港すると、ロイド・ジョージはフランスの利益を擁護する立場から軍あるいは海軍を使って報復する姿勢を取り、ドイツを威嚇する方向を支持した。ロイド・ジョージは今、どちらの立場に立つのか？

アスキスが予測したように、下院の自由党の四分の三は戦争に反対だった。多くの自由党員は、いかなる状況下でもイギリスは参戦しない旨を即刻宣言すべし、という考えだった。ボナー・ローはグレイに、ベルギーへの侵入が行われなければ圧倒的に戦争に賛成するというわけではないと宣言したが、保守党は概ね介入に賛成だった。

新聞の意見は分かれ、相互に批判し合っていた。ノースクリフ卿の新聞は他の保守党系新聞と同様に介入を提唱しており、初期の段階からイギリスがフランスと連携する必要を説いた。七月二十九日、「ペル・メル・ガゼット」紙は簡潔にこう要約している。「恐ろしい問題が回避できることを祈る。だが、起こってしまえば我々の義務は明確だ。私たちは即座に覚悟を決め、全力を尽くして友を支えなければならない」。この意見に反対の立場だったのが「デイリー・クロニクル」紙で、「結局のところ大陸の戦争だ。イギリスは島国であることを神に感謝してよいのかもしれない」と強調した。

地方紙の大半は、この点については中立を提唱した。「ヨークシャー・イーブニング・スタンダード」紙は「現在かかりきりになっている国内問題が数多くある」という事実を踏まえ、「イギリスの利益は争いに関わらないことであるのは確実だ」と主張した。「ハダーズフィールド・デイリー・イグザミナー」紙はこの議論をさらに進めた。「直接攻撃を受けるのでなければ」「いかなる状況下でもヨーロッパの抗争に巻き込まれないようにするのが」「国民の堅い決意」だと述べた。

金融街も政府に対し、国際危機が外国為替相場にまで広がってしまうから「あらゆる犠牲を払って局外に立つよう」促した。世界中の広大で複雑な信用の構造が崩壊寸前になっているように見えた。「エコノミスト」誌の言によると、七月三十一日に「最後の落雷」が起こった。ロンドン株式市場が閉鎖となり、現金引出しを止めようと、利子率が四%から八%に引き上げられた（翌日には十%に引き上げられ、八月六日に六%に下がるまでそれが続いた）。預金を引き出そうと、多くの人々がイングランド銀行の外に並んだ。伝統的に悪い知らせを告げるロイズの鐘（ルーティンベル）が一度鳴らされた〔一七九九年に沈没したフリゲート艦から引き揚げられたルーティン号の鐘。ロイズ銀行に置かれ、難船の場合は一回、遅延船の場合には二回鐘が鳴らされた〕。ロシアで総動員令が宣言された。翌八月一日、ドイツはロシアに宣戦し、動員を開始した。ロシアと同盟を結んでいるフランスの動員は避けられないと思われた。

七月二十九日には、ドイツがベルギーの中立を犯した場合、イギリスが行動するのかどうか内閣の関心を集めたが、確固とした態度を取るまでには至らなかった。国王に報告するためアスキスはこの日の議論を要約したが、こうした結果になったのは義務上の問題というより政策上の問題だと認めた。一八三九年のロンドン条約はベルギー王国の独立を認めており、ベルギーが侵入を受けた場合、調印各国――イギリス、オーストリア、プロイセン、フランス、ロシア、オランダ――に介入義務を課すのではなく、介入の権利を付与していた。ベルギーが攻撃に抵抗するか、調印国の支援を求めるかにかかわらず、権利として法に書き込まれていた。

だが、攻撃を受けたベルギーがどう反応するか、事前に知ることは不可能だった。ベルギーがドイツの侵入に抵抗せず、イギリスに支援を求めない可能性もあった。ベルギーが密かにドイツ支持を決めている可能性もあった。フランスに効果的な攻撃を行うため、ドイツはベルギーを通過して軍を派遣するはずだと広く想定されていたが、ドイツがどのルートを取るのか明確ではなかった。ドイツが選ぶルートこそが、ベルギーの独立に大きく関わっていた。ドイツ軍が限定的にベルギー南部のほんの一部をかすめてマース川の南に入るなら、ベルギー政府がこれを本質的な国境侵害と見なし、外にアピールするには不十分である可能性もあった。こうした状況から支援要請があったとしても、イギリス政府は道徳的な義務からも戦略的見地からも、条約に拘束されるとは考えない可能性があった。

七月三十一日午後遅く、グレイはフランスとドイツ政府に、他国全てがベルギーの中立を尊重した場合、両国も尊重する意志があるかどうか尋ねた。フランスは肯定した。ドイツは拒否したも同然だった。

ドイツが覇権を握る脅威に対し、ヨーロッパの勢力均衡を維持するため戦争をすることに抵抗を感じ、態度を決めかねていた閣僚は、ベルギーの中立を守るため参戦するという選択肢に惹かれ始めた。その一人であるハーバート・サミュエルは、「フランスに対する善意も、ドイツとオーストリアの力に対しフランスとロシアの力を維持するという理由も、イギリスを戦争に引き込むには不十分だ」と問題を捉えた。だが、「わが国が条約によって保護しなければならない」ベルギーの独立を守るためなら介入が考えられる、とサミュエルは考えた。

内閣は全体として瀬戸際政策を継続しようとしているように見え、戦争になった場合のイギリスの態度について公式の声明を出すのを今なお拒否していた。フランス大使カンボンはイギリス外務省に再び呼ばれたが、内閣の立場は変わらないし、イギリスがフランスを助ける義務はないと「どちらかといえば辛い」内容を告げられただけだった。

事務次官補サー・エアー・クローは、政府内で取り返しのつかない分裂が起こるのを避けようと努めているグレイに対し、強い言葉を書いた次のようなメモを送った。両国間に正式な同盟関係はないかもしれないが、イギリスには協商の「道徳的拘束」を通じてフランスに対する義務があり、「戦争が起こった場合にイギリスが友を支援しないなら協商には何の意味もない」。

クローとその上司サー・アーサー・ニコルソンは、グレイが絶望と驚愕のあまり、参戦についてしっかりした態度を取れなくなっていると考えた。グレイが部屋を行き来し、唇を噛みしめているのを見て、最大の危機なのにフランスへの支援を拒んだというのは本当なのかどうかニコルソンは尋ねた。「あなたはわが国を他国の物笑いの種にした」とニコルソンは怒りを込めて述べた。クローは真っ青になって顔を引きつらせ、「哀れなフランス」という言葉を繰り返して涙を流した。そして、グレイはドイツ精神の奥底にある悪意を理解するよう躾を受けていないか、自ら学ぼうとしなかったのだと批判した。

七月三十一日の晩、エドマンド・ゴッセはクイーンズ・アンズ・ゲートにある、大法官ホールデーン卿の家を訪ねた。ホールデーン邸に滞在していたグレイは、ゴッセが到着したときには応接室にいた。グレイは危機にあって平静を保ち、ゴッセに対し「解決の望みを失ったわけではない」と述べた。ホールデーンはゴッセに「ヨーロッパの戦争はいまや避けられない」し、「わが国が局外にいることはきわめて難しいと説得を受けていた」と述べた。ホールデーンにとって、心が揺れている閣僚の態度は信じられなかった。イギリスとフランスとの友好関係が存在しているにもかかわらず中立でいるという考え方は、ホールデーンにはありえなかった。「ドイツ艦隊が海峡を下り、ル・アーブル、シェルブールを砲撃し、フランスの北部海岸を破壊するに違いない」とホールデーンはゴッセに言った。「だが、ハーコート（植民相で、非介入を論じる閣僚十人のうちの一人）のような輩はこう言うのだ。『わが国のすべきことは何か？　博愛の精神をもち、中立でいよう』」。

八月一日、グレイは議会私設秘書アーサー・マレーとブルックスの店で食事をし、ビリヤードをした。グレイはマレーに、辞表を懐に入れて、自分は翌日内閣で「闘う」つもりだと述べた。

＊

高まる危機はいつ噴火するかわからない休火山のようで、国内の雰囲気はまさにその通りだった。危機が迫っていることにイギリスの大半の家庭が薄々感じるようになったのは、七月の最終週になってからだった。新聞を開くと戦争の脅威が、それもアイルランドではなくヨーロッパ大陸の戦争の脅威が、突然目に飛び込んでくる。七月三十日と三十一日の「ザ・タイムズ」紙には「垂れ込める暗雲」「失われつつある希望」と題した二つの社説が載り、事の重大さと国民の緊急事態について論説していた。これらを読んだキャスリーン・イシャーウッドは「あまりも尋常ならざることで、数時間のうちに自治法とアイルランドが無意味となった」と考えた。デボン州テインマスから、ドロシー・ホルマン（テニスの選手。一九二〇年オリンピックで銀メダル獲得）は同じ驚きを書き送った。「新聞は戦争一色です。アルスターは他の事と一緒に忘却の彼方にいきました。突然すぎます。日曜日（七月二十六日）まで、少しも戦争の話を聞いていないのです」。

七月三十一日の金曜日にロンドン株式市場が閉鎖となって金融パニックが生じたことで、多くの人々が事態の深刻さに気づいた。ノーマン・エンジェルが『大いなる幻影』の中で予言した恐ろしいこと、すなわち、近代戦争は利益をもたらさない性質を備えているということが、現実のものになったと考えた人々もいた。クエーカー教徒で平和運動家のレディ・コートニー・オブ・ペンウィズ（ケイト）は、「金融街の深刻な危機が人々を正気に戻したようだ。（戦争に）引き込まれることに反対する人々の声が上がったが、大きな声を上げるのを躊躇っていた。一般の自由党員がついに動いて、政府に圧力をかけたようだ」と日記に記した。

だが、新聞の見出しはますます不吉なものとなった。株式市場が閉鎖した朝、「デイリー・メール」紙の後の版では「ヨーロッパが破滅に向かって漂流」という見出しが大きく掲載された。その日、デプトフォード鉄工所の若い事務員ジョン・リドリーは実家の母親に「国外の状況はとても深刻です」と手紙を書いた。「戦争に行って戦うことにならなければよいのですが」。同日、ワージングで家族と休日を過ごすため休暇をとっていたメアリー・

クールズは、ヴィクトリア駅に沿岸警備隊員が何百人もいることに気づいた。「海軍の予備役だと思います。みんな道具入れの鞄を持ち、麦藁帽子をかぶっていました……戦争があるかもしれないと気づいた最初の兆候でした。横を通るとそのうちの一人が言いました。『僕たちはドイツに行くところだ』」。

陸軍か海軍の予備役につながりのある者、あるいは陸軍、海軍の基地付近に住んでいる者は、これから戦争があることに否応なく気づかされた。三十日の真夜、イギリスでは休暇中の軍人が部隊に再召集された。八月二日の日曜日、海軍の動員命令が出された。ハルとグリムズビーで、またイースト・アングリアの漁港で、多数の予備役が軍からの電報を受け取った。一方、西部の漁村では、何千という予備役に少年が電報を届け、警察官が家々のドアを叩いて召集が行われた。

デボン州ブリックスハムでは、ほとんど全家族が動員の影響を受け、毎年恒例のレガッタ〔ボート競技〕ができなくなった。コーンウォール州ルーでは多くの男性が波止場に召集され、駅まで行進した。町の楽団が先導を務めた。ファルマスから五十キロ離れたところでは、海軍の動員は町の触れ役が行い、警察官と義勇兵によって二百人ほどの予備役がすぐに集められた。カンブリアのバロー＝イン・ファーネスでは、ヴィッカーズ造船所の幹部と、戦艦および航空機の設計者と建造者が、八月五日に始まる予定の一週間の休暇は中止になったと発表した。同時に、外国の船員は急ぎ国に召還された。オーストリア人百五十人がグリムズビーからハンブルクに船で向かった。八月二日、フランスの予備役がロンドンの各駅から帰国した。

エセックス州サウスエンド近くの海岸沿いのリゾート地ウェストクリフ＝オン＝シーで、ハーリー・ユーステース・マイルズは八月一日、「これからやってくる困難のことで噂がいっぱいだ。戦争の噂は日増しに緊張の度が高まっており、間違いなく始まる。すでに戦線がつくられたという話さえある」と書き留めた。ロンドン郊外に住んでいたサフラジェットのベッシー・レインは、同じ八月一日に「いろいろ矛盾する知らせがあるが、戦争は確実なようだ」と書いている。「戦争の噂」を忘れようと、レインは週末行われるテニス・トーナメントの準備に没頭した。オックスフォード大学の神学者クレメント・ウェッブは、七月終わりから八月初めにかけて「ヨーロッパの危機の陰のもと」でうまく過ごすのが難しいと感じた。一日の土曜日、ウェッブは「暗雲の下での生活だ。他に何も考えられない……こんなにものごとが暗く見えることはない」と書いた。

夫がカンタベリー大主教の法律秘書を務めていたロンドンの中流階級の女性ジョージアナ・リーは、「全ての人の上に、切迫した災いが垂れ込めている」、「イギリス人が普通に保ってきたもの」が壊れたと感じた。バンク・ホリデーで三連休となる七月三十一日、週末の金曜日の昼食時にリーはサマセットのコシントン村に行く途中パディントン駅に立ち寄った。グレート・ウェスタン鉄道で働く転轍手たちが数時間前からストライキで不在のため、遅れた列車を待つ旅行者たちはリーと一緒に待合室に座り、最近の騒々しい出来事について話し合った。一方、子どもたちは汚い床で鋤とバケツを使って遊んでいた。年長の男性がリーに、これまで四十年間株式交換所で務めてきたが、「危機のため閉鎖したことはないし、数時間のうちにこんなに数多く債務不履行が出た経験がない」と「落ち着かない調子で」述べた。コシントンに着くと、リーと夫は「絵画のように美しい」周辺を歩き回って一日過ごしたが、景色に目を遣るどころではなく、「いろいろな点から戦争が起こる可能性について話し合い忙しかった」。

だが、イギリス人は平和の希望を持ち続けるべきだ、と八月一日「デイリー・メール」紙は書いた。「取り返しのつかないところまで行っていないのだから」。「ザ・タイムズ」紙は「この究極のカタストロフィー」を回避するチャンスがあるという路線だった。多くの人々は戦争が逼迫していることを差し当たり認識していたが、反応は流動的だった。覚悟ができていなかったのだ。信じられないと思っている人々もいた。作家ウィルフレッド・スコーエン・ブラントは八月二日の遅くまで、アスキス内閣はイギリスの中立を発表する直前だと確信していた。

八月一日、カンタベリー大主教ランドール・デビッドソンは、著名なドイツのルター派で皇帝の宮廷牧師長を務めるドクター・エルンスト・ドリランダーが送った、イギリス国教会は一九一七年にドイツで行う宗教改革四百年祭の祝典に参加するのかどうか尋ねる招待状に丁重に返事をした。大主教は国際状況に不安を抱いていたが、「同じ血脈の二つの偉大なキリスト教国家の間で戦争がなされる、なされてしかるべきだなどということは、平和の二十世紀においては考えられない」と述べる機会を得た。

八月二日の日曜日、大主教の命により国中のイギリス国教会で平和のための特別祈祷が行われた。ローマ・カトリック司教も司祭に同様の指示を出した。イギリスの教会の聖職者のほとんどが重大な状況についてコメントし、平和のため、また政府に神の導きがあるよう祈祷した。「一週間前、ヨーロッパ大陸に突然訪れた災いを想像することなどなかった」とセント・マシュー教会の教区牧師トーキーは述べた。サリーのウォリントンにある教区牧師は会衆にもっと暗いシナリオを示し、「私たちは生きている人々の記憶に残っている限り最も恐ろしいカタストロフィーに直面している」と断言した。マンチェスター大聖堂の首席司祭はさらに進んで、平和が可能である限り平和のために祈り続け、戦争が起こった場合には政府を忠実に支持することが「全てのイギリス人の義務」だと説教した。

同じ日曜日、イギリス国教会の牧師の中には戦争に反対する説教を行った者もいた。リンカーンの主教はクリーソープスの教区の人々に「わが国民が戦争をしないでいられるよう神に祈る」ことを求め、「大陸の戦争はヨーロッパの軍国主義の表れであり、地獄となる戦場、悲惨な負傷者、破壊される小農民のことを考えると、災い以外の何ものでもない」と伝えた。イギリスにはドイツと争うべきことなどないし、「理由なく戦争をすることは不幸への誘惑だ。さらに、わが国の産業におよそ考えうる最悪の災いを課すことになる」と彼は断言した。ニューマーケットでは、セント・メアリー教会の教区牧師が聴衆の頭の中に恐怖を叩き込んだ。彼は人々にこう警告したのだ。「イギリスの町はどこも安全ではない。夜になると町が焼きつくされ廃墟となり、住民が黒焦げの遺体となっているかもしれない」。

平和を愛する伝統を保っていた非国教徒の教会は、総じて強い調子で戦争に反対した。中立を支持する気持ちが強いミドランズや北部の産業地帯では、特にそれが激しかった。戦争の結果生じる可能性のある経済的混乱を最も強く恐れていたのは、毛織物業に頼るウェスト・ヨークシャー州ハダーズフィールドのようなところだった。社会主義者と労働組合による戦争反対の声が大きな力となった地域もあった。ハダーズフィールドでは八月二日、独立労働党と労働組合評議会がストライキを行う機械工を支持し、セント・ジョージズ・スクエアで行った集会が反戦集会となり、社会主義と労働組合が結びついた。

八月二日の日曜日の国中で行われた反戦デモに、十万人以上が参加した。社会主義者と労働党が組織し、戦争に反対するストライキを労働者に呼びかけたデモもあった。さまざまな背景を持つ人々が戦争に反対し、幅広く横断的につながったデモもあった。ある労働党の議員の言葉によると、「恐ろしい危険から奇妙な組み合わせでベッドをともにすることになった」のだ。これまで通り、宗教的インスピレーションから行われたデモもあった。

バーミンガム闘牛場で、ジョージ・クックは集まっていた約二千五百人の群衆に向かって、「労働者はより良い経済条件を求める産業闘争で手一杯だ。大陸の兄弟と戦争するよりずっと大事なことだ」と述べた。カンブリア州カーライルにあるマーケット・クロスには、大勢の群衆が「ヨーロッパで起こっている複雑な事態に対し、この国が中立を保つことに賛成の決議をすることを目的に」集まった。同様の決議がスカーバラでも行われ、サー・エドワード・グレイのもとに送られた。S・C・ジョードは日曜日の晩にミドランズで行われた二つの集会に参加した。「一つは、もともとの宗教的なテーマにこだわったが、もう一方は平和運動の集会になった……最後の最後まで戦争を回避する努力を止めるべきでないという主張がそこで行われた」。

社会主義者による最大規模のデモが八月二日の午後、激しい雨のなかトラファルガー広場で行われた。約一万五千人が参加した。「一番大事なサフラジェットの集会より」はるかに大規模だとある労働党の新聞で書かれたこのデモは、国際平和と連帯に賛成する決議を行った。このデモは「ドイツの民主主義が力を失ったこと」を嘆き、イギリス政府に「まず戦争の拡大を回避し、次に……イギリスがこの戦争に引き込まれないようにすること」を求めた。

この日の午後、エドマンド・ゴッセはホールデーン卿に再度面会しようとクイーン・アンズ・ゲートに行くときに地下鉄に乗り、こう書き留めた。「列車は満員だったが、ふだんと違うことを意識している者は誰もいなかった。人々は穏やかに自分のことをしゃべっていた」。トラファルガー広場で降り、地下鉄の駅を出ると、ゴッセはすぐに「ものすごい人混みに囲まれた」。

マゼンタ色とエメラルドグリーン色の派手な旗と、金ぴかを織り込んだ幟を掲げた行列が、ラッパを鳴らす楽団と一緒に、ストランド街に向かって西に進んで行った。メインの横断幕はイギリスに「態度を明確にせよ！」と求めており、「戦争のコストを考えよ！」「政府のやるべきことは何か？」と書かれた横断幕もあった。俗な音楽で行進の足音がほとんど聞こえなくなっており、私は最初、トラファルガー広場を横切ることができないと思った。周囲の群衆が全く静かであることに気づいた。賛同の声もなければ野次もなかった。言えることといえば、ロンドンは……救世軍を注意して見たりしないのと同じように、行進を気にすることはないということだ……。

トラファルガー広場の集会についてのゴッセの説明は、このデモに関する報道とは少々異なる。他の報道では、中流階級の若者の野次についてこう書いている。彼らは「雨が激しくなって情熱が尽きるまで愛国的な歌を叫ぶようにがなり続け、トラブルを回避しようと馬と徒歩で警官がやってきたが、為す術がなかった」。おそらくゴッセは来たのが早すぎたのか遅すぎたのかで、彼らを見ることができなかったのだろう。この「乱暴者たち」の中には、二ヵ月前にバッキンガム宮殿でサフラジェットの攻撃に関与した麦藁帽子をかぶった若者と同じ人物が混ざっていた。この晩、これらの若者たちは群集に混じってザ・マルに移動し、宮殿の外に集まった。翌週から毎晩続くことになる徹夜組の始まりとなった。

*

内閣が日曜日に会議を行うのは前例のないことだった。八月二日には二度の会議が開かれた。午前中の会議が始まる少し前、ドイツがルクセンブルクに侵入したという知らせがロンドンに届いた。ベルギーの中立などもはや望むべくもなかった。ドイツ軍がベルギー領を通過せずにルクセンブルクから出るのは、非常に狭い通路を通ってフランスを通る以外不可能だった。

午前中の閣議は長く難しい会議となり、十一時から午後二時近くまで、約三時間続いた。グレイはフランスを支援するイギリスの義務の概要を述べ、ドイツ艦隊がフランスに対する攻撃機拠点としてイギリス海峡を使用することを禁じる提案をした。内相のマッケナは、海峡はフランスとドイツ両国に中立とすべきだと返した。だが、その場しのぎには意味がないとグレイは反論した。「海峡をドイツに対して閉じればフランスに有利になる……中立を宣言するのか、関与するかだ」。中立が賛成多数であれば、グレイは辞任することになるのだ。

ボナー・ローからの手紙をアスキスが読み上げた。介入に賛成となった場合、ボナー・ローとランズダウン卿は保守党が支持することを約束する、という内容だった。この手紙が、政府内の戦争支持派の決意を固めたのは間違いない。閣内が分裂することになれば、首相やグレイ、チャーチルら介入に賛成する閣僚は野党統一党と戦時連立内閣をつくる可能性もあった。

ついに決断のときが来た。イギリス海峡において艦隊によるいかなる軍事行動も認められないとドイツには伝えられた。ジョン・バーンズは即座に辞任を表明した。これはドイツに対する宣戦になると主張したのだ。バーンズは説得され、夜の閣議まで辞任を延期した。直後、内閣は昼食休憩に入った。

反戦デモのとき、ゴッセはトラファルガー広場を散歩してからホールデーンの家に行った。ゴッセはすぐに、フランス大使ポール・カンボンを連れていたグレイに近づいた。グレイはカンボンに内閣の決定を知らせたところだった。カンボンは馬車で待っていたのだ。カンボンは「苦悶している様子だった。頬のところに明るい色のしみが浮かんでいるのに気づいた。白色だった髪と髭は、前よりもっと白くなったように見えた」。グレイはゴッセに挨拶し、次のように語った。「私が何をしようとしていると思う？　頭をすっきりさせたいから動物園に行くつもりだ。そこで鳥を見る」。グレイの態度にゴッセは強い印象を受けた。「とても奇妙で、どちらかというと不可解だった。グレイは緊張している面持ちだった。疲れているようにも見えたが、力のある眼差しは明るく穏やかだった」。

二日間ほとんど睡眠を取っていなかったホールデーンだが、深く信頼していたゴッセを招き入れ、「戦争はもはや確実だ」と述べた。政府は最善を尽くしたのだが「局外に立つことができない」と言った。アスキスのことは「すばらしかった……動いていく状況を掌握していた……霧の向こうに見える大きな映画のようだった」とホールデーンは評価した。

ホールデーンは閣内の分裂に言及し、イギリスがフランスを「見殺しにできない」と決意した閣僚が四人いたと述べた。他の大臣を説得し、踏みとどまらせるのに決定的な存在となるのがロイド・ジョージであることをホールデーンは知っていた。ロイド・ジョージは今なお態度を決めかねていたが、「測り知れない力を持つ師」だった。

介入に賛成して動く決意をすれば、他の者たちが後に続く可能性があった。

ドイツのベルギー侵入は、ロイド・ジョージや他の態度を決めかねている閣僚が立場を再考する可能性のある、決定的な問題だった。日曜日の夜の二度目の閣議でグレイは、ベルギーが本当に侵入されればイギリスは行動をとらざるをえないという強硬な立場をとった。午後八時を回る閣議の終わりに、ジョン・バーンズは辞任すると繰り返した。他の閣僚の意図は不明確なままだった。

深夜の首相官邸で政府の方針はまだ揺れていたが、アスキスはフランス大使に手紙を書いた。そして初めて、フランスがドイツの攻撃を受けた場合にはイギリスがフランスを支持する約束をした。メッセンジャーがフランス大使館に届けた後、居間の薄暗い明かりの中、首相は突然、手紙の住所を間違えドイツ大使館宛てに送ってしまったという思いに囚われた。幸いなことに「熱烈な感謝」を表すメモがフランス大使館から届き、アスキスの思い違いだったと確認できた。

早朝、バッキンガム宮殿の国王に万歳を叫ぶ群衆の咆哮が遠くから聞こえた。アスキスは翌日、先人のサー・ロバート・ウォルポールの言葉を引用して、ヴェネチア・スタンリーに手紙を書いた。「さあ鐘が鳴っている。数週経てば悲痛のうちに手を握りしめることになるだろう」。アスキスは「戦争や戦争につながりそうなことは、いつもロンドンの暴徒には人気だ」と見ていた。そして、吐き捨てるように「こんなはしたないことは大嫌いだ」と付け加えた。

バンク・ホリデー

八月のバンク・ホリデーの三日目である月曜日、重くのしかかっていたのは戦争の暗雲だけではなかった。七月の第一週は国内でも気温が三十二度を超える地域もあったが、それ以外の日はどちらかといえば涼しかった――ところによっては平年の気温より五～六度低かった――そのうえ曇りがちで天気が変わりやすく、イングランド中央部では雷雨があり、大荒れとなることもあった。

バンク・ホリデーの三連休の週末は、豪雨と晴天が入り混じる天気だった。たとえば、イングランドの西部や北東部では三日間にわたり雨が容赦なく降り続いた。しかし、南部および南東沿岸部の観光地は太陽が顔を出し、さわやかな風が吹き、雲が浮かんでいた。ケント州ドーヴァーの地方紙は少々楽観的すぎるのかもしれないが、「太陽の熱と光線から」肌を守る「すばらしい新化粧品」である日焼け止め「クリーム・デラックス」が販売されると発表した。

八月の第一月曜日と決められた夏のバンク・ホリデーは、一八七一年に自由党議員サー・ジョン・ルボックが銀行の従業員と他のホワイトカラーの労働者に休暇を与えることを第一の目的として導入したものだった（ちょうど百年後、五年の試行期間を経て八月の最終週の月曜日に移すことが正式に決定した）。休みを取らされた分、給料が出なくなる肉体労働者には最初不人気だったが、一九一四年までセント・ルボック・デーとして広く知られていたこの日は、すぐにカレンダーの中で大切な日として定着した。国中で何十万人という労働者がお祭りに繰り出したり、家庭で楽しんだり、田舎や海辺に旅行に出かけりした。

「バンク・ホリデーで出かけるときには、美徳をどこかに置き忘れてくるのだと思います」。一九一四年の休みについてこう書いたのは、ケント州ドーヴァーのメイベル・ラドキンだ。「そうでなければ、普通の分別ある人たちが家族連れで、息が詰まるように混雑した汽車や路面電車やバスに乗ったりしないと思います。自動車が四台並走して競い合うなど衝突の危険を冒したり、空気の濁った喫茶店で、やっつけ仕事でかき回したポーチドエッグと生温いコーヒーをいただいたり、どんな演し物でも座席を確保するためがまんして列に並んだりできません」。

各地の海辺のリゾート地を目的とした鉄道旅行の前例のない格安チケットを利用した人々は落胆することになった。ヨークシャー、カウンティー・ダーラム、ノーサンバーランドを通るノース＝イースタン鉄道とウォータールーからサリー、バークシャー、ハンプシャーを通るサウス＝ウェスタン鉄道の二社が、ヨーロッパの危機のため「全旅行のキャンセルを命じられた」と伝えたのだ。大陸旅行を計画していた人々も同じく落胆した。用心深い人々の中には、不安が広がり、場所によってはすでに明白になっていた経済的混乱を考え、ぎりぎりまでキャンセルできるようにしていた者もいた。例年のように両親や兄弟とウェールズのテンビーで休日を過ごすつもりだったアグネス・スミッソンは、父親が突然旅行をキャンセルすると言い出して困惑した。スミッソンは「支払い全てについてモラトリアムが宣言され、銀行が閉鎖となり、父は家族で営んでいる繊維関係の仕事、ヨークシャー州ハリファックスにあるジョゼフ・スミッソン社のことを心配した」と後に回想している。

それにもかかわらず、多くの観光地は記録的な観光客の数だと発表した。二つの鉄道会社が旅行を取り止めたことで、イースト・サセックス州ワージングには例年になく大勢の人々が集まった。ブライトンの町は「戦争の雷鳴」が聞こえているのにかつてないほど混雑し、手漕ぎボートやヨット、観光蒸気船、エンジン付きの船が水面に溢れんばかりとなった。ノース・ヨークシャー州の海辺の町ウィトビーにも大勢の観光客が押し寄せたし、サ

1914年8月、サウス・コースト海岸で遊ぶ子どもたち。

ンダーランドのローカービーチ北東にある海岸通りも「膨大な数の」人々で溢れた。バンク・ホリデーを祝うサンダーランドの催しの中心はイースト・エンド・カーニバルで、いろいろな年齢やカテゴリーに分けたコンテストが行われた。髪のきれいな子どもや歯のきれいな子どものコンテスト、仮装コンテスト、家の電飾を競うコンテスト、ユニークな家のコンテストなどがあった。

だが、地域によっては、サセックス州のある新聞が「普通の休日の熱狂」と表現した類のことがあまり見られないところもあった。たとえばワージングでも、「戦争への不安が娯楽を控えようとする傾向に影響を及ぼしているようにみえる」ところがあった。コーンウォール州では馬術ショーやレスリング、そのほかバンク・ホリデーのアトラクションに人が集まらず、「人々は娯楽ムードではな」かった。同州のニューキーで行われたカーニバルの残念な結果は、人々が危機の拡大を不安に思っているからだと説明された。

海岸通り、ビーチ、レストラン、カフェ、そのほか人の集まるところで話題となったのは、戦争の可能性だったように思われる。「イギリスは参戦するの？」という言葉が多くの人々の口に上った。ローカーでは、「人が集まるところで熱心に話し合われたのは戦争のニュースだった。町は夜遅くまで人の往来があった。人々は路上に集い、戦争の善悪について論じていた。たいていは静かできちんとしていた」。新聞の戦争特集版を求める多くの声は、人々の心の奥にある恐怖と不吉な予感の表れだった。これに目を付けた新聞の売り子はすぐさま特集版に高い値をつけ、価格はふだんのままでも第一面には読者に警告を促す記事を載せるよう訴え、編集に介入した。

ロンドンの三日間も平穏だった。「歩き回っている人々を見ると、ロンドン市内で何かが起こりつつあるとは思えません」と海軍少将ビーティーの妻エセルは夫に手紙を書いた。「マンチェスター・ガーディアン」紙のロンドン通信員は、「戦争を望んでいる者など誰もいないようだ。冗談か予測以外で、戦争の歌が歌われたり戦争の話が出ることはない」と報告した。ロンドンっ子の多くはふだん通りバンク・ホリデーを過ごした。アールズ・コートとホワイト・シティの公園や動物園には大勢が足を運んだ。マダム・タッソーの蝋人形館は新たな展示を急ぎ出した。「ヨーロッパの危機」という題の展示で、ジョージ五世、オーストリア皇帝、セルビア王ペータル、「その他君主たち」を並べており、際物ビジネスをしていた。一方、グレアム＝ホワイトのヘンドン飛行場は、記録上最も閑散としていた。サンダウンで行われたレースでも観客は少なかった。

八月のバンク・ホリデーを過ごすのに、ロンドンっ子に人気の場所はハムステッド・ヒースだった。毎年恒例のコックニー・カーニバルが行われていた。丘の上のヴェール・オブ・ヒースからジ・オールド・ブルとブッシュ、ジャック・ストローの城、スパニヤード・ロードまで、いくつものパブが終日営業した。出店や露店、野外の喫茶店も並び、祭りの衣装を着た呼売商人が手回しオルガンとアコーディオンの音楽に合わせて踊る姿があった。だが、ここでも雰囲気が例年とは違っていた。一九一四年のカーニバルは「活気がなかった……進行を面白くしようと多くの試みがなされたが、部分的にうまくいっても、新聞売りが最新の戦争のニュースを叫ぶ耳障りな調子外れの声が聞こえると、場にそぐわない感があった……どこに行っても『マフィッキング』の雰囲気は少しもない。戦争の可能性は誰にとっても嫌なのは明らかだ」と地元紙は報じた。「マフィッキング」とは、ボーア戦争中の一九〇〇年、南アフリカのマフェキングでイギリス部隊を救出した知らせがロンドンに届いたときの浮かれ騒ぎのことを言っている。一九〇〇年の様子の記憶、危険なまでにコントロールがきかなくなったように思えた信じられない戦争熱の汚名の記憶が、一九一四年八月のイギリスの群衆の様子を表現するときに何度も引き合いに出された。

夜になると、休暇中の人々は映画館とミュージックホールに集まった。前の二年間、全国的にかなりの投資が映画産業に行われた。ちょっとした大きな町には十から十五の映画館があった――ミュージックホールや劇場は二つか三つだった――大きな映画館には千席の座席があり、チケットは三ペンス、六ペンス、一シリングで、週に三回プログラムが変わった（一九一四年、ロンドンには約四百の映画館があった）。

この頃になって、合意のうえであるかどうかは別にして、暗い映画館の中で猥褻な行為が行われる可能性があるのではないかと不安を表明する人々が多数出てくるようになった。「映画館の痴漢」が大きな問題になりつつあり、「女性専用」の部屋を映画館につくる計画が真剣に検討された。この年の初め、ウィリー・スターチフィールドの殺人をめぐる論争で、暴力や他のタイプの犯罪を描いている映画が犯罪予備軍を助長しているのではないかという不安も出てきた。八月三日夜、サンダーランドのウィート・シーフ・ピクチャー・ホールは長編映画『ムッシュー・ルコック』を上映した。ルコックはエミール・ガボリオの小説に出てくる人物で、フランス警察に雇われた科学に関心を持つ探偵である。コナン・ドイルがシャーロック・ホームズをイメージする際に大きな影響を与えたという。製作会社は出資者、特に若い出資者に対して、観客の心に危険な考えを吹き込む恐れは一切ないと請け合っていた。この映画の広告は「センセーショナルな事件」とうたっていた。この映画館で近く上映されることになっていた作品に、キーストン・コメディ（無能な警察官を主人公にした無声映画のコメディ）も含まれていた。その中には、プロデューサーのマーク・セネットが発掘したばかりのチャーリー・チャップリン演じる『ザ・トランプ』もあり、一九一四年の「チャップリンブーム」の一端となった。

町向こうのエンパイア・シアターでは、「サンダーランド・デイリー・エコー」紙が「戦争精神がミュージックホールにまで入り込んでいる」ことについて記事を書いた。上演前、「ラ・マルセイエーズ」と「ゴッド・セイブ・ザ・キング」をオーケストラが演奏した。聴衆は国歌が演奏される間起立し、「サビには心から声を上げた」。さまざまな演奏をするシヒトル・ブラザーズは出演予定だったが、そのうちの一人が入隊のためドイツに召還され、キャンセルとなった。別荘にいたドイツ領事は劇場を訪ね、ヴェガ・トリオのメンバーの一人に次の朝一番に領事館に報告を送らなければならないと伝えた。彼もすぐに軍の部隊に召集され、ドイツに帰国した。

＊

バンク・ホリデーの午後、ケニントンのオーヴァルで行われたクリケットの試合のときは晴れていた。一万七千人の観客が、サリー（プロのクリケットチーム）がノッティンガムシャーとプレーするのを見ていた。サリーはトスで勝って先攻し、五つのウィケットで四百七十二点を上げた。ジャック・ホッブズ（プロクリケットの名手）が記録的な二百二十六得点を上げたからだ。

オーヴァルの地でさえ、観客の中に不吉な予感が広がっていると感じた人々もいた。休日でやってきていた多くの人々の頭の中には、クリケットより重いものがあった。試合会場のあるバルコニーから、サリー・カウンティー・クリケット・クラブのメンバーは国会議事堂の上に揺れ動く旗を見ることができた。その議会で、ちょうど午後三時過ぎに外相サー・エドワード・グレイは議会最前列の椅子から立ち上がり、彼の議会経験の中で最も重大な演説を行った。

八月三日の閣議で、ドイツのベルギー侵入が差し迫っていること、ベルギー王アルベール一世がジョージ五世に対し自国の中立を守るための外交上の行動を手紙で訴えたことによって、ロイド・ジョージは介入賛成へと態度を変えた。「私は政府にとどまる。ベルギーのことだ」。ロイド・ジョージは内閣官房に並んで入るとき、同様に態度を決めかねていたモーリー卿の耳元にこう囁いた。それに対しモーリーは、「ドイツがベルギーをいじめていても、フランスの協商政策が嫌だということに変わりはない」と答えた。介入に反対している他の者たちにも政府にとどまるよう、ロイド・ジョージは熱を込めて懇願した。その結果、態度を決めかねていた十人のうち辞任したのはバーンズとモーリーの二人だけだった。最終局面でサー・ジョン・サイモンとビーチャム卿が政府にとどまることを選択し、「辞任の動きはつぶれ」た。二人が態度を決めた理由の少なくとも一部は、グレイの卓越した演説を聞き心が動かされた結果だった。アスキス内閣は当面安泰となった。

下院の議場はこの約二十年間で初めてと言えるほど満員になり——グラッドストンが首相在任時の一八九三年に二度目のアイルランド自治法案を議会に提出して以来のことだった——補助席を用意しなくてはならず、通路に椅子が置かれた。報道席には首席裁判官とカンタベリー大主教が座っていた。一方、ロシア大使ベンケンドルフ伯爵は外交官傍聴席にいた。グレイが立ち上がって演台に上ると、議会の両側から喝采の声が上がった。喝采は長く続いたが、その後、騒然としていた声が止み、静粛になった。「グレイは感情を顔に出さず、鳥のように鋭かった」とグレイの演説を見た者が報じている。演説は約一時間続いた。「はっきりした声だったが、温かみがある感じではなかった。飾るような言葉は全くなく、正確で簡素、厳密で厳粛で堂々としていた」。

「グレイは原稿を手にしていた」。近くで見ていたエドマンド・ゴッセはこう書いている。「だが、原稿を読んだのがどのくらいで、即興がどのくらいなのかはわからない」。事実、グレイの私設秘書が後に証言しているように、演説の準備はほとんどしていなかった。アスキスは後にヴェネチア・スタンリーに会話調でこう書いている。「いつもの演説のように最後はぼろぼろになったところもある」が「驚くほど筋が通っていて、巧みで、説得力があった」。ゴッセはこの演説について、「場当たり的な言い方は一切なく、強い感情もことさら強調することもなかった」と述べた。グレイはフランスとの友好の絆について、一九〇六年以来イギリスとフランスの参謀本部間で行ってきた軍事協議にまで遡り歴史的な背景を概説したが、このことが行動する義務を伴うものであると論じることはしなかった。グレイは全ての人に「心を見つめて自分の気持ちを確かめるとよい。そうすれば義務の度合いが自らわかる」と勧め、個人の良心に訴えた。

同じように、グレイは過去にイギリスがフランス政府に与えた保証についても話した。ドイツがイギリス海峡に入り、無防備なフランスの海岸に攻撃を加えた場合にイギリスは見過ごさない、とするものだ。「わが国は見過ごすことができない。わが国の視界に入るところで行われていることに対し、軍を動かさず、冷静に眺め何もしないでいることなど不可能だ。これがこの国の気持ちだと思っている」。

演説の後半でベルギーのことに言及し、一八七〇年の当時の首相グラッドストンの言葉――イギリスにはベルギーの中立を守る条約のもと、義務というよりむしろ権利がある――を引用した。「この国が……歴史のページを汚す最も恐ろしい犯罪が行われるのを、かくして罪に加担するのを黙って見ていることができるのかどうか」グレイは問いかけた。

「この瞬間、一番過激に平和を主張していた者たちは沈黙した」とアスキスは後に書いている。事実、外相の後ろに座っていた自由党員の多くは沈み、押し黙っているようだった。グレイが受けた喝采は、彼が属する自由党からというより、保守党からだった。ボナー・ローは即座に立ち上がり、野党は支持すると繰り返した。アイルランドのナショナリストを代表するジョン・レドモンド――ゴッセの言葉によると「生まれついての雄弁家で、すばらしい声」だった――は、政府は即刻アイルランドから軍を撤退し、外国の侵入に対するアイルランドの防衛は、相争っていたカトリックのナショナリストとプロテスタントのアルスターを一つにまとめた義勇軍に委ねよ、と述べた。労働党党首ラムゼー・マクドナルドだけが、依然として戦争に抵抗している無視できない少数派のために演説した。マクドナルドは国が危機にあるということにも、国の名誉がかかっているということにも確信が持てないままだった。

外相の声明は「平和とわが国の純粋な立場を守るという希望全てを打ち砕いた」と結論づけたのは、自由党議員でグレイの政策を頑固に批判していたクリストファー・アディソンだ。もう一人の自由党議員でクエーカー教徒のアーノルド・ローントリーは妻に宛てて、「国は間もなく参戦するのではないかと思う。グレイの演説はもちろん大きな影響力があったが、実際にはグレイが大好きな政策――勢力均衡を呪い、告発するものに他ならない」と議場で書き綴った。

ベアトリス・ウェッブは、グレイへの信頼度についてはもっと全体として評価していたのだが、「一般の人々の気持ち」はこの演説により「すっきりし、固まった」と考えた。ウェッブの姉で著名な国際主義者のケイト（レディ・コートニー・ペンウィス）は、ドイツがベルギーの中立侵犯を宣言したことで、グレイの反戦感情は打ち砕かれたと適切に捉えていた。野蛮なドイツが防衛力のないベルギーに正当な理由なく攻撃をした問題は、イギリスが来たる戦争に参戦するにあたり、新たな道徳的な目的意識を注入した。この変化に気づいたジョージ五世は三日の晩、グレイの演説で世論が「すっかり変わった」「今や誰もが戦争をすること、友人を助けることに賛成している」と日記に書いた。だが、ほとんどのイギリス人が喫緊の支援が必要だと考えたのはベルギーの友人だった。たとえば、ソールズベリの鉄道駅では翌日の昼食時、列車を待っているベルギー人旅行客の間で「フランスへの義務やニーズはない」という「会話がたくさん」あった。

「ベルギーから手を引け——条約の蹂躙」と「デイリー・テレグラフ」紙は見出しをつけた。「モーニング・ポスト」紙は「ついに正しい方向に向かった」と安堵の思いを隠さず、「本質的にイギリスは一つの国だ」と考察した。「デイリー・メール」紙はきっぱりこう述べた。「サー・エドワード・グレイが述べたように、ベルギーの場合には約束がある。我々はこの約束を守る……サー・エドワード・グレイの言葉を行動に移す命令が出された。海軍は動員完了。陸軍は動員中だ」。「マンチェスター・ガーディアン」紙は戦争反対の姿勢を維持し、グレイは「珍しく大失敗」したと報じた。だが、介入に反対してきた他紙は突然の改宗を行った。地方紙の中で最も重要な「バーミンガム・ガゼット」紙は、グレイの「率直で誠実な独演」を賞賛さえした。

グレイは下院から外務省に戻り、ベルリンに手交する翌日の深夜零時（中央ヨーロッパ時間。グリニッジ標準時では午後十一時）を期限とする最後通牒の草案づくりを手伝った。最後通牒はベルギーの中立を尊重することの保証を求めた。議会の外では、アスキスが「浮浪者や休日で来ている元気な者たち」と表現した人々が、行き来する大臣に挨拶した。小さな子どもたちが旗を振りながらウェストミンスターの構内を走り回っていた。それにもかかわらず、保守党系の夕刊紙「グローブ」紙は群集が「静かで秩序正しい」と強調した。「首相官邸自体が警察官に守られている――一握りの警察官で十分その義務を果たすことができる。群衆の行動はきわめて適切だ」。ドイツがフランスに宣戦したというニュースがその日の午後、ロンドンに届いた。ドイツのベルギー侵入は翌朝から始まった。

薄暗くなる頃だった。グレイのもとに、名前は不明だが友人が一人訪問した。おそらく、ジャーナリストのＪ・Ａ・スペンダーであろう。二人がグレイの部屋の窓際に立ち、セント・ジェームズ・パークを眺めていたときだ。係員が下の庭にあるガス灯に火を灯そうとするところだった。唯一印象に残る、そして何度も引用された言葉をグレイが述べたのはこのときだ。「ヨーロッパ中で光が消えつつある。生きているうちに、灯された明かりを再び見ることはないだろう」。ときどき指摘されるのだが、グレイが灯された明かりを見て、それが消される比喩を思いついたというのはいささかそぐわない感もある。だが、酷なことだが、灯が消えていくイメージは、意識していたのか無意識だったのか不明だが、グレイの目が見えなくなっていたことを反映した可能性もある。グレイ自身、急速に視力が衰えつつあった。

＊

下院の会期がさらに三日続き八月六日の木曜日まで延びたため、銀行も開業を避けバンク・ホリデーも延長した。週末に銀行が再び開業すると、人々は自分のお金を金ではなく財務相が発行する新しい法幣で支払いを受けた。一ポンド紙幣には黒で、十シリング紙幣には赤で文字が書かれていた。「紙幣は小さく、とても簡素ですっきりしており、ＧＲ（Georgius Rex ラテン語でジョージ五世のこと）の透かし文字がいくつも入った特殊な紙に印刷してあった」。こう書き留めたのは、夫が地方自治省の医療関係に勤めていたロンドン西部のエイダ・リースだ。

十七世紀末以来、国が紙幣を発行したのはこれが最初にちがいなかった。

エイダ・リースは銀行の危機でパニックになって苦しんでいる義母をなんとか慰めようとした。「哀れな年老いた母は一晩中泣いていた。お金がなくなるのではないかと思ったようだ」。エイダは八月三日の日記にこう書いた。エイダ自身も、お金に関する問題が家庭内に少なからずあった。金曜日に銀行が閉まったため、エイダはその週に家のことで必要な小切手を現金化できず、家で雇っている料理人から借金しなければならなかった。

週末から食料価格がじわじわと上昇していたが、グレイの演説の後は急上昇した。「在庫が尽き、店頭価格は一時間ごとに上がった」。エイダは八月四日の午前中に買い物に行ったが、必要なものを買うことができなかったと後に記している。エイダは「倹しい買い物は分別があるけれど、法外な注文の話も聞こえてくる。そのために、私たちのような慎ましい者たちは、欲張りが買い占めてしまう前に買わなくてはならなくなる」。あるロンドンの小売商の話によると、買占めは「前例を見ない」ということだった。

八月四日の木曜日の午後、アスキスは妻と娘のエリザベスを連れて、下院で声明を発表するために自動車で議会に向かった。首相は議員たちに、ロンドン駐在大使リヒノフスキ公を通じてドイツ政府が述べた弁によれば、ベルギーの中立を無視する理由はフランスがベルギーを通過するのに先んじるためだ、と伝えた。「デイリー・グラフィック」紙によると、アスキスは「我々はどう見ても満足のいく回答だと思うことができない」と「平静を保ちつつ威厳を持って」コメントした。それゆえ、午前零時を期限とする最後通牒を送ったとアスキスは発表した。「アスキスの言葉によって、議会のいたるところから大きな喝采が聞こえてきた」とマーゴットは日記に書いた。その後、マーゴットは短い間だが部屋で夫に会った。「これで終わりになるの?」とマーゴットは尋ねた。「そうだ。全て終わりだ」とアスキスは答えた。その後アスキスは、ペンロスの両親の家にいたヴェネチア・スタンリーに手紙を書いた。手紙でその日の出来事を教え、下院はこの知らせを「ごく穏やかに」受け止めたと記した。ウィンストン・チャーチルは「自分の戦争構想に取り憑かれ、明日の朝の早い時間から海戦を始めたいと思っている……全てを思うと悲しい気持ちになる」。

休日が増えた群衆は官庁街のホワイトホールとパレス・ヤードに押し寄せ、大臣の姿が見えると喝采を送り、夕方になるとバッキンガム宮殿に向かって自然と行進が始まった。三日目の月曜日、アーサー・ポンソンビー議長は下院で、「戦争熱」の始まりを示す「旗を振っている半ば酔っ払った若者の一団」について言及した。ベアトリス・ウェッブは群衆がさまざまな背景のある人々の集まりであることに衝撃を受けた。「フーリガン、戦争に浮かれて大騒ぎしている者、ただの好奇心があるだけの休日中の者たち」が混じっていたのだ。だが、「戦争に何ら熱狂する雰囲気がないこと」も書き留めており、この戦争は「イギリスにとっては、情熱を感じることのない戦争だ」と続けた。

他の雑感でも、ロンドンの群衆に熱狂的な興奮が大いに欠けていることを強調するものや、ウェッブのように、戦争を取り巻く事態の動きがバンク・ホリデーの気晴らしの一つくらいに思っている者もいることを示唆するものもあった。八月四日、首都の大通りにはたくさんの人が繰り出した、と「ケンブリッジ・デイリー・ニューズ」紙は報じた。だが、群衆は「興奮しているのでも、何かをデモンストレーションしようというのでもなく」「ただ面白がっているだけだった」。作家のアイリーン・クーパー・ウィリスは、下院の外でもバッキンガム宮殿の正面でも「歓呼」が上がらなかったことを記憶していた。代わりにウィリスが感じたのは、「ロンドンには平和の最後の二日間、興奮というより緊張があった」ことだった。エイダ・リースはウエスト・エンドに来ている人々が「尋常でないほど静か」だと思った。一方、クローフォード伯爵は「全体的にロンドンは落ち着いている」と見ていた。ケイト・コートニーは自分の家の横を人々が愛国的な歌を歌いながら歩いていくのを耳にしたが、群集は「ひどく浮かれ騒ぎをしているわけではなく」、「全体的に深刻な雰囲気」だった。

八月四日、こうした状況はイギリスの他の地域でも同じだった。ニューカッスル＝アポン＝タインでは、ジェームズ・マッケイ師が「興奮したデモはなかった。人々は事態を穏やかに受け止めている」と書いた。ワージングでは、メアリー・クールズが目に見えて熱狂的になっているというより「奇妙な興奮を抑えた」雰囲気だと書いた。オックスフォードでは、人々がイグザミネーション・スクールズを軍の病院にしようと家具を動かしたために口答試験ができなくなり、「ルール・ブリタニア」を歌う声がその晩中、遠くで繰り返されるのが聞こえた。

数学者R・W・M・ギブズは戦争まで秒読み段階に入ったとき、ボーンマスの埠頭に立っていた。「楽隊が……愛国的な戦争向けの音楽を演奏していた。終盤には喝采の声も上がったが、バンク・ホリデーで群衆が埠頭に大勢集まっている割には大きくなかった。私と一緒にいた、最近コロラドから戻ったばかりの紳士は驚きの声を上げた。『アメリカの群衆だったら気が狂わんばかりになっているところだ』と述べたのだ」。

ハダーズフィールドから九キロほどのところにあるホームズファース近くの小村ニュー・ミルでは四日の晩に厳かな鐘が鳴り、村の大人五百人が集まって平和支持を訴えた。いまや戦争は避けられないものとなっていたが、村民は「現在の危機」にあって中立に賛成する決議を行った。「ハダーズフィールド・エグザミナー」紙の翌日の報道では、ホームズファースの村民は結果がどうあれ、自分たちが平和のために立ち上がったということがわかって満足をしているとのことだった。トラファルガー広場とウェストミンスターを囲む通りでは、決定的な午後十一時が近づくと、「なぜ戦争を？」と書いたプラカードを持った人々が、制止される心配もなく練り歩くことが認められた。「ドイツと一緒にくたばれ」と叫んだタクシー運転手は何の反応も得られなかった。報道によると、群衆は「この手のデモンストレーションには何のユーモアも持っていな」かった。夜が深まるにつれて、大群衆はバッキンガム宮殿の門の前に集まった。クローフォード伯爵は午後十時から十一時まで一時間そこに立ち、次のように書いている。「二千人がいる。穏やかで、分別があって、不安でいる。全員国王を見ようと待っている。国王が窓に（その晩三度目の）姿を見せると、心から歓迎の意を表す。バッキンガム宮殿の群集は少なく見積もっても千人から一万人だ。圧倒的に若者、中流階級の男性が多い」。

ビッグベンの午後十一時を知らせる鐘の音が響き渡ると、人々は塊となってダウニング・ストリートとパーラメント・スクエアに集まった。自然と「ゴッド・セイブ・ザ・キング」の歌が広がっていった。その後、群衆は突如として四方八方へ散っていった。興奮している人々は「戦争だ！　戦争だ！　戦争だ！」と叫びながら通りを駆け抜けた。多くの普通の人々の間で、この数日間はさまざまな感情が異常なほど広がっていた。落胆、不安、恐怖、興奮、なかでも強いのは好奇心だった。ボトルからコルクを抜いたときのように、不確かな一週間から緊張が解き放された。その晩遅く、クローフォード伯爵は「ピカデリー・サーカス周辺に押し寄せた群衆の、俗悪でこれ見よがしの愛国心――旗を振って――男女がタクシーの屋根に乗って、全員が全く馬鹿馬鹿しいほど興奮している」様子を見た。

ダウニング・ストリート十番地の内閣官房では、アスキスとグレイたちがイギリスのドイツに対する最後通牒の期限が来るのを待っていた。前日の演説の中にあったグレイの最も楽観的な言葉を、ほとんどのジャーナリストは見落としていた。グレイは「もしわが国が戦争に従事すれば、わが国は傍観した場合を少しだけ上回る苦しみを感じることになるだろう」と述べていたのだ。アスキスが個人として感じた予感はもっと先見の明があり、悪い予感に満ちたものだった。アスキスはヴェネチア・スタンリーにこう述べていた。「私たちは恐ろしいことが始まる前夜にいる」。

＊

広告にあった「音楽、ダンス、神秘的なドラマ」を盛り込んだ最初のグラストンベリー・フェスティバルのタイミングは、残念というより他なかった。この祭りは作曲家ルトランド・ボートンが考案したもので、その意図は毎年行うこのイベントのために創設者であるサー・トマス・ビーチャムから融資を受け、千二百の座席を設置し、ビーチャム交響楽団を雇って大劇場をつくるというものだった。

八月五日の水曜日にオープンしたサマセット州のグランストンベリー・フェスティバルは、イギリスとドイツの開戦初日と重なり、激しい雨も降って希望が打ち砕かれた。新しい劇場も大きなオーケストラもなく、ボートンはグランストンベリー集会室に引っ込み、グランドピアノ一台でがまんしなければならなくなった。

だが、プログラムの最後の変更は全くうってつけだと思われた。世界に激しい大変動が生じていることを思い、約束していたワーグナーの『パルジファル』を止め、イギリスの作曲家サー・チャールズ・スタンフォードの短い合唱曲『ザ・ラスト・ポスト』を演奏したのだ。

劇的な、アーサー王が埋葬されたといわれている僧院の廃墟を背につくられた集会室周辺に悲しみに満ちたトランペットが響き渡ると、過ぎていく時代の希望と楽観主義に別れを告げる悲しい告別の曲のように聞こえた。イギリスが別世界になってしまったことを認めているようだった。

第三幕　八月から十一月

別世界

戦争のニュースの衝撃は国中に響き渡った。「私たちは突入した」。小説家のジョン・ゴールズワージーはこの「おぞましい事実」の悪夢と闘いながら、こう日記に書いている。「恐怖が波のように押し寄せ続ける。あらゆる幸福が人生から消えてしまった」。

次々に生じる出来事があまりにも大きすぎて、理解できない人々もいた。「あまりに圧倒的で、突然で、恐ろしい」とウースターシャー州モールバーン出身のデビッド・ロブソンはコメントした。コーンウォール州ペンリンのエルジー・スティーブンズは「突然に起こる激しい雷雨のように、全てのことがやってきた」と書いた。エセックス州ホーンチャーチのミセス・A・パーブルックは、人々の間に蔓延していた信じられないという気持ちを、次のように表した。「ちょうど一週間前、新聞は騒ぎ立てていたけれど、私たちのようなあまり知識のない者にとっては戦争が起こるなんて考えてもみなかったし――イギリスが参戦するなんて想像もしなかった。最終的な展開はあまりに急だった」。

事実、あまりに急に戦争の宣言がなされたために、出産が早まった人たちもたくさんいた。戦争が発表された翌日の八月五日、看護師として長い経験を持つドロシー・ホルマンは勤め先であるエクスターの地元の病院で「戦争のショックで生まれた早産の子どもが多く、その対応に恐ろしいくらい忙しく働い」た。これまでも外国市場のパニックと株式市場の閉鎖の圧力を受けていたロンドンの金融業者の中には、開戦の知らせに自殺する者も出た。八月の前半、新聞で報道された四十歳の株式仲買人ヴィクター・リーヴソンの自殺の原因は、「恐ろしい事態に」打ちのめされたことだった。彼は自宅の風呂で溺死した。

ドイツに対するイギリスの最後通牒の最終期限は八月四日の深夜だったため、ほとんどの人が開戦を知ったのは五日になってからだった。その朝、サマセット州ウェリントンのメアリー・リー家のコックは、ノックもせずにダイニングルームに駆け込んだ。女主人はそこで手紙を書くのに没頭していた。「奥様、奥様、戦争です！　戦争です！　戦争です！」。ベアトリス・マッカンに郵便を届けようとした配達夫は、戦争のニュースをマッカンに伝えるため、村から十二キロあまり離れたハンガーフォードから自転車で坂を上り続けた。ノース・ヨークシャー州ウォルソールの工場労働者たちは朝の休憩時間を延長してもらい、村の教会の掲示板に貼られたイギリスとドイツの開戦のニュースを読んだ。多くの人々は戦争の知らせを新聞の売り子から聞いた。八月五日の早朝、売り子たちは「戦争！」と叫びながら駆け回ったのだ。ケンブリッジ大学の夏の拡大講義に参加していたアイリーン・ランキンは、宿舎からオートバイが次々と出発し、「ものすごく大きな音を立てていた」から眠れなかったことを憶えていた。翌朝、アイリーンは音の理由がわかった。ペンブルック・カレッジから来ていた者たちが軍の伝令使になりたいと考え、オートバイでロンドンに向かったのだ。

休日を楽しんでいた人々の多くは、戦争のニュースにより計画を急きょ変更しなければならなかった。宣戦布告が行われたとき、ルシアン・ハントとその兄弟三人は、母親と一緒に自動車でブロードステアーズに出かけていた。父親がすぐに「次の汽車で家に帰れ」という電報を打ったが、「海岸に向かう列車は全て軍の輸送に徴用されていたので、しばらくは家に帰れそうになかった」。ノーフォーク・ブローズにある運河を小さな船室のついた帆船で友人たちと旅行していた医学部の学生A・D・ガードナーは、「その可能性は否定しないが、実際には起こらないと思い込んでいた戦争のニュースを聞き、興奮して仰天したこと」を憶えていた。ウィリアム・ジョンソンとは反対に、ガードナーは休日をすぐに切り上げた。ジョンソンはグリムズビー近郊のソルトフリービーに少し立ち寄り八月八日にロンドンに戻ったが、世界で何が起こっていたのか、その展開を全く知らなかったのだ。

「私たちの世界は別世界になった！」。サリー州の実業家Ｆ・Ａ・ロビンソンは戦争のことをあえて記録する目的で書き始めた日記にこう記した。新しい秩序の象徴となったのは、政府の緊急事態対応だった。八月初旬にはすでに、イギリス領海内を航行する商船に対し無線電信の使用を禁じるなど一連の国土布告が出され、開戦を予測させた。イギリス諸島上空の航空機の飛行、特定の戦争関連資材の輸出禁止、政府による鉄道統制も実施されていた。八月八日、国土防衛法（Defence of the Realm Act）が出された。新法は敵国に情報を渡すことを短い文で禁じたが、他方で、国の輸送体制の安全確保を保証していた。略してＤＯＲＡ（ドーラ）と呼ばれるようになった法は、意地悪でけち、悪意があっておせっかいなハイミスを連想させ、すぐに戯画化され、風刺されるようになった。十一月末、同法は戦時規制を考えられるかぎり広範に網羅するようになり、国家権力が一般のイギリス人の生活を支配するようになった。そのうち、ＤＯＲＡは木を切ったり、鳩を飼ったり、友人に飲み物を買ってやったり、口笛を吹いてタクシーを呼んだり、売春婦と懇ろになったりといった、さまざまなことに関する統制を想定するようになった。

「ロンドンを出発する汽車、街頭にいる自動車は全て、戦争目的のため政府の命令下にあると想定されている」と八月五日にベアトリス・ウェッブは書いた。ロンドンの主婦エイダ・リース——医師である夫は、ホウンズロー・ヒースにある国防義勇軍の駐屯地に行くよう命じる文書を受け取っていた——は日記に、戦争が始まったという「輝かしいニュース」があったと書いたが、「私たちの国は重苦しい気持ちの中、はからずも戦争をすることになった」とも記し、高まる自分の気持ちを抑えた。八月六日、エイダは強い風が吹き雨も降る中、クィーンズ・ロードからマーブル・アーチまで散歩し、「カーキ色の軍服を着ている人が大勢」いるのに目新しさを感じて興味を示したが、バスが少ないことを嘆いた。「政府が四百台、徴用したとのことだ」。

鉄道乗車システムは開戦から四日以内で通常に戻ったと発表されたが、その月に続いた正規軍と国防義勇軍の動員により、特にロンドン南部で鉄道サービスに支障が出るのは避けられなかった。イギリス遠征軍が乗船する最初の日には、列車は十分毎にサウサンプトン・ドックに到着した。八月二十二日、遠征軍の最初の大行動の日――その後マルヌ川まで「大退却」が続いた――観光地に向かう午前八時十五分ヴィクトリア発ブライトン行き特別列車は、時刻表通り運行した。

早い時期から、鉄道駅は戦時であることを目に見える形で最も明確に示していた。ジェームズ・マッケイ師は八月六日、ニューカッスル＝アポン＝タイン駅から直接フランスに向かう出陣で「歓呼の声なく、喝采もなく、力強い熱狂もなかった」と書いている。「大勢が心の痛みを感じているようだった。唯一の子を失った母親のように心が打ちひしがれていた」。同日、「イースタン・デイリー・ニューズ」紙の記者が、国防義勇軍の一団が軽快な足取りでノリッチ市を出発するのを見た。男たちは「元気に好きな歌を歌い、最後の言葉をかけようとやってきた友人たちと丁重に握手した……少女たちが楽しそうに笑いながら軍人の友人たちの背中を叩き、温かい眼差しで見つめていた」。ベリーから出発した軍隊は「スコッチ・エアーズ」と「ティペラリーの歌」を演奏するコンサーティーナ楽団に見送られた。汽車が駅を出る段になると、音楽は暗い雰囲気に変わった。楽団は「アウルド・ラング・サイン」を演奏し、マンチェスターに向かうカーブを曲がって最後の客車が見えなくなるまで演奏し続けた。

D・H・ロレンスは、予備役が出発するのを見て感じた印象を八月十八日の「マンチェスター・ガーディアン」紙に次のように書いている。それを読むと、それほど楽観的な雰囲気ではなかったことが伺える。


酒に酔っている若者もいた。切符の窓口の前で叫び声や口論する声が上がった。地下道の階段のところで二人の姿が揺れ動き、大声を上げ、こう結んだ。「行こうぜ。行く前にもう一度やろう」。恋人や兄弟を見送りに来ている女性がわずかにいたが、予備役はこの町にずっと住んでいることが多く、男の仲間しかいなかった。一人の女性が客車の窓の前に立った。恋人と別れるところだったが、ごく当たり前のことのように、別れに際しても元気で自信たっぷりな調子だった。

「じゃあね！」。列車が動き始めると女は叫んだ。「帰ったらまた会おうね」。

「おお。心配するな」。男が叫んだ。汽車は去り、男は笑った。

動員に際し、イギリス軍は自動車を八十台、馬を二万五千頭備えていた。戦争初日の朝、ある行政長官は早起きしてバンと自動車と馬の獲得を命ずる指図書に急いで署名した。ケンジントン・ガーデンズのブロード・ウォークには、政府の検分を待つ自動車が列を成していた。八月五日、ベアトリス・トレフュシスにとって、「いつもと何か違っている最初に気づいた兆候」は、「ここにやってきて近所中で使える馬を急いで全部買い付けた数人の自作農」がいたことだった。馬は輸送、偵察、急襲に欠かすことができず、軍は十二日までに十六万五千頭を確保できた。大きな運送業者や百貨店、地方自治体などが馬の主な供給元となっていたが、鉄道会社については兵士と兵士の装備を鉄道駅まで運ぶうえで馬が戦争に大きな役割を果たしているという理由で、供出を免除されていた。最良の馬を供出しなければならなかった農民は、畑で使うのに繁殖用の牝馬を頼みにし――そのため、次世代の馬の質と数が落ち込むことになった――次第にトラクターを使うようになった。

陸軍省のガイドラインでは、馬を購入する際の適正価格は七十ポンドと示されていたが、「特別に立派な馬」には二倍以上の金額が支払われた。平均的な農耕馬は三十五ポンド以下になることもあり、リッチフィールドのウィリアム・ピード醸造所で使っていた馬がウェスト・ヨークシャー連隊に徴用された際は、その程度だった。連れられていく馬を見送ったピードは、「哀れな馬たち。命が短くなることだろう」と述懐した。ハーリー・ユーステース・マイルズはコーンウォール州のルー通りを引かれていく「悲しい道のり」を目撃し、「馬も自分の役目を果たさなければならないのね」と自分に言い聞かせた。

ダートムーアのマナトン村では、ジョン・ゴールズワージーがお気に入りの馬ペギーをあわや失うところだったが、この馬は不適格だと軍が認定したため、かろうじて手元に置くことができた。ウィガンの女学生フリーダ・ヒューレットは可愛がっていた馬二頭を軍に徴用された。その後、子馬のベティも取られてしまうと思って気持ちを取り乱したフリーダは、陸相に任命されたばかりのキッチナー卿に直接手紙を書き、ベティを見逃してくれるよう懇願した。「子馬がいなくなると思うと、悲しくて心が張り裂けそうです」。フリーダは八月十一日の手紙にこう書いた。「私の家では他に二頭、供出しています。それに、わが家の三人が海軍で戦っています」。フリーダは家族のことを思ってこう署名した。「ご迷惑をおかけしている小さなイギリス人」。幸いなことに、陸軍省の官僚がこの手紙に心打たれ、ベティの徴用は免除された。

侵入の可能性に備え、国中に防衛施設が大急ぎでつくられたことによって、人々は新たな現状を実感した。八月八日、デボン州プリマスのウィル・イーヴズは「海岸沿いに塹壕が掘られ……今日の夜には有刺鉄線が張られ、土嚢の方形堡が積まれているのを見て」驚いた。グラディス・クルィックシャンクはニューヘイブンの砂丘に塹壕が掘られているのを見て、「むき出しになっていて、勾配がゆるくて変だ」と考えた。

開戦から五週間経った九月十一日、ロンドンでは初めて灯火管制が始まり、続いて他の大都市も実施された。敵の空襲に備えた準備だった。翌月はビッグベンの鐘を鳴らさなかった。イギリスがフランスを支援することが確実となって内閣を辞任した元地方自治相ジョン・バーンズは、「灯りを落とした薄暗がり」は「イギリスが戦時下であることを陰気な形で初めて」示したと考えた。イースト・ランカシャー連隊にいる兄弟に宛てた手紙で、

W・W・コリンズは「明るい光は灯されず、ランプもごくわずかだ。できるだけ明かりを落としている」と書いた。「ザ・タイムズ」紙の記者マイケル・マクドナルドは、ウェストミンスターからクラパムまで路面電車に乗って家に帰るとき、暗くて新聞が読めなかった。明かりが暗いうえ、「電車には特別にブラインドがついていた。ウェストミンスター橋を渡る前に、車掌がブラインドを下ろした……敵の飛行士がロンドンを空襲しないよう、川があることを隠すためだった」。ハーリー・ユーステース・マイルズは夫とともに、夜の約束を全部断るようになった。「夜は暗くて薄気味悪く、危険でもあった」からだ。対照的に、エイダ・リースは暗い通りを走る身の毛がよだつようなドライブが「とてもわくわくする」と感じた（この年の終わりに、ロンドンの乗り物は全て、事故を回避するため後ろに赤いライトをつけることが義務づけられた）。

H・G・ウェルズは新たに始まった灯火規制を馬鹿にしていた。「確かに、少数の飛行機がロンドンに爆弾を落とすリスクはあるだろう。しかし、百万分の一のリスクのために、人々が危険と、暗がりと不便さをがまんしなければならない理由がわからない」と十月に「ザ・タイムズ」紙に書いた（戦争も終盤になった頃、ロンドンの「ザ・パッシング・ショー」誌に掲載された風刺画は、たくさんの負傷した兵士を描いた。「ソンム〔フランス〕で怪我したのでもサロニカ〔ギリシャ〕で怪我したのでもない、ストランド〔ロンドン〕で怪我をした」とキャプションが付され、暗がりの強制を揶揄した）。

夜のロンドンは暗闇に覆われたかもしれないが、昼間はイギリスの他の地域と同じで、戦争の先触れとなる激しい雨と雷の週が過ぎると、暖かくなった。インディアン・サマー〔小春日和の意〕を思わせるからっとした天気の良い日が秋になるまで続いた。ジョン・ゴールズワージーはこの晩夏の「不思議な美しさ」を讃えた。「完璧な天気、光を放つ田園……月の灯りと影に揺れる静かな夜。その中で、大きな恐怖が生まれ育っている」。

桂冠詩人のロバート・ブリッジズは八月二十七日、同じように捉えていた。「こんなに美しい秋を経験したのは生まれて初めてだ。こんなに実り豊かな収穫だったこともない」。すばらしい天気が数日前の日食と偶然に重なっていることが「奇妙だ」と感じたブリッジズは、日食と八月二十日の教皇ピウス十世の死の偶然の一致に神的なものがあると示唆した。
作家のキャサリン・マンスフィールドは「この驚くべき戦争」が始まったばかりの頃、母国のニュージーランドに帰っていた友人に、ロンドンの様子を次のように伝えた。

公園や広場、そして街頭はそこら中に兵士の一団がいる。いつも兵士が行進する姿を見聞きする。赤い十字をつけた大きな白い列車が大勢の痛々しい負傷者を乗せて駅に入ってくる。同時に、カーキ色の軍服を着て、元気に歌いながら戦線に向かう少年たちを乗せて出発する。ロンドンの夜は……暗い。大きなサーチライトが空を走り、何百人という新聞の売り子が小さなカラスのように街頭を行き来する。

義勇軍がつくられ――イギリス人には徴兵制を嫌う気持ちが深く刷り込まれていたことから、自発的なものだった――開戦当初は何千というイギリスの家庭に大きな変化と混乱が生じた。一九一四年八月、イギリスは大陸で戦闘ができる十分な陸軍を備えていなかった。事実、防衛予算の大部分は海軍に集中していたので、戦争が始まったばかりの頃、多くのイギリス人は海軍が決定的な勝利を収めたというニュースがあるに違いないと自信を持っていた。
現実には、小規模の職業軍人からなる陸軍五個師団にすぎないイギリス遠征軍がフランスに派遣され、ドイツの攻撃を止めるのを支援するべくモブージュ付近に集結した。オムドゥルマンの戦いで英雄になったキッチナー卿が八月五日に陸相となり、新兵の募集と民間人による陸軍の大規模な訓練を企画した。

アスキスはカラッハ事件以来兼任していた陸相をすぐさま辞任し、ヴェネチア・スタンリーに知らせたように、「戦争が終結するまでの緊急措置としてキッチナーを就任」させた。この決定は、特に新聞と一般の人々の間で概して人気があった。だが、幾分独裁的な傾向のある陸軍元帥を内閣に置くのは、陶器を扱う店に雄牛を入れるようなものでもあった。キッチナー卿も、自分が政治家と関わることがないよう神に祈っていたほどだった。

「キッチナー卿は自身を国民の象徴的存在だと思っているのは間違いない」。エドマンド・ゴッセはキッチナー卿の就任後、数週間も経たないうちにこう書いている。八月六日、議会は陸軍に五十万人を増員するとした。翌日、新兵を募集する最初の訴え——「国王と国が君を必要としている」——がイギリス国旗と同じ赤、白、青色で印刷され貼り出された。十九歳から三十歳までの人々を対象に、十万人が追加募集された。三週間後、さらに十万人の募集があり、年齢は三十五歳まで引き上げられ、既婚男性にも特別の要請が行われた。九月五日、グラフィックアーティストで、ロウントリー社のチョコレート、ギネスビール、ボブリルのスープなど数多くのポスターを手がけているアルフレッド・リートが描いた、正面を向き指差したキッチナー卿の有名な絵が週刊誌「ロンドン・オピニオン」の表紙に最初に登場し、その秋にはあちこちの掲示板に貼られた。マーゴット・アスキスは陸相のポスターは「立派」だと思ったが、リートのデザインは、議会新兵募集委員会が出したポスターと異なり正式の運動の一環ではなかったので、直接の影響力は結果的に限られていた可能性もある。

最初の数週間、まさに期待通り、軍旗のもとに大勢の人々が押し寄せた。八月四日から八日にかけて八千百九十三人が入隊した。ホワイトホールの官庁街を出て、ロンドン警視庁に置かれた新兵募集本部を通り過ぎたマイケル・マクドナーは、まだ麦藁帽子をかぶっている若者の大きな一団が「中に入る順番を待っていて……その後『国王からいただく銀貨』を受け取る」のを見た。八月七日、応募に集まった人々があまりに多かったために騎馬警察官が統制をとらなければならず、門の中に入れるのは一度に六人ずつとなった。「活気はなく、興奮もほとんどなかったが、底流には情熱があり、審査に合格しなかった者が落胆していたのは明らかだ」と「ザ・タイムズ」紙は書いた。

だが、キッチナー卿のアピールに対するロンドンの反応は、地方をはるかに凌駕していた。たとえば、八月九日にロンドンで入隊した新兵は千百人だったが、その数は大まかに言えばその日の全国の総数の四十％に達していた。さらに言うと、陸軍の官僚体制により必要な人員が足りず、新兵を募集する場所の確保も不十分だったことから、集まってくる義勇兵に対応できないということもあった。八月二十四日、入隊者の数は激減した。八月末には再び数が増えたが、本当に愛国的な情熱により押し寄せるようになるのは、九月十日を過ぎてからだった。

「今のイギリスは昔のイギリスではない」。ディベナム・アンド・フリーボディ社常務のフレデリック・オリバーは戦争が始まってまだ一ヵ月も経たないうちに、カナダに住む兄弟にこのような手紙を書いた。「国がこんなにすぐに生まれ変わるとは。この戦争は一世代分の悪事を帳消しにしている」。

サフラジェットはアスキス内閣に長らく突き刺さっていた棘で、一般の人々にとって、そして運動そのものにとってもますます危険なものとなっていたが、手斧や自家製爆弾、その他の武器を捨て、投票権要求運動の休戦を宣言した。女性社会政治連合（ＷＳＰＵ）はメンバーにメッセージを送り、危機が終わるまであらゆる武闘活動を停止するよう指示した。遵法闘争を代表する女性参政権協会全国連盟（ＮＵＷＳＳ）は、さらに難しい道を採って愛国主義に向かった。八月四日に平和への希望が消えていく中、サフラジェットのメンバー二千人がロンドンのキングズウェー・ホールに集まり、戦争反対運動に参加した。彼女たちは間もなく、運動の中で自分たちがどの程度戦争を支援するのか議論を始めた。

エメリン・パンクハーストとクリスタベル親子にとって、それへの移行はスムーズだった。八月十日、内相のマッケナは彼女たちの休戦宣言に恩赦を与えることでそれに応えた。投獄されていたサフラジェット全員が無条件で釈放された。「この愛国心が獄中で終わりのない拷問に耐えた女性たちを元気づける。私たちはわが国が勝利を収めることを切に願う」とエメリン・パンクハーストはWSPUの機関紙「ヴォート・フォー・ウィミン」紙の読者に告げた。九月八日、ロンドンのオペラ座で再び演壇に立ち公に姿を現したエメリン・パンクハーストは、先見の明を働かせた。女性のための投票権について話をせず、新たな大義である戦時中のイギリスの食料配給をテーマに選んだのだ。

「鏡のビーナス」を切り裂いたメアリー・リチャードソンのように、狂信的なグループに属する者たちにとってこの路線変更は非常に失望させられるものだった。リチャードソンはサフラジェットの運動が投票権を獲得もせず潰えるとは思えなかった。目指すものに誠実であろうとしたリチャードソンは後に、最終局面で運動の中心に立つことになった。自叙伝の中で、リチャードソンは自分がホロウェー刑務所から釈放された最後のサフラジェットだと書いているが、実際には、戦争が始まったときに彼女はすでに刑務所を出ていた。虫垂炎から回復し、保養のためマデイラ諸島に送られていたのだ。リチャードソンを診た医師は、参政権を勝ち取るための闘いで彼女が耐えた苦痛について書き留めている。刑務所員が強制的に食事を喉に入れようとする過程で、爪で引き裂いた痛みを伴う深い傷が口の中にいくつも残っていた。

イギリス国内のもう一つの軋轢も、すぐに脅威ではなくなった。戦争の宣言が行われるや、労働組合のリーダーは「産業の休戦」を宣言した。ストライキ行動はすぐに減少した。この年、イギリスでは四十五万千人がストライキに参加したが、一九一四年八月から十二月にかけて行われたストライキは六%以下だった。秋から年末まで、ストライキで失われた労働日は十六万千四百三十七日で、一九一四年の総日数のわずか一・六%だった。社会主義者と労働党の指導者が戦前の方針を転換し戦争支持を約束したため、戦争そのものに対する反対もほとんど消滅した。「戦争を止めよ」と運動を行い演壇に立つ人々は、反対する者たちからなじられ、暴力による妨害を受けた。だが、新たな不安の源がすぐに頭をもたげた。七月に始まったパニック買いと食料の買いだめはますます激しくなり、八月半ばまで増え続けた。イギリス全土で起きた大量買いと続く価格変動――地域によっては、小麦粉とバターの価格が一日で三倍にもなった――は緊張と反感を引き起こした。八月五日、ケンジントンのある女性は日記にこう書いた。「ロンドンの裕福な人たちの頭がおかしくなってしまっている。まるで包囲戦のさなかのように、大量に食料を買い付けている……貧しい人々は、彼らの買いだめに憤慨している。盗賊や飢える可能性のある者たちが後で襲おうと、買いだめしている家に目印をつけているということだ」。

その一日前に、グロースターシャー州シーリーのミス・G・ウェストは、近所の人たちが以前には買いだめは悪だと言っておきながら肉とマーガリンを膨大に貯えているのを見て、偽善だと思い非難した。四ペンスのパンが五ペンス半から八ペンスに急騰すると、最大の小売価格は上昇するものの、コストが適切に反映しない。こうした状況で、食料改革を担当するユーステース・マイルズ（日記を書き綴ったハーリー・マイルズの夫）は、貧しい人たちに食べ物をよく噛み、必要量を減らし、「穏やかな深呼吸」を実践するよう説いた。

買いだめによって生じた不安は暴力に発展した。八月七日、ロンドン東部のバーモンジーで食糧暴動が起こり、二十人の女性が逮捕された。翌日には、ハートフォードシャー州ヒッチンで別の暴動が起こり、警察官が警棒を使って群衆を追い散らした。リンカーンシャー州ロング・サトンでは、顧客がパンの価格が七ペンスに上がったことから地元のパン屋を襲撃すると脅した。その威嚇が功を奏して価格は五ペンスに引き下げられた。ケンブリッジシャー州では、買いだめに関するパニックは食料にとどまらず、拳銃や武器にまで拡大した。これらは食料を奪おうとする飢えた群衆に対して用いられるのではないか、という不安が広がった。

幸いなことに八月後半には食料パニックは収まり、もっと過激な展開になる恐れも消えた。「ビジネスは通常通り」が、外の世界に対するイギリスの顔だった。このスローガンは戦争当初、経済的な騒動の発生を心配したナイツブリッジ地区のハロッズ百貨店などの大店舗が導入した。他業種や広告屋がすぐにこの言葉を真似て使い始め、ウィンストン・チャーチルのような政府の要人も口にするようになり、大衆的な言葉となった。だが、この言葉の自信の裏には複雑な巡り会わせが隠されていた。一九一四年も半ばを過ぎると、産業と雇用は大きな打撃を受けた(もちろんのことだが、雇用状況が悪化したことによってキッチナー卿の陸軍に多くが流れた)。東部海岸の漁業、ヨークシャー地方の毛織物業、ランカシャー地方の木綿業、コーンウォール州の窯業と錫鉱業と漁業は最もひどい打撃を受けた。だが、戦争が進むと、業界によっては新しい状況に適応できたものもあった。特に、毛織物業のように、軍の膨大な需要がある製品の場合にはそうだった。たとえば、ハダーズフィールドでは新兵用にカーキ色の布の生産がどうしても必要だったことから、九月後半から工場労働者の労働時間が過剰となり、日曜日も働くようになった。十一月までに、毎週カーキ色の布を三百七十メートル生産するようになった。

当然のことだが、戦争のニュースを求める声が極めて強くなった。だが、ウィリアム・ピードが八月初旬にリッチフィールドで見ていたように、「誰もが新聞を買いたがるが、戦争のニュースがほとんど載っていないし、信頼できるものも」なかった。戦争から四日目、海軍が大勝利を収めたとか、ドイツがスコットランドに侵入したとかいう「馬鹿げた噂がはびこっている」とピードは書き留めた。

こうした根拠のない噂の広まりには、もちろん新聞に大きな責任があったのだが、それだけでなく人づてに聞く情報もあり、それに尾ひれがついて想像の領域にまで話が大きくなった。ドイツのスパイについてニュースを知りたいと思う気持ちの高まりはまさにその表れで、作家のウィリアム・ル・クーズの描いた物語によって煽られた戦前のスパイ熱がその気持ちを醸成していた。疑わしいアクセント、変わった格好や普通と違った行動があると、コミュニティの中で知られていない人の場合にはすぐ、怪しい人間と思われた。八月四日、ドイツのスパイとしてヘルベルト・ヤン・クレヴィッツがグリムズビーのハンバー川河口の港で逮捕されたと報じられた。クレヴィッツは田舎の散歩道でドイツ語の本を広げて休んでいるときに逮捕されたのだが、これが猛烈な興奮を巻き起こした。だが、クレヴィッツはすぐにロシア人だと判明し、釈放された。エセックス州オールズフォードでは、見知らぬ男と思われた人物が尾行され、自転車のタイヤを切り裂かれた。「スパイだ」と言われたこの男は、後に地元の沿岸警備員であることが判明した。こうした馬鹿らしい出来事だけでなく、スパイを捕まえようとしたことで悲劇的な結果を生む場合もあった。ハンプシャー州の陸軍の町オルダーショットで八月後半、耳が聞こえず近視のＪ・Ｅ・キャロルは線路近くの、地元ではよく知られた道を歩いているときに衛兵たちに射殺された――「止まれ」と呼ばれたのに返事ができなかったのだと思われる。

戦争初期の最も有名な噂話――おそらく、イギリス人にしてみれば戦争の全期間を通じて最も有名な噂話――は、何千人ものロシア兵がイギリスを通って西部戦線に向かうというものだった。「おばの執事がロシア兵を見たという友人を、誰でも一人か二人持っている」とウィニフレッド・タワーズは書いた。タワーズにとって、ロシア人は戦時で気分が憂鬱なときに元気を与えてくれる存在だった。「ロシア兵の報告は国中から寄せられている。多くはあいまいで、もってまわった話で、面白い話もあった。ロシア人がプラットホームの上で長靴から払った雪を踏む音を聞き、ウィルズデンを通ってきたに違いないと断言する年配の女性の話がそうだ。だが、多くは根拠のある話で、直接見聞きしたり、半ば公式の話もあった」。この話を「決定的に」否定する文書が報道部から出されたが、多くの人々に広がった最も人気のある戦時の噂話を打ち破るものはなかった。

確かなニュースがないために、リッチフィールドの醸造業者ウィリアム・ピードのような普通の市民の間に不気味だと感じる気持ちが生まれていた。最初の頃に生じたパニックと緊急事態の感覚がこの「偽りの戦争」状態の中で落ち着き始めるなか、ピードは「危機に対して自分自身が踏ん張らなければという感情が一般に広がっている」と書き留めた。

＊

イギリスがドイツに出した最後通牒の期限が切れてほどない八月五日に日付が変ったばかりの頃、レベッカ・ウェストはウォッシュ湾に面した崖の上に建っている「梁がむき出しになった」家で、息子のアンソニーを出産した。レベッカは九月に出産予定だったから、アンソニーが早産で生まれたのは宣戦布告から生じたショックの結果だと思われた。麻酔のクロロホルムが醒めると、ウェストは泣いている赤ん坊を見て、「平和時の母親だったら、穏やかな気持ちで満足に浸っていればよいところだが、強い感情を抱いた。『私はことを安全に運ばなければならないのだ』と」。

二十一歳のレベッカ・ウェストは将来を嘱望された作家で、批判を恐れず論争に挑む人として、名声を獲得し始めていた。レベッカがその名を知られるようになったのは、因習を公然と糾弾したことも理由だった。自身の生活でもそれをかなぐり捨てたために、彼女は残念ながら、ノーフォークの海辺の町にある家具付きの宿舎で六ヵ月間の孤独な生活をしなければならなかった。これから未婚の母になるのだが、それまで「ミセス・ウェスト」として振る舞わなければならなかったのだ。アンソニーの父親H・G・ウェルズは息子が生まれるとき、百五十キロほど離れた、彼の家庭があるエセックス州の田舎イーストン・グレーブにいた。そこでウェルズは、ジェーンと呼んでいた妻エイミー・キャサリンと息子二人と暮らしていた。ウェルズがレベッカに会ったのは一九一二年だった。レベッカは、ウェルズの小説『結婚』には解放された女性に対する皮肉な見方があることを攻撃した。ウェルズはすぐにレベッカのウィットに富んだ知性と、澄んだ茶色の目に惚れ、レベッカはウェルズの溢れるばかりのエネルギーと、優しく保護してくれる態度――それに名声――に恋をした。昔から中年男性がそうであるように、ウェルズは自分よりずっと年下の女性と関係を持つことで老いに対する恐怖を克服しようとしていた。レベッカは「肉体的」にも十分興奮をそそられる女性だった。問題は、ウェルズが自分の存在のバランスをとるために、今なおジェーンを必要としているということだった。「彼はその関係を切ろうとは思っていなかった」とウェルズはいかにも自叙伝そのものに見える戦争中に書いたベストセラー小説『ブリトリング氏は考察する *Mr.Bristling See IT Trough*』で認めていた。「関係は自分が望んでいるのとは違う形で発展した」。

ウェルズは息子の出産の知らせを聞いて「晴れやかな気持ち」を感じると述べた。「枕の上に、君の大事な大事な大事な愛する赤ちゃんのとてもかわいい顔が、君と一緒に並んでいるのだと想像し続けています」とウェルズはレベッカに書いた。ウェルズは数日おきに複雑な路線を通る鉄道の旅をして二人に会いに行き、定期的に手紙を書いた。だが、ウェルズはそうすることで、国がとてつもないカタストロフィーに陥っている中で強いられる緊張から救いを得ていたのだ。「戦争、戦争、戦争、話題はそれだけです」と出産の数日後、ウェルズは慌ただしくレベッカに書いた。

ウェルズにとって戦争の勃発は「思ってもみなかった大砲が百メートル以内のところで炸裂したときのショック」のようだった。ウェルズは空想の世界で戦争を弄ぶことがよくあったし、それこそがウェルズの書いた多くの本の土台となっていたのだが、ヨーロッパ大戦が現実に起こるとは内心思っていなかった。ウェルズが神経質になって心配していたことが、八月四日の午後にイーストンで行われたフラワーショー・フェスティバルのときにはっきり表れている。ウェルズがジョージ・バーナード・ショーと熱い議論をしたときのことだ。ショーは「戦争は我々に役立っている。エドワード・カーソンがアルスターをめぐる問題で我々を強請ったりしなければ、戦争を予見できたはずだ」と言った。「そんなことは今はどうでもいい」とウェルズは反撃した。ウェルズの声は高ぶっていた。興奮したとき、声をコントロールできなくなるのだ。

その夜、ウェルズは自宅で戦争目的に関する自分の考えと自分が望んでいる結果を整理し、書き始めた。仕事をしているうちに夜遅くなると——おそらくレベッカとまだ生まれていない子どものことを考えて——来たる戦争が「地球上の軍縮と平和」への道を開くことになると考えるようになった。ドイツを支配している勢力——ドイツ人とは明確に区別されるプロイセン軍国主義——は粉砕されなければならない。だが、これは国民国家を破壊し、全世界の勢力が保障する平和的な解決を導入する新たな世界秩序の序曲にすぎない。ウェルズがそもそも小説『解放された世界 *The World Set Free*』の中で支持していた世界共和国に向かう最初のステップなのだ。

「世界がこれほど罰を要求する声を上げたことなどなかった」。ウェルズは好戦的なレトリックが溢れていることにこう怒りを向けた。「今ドイツに対して抜かれた剣は平和のために抜かれた剣だ……本や新聞記事やリーフレットの宣伝によって……私たちはこの発想を広げ、この戦争は戦争に終止符を打つものでなければならないという発想を、この戦争では持たなければならない」。

この記事は八月十四日付の「デイリー・ニューズ」紙に掲載され、一ヵ月後に「戦争に終止符を打つ戦争 *The War That Will End War*」の題でウェルズの選集の第一編となった。ウェルズの分身ブリトリング氏のように、ウェルズは「犬が足元の臭いを嗅ぎ回らずにはいられないように、あらゆることを考えずにはいられなかった」。何よりも、ウェルズは現在の出来事に参加していない傍観者の立場で、いま何が起きているのかわからないのが不安だった。エネルギーの続くかぎり、できるだけ数多く「ジャーナリズムで騒ぎ立て」ようとしたのは、この恐怖と闘うためだった。戦時に書いた文章の初めの頃のテーマは、食料の買いだめに対する批判だった。ウェルズは買いだめを「俗悪な考えを持っている裕福な人々の激しいまでの利己主義と、ごく例外的な商人の根本にある狡さ」に原因があるとした。アメリカ合衆国に参戦を求めるテーマ、私企業が武器で儲けようとする「クルップ主義」を止めさせるというテーマもあった。戦争の終わりにヨーロッパの新たな地図を用意する講和会議を開くことも構想した。

「戦争に終止符を打つ戦争」は、この戦争を理想主義的な言葉で説明したいと思っていた人々の頭に焼きつき、すぐに流布した。ウェルズがこの言葉を考え出したといってもよいのだが、ウェルズの記事が掲載される一週間前に「デイリー・クロニクル」紙に掲載されたハロルド・ベグビーの「戦争の原因 Casus Belli」の詩の中に、このスローガンの骨子が織り込まれていた。「戦争の終焉のための戦争 War, for the end of War」という言葉がベグビーの四行詩の最初の一行にあった。「なぜ大砲が吠えるのか」と問い、「平和の千年のために」が答えとなる詩だった。ウェルズの言葉は有名になったが、馬鹿にされ軽蔑される対象にもなった。社会主義者で平和主義者でもあるジャーナリストＴ・Ｗ・マーサーが書いた「クライマックス」という詩の中で、こう歌われている。

だが、見よ！　全てを見落とした不思議な言葉がある
ウェルズが平和のための戦争などとほざいている！

エンターテインメントの世界は戦争に協力した。劇場や音楽ホールでは、プログラムの冒頭に国歌が置かれた。だが、観客が「ルール・ブリタニア」を自発的に大声で歌うと、気づかぬうちに耳に入り、俳優や芸術家たちが集中できず混乱してしまう傾向があった。フランス国歌の「ラ・マルセイエーズ」が歌われると観客席全体に響き渡ったが、ロシア国歌は抑圧的な皇帝体制に二律背反の感情があったために、それほど温かくは受け止められなかった。九月、陸軍省は大劇場の管理者に「入隊を奨励するため」レパートリーに「整列！ *Fall In !*」のような歌を追加するよう要請した。『イギリスは期待する』のような「新兵募集劇」（ロンドン・オペラ座）ではフィリス・デアが「あなたを失いたくないけれどあなたは行かなくては」と歌い、『予備役兵ジョン・シャノン』（ショー

ディッチのエンパイア・シアター)、『国は君を必要としている』(マンチェスターのティボリ・シアター)、『旗の縁取り』(ウーリッチのヒッポドローム・シアター)はすぐにプログラムの定番となった。

映画館では、スクリーンに映し出されたキッチナー卿とイギリス遠征軍司令官サー・ジョン・フレンチの映像が「とても忠実な姿に見え、感動的で本物らしく、熱狂と興奮が爆発しそうだった」とハーリー・ユーステース・マイルズは書いた。サウサンプトンでは驚くほど革新的な工夫が行われた。ストックポートの映画館パラディウムの所有者であるメサーズ・ベーコン・アンド・フード社が大通りの家屋を借り、「シネマ・ライフル・レンジ〔射撃場と一体化した映画館〕」を立ち上げたのだ。そこでは、ドイツ兵のイメージが反転できるスクリーンに映し出され、一般の人々が敵に向かって「一撃を食らわせる」のだ。

七月の最終週はショーの『ピグマリオン』の千秋楽だった。百十八回上演された。もっと長く上演することもできたのだが、ビーボーム・トゥリーがヒギンズ役にしっくりこず、嫌になって休日を取りたいと思ったのだ。ニューヨークでもこの芝居をしようとしていたパトリック・キャンベルは、「この週に二千ポンドも使ったあげく、閉幕の知らせを出すなんて全く馬鹿げている」と抗議したが無駄だった。トゥリーは八月に劇場に戻り、「感動的な場面があり愛国心をかき立てる劇」であるルイス・N・パーカーの『ドレイク』を上演した。スペイン王の名誉を傷つけ、無茶な戦いでスペインの無敵艦隊を破ったドレイクの話だったから、「艦隊の父」という今日的なテーマの芝居が流行らないことなどありえなかった。この劇では、トゥリーは主役を演じないと決めた。堂々たるスペインのガレオン船が帆をいっぱいに張って正面から登場する場面など、特殊効果がうまく機能するよう監督したのだ。一九一四年末、ヒズ・マジェスティー劇場は『デイヴィッド・コパフィールド』を大々的に上演した。巨大なカンタベリー大聖堂の絵を背景にしたイギリスのノスタルジアをかき立てるもので、トゥリーはうまく工夫をして主役を食うダンル・ペゴティとミコーバーの二役を演じた。

ロンドンの大きなコンサートホールでは、戦争に対する対応はあまり明確ではなかった。たとえば、サー・ヘンリー・ウッドが指揮をしたクイーンズ・ホール・プロムナードコンサートは、八月十五日に一九一四年のシーズンを開く予定で、プログラムにリヒャルト・シュトラウスの『ドンファン』を入れた。だが、当日はチャイコフスキーの交響詩『イタリア奇想曲』を代わりに演じた。翌週、伝統的に演奏されていたワーグナーの「夕べ」はフランスとロシアの音楽に変わった。

シュトラウスのようなモダニストの音楽は万人受けするわけではないから――議論はこう進めた――シュトラウスは特別なケースとして排除できる。だが、バッハ、ベートーベン、ブラームスのように古典的なドイツの曲目も同じように禁じられるのか？　世論がこんな状況なのに、プロムナードコンサートでヘンデルとモーツァルトを演奏することが可能なのか？　プロムナードコンサートの主催者は一八七〇年のドイツ統一以後に書かれたドイツの音楽全てを限定的に禁止しては、という考えを弄んだ。その後、八月末に一枚のメモがコンサートのプログラムに差し込まれた。「今シーズンの間はドイツ音楽をボイコットするという宣言とは全く矛盾しておりますが、「音楽と芸術の傑作は世界の共有財産であり、その時々の偏見と熱狂があるにせよ、不滅のものです」と書かれていた。シュトラウスは復活した。数週間後、クイーンズ・ホールにはバッハ、モーツァルト、ベートーベン、メンデルスゾーン、リストの曲が流れた。

ショーは文化面で狂信的な愛国主義が破れたのをかなり喜んで、自分の本をドイツ語に訳してくれた人物のためにこのエピソードを詳しく書いた。

ロンドンでは……プロムナードコンサートという、いつも夜に行われる安いオーケストラコンサートが、ドイツの音楽は演奏しないと愛国心高らかに宣言した。誰もがこの宣言に拍手を送ったのだが、誰もコンサートに行かなくなった。一週間も経たないうちに、ベートーベン、ワーグナー、シュトラウスが入ったプログラムが発表された。誰もがショックを受けた。そして皆、コンサートに出かけた。これは誰も殺すことなく勝ち取った、完全な、そして決定的なドイツの勝利だ。

ロンドンのウェリントン・ハウスでは、九月初めの暖かな午後、著名な作家たちが明るい太陽のもと、青いクロスを掛けたテーブルの周りに座っていた。彼らは新たに立ち上げたプロパガンダ部門の長でランカスター公領相C・F・C・マスターマンの招きにより、イギリスの戦争への参加を支持する宣言を起草するために集まった。出席した二十五人の作家には、女性も何人か含まれていた（招待は、恐るべきロビイストで女性の参政権に反対していたミセス・ハンフリー・ワードまで広げていた可能性もある。九月十八日に「ザ・タイムズ」紙に掲載された連合国を支持する『作家の宣言』には、他の三名の女性とともに署名があった）。全員四十歳以上で、多くは少なくとも六十代から八十代だった。それにもかかわらず、彼らがドイツのプロパガンダに対抗して中立国、特にアメリカ合衆国にイギリスの大義を信じてもらうには文書の力が一番だと信じていることの表れだった。

ウェリントン・ハウスに集まった人々の中には、今日まで名前を残した多くの作家に加えて、忘れられた、また不当に無視された作家の名もあった。ウェルズとハーディはその場にいたし、ゴールズワージー、コナン・ドイル、バリー、メイズフィールド、チェスタトンもいた。著名な作家で出席していなかったのはラドヤード・キプリングとショーだった。そもそもキプリングはサー・エドワード・グレイの主張で除外されていた。キプリングが保守党支持者でアメリカの共和党と関係があるというのが理由だった。ショーにも席が用意されなかった。ショーは最初から、「私たちは正気の沙汰ではない大義のために自らを犠牲にしている」と確信していることを明らかにしていた。戦争になる三ヵ月前、ショーはイギリスとドイツの兵士に、将校を撃って家に帰れと助言していた。ショーのパンフレット「戦争についての常識 *Common Sense about the War*」――「戦争は戦争、死は死だとすっかり認識すればするほど、早く戦争を止められる」――は十一月に出版され、この年の終わりまでに七万五千部以上を捌いた。だが、そのためにショーは国際的なパリア（不可触選民）となったのだ。

九月の午後にウェリントン・ハウスに集まった作家たちのことを概観して、小説家のアーノルド・ベネットは後にこう書き留めた。「ウェルズとチェスタトンは常識的な発言にとどまり」立ち入ったことをあまり話さなかった。トマス・ハーディは「正しいことを言っていた」。この年の後半、チェスタトンは『ベルリンの暴虐 *The Barbarism of Berlin*』を出版して、イギリスが「名誉のため」闘っていると論じた。ハーディは戦争に悲しい不安を感じながらこの会議から帰り、「兵士たちの歌」（「行進していった人々 *Men Who March Away*」）をつくり、「勝利は正しい者の上に来る」という一般の人々が抱いている自信を歌い上げた。特にフランスとベルギーをひいきにしていたベネットは、すぐにマスターマンのもとで最も多くのプロパガンダを書くことになった。彼はすぐに『自由――イギリスの大義の声明』を著し、戦争をテーマとした記事も数え切れないほど執筆し、ウェルズのライバルとなった。ロンドンのバスが並んでいるところで、「最新の記事やコラムの紹介とともに載った憂鬱な表情のベネットの写真をよく目にするようになった。

出版されたマニフェストには五十二名の作家の署名があり、「文明国の国民の間では共通の正義を保持し、小国の権利を擁護し、『鉄と血』の支配および全大陸に軍のカーストが君臨することに反対し、自由と法の支配する西欧を維持すること」がイギリスの「定めであり義務である」と宣言した。

小国、特にベルギーの権利を守るということが国民の琴線を捉えた。ドイツのベルギー侵入によって、イギリスの参戦には道徳的な目的があるという感覚が生まれた。「私たちはベルギーを支持しなければならなかった」とベアトリス・ウェブは密かに譲歩しており、「この小さな国が攻撃されなければ」戦争は「不人気になった」ばかりか「戦争は起こりえなかった」と結んだ。

個々の態度は変化し続けた。多くの人々から見ると、この戦争はドイツの暴虐を粉砕し、文明を守るための戦いに他ならなかった。戦争に終止符を打つかもしれない戦争はこの国が道徳的、精神的に再生するよい機会だと捉えられる部分もあった。八月五日、ベアトリス・トレフュシスは戦争の「恐ろしさと空虚さ」しか考えられず、「世界は今なおひどく野蛮だ!……二十世紀においてさえ、原始時代からそう遠くない」とコメントした。五週間後、トレフュシスは日記に「私の気持ちは変わった……最初の頃取り憑いていた恐怖と苦痛という思いは、帝国全体の善のことを考えると、恐ろしい相手の力に比べれば小さなもののように思える。軍国主義と軍事力の教義に対して、人が物欲からではなく名誉と精神の進歩のために戦うように、帝国全体が立ち上がるというのは良い考えだと思う」。

「名誉」は一九一四年のイギリスの合言葉となった。この言葉は十月初旬にアントワープが陥落してドイツに降伏したのを目の当たりにした後、イギリス海軍師団の将校になったルパート・ブルックが使ったことで、特別に輝かしい意味を持つようになった。ブルックは『一九一四年』のソネットの三段目に「名誉は国王となり地上に帰還した」と書き、自分の信念を表現した。この言葉は個人としての発言だけでなく、公的な宣言としても刺激を与えたようだ。ライオネル・ギブズは八月半ば、「私はイギリスが参戦して嬉しく思います。戦争の外にいて名誉を保つことはできなかったでしょう」と、オックスフォード大学のかつての恩師ジョージ・ベルに書いた。八月二十一日、カンタベリー大聖堂で行った神への取りなしの祈りのときに、大主教ランドール・デビッドソンは会衆に向かってこう述べた。「国家として、また国民として、私たちの良心はこの戦争に関しては明白です。私たちは、しばらくの間は戦争の局外に立つことができたかもしれません。しかし、そうしてしまえばイギリスの名誉を失うことになったでしょう。すなわち、窮状に立った弱者への約束を守るというイギリスの騎士道精神を失うことになるのです」。連合国軍が「ドイツ人を完全に粉砕する」まで「名誉ある平和はありえません」と、D・G・ジョンソン大佐の妻は夫に手紙を書いた。

「勇敢な」あるいは「勇気ある小さな」ベルギーは、八月の最終週まで前面に立たされていた。その頃には、ベルギー市民に対するドイツ軍の虐殺行為の知らせがイギリスにも届き、ほとんどの国民が知るところとなっていた。加えて八月二十九日には、ドイツによる略奪後のベルギーの町ルーヴェン――十四世紀まで歴史を遡ることができる――の衝撃的な写真がイギリスの新聞で報道された。歴史的な建築物が焼かれ、破壊され、残骸となっていた。大学図書館も破壊され、野蛮な形で放埓に文化の破壊が行われ、二十五万冊の本、印行本八百冊、手書き文書九百五十冊が消失したのだ。

ドイツによる虐殺の毒々しい報告の中には、完全な捏造やひどく誇張されたものも含まれていたのは避けがたかった。だが、戦争の進展とともに情報の真価が問われると、事実であることが確認された。困難なことは、二つの異なる報告を選り分けることだった。戦争が始まって六週間経ち、ドイツ軍は女性や子ども、それに牧師を含むベルギー市民に対し略奪を行ったこと、間違いなく何千という恐るべきレイプや冷血な殺人が行われたこと、自然発生した大量虐殺の話が囁かれた。だが、見え透いた根拠のない報告にも、人々は熱心に耳を傾けた。腕と足を切り落とされた子どもたち、銃剣で突き刺され火に炙られた赤ん坊、鼻を切り落とされ怪我をして戦場に横たわる兵士といった話だった。思慮の浅い人々にとって、こうした物語は抵抗しがたかった。チェシャー州ウォルジーの教師エイダ・マクガイアは、アメリカ合衆国に住んでいる既婚の姉妹に手紙で一風変わった二つの話を伝えた。

手足耳鼻が切り落とされ、目がえぐり取られて横たわっている兵士がファザカーリー軍病院にいます。兵士の父親が呼ばれ会いに来ました。病院では父親に息子を見ないようにと頼んだのですが、見たのでしょう。頭がおかしくなってしまいました。証拠はないけれど、別々の二人からこの話を聞きました。汽車に乗っていたある紳士が友人にこの話をしていました。A・Tが同じ客車に乗っていました。彼はよく知っている夫婦が、子どもがいないのでベルギーの子どもがほしいと言っていたそうです。恐ろしいことに、夫婦のところに来た子どもには手がなかったのです。切り落とされていたのです。

ベルギーの町で暴れ回っていたドイツ人によって二度と手術ができないよう腕を切り落とされた外科医の話を聞いた後で――何の疑問もなくこの話を受け止めたようだ――ラドヤード・キプリングは、アメリカの出版社に「ドイツ人は法律も神の掟も一切顧みることなく……この戦争を遂行している」と書いた。ベルギー人に対する虐殺の報告を用心深く整理して、確かな証拠を求めた数学者のR・W・M・ギブズは、イギリスが参戦したのは正しく、「我々の行動が正義であるということを疑う者は百人に一人もいない」と結んだ。

一九一四年末、ベルギーで行われているというドイツの暴虐ぶりを調査するため、政府が任命したブライス委員会が使った「殺人、欲望、略奪」という言葉は、敵国を定義するイメージとして「フン族」という言葉が使われるうえで一役買うことになった。虐殺の話は、戦争が道徳的な十字軍であるとする考え方を進めることになり、新兵募集に役立った。こうした話はイギリスがドイツの侵入者によって同じ運命に相対することになるかもしれないという暗い恐怖心をも呼び起こした。「ドイツ人がここに来たら、何の容赦もないに違いありません。おお！残酷なのはおぞましい」。キャリー・キプリングは母親に「ドイツ人が入り込めないようにすることができなければ、私たちが出て行くことになる」と知らせた。

こうした恐怖は八月後半、侵入したドイツ人から逃れた最初のベルギー人難民が、ドイツによる流血という恐ろしい話を手土産にイギリスにやってくると、いっそう強まった。ベルギーからの難民は、十七世紀末にナントの勅令が廃止になってユグノーがイギリスに雪崩を打ってやってきて以来、最大規模となった。次の二ヵ月の間に、男女子ども合わせて二十万人がやってきた。最初にやってきたのは裕福な人々だった。アントワープの陥落後、十月初頭にはフォークストンに一日に一万千人が上陸した。九月初めにルーヴェンから来たある教授に支援を申し出た。教授は「妻子とともにフォークストンに到着したが、他には一切何も持っていなかった」。

その次に、何も持たずやむなくやって来た人々が続いた。ロンドンでは難民のために大きな供託所が二ヵ所、メトロポリタン・アサイラム・ボードの監督下につくられた。一つはアレクサンドラ宮殿に、もう一つはアールズ・コート・イクシビション・センターにつくられた。アールズ・コートは約三十五エーカーの広さがあり、開催中の「サニー・スペイン」展を急ぎ閉じ、大きなエンプレス・ホールにシェルターを用意した。「日曜の夜には、千七百人以上の人々がそこで眠った」「月曜の晩には五百人がさらに加わると思われる。受入れ、登録、分類……空っぽの建物の中で、この大きな家族の入浴、食事、睡眠を整理することを想像してほしい。入浴は近くの公衆浴場で済ませてもらい、強壮な人々の食事は大きなダイニングルームにテーブルの列また列を並べて摂ってもらう」と供託所の最初の週を見た記者が報じた。

マイケル・マクドナーはヴィクトリア駅に着いたベルギー人難民の「最も哀れな状態」を次のように描いている。「私が見たこの一団には社会のあらゆる階級の人々がいたが、その中では明らかに小農民が最も多かった――大半は色が黒く小柄だった」。戦争難民委員会がコーディネートし、難民は国中に散らばった。一方、各地元には救済チャリティと受入れ委員会が合わせて二千五百ほど立ち上がった。ベルギー人が集中したのはロンドンとシーズンオフ中で宿泊場所をたくさん備えた海岸のリゾート地だった。難民の社会的階級を確認するため、大きな注意が払われた。イギリス人と同等の立場でいられるようにとの配慮からだった。ベルギーの二つの異なる文化的、言語的グループであるワロンとフラマンには、互いに憎悪と不信の歴史があるので確実に別々にしておく手立てがとられた。

ウェスト・ヨークシャー州カイリーの地元紙は、「私たちの間にいるこうした不運な難民の様子を見ると、国民は他の形では決して見ることのできないような戦争の恐怖と無残さを身近に感じる」と報じた。当初、社会のあらゆる方面からベルギー人に対する共感と寛大さが注がれた。十一月初めには、ヨークシャー州ビングリーの工場労働者たちは自分たちに「割り当て」られたベルギー人に興奮し、彼らがやって来たという偽の噂を聞いて群集が駅まで会いに行ったがそれが叶わず、ひどく落胆した。チェシャー州ナントウィッチでは、ベルギーから来る人々はボロを身にまとっているに違いないと思っていたのに、洗練された服を見て呆然とした。

難民を泊めた経験によって、愛他的精神を少し失ってしまった人々もいた。グロースターシャー州のミス・G・ウェストとその家族は難民を二人受け入れると申し出ていたが、九月の終わりにレウゲル家の一家六人が送られた。十一月二十日、ウェストは「ベルギー人は食料と衣装を少々必要としているが、かなり良くなっている。ベルギー人の妻は『赤は愛しい子どもたちには似合わない』という理由で、可愛い小さな赤いコートを拒絶した」と書いた。ウェストはこう続けた。

他の家のベルギー人はこれほど愛想良くはない。ウッドチェスターのところに滞在している人々は食べ物を届けてもらっているため、請求書が嵩んでいる。彼らは一番いい塊肉と、バターと卵をたくさん買う。ベルギー人の世話をしている女性は、彼らの顔に笑みが浮かぶのはローストポークを食べるときだけで、恐ろしいくらい値が張るのだが、断れない。ベルギー人は太っていて、怠け者で、貪欲で……いろいろ恩恵をもらっているのに当然と言わんばかりの傾向がある、と多くの人は思っている。

十一月末にはレウゲル家はウェストの家を出て、他のところに再配置された。レウゲル氏が朝、「すっかり酔っ払って」帰宅するという出来事が起こったのだ。

ベルギー人に対するもっと強い思い入れがあれば、強いられた恐ろしい経験の結果、彼らの中には場合によっては難しい行動をとる者もいると受け止めることもできた。だが、メアリー・クールズは、「ベルギー人」は一九一四年末までには「すっかり楽に」なっていると考えた。「ベルギー人には感謝の気持ちがない」とクールズは日記に書いた。「ベルギー人はちっとも仕事をしないし、何にでも文句を言う。ベルギー人のモラルといえば……！　ベルギーがヨーロッパを救ったのは本当かもしれないが……私たちをベルギー人から救い出してほしい！」。

＊

すでに「大戦争」とラベルが貼られたこの戦争はいつまで続くのか？　戦争当初の見通しは全く違っていた（安易なスローガン「クリスマスまでに終わる」という言葉は一九一四年に多くの人々の口に上ったと言われているが、戦後につくられた神話だと思われる）。「戦争の継続期間については三週間から三年間まであり、この範囲の中でさまざまな予想が存在した」と八月八日付で「ザ・タイムズ」紙の軍事通信員は報告し、ドイツは必ずやフランスに対しすばやく破壊的な一撃を加えるから「短く鋭い戦争」は「可能だ」と論じた。ヨークの大主教コズモ・ゴードン・ラングは二日前、短い戦争という予想には反対だと書いていた。「わが国が民主国家となって以来、こんな大規模な戦いが起こったのは初めて」だったとロバート・セシル卿に書き、「大勢の人々がこの緊張にどう耐えるのか理解するのは難しい。現在のところ、どれだけ長く続き、どれほど厳しいものになるのか人々はわかっていないと思う」と続けた。

ヴェラ・ブリテンは九月初めに将来の婚約者ローランド・リートンに手紙で、「自分には全くわからない」と告げた。目の前で起きている戦闘の数々の報告をヴェラは読んだが、戦争が一ヵ月で終わる可能性があると示す決定的な内容のものもある一方で、「三年続くかもしれない、ゆっくりした戦いだという報告もあった」。意見の違いから、家族の間で対立が起こった。十月の第二週、ベアトリス・トレフュシスはキッチナー卿が上院で表明した三年間の戦争という推論を引用して、戦争の終結は「ほんの数ヵ月以内の問題」とする兄弟の意見に反対した。ウェスト・サセックス州ホーシャムのイルマ・マクロードは十月半ば、戦争はクリスマスになってもまだ続いているという夫の発言に驚いた。

事実、九月の第一週にパリに向かったドイツの進軍はマルヌの戦いで英仏軍に阻まれ、ドイツが西側で短期間のうちに勝利を得る望みは打ち砕かれた。西部戦線は停頓と消耗で多くの血が流れる戦いとなった。九月十六日、サー・ジョン・フレンチはイギリス遠征軍に最初の塹壕戦の指令を出した。十一月にはアルプスからイギリス海峡まで走る塹壕の中で敵に相対することになり、短い戦争になる期待はもはや失われた。

このことを理解したロンドン駐在アメリカ大使ウォルター・ハインズ・ページは、任地の国では、これまでとは違った生活に慣れる必要があると書いた。「二重の日常仕事と二重の憂いに慣れる必要がある。死人……手足のきかなくなった人、次に何が起こるのかわからずに感じる、ぼんやりとした薄暗い恐怖、本質的に何も変えられないこと、単調な生活……不明確になる理想、感情の高揚、重苦しく自由を失った思考」。一九一四年の秋には、ほとんどのイギリス人の頭の中にはこのような考えはなかったが、明らかに未来図そのものだった。

全てが国王の僕

一九一四年八月三十日日曜日、三十人の女性グループがケント州フォークストンの通りに出て、奇妙な新兵募集の儀式を行った。軍人になれる年齢のはずなのに軍服を着ていない男性を見つけると、女性たちはすぐに近寄って白い羽を手渡し、あるいは襟の折り返しのところにピンで留めたのだ。

公衆の面前でわざと屈辱を与える行為は、「戦争に行かずぶらぶらしている者たち」に恥をかかせて入隊を促すことが目的だった。一般的に、白い羽は臆病者、育ちの悪い者の象徴のように考えられていた。闘鶏には尾羽が白い鶏がいる。白い羽を見せるというのは、俗な言葉で言うと、相手に尻を向けるということを意味したのだ。

この言葉は、Ａ・Ｅ・Ｗ・メーソンによる一九〇二年出版の人気冒険小説『四本の羽 *The Four Feathers*』の中で、象徴的意味を新たに持つようになった。メーソンの小説の主人公ハリー・フィーヴァーシャムは所属していた連隊がいざスーダンに行く段になって連隊を辞める。その結果、ハリーは四本の羽を送られた。三本は仲間の将校たちから、そしてもう一本――扇子から抜いたダチョウの白い羽――は、婚約者のイースンからだった。名誉を挽回するため、ハリーはアラブの服を着て変装し、スーダンに向かう。自分を不名誉な立場に陥れた将校たちが狂信的なマフディー崇拝者たちから攻撃を受けたとき、彼らを助けることで勇気を示した。ハリー・フィーヴァーシャムの物語が出版されたのはボーア戦争直後の時期だったことから、特に共感を呼んだ。新規入隊した兵士の質が貧弱であったことから、イギリス人の男らしさについて不安の声が上がっていたのだ。

海軍大将チャールズ・ペンローズ・フィッツジェラルドは、一九一四年八月にフォークストンで行われた集会を指揮する責任者だった。七十代前半の彼はこの海辺の町に住んでいた。彼には長年にわたる海軍での目覚ましいキャリアがあり、先頭を走る戦艦の指揮を取った経験もあった。引退していたフィッツジェラルドだが、ドイツ海軍の拡大によってイギリスが危険に晒されているとはっきりと警告し続けた。長い間ナショナル・サービス・リーグのメンバーだったフィッツジェラルドは平時、イギリスに義務兵制の導入を要求する運動を行っていた。開戦時に徴兵制がなかったため、フィッツジェラルドは依然として、「自由な自治国家においては、軍務に就く年齢になった健康な男は全て自国のために戦う意志を持ち、実際にその準備をしておくべきだ」という主張を続けていた。

イギリスの海峡に面した港町には何世紀にもわたって強制的に徴用された歴史があり、「白羽団」を導入するのに望ましい環境だった。キッチナー卿への入隊を促すこの方法は、すぐに有名になった。フィッツジェラルドが女性の一団をフォークストンの街頭に派遣する前日、「ザ・タイムズ」紙の「個人消息欄」に、「イギリスの不名誉」という見出しのついた短文が掲載された。そこには、「求む、フォークストンの水兵強制徴募隊」として、「強壮な『しゃれ者』、ぶらぶらしている者、女殺しを千人確保すること」を求めていた。フォークストンの白羽団が千人もの男性を集めることは不可能だが、何が直接のインスピレーションとなってフィッツジェラルドの計画が出たのかはさておいても、この考えがすぐに一般の人々の想像力を捉えたことは間違いない。近隣のディールでは二日後、この実験が繰り返された。町の触れ役がこう叫びながら通りをパレードした。「おーい！　おーい!!　おーい!!!　白羽団が来られるぞ！　ご婦人方が、扶養者のいないディールとウォルマーの若者たちに、白羽の勲章を差し上げたいとおっしゃっている。古きイギリスのユニオンジャックを進んで支えようとせず、義務を逃れようとしている者たちに！　国王陛下に栄光あれ！」。

1914年、風刺画家の見たキッチナーの入隊呼びかけ。

町の女性たちの反応は直接的かつ圧倒的だった。「わがままな忌避者」と見なされた者たちに白い羽が熱心に配られた。この行動はたちまち国中に広がった。一九一六年に義務兵制が導入された後まで続いた白羽運動がどの程度の規模のものだったのか、正確に知ることは難しい。この運動に積極的に参加した多くの女性は後年、自分たちがある程度の役割を果したと認め、申し出ることを、当然のことながら忌避した。だが、当時の手紙や日記に書かれていたことでもあるし、また、すぐに大衆的マスコミ文化の一部となったこと——特にノースクリフ卿の新聞の文化欄——を見ると、戦争の初期段階から白い羽の配布が広がっていたのは明らかだ。

公衆の面前で屈辱を受けるのは明らかに、血の気が引くほどの災いだった。「こうしたことを行う女性の好戦性は、戦う度胸のない若い男性からすると、旗と銃を持った敵と同じくらい恐ろしく感じられるものだ」とマイケル・マクドナーは感じていた。

巡回している女性グループから白い羽を手渡されるのは確かに残酷だし、見当違いの相手に渡すこともあった。ロンドンの医師マクロード・イヤーズリーが聞いたように、「臆病者の勲章」がしばしば、無差別に手渡されていたという。休暇で家に帰っていた若い兵士が平服を着て出歩いていたところ白い羽を渡された、しかし彼は、ヴィクトリア十字章〔英連邦王国の軍人に授与される最高の戦功賞〕をもらったばかりだったという話を、イヤーズリーは覚えていた。

だが、この自発的な運動の結果としてキッチナー卿の新軍に何十万人もの市民が入隊したように、動員には女性たちの活動に頼る部分もあった。アスキス内閣は徴兵制を導入しないという姿勢を断固として続けており、結果として、非公式に入隊を強制しようとする精神が広がっていた。以前には、さらに多くの新兵の入隊を求める際には、何らかのイメージを提示しなければロンドンや他の大都市の街頭で活動を続けることは難しかった。タクシーやバス、地下鉄の車両に、議会新兵募集委員会がつくったキッチナー卿の入隊を呼びかけるプラカードを掲げたり、ポスターを掲示するなどのように。それが、女性は妻や母親、娘、友人として、政府のプロパガンダ運動支部の一部に組み込まれた。女性はイギリス軍が守るべき「家庭」の概念で括れるものに、いずれも受身の形で従った。必要となれば、軍服を着ていなければ一緒に出歩かないと宣言したり、男らしくないと批判して、積極的に――中傷するようなかたちで――羞恥心を抱かせて男性が自発的に軍務に就くよう促したのだ。初期の新兵募集のリーフレットには、「母親たち」や「恋人たち」に宛てた次のような文面があった。「お国の求めに答えて、自分を守ってくれるよう説得しても聞かないなら、不適格だと見捨てなさい！」。

劇作家ヘンリー・アーサー・ジョーンズは、ショーとウェルズの著作がドイツ寄りで国に背いていると主張したため、すぐに彼らと不快な論争をすることになった。その際、ジョーンズは戦時中の国が女性に望む役割を強調した。八月二十九日、リフォームクラブ（一八三二年の改革法を支持した男性（紳士）を限定として一八三六年に設立された会員制クラブ）から、ジョーンズはこう発信したのだ。「イギリスの少女たちは、恋人であろうと兄弟であろうと、そして友人であろうと、確たる理由を示さず軍務に就かない者を理解できない。少女たちは自分の務めを果たし、国のために奮闘している」。

ジョーンズの見解は前日に「ザ・タイムズ」紙に寄せられた手紙と共通するところがあった。ロンドンのミス・A・M・ウッドワードは、女性には軍隊のために縫い物をするより「大きな務め」があると論じた。

若い男性には……この戦争の本当の意味と大きさを理解できなければ恐ろしい結果が起こるかもしれない、ということを叩き込まなければならない。微力ながら、私は伝道師のような仕事を始めている。明日、兵士になれそうな男性全てにリーフレットを渡そうと思う。路面電車に、街頭に、クリケット場に、テニスコートに、劇場に、レストランに、そうした男性がいないか探すつもりだ。「イギリスの女性たち」からのアピールによって、少なくとも男性が問題意識を持ち、行動することができるようになることを願っている。

この投書を見ると、ウッドワードは新しい兵士を獲得するより、彼女自身が早い段階で「白羽団」の兵士となった可能性の方が高そうである。

イギリスは国として、全ての女性が男性に対して務めを思い起こさせるよう働きかけてほしいと願っていたのかもしれないが、女性たちが白い羽を手渡す動機はさまざまだった。大切な男性が訓練中だったり、すでに戦線に赴いている女性にとって、明らかに未入隊の男性から自分を見られるのは、品性に対する重大な侮辱のように捉えた。兵士になれと他者に命じることによって、別の形でこの運動に参加したいと考える女性もいた。こうした愛国主義者の女性の間では、男友だちを説得して「国王のお抱え」にする努力を怠ることは不名誉の証しだった。サセックス州ルーズのアイリス・ホルトはこうした態度を示す好例だ。ホルトは一九一四年九月に、「軍務に就く資格があるのにそうしない友人や親類」が自分には一人もいないと誇らしげに書いている。反対に、ホーシャムのイルマ・マクロードは友人イーヴィの婚約者が軍隊に入れてもらえなかったとき、イーヴィの顔に「やるせない表情」が浮かんだのを見て悲しい気持ちがした、とだけ書いた。「イーヴィのために何かできればよいのだけれど」とイルマは同情している。この運動をうまく利用して、恋愛ごっこを巧みに覆い隠した女性もいた。後に作家となったコンプトン・マッケンジーは、この挑発的なジェスチャーにうまい説明をつけている。マッケンジーは「馬鹿な若い女」が飽きてしまったボーイフレンドに白い羽を渡しているに違いないと考えていたのだ。

自意識のある近代的な女性、女性の自立を勝ち得たと思っている若いひな鳥にとって、羽を手渡す行為はいけないことをしているというスリルを伴うものだった——両性間の因習的な行動規範をあざ笑う行為に思えたから、なおさらそうだった。サフラジェットは、エメリン・パンクハーストが武闘行為を休止し、戦争に協力できることは全て行うと宣言したことを受けて、羽を手渡すという行為のうちに、平和時に行っていたリスクを伴う要求の代替物を見出した。かつてサフラジェットを襲撃した男性に復讐めいたことをする機会であり、新しいタイプの女性の力を公然と行使するチャンスだった。完全な市民権を持っているのだから戦う義務があるということを、男たちに思い起こさせるのだ。

エメリン・パンクハーストが新兵募集集会に姿を見せ、徴兵制と女性の戦争奉仕義務を提唱したが、サフラジェットが発信源になっていると言われることもある流行の白羽運動に、パンクハーストの支持者がどれだけ関わっているのか疑問もあった。バスでディナー・パーティーに行く途中の出来事について、マクロード・イヤーズリーはこう書いている。「年齢は定かではないが、明らかにサフラジェットと思われる攻撃的な顔つきをした女性に出くわした。彼女は『女性のための参政権』誌を手にしていた」。バスにはカーキ色の軍服を着た若者が三人乗っていた。「突然、彼女は私に大声で話しかけた。『恥ずかしくないの。ディナー・パーティーに行く格好をして……あなたのような立派な若者が国のために何かしようと思わないのはなぜ？　軍服を着ている立派なあの人たちをご覧なさい……あの人たちは義務を果たしているのに。あなたは臆病者よ』」。

イヤーズリーの反応はすばやく、辛辣だった。彼は外科医で、大勢の負傷者を診ているとその女性に伝えた。加えて、週に二回新兵の訓練を行っていたし、軍務に就くべき年齢を超えていた。不名誉な発言をぶつけた女性が謝罪すると、イヤーズリーは彼女が持っていた「女性のための参政権」誌を指差して「彼女をノックアウトした」。「参政権を手に入れる前に、学ばなくてはならないことがたくさんあるようです。ご自分を抑えること、外見で判断することが愚かだということも含めてね」と述べたのだ。完敗したサフラジェットは次のバス亭で降りた。イヤーズリーは「満足したように息を漏らして」座席に座った。

外見で判断する愚行はその後も繰り返された。平服を着た休暇中の兵士が突然、白い羽を手渡されることがあった。入隊しようと思ってベストを尽くしたのに、軍当局から基準に達していないことを理由に却下された人々が嘲り(あざけ)の的となった。中でも最もショッキングでひどい話は、負傷者が国に戻って治療をしている間に白い羽を渡されたことだ。義足を合わせるためレーハンプトン病院への入院手続きをしていた男性に羽が手渡された。彼はかろうじて良い方の足で立ち上がり、ひどいことをした女性の顔の前で義足を振り回した。

「ザ・タイムズ」紙の匿名の通信員が九月、軍に受け入れられなかったために忌避者のように扱われることになったと不満を述べた。「私は自発的に申し出たのだが、お払い箱だった」と彼は書いた。「不適格者を示す政府のバッジがあってしかるべきだ。それをもらえないうちは……自分たちには白い羽のバッジしかない」。一九一四年秋、芸人のフランク・ペッティンゲルは――おそらく不適格者だったと思われる――「後方に残された男たち」について『我々は誰もが兵士になれるわけではない *We Cannot All Be Soldiers*』という題の一人芝居を書き、演じた。そこで彼は、拒否された者の苦しみとその後に続く屈辱を表現した。

強い輩に肘鉄を食らわされる若者が大勢いる。白い羽を手渡し、結果はともかく善意の冗談を言うのだ。女の子たちは鼻先であしらい、軽蔑を込めた眼差しで見る。生まれつき除外されているということを知らないのだ。カーキ色の軍服を目にし、ラッパの響きを耳にすると、歯を食いしばって苦しみに耐え、どうにもならない苦痛に病む。

白い羽は愛国主義者である女性の特権だったが、男性の中にも全く悪びれず羽を手渡す人々がいたことを示す証拠がある。デボン州ではモーリス・C・ボルトが、「引退した男、白羽団」から裏に羽が縫い付けられたカードをポストに入れられた。ボルトのことを「男らしくない臆病者の行動」と非難し、さらに、他の人々が命を賭けて出陣しているのにお前はなぜ家でじっとしているのかと詰問する文書も一緒に入っていた。ボルトに羽を送った者は、軍務に就く年齢を過ぎており、都合に任せて年頃の若い男性に戦争に行くよう圧力をかけたのだ。同様に、同じくデボン州で、障害のある人物が白羽団の一員だと名乗り、戦争が始まったときから羽を送り続けたと主張した。国内で軍務に就く年齢を超えた二十人以上が白い羽のハガキ運動に参加した、という報告が後に明らかになった。

男性を入隊させるよう説得する白羽団の成功率は、もちろん記録には残っていない。羽を受け取ること、また臆病者とレッテルを貼られることの恐怖から、大勢の人々が入隊したというのはありうる話だ。しかしすぐに、白い羽を配ることに対して人々が嫌な気持ちを抱くようになったため、兵士を獲得する手段としての効果は弱まることになった。ヘレン・ハミルトンの詩「熱狂的な愛国女性」は、後にこの醜悪な女性の愛国主義運動に参加した人々に対して同性の抱いた軽蔑心をストレートに表現している（「あなたたちの首を絞めたくなる／心からそうしたい／あなたたちは全女性をだめなものと思わせる」）。アスキス内閣も、最終的にこの運動とは距離を置こうと尽力した。白羽団の背後にあった意図――自由党内閣が骨抜きになっているから、国民の危機に際して男たちに戦うよう仕向け、国をリードするというより、男性に戦争の協力を「請う」ことを頼みとした――は、国内、国外にかかわらず、効果的なプロパガンダとはなりにくかった。

だが、白羽運動に積極的に関わらなかった大多数の女性の間にも、「義務を忌避している」と思われる男性に対する敵意が広がった。あわせて、男性が戦うことを拒否するなら、一人前の男、市民としてふさわしくないだけでなく、夫としても父親としても不適格だという思いが底流にあった。この手の男らしさに対する攻撃は「デイリー・クロニクル」紙の週間誌「ウォー・バジェット」に掲載する写真のような派手な宣伝活動に明確に現れていた。この写真では、二階の窓からペチコートがぶら下がっている。その横で、労働者階級の女性が「国に奉仕せよ、さもなくばこれを着よ」と書かれたプラカードを持っているのだ。流行した兵士募集の歌「私はあなたを男にする」の歌の中にも同じイメージがある。一九一四年も暮れる頃、『パッシング・ショー』の中でクララ・ベックが口にした歌だ。

一九一四年も終盤になる頃には白羽は文化の一部となり、レクミア・ウォロールとJ・E・ハロルド・テリー主演による『国内にとどまった男 *The Man Who Stayed at Home*』で戯画化され、ヒットした。芝居の中で主人公は、「感傷的な」若い女性ダフニーから白羽を受け取った後に戦争に行き、それをパイプ掃除として使う。「テニスクラブの半分以上の女の子たちが同じことをしてやろうと決心した」。ダフニーは軍隊のため「編み物」をしていた方がよいのにと他の子たちが言っているのを認めつつも、自分の行為の弁解をするのだ。

だが、十一月になると、人々は白羽運動によって生じる悲劇の可能性を考えなければならなくなる。ハロゲートのロバート・グレイヴズ事件が検死官裁判所に届いたのだ。白羽がグレイヴズの下宿のポストに押し込まれていた。大家の女性によると、グレイヴズは軍務には不適格とされており「この行為が心臓に大きく応え、重荷となった」。グレイヴズは戦争以外何も話すことができず、食べることも寝ることもできなくなった。最終的にグレイヴズは自殺した。「白羽を渡す行為は残酷であり、悪意がある」と検死官は判決ではっきりと述べた。「関係する人間に、生涯続く悔悟の念を引き起こす」。

＊

皮肉にも八月の終わり、ちょうど白羽運動が進行中だった頃、最初の何週間かで初めて新兵の数が驚くほど上昇した。

戦争が始まった頃の入隊者教は、すでに述べたように、最初ロンドンで際立っていた。だが、地方の反応は遅かった。入隊の呼びかけは情熱を持って受け止められてはいないという落胆が全体に広がった。全国的な反応の悪さは、新兵募集事務所が大人数を捌ききれないことと、十万人の兵士を募集するとアピールしているものの——キッチナー卿は八月二十五日に上院で「現実に確保できた」と宣言していた——政府が必要とする人数は達成できないのではないかという誤解の広まりが原因とされた。その間、一般向けの新兵募集集会では募集の仕組みを改善する努力がなされた。多くの医師が健康診断に従事し、新兵募集の拠点の数が著しく増加した。セントラル・ロンドンではホース・ガーズ・パレードに大きなテントが建てられ、ロンドン警視庁に列をなす溢れんばかりの志願兵を収容した。

新兵数の突然の上昇はほぼ一晩で起こった。この変化を、リッチフィールドの醸造業者ウィリアム・ピードが日記に書き留めている。八月二十五日、ピードは「四人の若い、がっしりした体つきの男たち」のことを批判的に書いた。休日、大型遊覧馬車で旅行しているときに、彼らの会話が耳に留まったのだ。「軍への呼びかけが彼らの心に響いているとは到底思えなかった」とピードは書いている。「戦争のニュースに関心がないというふうでもなかった。乗車中、彼らはコミックソングを歌い、通行人を冷やかしていた。彼らは他の乗客と何ら変わることはない典型だった」。

それからちょうど一週間後の九月四日、ピードは家から数キロ離れた地元の兵舎で目覚しい変化が起きていることに気づいた。「若い男の集団が入隊している」とピードは書いた。「人の流れがウィッティントン兵舎へと次々に向かっている」。ピードは集団が「雑然として」いて、さまざまな受付場所で一度に千人ほど兵士として組み込まれていくと表現し、「武器も持っていないし、軍服もない。残念な光景だ」と書いた。

入隊ラッシュは国中で繰り返し起こった。八月二十五日、「ザ・タイムズ」紙の記事で、イギリスの一般の人々は初めてモンスの戦いのニュースを知った。論説は「戦闘が始まっている。連合国にとっては苦しい戦いとなっている」と不吉な調子で書かれていた。同日の社説には、「昨日悪い知らせがあった。さらに悪い知らせが続くことになろう」とあった。

いわゆる「アミアン速報」なる記事が八月三十日に新聞紙上に現れ、さらに悪いニュースを伝えた。退却中のイギリス第四師団に遅れて参加した通信員アーサー・ムーアが自らの目で見て伝えた内容は警告するような調子で、彼の言葉でいえば「破綻状態となった軍」がどうなったのかを描いていた。ムーアは「ザ・タイムズ」紙の読者に、損失は重大であり、「多くの連隊が破綻している」のを目撃したと伝えた。「私たちはイギリス遠征軍が大きな打撃を受け、恐ろしい損失を被り、即刻、重点的に補強する必要がある。イギリス遠征軍は不滅の栄光を保ってきたが、人、人、さらに多くの人が必要だ」。

このニュースの衝撃は衝撃的で、直接的な影響を人々にもたらした。兵士になろうという熱意が国中を覆った。八月二十五日、約一万人が志願した。たった一日で、初めて五桁を超えた。八月最終週と九月初めの二週間には愛国心の熱狂がまさに爆発し、国中の人々の心を捕えた。八月三十日から九月五日の間に十七万四千人が軍に加わり、うち九月三日には三万三千二百四人が入隊した。この日は戦争全体を通じて最も多くの新兵が入隊した日となった。ムーアの心を動かさずにはいられない記事が地方紙に配給され、ロンドンの熱狂的な反応は他の大都市にも広がった。特に、バーミンガムやマンチェスター、ニューカッスルでは強い反応があった。

九月の第二週もこの大きなうねりが継続し、十三万六千百六十人が入隊した。その最中の九月十日、キッチナー卿がさらに五十万人を要求し、議会は裁可を与えた（二度目の十万人の要求が八月二十八日に行われていた）。新兵募集の「猛烈なペース」について、アスキスはヴェネチア・スタンリーに、そろそろ新しい軍服と武器が間に合わなくなるかもしれないと手紙を書いた（少し後、首相がキッチナー卿の新軍の横を通り過ぎたとき、大多数はカーキ色の軍服ではなく労働者が着る「イースト・エンドの服」を着ていて、「こんなごたまぜ」の軍はめったにお目にかかれないと認めざるをえなかった)。それでも、現在の熱狂の波に水を差すことは望ましくないと考えていた。とはいえ、訓練中の新兵の住居に限度があり、軍服も武器も不足することが見込まれていたことから、入隊ラッシュを押しとどめるため何らかの手を打つ必要があった。しかし、兵隊募集所は再び大混雑になった。ロンドンの多くの新兵募集事務所では入隊のために八時間行列するほどだ、と載せた記事がある。その結果、九月十一日に陸軍省は、砲兵になるための必要条件(もともと正規兵だった者を除いて)として最低身長を百六十五センチほどに引き上げた(最低胸囲も引き上げとなった)。

ランカシャー州ロッチデールのジェームズ・ブラディーは後に、モンスからの退却のニュースが町中に「野火のように遠くまで広がった」ことを回想している。だが、国中に向けたメッセージは明確だった。戦死し、枯渇したイギリス軍の兵士に代わる志願兵がどうしても必要だった。八月二十八日、ニューカッスルにある弁護士事務所の事務員アレグザンダー・トムソンは母親に宛てて、「月曜日になって連合軍の見通しが今より悪くなったら……僕はキッチナーの軍に入る」と手紙を書いた。数日後、トムソンは第九ノーサンバーランド・フュージリア大隊に入隊した。モンスの戦いのニュースから広がった衝撃は、クエーカー教徒の一家出身でバークレー銀行ウェストミンスター支店で上級職にあったアンドリュー・バクストンにも強い影響を及ぼした。「入隊してほしくないという気持ちはわかりますが、あらゆる点を考えると軍に入ることが義務だと思わざるをえないのです……すぐに。来週か再来週には」。八月三十一日、姉妹に宛ててこうした手紙を書いた。バクストンも間もなく志願兵となった。

二十五歳でウォルサムストーのジミー・カーペンターは、ロンドン橋近くの食品商社職員だったが、その週に入隊を決意した。従兄弟のアルバート・ディクソンとともに、ジミーは九月七日にセントポール大聖堂近くの新兵募集事務所に赴いた。二人は二時間待って健康診断をパスし、合格した他の八人とともに、戦争継続中は国王と国に仕える誓約をした。残念なことに、ジミーとアルバートはロイヤル・サセックス連隊に入隊した。二人はコーンウォール連隊か、ロイヤル・イースト・ケント連隊（通称「バフズ」）で、長い伝統がある）に入ることを望んでいたのだ。募集所を去るときに最初の日の給料として一シリング六ペンスを貰い、誇らしい気持ちになった。

ある音楽ホールで二人は一晩過ごし、次の日には出発の準備をした。翌朝、ヴィクトリア駅に行進する前、「あらゆる階級、あらゆるタイプの人々」が整列したホワイトホールで、ジミーとアルバートも糧食用の金銭を受け取った。チチェスター兵舎に着き、なんとか「バフズ」に移してもらえるようにしてもらった二人は、パーフリートのキャンプで訓練を始めるよう即刻派遣された。ここで二人は午前中、みすぼらしい平服を着ている大隊の兵士や、山高帽をかぶったり、カーキ色のチュニックを着たり、普通のズボンを履いている兵士たちと一緒に訓練と行進を行い、午後には座学の講義に出て過ごした。彼らはショーハムの別のキャンプに移動となり、その後ワージングの宿舎に移り、十一月になって外国派遣に備えて予防接種を受けた。ジミーとアルバートが「適確で十分訓練を受けた大隊の一員として」フォークストンを去ってフランスに向かうまで、さらに九ヵ月を要した。ジミーが後に誇らしげに回想しているように、その全員が志願兵だった。

新兵ブームは九月十二日に突然終わった。翌週、一日平均で五桁あった数字はほぼ半減し、六千三百八十二人に下落した。大衆からなる新しい軍隊は、短期間だが異常なほどの成果を上げた。八月四日から九月十二日にかけて五十万人近くが入隊したが、そのうちの三十万人以上は八月三十日以後の二週間で達成した。アスキスがさらに百万人の志願兵を議会に求めた二週間後の十一月の終わりまでには、入隊者は百万人を超えていた。

だが、新兵への応募者数は下降し続け、政府は警戒した。十月の結果は大きく落ち込み、九月の三分の二まで減少した。結果として、身長の最低基準が引き下げられ、年齢制限は三十八歳まで延長となった（新兵は四本の臼歯が全て良好な状態でなければならないとする歯の規制も緩められた）。新たな案として出てきたのが、身長百五十センチから百五十七センチの男性を対象とした「バンタム」大隊の創設だった。この発想は、ダラム州のある炭鉱夫がバーケンヘッドまで歩いて新兵募集事務所に行くたびに背が低すぎると断られたことから生まれた。結局、二十四のバンタム部隊が立ち上がった。

十一月、第一次イープルの戦いの間、新兵募集はわずかばかり改善した。イギリス遠征軍がまたしても不運に見舞われたように思われた時期だった。だが、九月のピークに近づくことはなかった。

＊

人々が「志願」する、あるいはしなければならない動機となる要因は何だったのだろうか？　そして、入隊の障害となったものは何だったのだろうか？

一般的にいって、都市部のコミュニティの方が、農村部に比べるとかなり活発な反応だった。一九一四年の秋は特に豊作で、田舎での新兵獲得が遅れるかなり大きな理由となっていた。加えて、農場経営者は労働者の賃金を上げ、農業に従事することは愛国的な行為そのもので戦場に行くことと同じくらい国の戦時の利益には欠かせないものだと労働者に思わせた。農業労働者を農場に繫ぎ止めようとしたとして、農場経営者が非難されたこともあった。

田舎では、特に辺鄙なところでは、新兵募集担当者が普通の人々に、戦争の基本的な事実を理解してもらうだけでなく、状況の重大性を伝えるのに困難を伴うことが多かった。八月末、「慌しい都会に住んでいる人々は田舎の人々が何も知らず、信じ難いほど無関心だということを理解できない」と、「ある村人」が「ザ・タイムズ」紙に投書した。「危険があるといっても極力矮小化し、他のところで必要なことは全てやっているから何もしなくてよいと妄信している」。ヘイワーズ・ヒースのラス師は、幻灯機を使って戦争についての講義を行えば「なかなか理解してもらえない」状況を打開できるかもしれないと提案した。コーンウォール州のはずれでは、ある種の情報伝達サービスが役立つこともあった。地元民によると、その地方は「おぞましいほど」戦争のことを何も知らず、ある人里離れた村ではキッチナー卿がイギリス人かドイツ人かということをめぐって夫婦喧嘩が起こり、郵便配達員に解決を頼んだという話だった。

ロンドンから最も遠く、イギリスで最も貧しい地方の一つであるコーンウォール州には全国ニュースが届かないことが多く、いずれにせよ、今起こっている出来事が人々の関心の的となることはめったになかった。モンスの戦いのニュースはこの地方にも伝えられたが、国中の男性たちが新兵募集事務所に殺到した八月の終わりから九月初めにかけても、この地方の新兵の数はわずか七名だった。この数と、新兵募集集会への出席者が少ない理由が地元紙に掲載された。コーンウォール州の多くの人々の心には今なお、前年に粘土鉱夫が行ったストライキを粉砕するため当局が用いた残虐なやり方に対する心の痛みが残っていた。ある集会で、「私たちは忘れない」という声が上がった。ある粘土鉱夫が記者にこう述べた。「地主に戦いに行かせるといい。俺たちに何の関係があるのか」。

「愛国心のないデボン」として有名な隣のデボン州の入隊数は一九一四年の全国平均以下のままだった。戦争に対する一般的な態度は、十分考えた末に無関心を決め込んでいるようだった。確かに最初の頃、国の新兵募集はカタツムリのようにゆっくりしたペースで進んでいたが、それでもこうした状況は変わらなかった。開戦から七週間経ち、議会新兵募集委員会デボン支部がつくられた。特に国の南部と東部では、新兵募集所を探すには遠くまで歩いていかなければならないという問題が依然として存在していた。要するに、デボン州が戦争を受け入れるには、明らかに危機感が欠けていた。地元紙は新兵募集の広告を出せなかったし、紙面に戦争のニュースはほとんど載らなかった。郵便局、タウンホール、レストラン、パブに貼られたポスターは引き裂かれたし、新兵募集所の建物は襲撃を受けた。ナショナル・サービス・リーグが派遣した新兵募集担当者はよく目にする存在となっていたが、各家庭を回り、軍に入ることのできる年齢の男性に圧力をかけ追い立てて志願させようとするやり方は、住民にひどく嫌われた。愛国的な義務を果たすために志願するよう求めても反応がないことに切羽詰まり、議会新兵募集委員会は「デボンの男性」に宛てた七頁のパンフレットを発行した。そこには、「イギリスの歴史の中で母国がこれほど大きな務めを背負い、これほど恐ろしい危険に遭遇したことはない」と書かれていた。

都市部のコミュニティでは経済的な必要が、戦争初期に多くの人が入隊せざるをえない重要な要因となっていた。多くの産業が生産制限による打撃を受けていたのだ。七月に二・八％だった失業率は八月に七％となり、九月にはわずかに落ちて五・九％になり、その後連続して下がり続けた。八月後半と九月初めの新兵ブームは、広がった景気後退と軌を一にしており、多くの男性は単純に他で食えなくなったから入隊したのだ。

失業率は、最初に軍旗のもとに人々が押し寄せたことについて理にかなった説明となりうるが、謎が多く残るのは、労働者階級の男性が比較的給料の良い仕事から離れて軍隊に加わったのはなぜかという問題だ。一九一四年、兵士の給料は週八シリング九ペンスだった（農業労働者と同額だった）。それに食料手当てと衣料手当てが加わり、十二シリング九ペンスが給付された。これは平均的な週当たり賃金、たとえば警察官（七十二シリング）や炭鉱労働者（三十三シリング）、建設労働者（二十九シリング）と比べると、かなり低い金額だった。

だが当時は、あらゆる社会階級を超えて、男性に入隊を促すことになるさまざまなプレッシャーが存在した。中流、上流階級で私学に通った人々には、同窓生の絆という上からの圧力がかかっていた。強力な軍の倫理を取り入れていたルトランドのアピンガム校の卒業生の一人は八月の終わりに、同窓生であるJ・E・B・グレイに、これまで入隊していないのは恥ずべきことだと手紙を書いた。

君のような強い男が国のためにまだ何もしていないということを考えると、本当に「恥ずかしく」なる。これは私の意見というだけでなく、務めを果たしている全アピンガム卒業生の意見だ。陸軍省のリストに将校になれそうな人物として二万六千人の名が挙がっている。現在、私たち「見込みのある者たち」は「法学院」のOTC（士官訓練隊）と一緒に毎日訓練している。開戦以来、ほとんどの者が入隊した。君は忌避者だと思う！　君がすべきことはすぐに軍に入隊することだ。兵士は楽しい仕事だ。信じていい。急いで君を必要としている国のために仕事をしろ。他の者を待つのではなくて君がリードしろ！

コミュニティの特別な関係と忠誠心、共通の利害といった感覚が、「パルズ」大隊として知られる新兵募集のやり方において最も強い力を発揮した。家族、友人、仕事仲間とともに、この大隊に志願する形を取るのだ。知り合いと一緒にいられるなら進んで軍に入隊する可能性があるという発想を閃いたのは、陸軍省の新兵募集事務局長ヘンリー・ローリンソン少将だった。ローリンソンは金融街のシティで働いている人々で構成される大隊を立ち上げたが、八月二十七日までに千六百人を数えるほどになった。だが、地方で採用された、同一の地方出身者で構成する大隊の例をつくったのはリバプールのダービー卿だった。八月二十八日に同市で行われた新兵募集集会で、ダービー卿は地元民だけからなる大隊を立ち上げようと思うと発表した。数日のうちに満足のいく数が集まり、四つの大隊に編成された。

バーミンガムとリーズは、市民としてのプライドを表現する形で独自の大隊を即座に立ち上げた町だった（九月半ば以後、陸軍省は政府の意に沿ったタイムテーブルに従って認可されない限り、地元部隊を新たに立ち上げることを禁じた）。大隊の中には労働者階級の新兵で構成されるものもあったが、全体としてのこの計画の主眼は、中流階級の新兵を社会的に受容できるようにすることにあった。同一の背景を持ち、身体的な技術を大して持たない多くの若者が一つの部隊として一緒に志願してほしいという、はっきりした階級意識があった。リーズでは弁護士や教師、店員、徴税官、年季奉公の事務員からなる千人の大隊が立ち上がった。興奮した二万人の群衆が、できたばかりの駅から仲間たちを見送った。好奇心から一瞥されるだけでそれ以上のことがない普通の新兵の控えめな出発と比べると対照的だったと、十月にリーズの地元紙が報じた。

スポーツの世界では、多くのラグビー選手がパルズ大隊のグループに加わったため、戦争が始まって間もなく、シーズンを断念せざるをえなくなった。逆にサッカーは、一九一四年の秋を通じて一般の人々から批判を集めるようになり、戦争中は自主的にゲームを断念せよという要求にサッカー協会は直面した。「デイリー・クロニクル」紙は、「戦争で戦う年齢にあって身体的にもピークにあるおよそ二千人が、軍旗のもとで務めている人々を惹きつける試合を行うために毎週雇用されている」と見ていた。ハーフタイムのときに軍曹が行う新兵募集演説が、土曜日の対戦では当たり前の風景となった。演説が目覚ましい成果を上げることはほとんどなかった。マイケル・マクドナーは、グラウンドの周囲をうろつくサンドイッチマンの広告に、永遠の救済に関する福音のメッセージが見られなくなったことに気づいた。福音のメッセージは、「君は戦争が続いていることを忘れてないか？」と観客に詰問するポスターに置き換わっていた。十二月、サッカー選手大隊を立ち上げる一般集会がフルハムタウンホールで開催された。座長の議員ウィリアム・ジョインソン＝ヒックスはサッカー選手に、ドイツの虐殺の脅威から妻と娘を守るために志願するよう呼びかけた。プロサッカーの試合は戦時には一シーズンしか行われず、翌春まで休止となった。

雇用主は人々に入隊を勧めて圧力をかける特別な立場にあった。グロースターシャー州のウェミス卿やカンバーランドのロンズデール伯爵など大地主の中には（ロンズデール伯爵は競馬のときに自分の馬に使う色でポスターをつくり「君は男かそれともねずみか」と書いた）、領地の召使に入隊しなければ解雇すると脅しをかける者や、新兵募集事務所まで送り届ける者までいた。バッキンガムシャー州ビコンズフィールドのバーナム卿は入隊する心積もりのある領地の労働者にそれぞれ十ポンド提供した。十一月、バッキンガム宮殿は国王の召使八十九人以上が戦線に行ったため、議会の開催時に国王の馬車が使えないと知らしめた。

ロンドンのウエスト・エンドにある贅沢な装飾品店アクアスキュータム社は「タトラー」誌に、「国の求めに応じるため十九歳から三十歳までの独身男性が絶対に必要だと考える」という広告を出した。アクアスキュータム社は「現在の従業員には給料の半額を支払い、志願兵が戻るのを待っていることを約束し」、親が志願兵に経済的に頼っている場合には「勤務中の給料を全額支払う」と申し出た。

従業員に行う申し出がこれほど寛大でない会社も少なからずあった。イギリス中を歩いて「列車で、路面電車で、酒場で人々の話を聞き……戦争の話をする」ジャーナリストとなる契約をしたエドワード・トマスは、行く先々で、雇用主が入隊を促すため解雇したという話を聞かされた。「『無理やり追い立てたのではないのだが、勧めてきたんだ』とある人が言った……彼らは『政府』が雇用主にやらせているとし、『フェアじゃないとは思わない』とか『徴兵に近い。無頓着な者だけが高い賃金をあきらめて、妻をチャリティに委ねるんだ』と述べた」。

若いデプトフォード鉄工所の事務員ジョン・リドリーは、母親からは「もう少し待って」と助言されたが、九月初めには志願したいと強く考えるようになった。働いている製鉄工場は次の二ヵ月は材料がなく、会社を閉じる懸念があった。本社から従業員に宛てて、入隊した者は除隊後「できるだけ」仕事を見つけるというメモが出された。「あまり寛大とは言えないと思う」とリドリーは母親に伝えた。数日後、リドリーはもっと良い知らせを書いて送ることができた。上司が、志願するなら「何かあるまで半額の給与を支払う」と述べたのだ。その間、リドリーは母親に軍に入隊することに反対しているのを再検討してほしいと頼んだ。「僕は通りを歩いていると本当に恥ずかしい思いをしています。事実、ある地区の女の子は軍服を着ていない若者に白い羽を手渡しているという話を聞いています」。

アーノルド・ベネットがアメリカ市場に向けて執筆し、一九一四年十月に「コリアーズ・ウィークリー」誌に掲載した「白い羽――イギリスの新兵募集の素描」は、妻子ある男が軍に入隊する余地がないことがわかるという状況を捉えた話だ。この時事問題を扱う小説の中で、セドリック・ローリンソンは、自分が管理職となって働いている製造業社が入隊する従業員には戻れる場所を用意し、兵士としての給料と会社の給料との差額を会社が払うことを知る。

ローリンソンは妻に、将校となる許可を求めるつもりだと話す。「妻は驚いてまじめに答える。『私もそのことを考えていたの』。一瞬のうちに二人とも問題が解決したことを悟る。夫は行かなければならない……妻は泣き、夫のために用意を始める」。

だが、社長のホーカー・マフィック（Hawker Maffick　タカ派で戦争に浮かれる人物を連想させる名前）――「ザ・タイムズ」紙と「モーニング・ポスト」紙に「忌避者」に宛ててメッセージを寄せ、「軍に入隊する自信がない若者たちにコットンとウールとガラスのケースがただで配られる」と書いた独特の人物――はローリンソンに対し、会社は肉体労働者には金を払うが、給料がもっと高い管理職に払う気はないと告げる。

ローリンソンは入隊すれば家族が困難に陥ることを知る。「彼は国と家族の間で選択をしなければならなくなる。そして選ぶ」。彼はホーカー・マフィックに告げる。「そうですか……私はここに残らなければなりません」。

その晩の帰途、ローリンソンはきれいに着飾った三人の女の子に出会う。そのうちの一人が白い羽をチョッキに押し込んで、こう言う。「あなたに欠けているものよ。臆病ね。どうして入隊しないの？」。

＊

新兵のタイプは実際、一様ではない。だが、大多数はくすんだ色の衣服と帽子を身につけ、顔色が悪く痩せていて、身長が百六十七センチくらいだ……清潔だったり、薄汚れていたり——中には工場からまっすぐ来た者もいる——年齢も姿もさまざまだ。次々にやって来る。浮浪者と思われる者もいる。はるかに多いのが労働者だ。ニューカッスルで二百五十人の一団の話を聞いた。一週間に二ポンド以上稼ぐ者は一人もいない。飛び飛びに明るい、多くは褐色系の色の服を着ている日焼けした農業労働者がいる。青い顔をしてくすんだ色の服を着た人々とは対照的で、まるで市松模様のようだ。通りからこうした人々の姿が消えることはない。

九月の新兵ブームの間、エドワード・トマスは列に並んでいる新兵を描き、外見が一様でないことを強調した。一九一四年に入隊を志願した人々のそれぞれの動機についても同じことが言えそうだった。軍へ入るよう促した要因は、個人の性質がそれぞれ違っているのと同じように、複雑で多様だった。

八月末に「わが国のために戦って死ぬことほど嬉しいことはないと思う」と書いたブルース・ベイリー大尉のような人々にとっては、愛国的な義務感が抜きん出ていたのは間違いない。冒険的な生活を求め、単調な生活を変えるチャンスだと歓迎している者もいた。リーズ近くのヤーンリーに住むエドワード・ロビンソンは、愛国心はそれほど深いものでもなく、ベルギーでの虐殺行為も「それほど効果がなかった」が、「行き場がなく将来が見えない退屈な生活に」恐ろしいほどうんざりしていた。

多くの人々は友人と付き合ったり、一日一シリングの収入を得たり、あるいは妻子に対する責任から逃れる機会だと喜んだ。新兵の中にはもっと悪い動機を持っていた者もいた。軍でやり直して新しいアイデンティティをつくり、犯罪者としての過去から逃れたいと考えたのだ。ほとんどの者は熱狂的な愛国心の大波に乗って志願したのではなかった。大部分は入隊前に時期を探り、国が自分の力を必要とするのはいつなのかを現実的な目で確認し、不在の間は生活手当てを支払うなど、家族に対する国の十分なフォローを確信するまで待った（女性の「過剰な飲酒」の原因の一端が、こうした手当ての支給の遅れによって生じる不安からきていた。政府は十一月の初めに、女性が午前十一時半まで人前で酒を飲まないよう、新たな命令を出すことになったのだ）。

男性の入隊の決意に対して、親や妻の反応もさまざまだった。息子に軍に入隊しないように説得しようとした母親――息子が母親の許可なく志願したと知らせてきた手紙の一番上に「胸が張り裂ける思い」と書いたロンドン南東部ペッカムのミセス・タリーのように――に対し、積極的に息子に戦地に赴くよう求めた母親、あるいは行かせた方が良いのかそうでないのか二律背反する気持ちを表した母親もいた。エイダ・リースの息子ハロルドは戦争が始まったとき、ケンブリッジ大学で医学を学んでいた。ハロルドは大学の士官訓練隊を通して任官しようと考えたが、あまりにも金がかかるという理由で父親がそれを禁じた。その結果、ハロルドが軍に入隊する「情熱を失ったこと」から、母親は「恥ずかしい思い」をし、「私が知る限り、何もしないでいることを許された唯一の少年」になってしまったと思い心の中で苛立ちを覚え、「この熱のこもった大きな動きから息子がはみ出してしまったために、息子に何らかの道徳的な影響が及ぶのではないか」と不安になった。

議論の余地がないのは、家族であれ友人であれ、全く知らない人であれ、入隊するよう圧力をかけたのが誰であったとしても、その圧力が圧倒的に大きなものとなり、戦争の初期の段階では抗うのが困難になることがよくあったことだ。一九一四年の秋、ウィリアム・オーチャードが父親宛てに書いた手紙で、志願した理由をこう綴っている。

大雇用主が軍に入って務めを果たすよう若い従業員に強要し、解雇している最中です。どんな理由であっても、入隊しない者は臆病者、忌避者と見られています。だから、僕の気持ちをわかってくれると思います。

臆病者と思われるのはがまんできません……僕はフィル（ウィリアムのガールフレンド）に……強制されなければ入隊しないけれど、そうしないわけにはいかないのだと伝えました。

これがイギリスのすばらしいボランティア精神の表れだったのか、それとも裏の手を使った徴兵に他ならなかったのか？　十二月に「バイスタンダー」誌に出た記事は、この違いについて次のように述べている。

地主、教区牧師、引退した将校、雇い主、学校の教師、新聞の論説委員、政治家、風刺画家、詩人、歌手、年配の女性に熱心に勧められた結果として軍服を身につけた男性は、志願兵とはいえない。彼らは徴兵された兵士だ。適切でない人々に、適切でないやり方で徴兵されたのだ。

薄れゆく希望

感覚がないままに、何度も放り出され、手足を失う。

弾痕から弾痕へ。これで罪が贖える。

だが、誰が子どもたちのところへ戻してくれるのか？


平時、この田舎の丘陵に広がる緑に輝くブナの森はさらに深く続き、美しい自然に恵まれた地として有名だった。だが、戦争が始まって数ヵ月を経た一九一四年十一月には、不気味な雰囲気が漂っていた。

イギリス人将校とイギリス国教会の牧師を含む小さな一団が赤十字の自動車に乗り、パリの北東八十キロほどにあるヴィレル＝コトレの町に向かった。一行はそこからヴィヴィエールに向かう道を少し先に進んで森の端で停車し、発見された集団墓地を調べ始めた。

墓にはシンプルな木の十字架が建てられていて、上に常緑樹の葉でつくった輪飾りがかかっていた。カーキ色の軍帽が数多く近くで見つかり、イギリスの兵士たちがこの森に埋葬されていることを暗示していた。それは、十字架にフランス語で書かれた墓碑銘から確認された。近くにある一本の木には、紫の色鉛筆でドイツ語の綴りで何か書いてあった。だが、墓碑銘はほとんど判読できず、埋葬されている人の数が二十人なのか二百人なのかわかりようもなかった。

表面のぬかった土の下には、かすかに腐敗臭を感じる乾いた粉っぽい土があった。十一月の薄暗い日のもとで、できるだけ早く仕事を終えようと、六人の労働者が急いで地面を掘り下げた。埋葬の穴は長さ七・五メートル、幅五メートルほどのものであることがわかった。初日の夕方までに、少なくとも二十人の遺体が掘り出された。さらに下に掘り進めればもっと多くの遺体が出てくるのは明らかで、倒れるやいなや慌てて穴の中に放り込まれたかのように、遺体は乱雑に詰め込まれていた。

翌日、さらに六十人の遺体が掘り出され、検証が行われた。身分証明書が抜き取られた兵士の遺体もあった。いずれにしても、遺体から身元を確認するのは不可能だった。損傷が激しく、土と血で覆われており、顔が識別できないことが多かったからだ。

三日目の朝、八十人近くの遺体が発掘されたとき、衣服から初めて将校のものだと判明した亡骸が穴から引き上げられ、地表に置かれた。二人目の将校の亡骸には身分証明書が入っており、続いて三人目の遺体が見つかった。三人目の将校の遺体には身分証明書がなく、乗馬用の長靴がなくなっていたが、ボタンと制服からアイルランド近衛連隊の将校の遺体であることが明らかだった。その場にいた一団のうちの一人がハンカチで顔を押さえ、感情を抑えようと努めていた。遺体の様子から、この亡骸は自分の兄弟に違いないと思ったのだ。軍服の袖を持ち上げたとき、将校の名が刻まれた小さな金時計が出てきた。不確実な部分は全て取り除かれた。この遺体を他の遺体の横に並べ、ほとんど息を継ぐ間もなく、不気味な作業が再開した。

＊

イギリスの内閣が、フランスを支援すべきかどうか悩ましい問題で分裂していた八月の初めの頃、十八歳のジョージ・セシルは、アスキス内閣が同盟国に対する義務を果たすことができないのなら、近衛歩兵連隊を辞めてフランス外人部隊に入りたいと宣言した。

1914年11月、北フランス、ヴィレル＝コトレの墓。

宣戦が行われると、ジョージがイギリスにいる時間がわずかしか残されていないことがすぐに明らかになった。第四近衛旅団に加わり最初のイギリス遠征軍の部隊とともに戦線に派遣されることになる前日の八月十一日、ジョージは母親のヴァイオレット・セシルと一緒に夕食を摂った。ピカデリーにあるリッツホテルの真後ろ、アーリントン・ストリート二十番地にあるセシル家のロンドンの屋敷で二人は会った。ヴァイオレットはジョージがひどく神経質になっている様子に気づいた。「興奮と不安と疲労の緊張がずっと続いているのがわかった」と彼女は後に回想している。ジョージはほとんど何も食べなかった。ディナーが終わるとジョージはタクシーに乗ってギャリック・クラブに行き、翌日の早朝には「遺言」を書き、封をして母親に送った。「コックス（ジョージの銀行）が最悪のことが起こった場合にだけ、この遺言状をお母さんに送ることになっています」と、ジョージは母親に述べた。ジョージは自分の取り分と銀行の通帳に入っている現金を妹のヘレンに持たせてほしいと頼んだ。エジプト政府の財務顧問として同国に行っていた父親のエドワード・セシル卿には、ジョージの時計を送ってほしいと頼んでいた。「約束を守ってくださいね。結局、形見のようなものです……僕の持ち物は少しですから、後はお母さんがいいように分けてください。どうぞお元気で」。

八月十二日は「焼け付くような暑い日」だった。チェルシーの兵舎では、ジョージが所属する第二近衛歩兵連隊の大隊が最後にヴィクトリア駅を出発した。「兄が兵舎の広場を去った後、記憶にある限りでは初めて、母が泣いていた」とヘレン・セシルは日記に書いた。兵士たちがカウドー・キャッスル号に乗ってサウサンプトンを出発しル・アーヴルまで海峡を渡るに際し、最後の別れの場となったのがヴォークスホール近くのナイン・エルムズ駅だった。楽団が「国王よ永遠なれ」を演奏する中、プラットホームを駆けてヴァイオレットとヘレンは駅を出る汽車の窓越しにプラムと梨の入った籠を渡すことができた。兵士の喝采の声で「恐ろしいほどの」大きな音が広がっていた。「どの窓にも手が三本も四本も差し伸べられていた」。ヴァイオレットが息子を最後に見たときの姿は、息子の友だちのジョン・マナーズの後ろで「興奮して輝いている顔」だった。ヴァイオレットは汽車が見えなくなるまで手を振っていた。「耐え難かったのは、汽車が行ってしまったときに母が泣き崩れる姿だった」。

家族宛ての最初の手紙で、ジョージは母親と妹に、猛烈に暑いこと、腸チフスの予防接種をしたこと、事態は「比較的平和」であることを伝えた。初めヴァイオレットは「銃弾のことより」、息子の健康のことを心配していた。ヴァイオレットは「十八歳のあなたが戦線でこんな緊張を強いられることは、私には常軌を逸したことだと思えます」と書いた。八月二十七日、ジョージは第二歩兵連隊がモンスから退却した後、北フランスのピカルディ地域で確保した地点からさらに不吉な様子を知らせる手紙を書いた。「僕たちは奮闘しています」。ジョージらしくない、読みにくい文字だった。揺れ動く蝋燭の光のもと、鉛筆でなんとか書かれたものだった。「僕たちは戦線までまっすぐに突き進んでいます。今晩、夕食のために腰を下ろしたそのとき、敵の騎兵隊が町のすぐ近──〔ママ〕くに姿を見せたという警報がありました。すぐ激しい銃声が聞こえました」。

ケント州とサセックス州の境にあり、残骸のように放置されていたヴァイオレットの家グレート・ウィグセルはジェームズ一世時代の荘園として修繕され、彼女はそこで新しい知らせを不安な気持ちで待っていた。ヴァイオレットは、何千キロも離れたカイロにいる夫のエドワード・セシル卿に、ジョージの動きがほとんどわからないと知らせた。不安のため、ヴァイオレットは体調を崩した。彼女は眠れなくなり、八月二十三日のモンスの戦いの日には午前六時半に目が覚めた。ライフルの音が聞こえたように思ったのだ。九月四日と五日、ヴァイオレットは「一九一四年の戦争日記」に、たちの悪いかすかな発作が起こって立てなくなったと書き、「毎日が心配でたまらないから」と付け加えた。

＊

ヴァイオレット・セシル——「レディ・ネッド」、正式にはレディ・エドワード・ハーバート・ガスコイン＝セシルと呼ばれる——は四十二歳で、同世代の中では最も際立った女性の一人だった。ヴァイオレットは名家の出身だった。父親のフレデリック・マックシー海軍大将はクリミア戦争の英雄だった。兄のアイヴァー・マックシーはフランスに出兵した第一近衛兵連隊を指揮する准将だった（別の兄弟レオは、右翼誌「ナショナル・レヴュー」の編集者だった）。マックシー家の子どもたちはいずれも熱烈な帝国主義者で、フランスびいきだった。ヴァイオレット自身もフランスが好きで、若いときにはセーヌ左岸のサンジェルマン通りの近くで絵画を習ったことがあった。ヴァイオレットは情熱的に芸術と文学に惹きつけられた。ヴァイオレットはパリでバーン＝ジョーンズが賞賛していたドガに会い、両親の友人の付き合いを通じてジョージ・メレディス、オスカー・ワイルドと知り合いになった。パリにいる間、ヴァイオレットは後のフランス首相ジョルジュ・クレマンソーと生涯にわたる友となった。

ヴァイオレットは気が強く、負けず嫌いで闘争心が強かった（「フランス革命や他のことでマックシー家の人たちと議論してはだめだぞ。力を無駄にすることになる」とエドワード卿は子どもたちに注意した）。こうした性格に加えて、もともと急進的な考え方や無神論者に与したこともあって、ヴァイオレットはハットフィールドの夫の家族セシル家から良く思われなかった。エドワード・セシル卿は保守党党首で首相を三度務めたロバート、すなわちソールズベリ侯の四男で、一八九四年の嵐のようなロマンスの後、ヴァイオレットと結婚した。結婚登記の署名には、ソールズベリ、バルフォア、アスキス、ジョゼフ・チェンバレンの名が連なった。花婿が今後、政界で大きなものを引き継ぐことになることを示すものだった。一方、花嫁の芸術志向は、結婚式に出席した六人の詩人がその象徴だった。アルフレッド・オースティン、ジョージ・メレディス、アルフレッド・ライアル、エドワード・アーノルド、オスカー・ワイルド、加えてウィルフレッド・スコーエン・ブラントである。

ジョージナ・ソールズベリは、ハットフィールドが新しい嫁を「ねじ伏せる」に違いないと自信たっぷりに予言した。だが、家も家族もヴァイオレットを飼い慣らすことはできなかった。セシル家の人々は社交界でのヴァイオレットの「負けず嫌いな」会話、贅沢さ、オートクチュールへの愛着、ハットフィールドでは浴室が二つしかないのにいつもお湯をためておくことを快く思わなかった。特に、ヴァイオレットが「異教徒」であることを嘆いていた。セシル家の人々は敬虔な国教徒で、宗教は家族の生活にとって不可欠だった。「セシル家の人々のなくてはならぬ大事なものには鍵があり、その鍵はイギリス国教会の中にあると確信していた」とヴァイオレットは書いたことがある。結婚したばかりの頃、セシル家のさまざまな者がこの異教徒を神に近づけようと試みたがうまくいかなかった。一度は指導のため、ヴァイオレットは後にロンドン司教となるアーサー・ウィニントン＝イングラムのもとに送り込まれたこともあった。「何時間か一緒に過ごしたが、また来るようにとは言われなかった」とヴァイオレットは回想している。

「ニグズ」――家族はエドワード卿のことをこう呼んでいた――の頭の良い妻が、回転の鈍いエドワードに良い影響を及ぼしてくれるのではないか、というセシル家の希望はほとんど叶わなかった。エドワード卿には気持ちが浮き沈みすることがあり、自分の精神状態に不安を感じ悩むこともあったが、特有のひょうきんな一面もあった。若い頃、エドワード卿はサンドハースト王立士官学校の入学試験を受けたが合格しなかった。代わりに地元の市民軍に志願して入り、首相だった父親から軍の司令官ケンブリッジ公爵に取りなしてもらい近衛歩兵連隊に移ったのだ。

以後、エドワード卿のキャリアは約束された。アイルランド駐屯イギリス軍の総指揮をとるウルズリー卿の副官となり、結婚後すぐ、エジプト軍司令官サー・ハーバート・キッチナーの副官として任命された。スーダン征服の前夜のことだった。エドワード卿は一八九八年九月にオムドゥルマンの戦場でダルヴィーシュとの戦闘に従軍した。「敵のことを人間だとは思わなかったからわくわくし、少しも残酷とは思わなかった」とエドワード卿は兄のロバートに述べている。翌年夏、エドワード卿は南アフリカ行きを拝命した。戦争が始まると、二百十七日に及ぶマフェキング包囲戦の試練に耐えた。その後、エドワード卿はマフェキングでの経験をあえて人に語ることができなくなったが、イギリス政府が必要と考えた貯蔵品の四倍にあたる糧食を彼が貯めていたことは、マフェキングの町が生き延びるうえで決定的な要因となったことは間違いなかった。

一九〇〇年五月のマフェキングの解放によって、ヴァイオレットとエドワード卿の長く続いた別居生活は終了した。だが、これが二人の長く続くことになる仲違いと、結果的に生じることになる結婚の破綻の始まりとなった。ヴァイオレットは夫と一緒に南アフリカに旅行してケープタウンに滞在し、セシル・ローズと彼の領地グルート・シャーで過ごし、イギリス高等弁務官サー・アルフレッド・ミルナーと公邸で過ごした。滞在中、ヴァイオレットは軍事病院改善のため運動を行った。だが、エドワード卿が一九〇一年春にエジプトに出発し、その後エジプト軍に出向することになったが、ヴァイオレットは同行を拒否した。ヴァイオレットはアルフレッド・ミルナーと恋仲になっており、貴族に叙されたミルナーがボーア戦争が終わってロンドンに行くと、英雄として迎えられた。すでに人目を忍びミルナーの愛人となっていたヴァイオレットは、彼がイギリスに永久帰国しカンタベリー近くのスタリー・コートの農場に落ち着いた一九〇七年以後、いつも一緒にいるようになった。その頃になると、ヴァイオレットとエドワード卿が会うのは、エドワード卿が毎年春か夏に休暇で帰国する一～二ヵ月に限られるようになっていた。

結婚により生まれた二人の子どもたちにとっては、当然つらいことだった。ジョージは一八九五年に生まれ、ヘレンは六歳年下だった。父親は不在だったが、子どもたちはグレート・ウィグセルの新居で元気に過ごした。そこは一九〇六年にヴァイオレットとエドワード卿が資金をかき集めて建てた屋敷だった。サセックス・ウィールドの豊かな森に囲まれた薄い金色の石造りの家で、二十五エーカーの農場と農業用の建物があった。グレート・ウィグセルと双子の建物であるベイツマンのジャコバン屋敷は十二キロ離れたバーウォッシュ・バレーにあり、ヴァイオレットの親しい友人ラドヤード・キプリングとアメリカ人の妻キャリー、それにジョンとエルジーという二人の子どもたちが住んでいた。ヴァイオレットはキプリングの作品を熱烈に評価しており、大英帝国を通じて西洋文明を広げていこうとするキプリングの思想を共有していた。キャリーはヴァイオレットにとって数少ない親しい友人だった。言葉がきつくて感情の起伏が大きく、夫のやることを逐一観察するキャリーは嫌われることが多かったが、ヴァイオレットとキャリーは互いに信頼しあうようになった。一九一〇年に発表した『報酬と妖精』が入った子ども向けの物語集で、キプリングは自分が根を下ろそうとした田舎に永遠性を与えようとした。歴史的な妖精物語の本の序文に置いた「もし」という詩の中で、キプリングは逆境に直面したときのストイシズムの美徳と、息子のジョン（『報酬と妖精』の中に出てくる「ダン」のキャラクターの原型となっている）とまだ成人に達していない息子と同じ世代の若者たちのために、任務にひるまず立ち向かう覚悟を喚起した。

ジョン・キプリングより二歳年上のジョージ・セシルは、ウィンチェスター・カレッジに進学した。母親と息子の関係は異常と思えるほど近かった。ヴァイオレットは毎日息子に手紙を書き、息子と一緒に毎年パリを旅行し、ある折には間もなくフランスの首相となるクレマンソーを交えて食事をした。ジョージは「少しもしゃしゃり出るようなところがなく自分をわきまえている」とヴァイオレットは誇らしげに書き留めた。ヴァイオレットと同じように、ジョージには実際的でないこと全てを嫌うところがあり、ヴァイオレットの性格の強さを受け継いでいた。「僕はこう思う」というのがジョージらしい言い方だった。

子どもの頃のことだ。歩いたり話したりできるようになるとすぐ、ジョージは軍に魅力を感じた。父がマフェキングで包囲されたとき、ジョージはおもちゃの大砲をもらった。子ども部屋に並べたおもちゃのボーア人に豆を放つのだ。マフェキングが解放されエドワード卿が釈放されると、四歳のジョージはハットフィールド・パークで行われた祝典で主役となった。赤、白、青の蝋燭を灯し、巨大な勝利のかがり火が焚かれた。

ウィンチェスターでは多かれ少なかれ士官訓練隊に参加しなければならなかったのだが、ジョージはパレードと模擬戦争に熱心に参加した。一九一二年、ジョージはサンドハースト校の士官候補生となる賞を受賞した。「ジョージがやってきました——相変わらず賢く、新生活についてとても楽しそうに説明してくれました。とても熱心です」。ラドヤード・キプリングはロンドンのブラウンズ・ホテルでジョージと会った後、ヴァイオレットにこのように伝えた。一九一四年一月、ジョージはサンドハースト校を卒業し、かつて父親が在籍したチェルシー兵舎の部隊、第二近衛歩兵連隊に入隊した。背が高く堂々とした体つきで、ウェーブのかかったブロンド髪のジョージは、近衛歩兵の最低基準の身長を満たしていた。訓練だけでなく体の大きさも、相手にすれば恐るべき敵としてその名が知られていた。

ジョージがサンドハースト校の士官候補生だったとき、イギリス軍はドイツと戦争をすることになると予想していたことを、キプリングは後に思い出した。「僕たちはフランスの左翼を補強するために派遣されることになる——ここです！」と地図を指してジョージは述べた。「人数が足りないから僕たちはやられてしまう。でも、何としても行くべきなのです」。

九月八日、グレート・ウィグセルでヴァイオレットがちょうど服を着替え終えたときだ。ふだんと同じ時間に、ジョージの仲間の将校の一人から手紙が届いた。手紙には、ジョージが一週間前の九月一日、第四部隊の後衛としてヴィレル＝コトレの町付近で戦闘に参加した後、怪我をして消息がわからないようだと書かれていた。モンスでイギリス軍が敗れた後、第二近衛歩兵連隊は十日間行軍して戦闘を行い、ドイツが側面に回ろうとする動きを霍乱しようとした。ヴィレル＝コトレの三キロほど北にあるロン・ド・ラ・レーヌという名の森を巡回捜査し、ジョージの部隊は一日の朝、陣を敷いた。だが、木々の葉が生い茂っていたため、東からやって来る敵の第三十五連隊ブランデンブルク部隊を見つけることができなかった。森に囲まれた小さな空間で、ジョージの小隊は反撃しようと命を賭けた絶望的な戦闘をした。仲間のコールドストリーム近衛連隊とアイルランド近衛連隊の退却を援護するため、銃剣でドイツ軍と戦った。「敵は四方から襲いかかった」。後年、キプリングはアイルランド近衛連隊史の中でこう書いている。「暗い森の中で視界が遮られた戦闘となり、ときおり、騎馬道を横切る兵士が見えたり、木の幹の後ろから銃が発射されたりするのを聞いた」。

この戦闘後に行方不明となった近衛歩兵は将校三名と「その他の階級」百六十名で、その中にジョージと友人の少尉ジョン・マナーズが含まれていた。ヴァイオレットはなんとか感情を抑え、エドワード卿に電報を打って息子に関する恐ろしい知らせを伝えた。エドワードだけには、ヴァイオレットは「大切な、大切な子どもが」「きれいな顔に恐ろしい傷を負って——苦しんで——苦しんでいる」夢にうなされ続けていることを吐露することができた。

続く数週間、良い知らせを祈る人々から次々に来る手紙の洪水に、ヴァイオレットは丁寧に返事を送った。ヴァイオレットはジョージのことを心配して手紙を送ってくれたことに感謝し、彼が「十日間」の行軍と戦闘をよく頑張ったことを誇りに思ったが、「何か話を聞けるまで、恐ろしいほど心配だ。野蛮な敵の中で『行方不明』というのはあまりにも意味が大きい」。

至近距離で放たれる銃弾の嵐の中でジョージは生存できるのか？　ヴァイオレットは可能性のあるさまざまなシナリオにこだわった。フランスの病院で誰とも識別されずに横たわっているかもしれない。戦争捕虜になっているのかもしれない。あるいは、最も恐ろしい可能性だが、ジョージはフランスの民家に隠れているが怪我がひどくて動けないのかもしれない。「ジョージにはいろいろな資質が備わっていて、頭も良いということにすがっている」とヴァイオレットは書いた。「でも、あまりにも具合が悪くて考えることができないのかもしれない」。

一つ確かなことがあった。ヴァイオレットは新たなニュースを待つ間、家にじっとしてはいなかった。「息子は私にとって世界の全てです。あらゆる手段を講じたいのです」とヴァイオレットは近衛歩兵の一人であるフィリップ・アシュワースに述べた。ヴァイオレットはジョージの運命についてさらに情報を確かめようと、あらゆるコネを使った。ロッテルダムのイギリス領事館で働いていた従兄弟のアーネスト・マックシーはドイツがジョージを捕虜としているのかどうか調査するよう頼まれた。ヴァイオレットはロンドンに行き、「恐ろしいほど落胆し、とても具合が悪く見え」たが、陸軍省とロンドン駐在アメリカ大使ウォルター・ハインズ・ページに同じように頼んだ。だが、全て失敗に終わった。「これまでのところ、ドイツは陸軍事務所を開いて、負傷者の名前と状況を伝えることを拒否しています」とヴァイオレットはエドワード卿に説明した。ヴァイオレットはジョルジュ・クレマンソーにも頼んだが、調査の後、どの村にも病院にも家にもジョージの痕跡をたどることができなかったと伝えてきた。個人的には、ヴァイオレットの息子はドイツの捕虜となっているとクレマンソーは考えた。

義兄弟のロバート・セシル卿を通じて、ヴァイオレットは負傷者および行方不明者調査事務所（以下、調査事務所）に支援を求めることができた。イギリスの赤十字教会のボランティアの小さなグループがパリで事務所を立ち上げている途中だった。ロバート・セシルは末席の保守党議員で、彼が支持した関税改革、上院の権力と女性の参政権など多くの重要問題で党の路線から外れた立場だった。フランスの赤十字のために仕事をしたことで、ロバート・セシルは次第に戦争を回避することが唯一価値のある政治目的だと確信するようになった。

戦争当初、調査事務所の仕事に関するニュースが口伝えに、また紙上で拡散した。行方不明になった将校の運命を調べるという小さな流れから始まった調査事務所の仕事は、他の階級、特に一般の兵士に関する情報の要求という洪水のような大きな流れになっていった。陸軍省は親族に、「戦線にいる当該の人物は○月○日、活動中に行方不明となった」と書いた手短なメッセージを送るだけだった。調査事務所は、他に当てのない人々に支援――それに希望――を与えた。調査事務所のボランティアの調査員は病院を調べ、病棟や療養ホームをくまなく探し、行方不明者の連隊仲間に話を聞き、該当する個々人が生きているのかどうか、移ろいやすく矛盾する証拠を時間をかけて調査した。行方不明となった兵士が病院のベッドで、あるいは捕虜収容所で生きていることが判明することもあった。しかし多くの場合、事務所の仕事は夫や息子や兄弟が実際には亡くなっていることを確認する形で、家族に救いをもたらすことだった。事務所が亡くなったときの状況を伝え、埋葬された場所を確認するのだ。はっきりした情報がなく、それゆえ当事者家族の苦しみを和らげることができないというのが最悪の結果だった。

ヴァイオレットは赤十字の救急車に乗せてもらい、動転した親族のために「行方不明」になっている何百という兵士を調査するロバート・セシルと他の事務所のボランティアと一緒にヴィレル＝コトレ近くの戦場まで赴いた。ヴァイオレットは、アルフレッド・ミルナーが旅行は危険だから止めた方がいいというのを振り切り、このチャンスにしがみついた。「難しいのは、三週間も続いているエーヌの戦いがそのすぐ近くで行われていることでした」。九月末に帰国した後、ヴァイオレットはエドワード卿にこう書いた。「ヴィレル＝コトレは先週、今もだと言っておきますが――フランス軍の本部になっています」。結論から言うと、ヴァイオレットは救急車の座席を看護師に譲らなければならないと感じたが、訪問禁止の場所に行く許可を彼女に与えたクレマンソーの支援があったことと、パリ駐在アメリカ大使のマイロン・ヘリックの自動車を借りることができたことで、九月二十六日に戦場周辺に到着し、息子の痕跡を探ることができた。

ヴァイオレットはそこで「息子のサインがある」財布など、絶望的な遺品をいくつか見つけた。ドイツが占領していた間ヴィレル＝コトレに留まっていたフランス人医師の力を借りて、ヴァイオレットは病院の全患者の登録簿をチェックしたが、「私たちの三人の将校」のサインはなかった。村の女性教師は――すでにロバート・セシルが話を聞き、ドイツが連れ去った捕虜の中に「若くて大きくて顔立ちが整っていてきれいなフランス語を話す者がいた」と伝えていた（ジョージは一九一四年六月にフランス語通訳の試験に合格していた）――残念ながら質問に答えられなかった。全ては「絶望的なくらい曖昧」だった。ヴァイオレットが地元の人々から確かめることができたのは、数多くいた怪我をしていない捕虜は教会に押し込まれ、負傷したイギリス人は二つの病院に送られたということだった。

ジョージに関する調査は、最初のうちはかなり希望があるように思われたが、徐々に残酷な幻となっていった。「気まぐれに表れる希望とどうしようもない不確実性」。グレート・ウィグセルに帰ってからも続いたヴァイオレットの落胆ぶりを見たアルフレッド・ミルナーはこう表現した。帰宅するヴァイオレットを待っていたのはベルリン駐在のアメリカ合衆国領事から来た一通の電報で、そこには、「書面上は」ジョージの名が戦争捕虜としてエクス＝ラ＝シャペル（アーヘン）にいる負傷将校のリストに載っていると書かれていた。だが、ヴァイオレットの希望が膨らむ間もなく、ジョージが死亡したことを示す矛盾した報告が二つあった。一つはジョージとジョン・マナーズを埋葬したという鼓手の話で、もう一つはジョージが砲弾を受けて死亡するのを見たという帰還捕虜の話だった。

「ジョージは死んでいるはずがないと思うのですが、それは単に、最後に会ったときに元気で生き生きしていたからだけです。直観では生きていると思うのですが――理性的に考えると死んでしまっているのではないかと思います」とヴァイオレットはエドワード卿に書いた。

＊

一九一四年の秋、イギリスの貴族は軍旗のもとに率先して馳せ参じた。無駄な寄生虫だと何十年間も批判されてきた上流階級はなんとかして身の証を立てようと努め、この戦争が絶好のチャンスだと考えた。ジョージのような愛国心のある家庭出身の者は、戦争が始まったときすでに正規軍に入っていたが、国防義勇軍の中には、キッチナー卿の新軍が戦闘に備えて訓練、準備している間に重大な貢献をした者もいた。さらに、若い貴族たちは戦線に到着する前に戦争が終わってしまうのではないかと心配し、すぐに志願した。年配の大貴族は地元で新兵募集を呼びかける役割を務めた。「息子が二十人いて、そのうちの一人でも時が来たときに戦線に行こうとしなかったとしたら、恥ずかしいと思う」とダービー卿はウェスト・ランカシャー国防義勇軍協会に述べた。一方、ウェストミンスター公爵や故サザーランド公爵の妻たちのように貴顕な女性は看護の仕事に身を投じ、北フランスに病院をつくったり、ベルギーに救急隊を立ち上げたりした。

アイルランドのグラナード伯爵の息子ファーガス・フォーブズは八月二十三日にモンスの戦いで死亡した。最初に戦死した爵位のある貴族、あるいは貴族の息子となった。ウィリンドン男爵の息子とエイルズフォード伯爵の息子、デボンシャー公爵の弟とダーラム伯爵の弟は、続く二ヵ月の間に戦死した。一九一四年末までに、戦死者の数は爵位のある貴族六人、純男爵十六人、爵位のある貴族の息子九十五人、純男爵の息子八十二人となった。

王家が戦場に人を送らず、国のために十分尽くしていないのではないかと思われることに対する懸念があった。近衛歩兵連隊に籍を置いていた二十歳の皇太子は戦線に送ってもらいたいと「痛切な願い」を表明したが、キッチナー卿は「皇太子を行かせることはあらゆる点で間違っていると……同じく強い決意をしていた」。ジョージ・セシルの伯父ヒュー・セシル卿は、九月十九日にカンタベリー大主教ランドール・デビッドソンとこの問題を取り上げた。ヒュー卿は皇太子が戦死するようなことがあれば「政治的には大きな打撃」だが、「栄光ある王家」を示すことでかなりの利点があると考えた。

この戦争の犠牲はあまりにも大きく、国王が何もリスクを冒さないというのは国民が望まない。どれだけ多くの一人息子がすでに亡くなっていることか！——国王には息子が五人いる……国王に近い階級の人々の愛国的な情熱は素晴らしい。夫を南アフリカで亡くしたレディ・エアリーは三人の息子を全員、戦争終結前に戦線に送り出す計画でいる。私には戦争に行ける年齢の甥が九人いる——全員兵士になろうと志願している——二人はすでに戦場に行ったが、一人は負傷して戻り、もう一人は消息不明で捕虜となっているか戦死した可能性もある——私は自分で愛国者を気取ったりしない。九人のうち何人かでも健康診断で不適格となれば、心から嬉しいと思うに違いない——だが、他の人たちの愛国心は気になる。皇太子が戦場に行かなければ、国王の五人の息子たちにとっては重荷となろう。

九月三日、長く待たれていたイギリス遠征軍の最初の死傷者リストが発表された——「戦争の犠牲者」と新聞では見出しをつけた。九月五日、七日、十日に続報が出て、貴族の犠牲の大きさを国内に伝えた。九日に総司令部から出された「名誉の戦死者名簿」を見て、グラッドストンの娘メアリー・ドルーは大きな声を上げた。行方不明となった貴族の名前が並ぶ中に、ジョージ・セシルの名前が入っていたのだ。「新しいリストにはこうあります。オーブリー・ハーバート（カーナボン伯爵の次男）が負傷し行方不明――エドワード・セシル卿の一人息子さん。モーリス・フィッツジェラルド卿、素敵な若者。マナーズ卿夫妻の息子さん。亡くなった人、負傷した人が大勢……恐ろしくて声になりません」。

アスキスは名前が明らかになった行方不明者リストについて、発表直前の九月九日にヴェネチア・スタンリーに宛てた手紙に、ジョージ・セシルとジョン・マナーズの名前があると書き留めた。アスキスは、二人とも「あまりにも性急だから」捕虜となったのかもしれないと不安になっていた。「逆に、脱落して戻った可能性もある。『行方不明者』の多くがそうだったたし、今もそうだ」。死傷者統計の中で行方不明者の比率が異常に高いことに強い印象を抱いたのはアスキスだけではなかった。九月三日の発表では「行方不明者」の総計は四千人を超えており、将校が九十五人、その他が四千百八十三人だった。戦闘後の混乱で数えることができなかった数字の多くは、実際「脱落し、戻った」ものだった。新聞も、「ザ・タイムズ」紙が九月の後半に掲載したような注意書きを掲載した。注意書きの報じるところによると、ニューカッスルのキャノン・リスターは、赤十字を通じて先だって行方不明者リストにあった息子のG・D・リスター大尉が、前週に捕虜としてブリュッセルを通過したという話を聞いたとのことだった。だが、他の家族にとっては、エセックス州ボーアムの教区牧師デニス・ヨング師が「行方不明者のリスト＝恐ろしい不安」と表現しているように、不安が解消されるのは、愛する者の死を確認したときでしかなかった。

「デイリー・エクスプレス」紙の編集者、R・D・ブルメンフェルドの話を信じてよいのだとすると、恐ろしくも目新しかった死傷者リストはすぐに古くなった。「最初、八人から十人の死傷者が出たときに受けた衝撃は、その後に出た死傷者全部を合わせたものと同じくらい大きな話題になったものだ」と、ブルメンフェルドは十月二十四日に日記に書いた。「国民は若い少尉たちの死を、息を殺して話し合ったものだ。次第にこうしたことに馴れてきたことがはっきりした。友人たちの死の知らせを現実として受け止めている」。

だが、最初のリストは、ロレンス・ビニヨンが有名な追悼詩「倒れ行く兵士のために」を書くきっかけになったのかもしれない。九月二十一日に「ザ・タイムズ」紙に掲載されたこの詩は、モンスの戦いの敗北の知らせを聞いてつくられた。ビニヨンはコーンウォールの絶壁に腰を下ろし、ポルジースの海を眺めながらこの詩を書いた。中心となる節には、シェークスピアの言葉や聖書を思わせるところがあり、戦時の国民の悲しみが印象的に表現されている。

彼らは大人になることはない　残された僕たちは大人になるのに
歳をとって寂しい思いをすることがなければ、歳月を恨むこともない
太陽が沈むとき、朝が訪れるとき
僕たちは彼らのことを思い出す

＊

「恐ろしいシーソーが動いている」。ラドヤード・キプリングは十月初旬、ヴァイオレットの落胆した状況を表現して友人にこう述べた。息子の生死がわからない。慰めの手紙とお祝いの手紙が行き来し、ヴァイオレットの魂を苦しめていた。その間、何千キロも離れたところにいて、あらゆることから断絶していた父親は手紙と電報

を取っておいた。

キプリング家の人々はヴァイオレットをできるだけサポートしようとした。ラドヤードはジョージについて自分の公的な伝手を通じて調査を行うことで、ドイツ人が持っているイギリス人捕虜についての「沈黙という壁」を打開しようと考えた。「私たちのように希望を持っていて、なんてあなたに言えないわね」。キャリーは調査がうまくいかなかったことを受け、ヴァイオレットに手紙を書いた。「何もわからなかったの。捕虜のリストも見ることができなかった。ジョージが手紙を書かないってことはないわね。許されてないのよ」。ジョージが生きているかどうか心配しているときにキャリーの心の中にいつもあったのは、自分たちの息子のジョンがどうなるのかという不安だったのかもしれない。

八月、十七歳の誕生日を迎えたジョンは、ヘースティングズとメイドストーンの新兵募集所を訪ねたが極端に視力が悪いため、どちらでも軍務に不適格だとされた（ジョンの三十六分の六〔日本では〇・二以下〕の視力だと標準の視力計の上から二列目を識別できなかった）。そこで父親は古くからの友人ロバーツ卿を訪ね、ジョンをアイルランド近衛歩兵連隊に入れてくれるよう頼んだ。九月半ば、ジョンは連隊の予備役の本部があるエセックス州のウォーリー兵舎で少尉として務めることになった。その直後、ラドヤードの健康状態が戦争の緊張の影響を受け始め、夜中に、顔の片側に鋭い神経痛を覚えて目が覚めるようになったのは偶然の一致ではなかった。キャリーは自分たちの状況に直面し、十月にこう書いた。「戦闘には不適格になるくらいの怪我をして体が不自由にでもならなければ、ジョンが生き延びるチャンスはない。私たちにはわかっているし、ジョンもそうだ……だが、私たちはできることをしなければならないし、私たちの子が生き延びることができるわずかな希望にすがって生きなければならない」。

生きているジョージ・セシルを発見するという「薄れゆく希望」は十一月十九日に最終的に消滅した。ヴィレル＝コトレ近くの浅い墓所を発掘をしていた一行が、四人目の将校の遺体を発見した。軍服のボタンはこの人物が近衛歩兵であったことを示していたが、身分証明書は見つからなかった。だが、一行に伝えられたジョージ・セシルの様子から――特に長靴の大きさから――ジョージの遺体であることは疑問の余地がなかった。イニシャル「G・E・C・」がベストの前に付けられ、身元が確認された。

恐ろしい知らせを伝える電報がヴァイオレットに届いた。ヴァイオレットはエジプトにいるジョージの父親に電報を送った。「墓所を掘り起こしてジョージであることがわかりました。心が張り裂けたヴァイオレットより」。

ヴァイオレットは「ジョージなしで生きていかなければならない」「これからの生涯」という胸が押し潰されるような考えに圧倒され、「ジョージの約束された人生が無駄に終わってしまった」ことを嘆いた。ヴァイオレットはジョージの最期を想像して苦しんだ。死ぬ前にどのくらい長く苦しみ、「汚物のように穴に放り込まれたのか？」。「美しい人生が非人間的に無駄にされてしまったと思うと、こんなことが起こりうる世の中の一部であることを堪え難く思う」。ジョージの軍服から外された三つのボタンは、ジョージが死んだときに着ていたベストの端切れと一緒にヴァイオレットに届けられた。ヴァイオレットは残りの生涯、ベストの一部をロケットに入れて首に下げ続けた。たった一人の息子の遺品として、エドワード卿は名付け親で伯父のヒュー・セシルが洗礼のときにジョージに与えた十字架を選んだ。エドワード卿はその十字架に「一九一四年九月フランスのヴィレル＝コトレ付近で国のため死す。生涯の終わりまでキリストの忠実なる兵士で臣下であり続けた」と銘を刻んだ。ジョージの「未来の生活」について、夫婦間で気持ちが一つになることはなかった。ヴァイオレットにとって、死は「溶解そのもの」だった。「あなたの思いは私には信じられません。私の慰めはあなたとは違います」とヴァイオレットは苦い手紙の一つの中でエドワード卿に書いた。

ラドヤード・キプリングの支援により、ヴァイオレットはジョージの最期を知ることができた。十二月初旬、ラドヤードは自分が払った大きな努力をヴァイオレットに伝えた。ワイト島のガトコーム・ハウスで療養していたジョージの部下三人から話を聞いたという。九月一日の近衛歩兵の位置を示す地図を使ってラドヤードは部下らに質問をし、証拠の信頼性を厳密に調べることができた。部下の一人、兵士ティトコームのことをラドヤードは「頭の回転が遅く、不細工で鈍感、粘液質」と述べたが、彼は話を脚色したり、表現を変えたりするタイプではないと考えた。その後、最も信頼できる証人をロンドンの病院で見つけた。ジョージの仲間の小隊にいた兵士スノードンで、怪我をして療養中だった。スノードンの説明によると、ジョージは水没した道でドイツの攻撃を受け、部下に「武器を取れ、急げ」と叫んだという。ジョージは最初に手を撃たれ、次に頭を撃たれた。「いたるところから発砲された、とスノードンは証言しています」とラドヤードはヴァイオレットに伝えた。「ジョージはなんとか踏みとどまろうとした将校だったとスノードンは考えています」。

ヴァイオレットはようやく、息子の最期の瞬間にたどり着いた。だが、エドワード卿宛ての手紙で綴ったような慰めを見出すことができたのだろうか？　その答えはおそらく不思議なところからやって来た。

ヴィレル＝コトレ付近で発掘された九十四人の遺体は、丁重に拡大墓地に葬られた。遺体に土がかぶせられる前、イギリス国教会の牧師とカトリックの神父が墓の横で亡き者たちへ祈りを捧げた。その後、仮のものとして木の十字架が建てられた。四人の将校の埋葬は対照的に、彼らの地位に合わせて儀式に則って行われた。彼らは地元の墓地で松の木の棺に入れられ、葬儀には市長とフランス軍の人々が参列し、礼砲が鳴らされた。生きているときと同じく亡くなったときも、将校は好意的な扱いを受けた。一九一四年の終わりに、埋葬は階級に関係なく同じにすべきだという提案はまだなかった。

レディ・ヴァイオレット・セシルが階級、地位、影響力といったものによって手に入れることができたものを、一兵卒の家族は得ることができなかった。行方不明になった愛する者の運命に関する情報はなかった。ジョージの死と折り合いをつけたヴァイオレットは後に、ジョージに仕えた労働者階級の兵士たちの悲しみに沈む家族に慰めを与えた。多くの人々は息子や兄弟や夫が「行方不明」になったというわずかなメモが陸軍省から送られただけだった。ヴァイオレットは自分のできる範囲で、親族に遺体の場所を知らせ、きちんとした埋葬を行おうとした。

ヴァイオレット・セシルの行った並々ならぬ心の籠ったこの行為に対し、親族が感謝を綴った何十通という手紙を見ると、強く心を打たれる。シャーロット・ジェイミーソンは、兄弟がどのように亡くなったのかわからなかった、レディ・ヴァイオレットがいなかったら真実は不明のままだったと思う、と伝えた。ヴァイオレット・オールダーショーは教えてもらった詳細について「心の底から」の感謝を綴った。イーヴリン・メドーズは救われたと伝えた。「夫が病死したのか、怪我のため死んだのか知りようがありませんでした。私は陸軍省に二度手紙を書いたのです」。ジョン・ミーガーはヴァイオレットに、「私と妻は息子がどのように亡くなったのか、ひどく気にかかっていました。以前の説明はどれも違っていて信頼できなかったのです」。ヴァイオレットが送った手紙の中には、遺族のつらい経験を見抜き、愛する者の死がいかに人生に大きな影響を及ぼすのかを記したものもあった。キャサリン・ラフィは戦争ですでに二人の息子を亡くして「心を痛め」、自殺を考えていた。「私自身もっと大きな苦しみを引き寄せてしまうことになると思い、溺れないで済みました」。リバプール王立診療所から、エリザベス・ウォレスはこう書いた。「十ヵ月のうちに長女と夫を亡くし、私の苦しみは二倍になりました。夫が亡くなった日、赤ちゃんはまだ九ヵ月でした。だから健康を損ねてしまいました」。

「泣いて祈ることができるお墓があること、同僚と一緒に埋葬されているということは慰めです」。祈りの言及は別にしても、ヴァイオレットは苦しみの中にある母親として、心の底から彼女たちに共感していた。

戦時中の州の教区

戦争が始まったとき、庶民はそのことを考えることなく過ごせただろうか？　オリーブ・メイ・テイラーの回想は、戦争の存在を無視することが少なくとも可能ではあったことを示している。テイラーは当時十六歳で、ハンバーサイドの人里離れた小さな農場で家事手伝いとして働いていた。「イギリスが戦争に入って三ヵ月後、私は戦争のことを知った」。一九一四年十一月のある日、農場の少年から戦争の話を聞いたとき、信じられなかったと書いている。「こんなことがありうるのだろうか？」。テイラーは後に自問した。「八月四日にイギリスが宣戦したことをなぜ知らなかったのだろう？」。

テイラーが戦争のことを全く知らなかったのは――記憶が正確ならば――極端なケースであるのは明からだ。だが、他の市井の人の記録を見ると、最初の数ヵ月間は戦争に関心を持たない人がいなかったわけでもないことがわかる。サフラジェットのベッシー・レインが八月と九月に書いた日記を見ると、戦争のことはほんのわずかに触れているだけだ。大部分は買い物と家族の誕生パーティーのことを記している。同様に、デボン州のE・バークワースの八月の日記は戦争への関心が際立って欠落している。彼女は八月の間、浜辺でディケンズの本を読んで過ごしたのだ。

だが、こうした「戦争に対する無関心」とは極めて対照的に、世界の情勢が急速に変化していくのを観察し、自分の生活に現れた衝撃を記録するという特別な目的意識を持って、日記や州の記録を綴り始めた人々も数多く存在した。たとえば、サリー州コバム出身の事業家フレデリック・ロビンソンは、一九一四年七月二十二日に日記を書き始めている。ちょうど国際状況が暗い方向に傾いたときで、それはそのまま四年間続くことになった。

エセックス州グレート・リーズ村の小さな教区牧師で、スコットランド生まれの聖職者アンドリュー・クラーク師が書いた日記は、イギリスで戦時中書かれた日記としては、最も意欲的で際立っている。クラークはボーア戦争のときに日記をつけることができなかったことを後悔し、今度の戦争では書くことにしたのだ。ボーア戦争

エセックス州グレート・リーズの教区牧師アンドリュー・クラーク。

のとき、軍務に就いたグレート・リーズ出身の人々が家庭に送った手紙と村中に流布した戦争にまつわる噂話についてクラークは関心を持ち、歴史的な価値を理解するようになった。一九一四年末までに、クラークの日記は八巻分になり、最終的には九十二冊のノート、三百万字を超えるものとなった。ノートはそれぞれ縦二十センチ、横十五センチ、厚さ一・三センチの大きさで赤いリボンで綴じてあり、全巻の冒頭に著者のサインと日付を打ち、子孫に本物であることを示すべく保証しているようだった。クラークは交わした会話を速記し、手渡された情報をメモし、牧師館の書斎に戻ってから完全な記録として復元した。

日記を書くに当たり、クラークは個人に関わる細かい内容は避けている。戦争中、クラークは妻を亡くしたが、日記には妻に先立たれたことには触れていない。数日後の日記で、西部戦線で厖大な死傷者が出ているから喪に服すのは難しいと書くにとどめた。「戦争日記は――何より――村の日記だ」とクラークは書いた。本質において小さな出来事を書き綴ったもので、戦争がイギリスの田舎の教区にどのように作用するのか、庶民の日々の生活にどのような影響を及ぼすのか説明したものである。クラークが常に強い関心を持ったのは、自分の教区に戦争の影響が及んだことがわかる事例と他者から聞いた話を書き込むことだった。クラークはオックスフォードに係累があり、近隣のエセックス州の町には友人が、スコットランドには親族がおり、外部の世界から来る騒音を解釈するには都合のよい立場だった。

グレート・リーズは「広く、人口の少ない教区」で、今日もそうである。一九一四年の人口は六百十四人で、南部のチェルムズフォードと北部のブレインツリーの間にあり、ロンドンから六十五キロ圏内にあるにもかかわらず、村は「全く孤立」していた。昔、多くの村人が住んだグレート・ロードは「交通が途絶えて」久しかった。一方、一八四〇年代に敷設された鉄道は、完全にグレート・リーズをよけて通っていた。大学の試験官として雇われていたクラークはオックスフォードに定期的に通わなければならなかったが、その際にはリバプール・ストリートに向かう上り列車に乗るために、ポニーが引く馬車に乗ってチェルムズフォードまで十キロほど行く必要があった。それから町を横断してパディントン駅に行き、再び田舎に向かうのだったのだ。

グレート・リーズの生活は、クラーク自身の表現を使うと「自己完結的」だった。農場の周りに鍛冶屋があり、車輪修理工や大工もいた。村人は新聞を読まず、近隣の町や村を訪問することもほとんどなく、ましてやロンドンのような大都市に行くこともないことを知っていたクラークは、戦争に関する情報を村民に伝えた。ボーア戦争の間、クラークは鍛冶屋の店の向かいにある壁のブロック柱に、応急的に戦争のニュースを書いて掲示した。一九一四年八月から政府の新たな政策が導入され、土曜日ごとに正式な掲示が郵便局に貼り出されるようになり、最新の「概してひどく無味乾燥な」戦争のニュースが入ることもあった。クラークは毎週末、日曜日の説教に間に合うように、教会のポーチにコピーを画鋲で留めて貼り出した。その後日記にメモをいくつか添付した。

アンドリュー・クラークは小さくてまとまりのないコミュニティを一つにまとめる要の存在だった。恰幅はよいが不恰好な姿のクラークが、村の狭い道を行き来するのを村民の誰もが目にした。黒い牧師の上着を羽織り、イギリス国教会の信者であることを示す「広ぶちの中折帽」をかぶったクラークは、チェスタトンの小説に出てくるカトリック神父ファザー・ブラウン（彼もたまたまエセックス州から呼ばれて来ていた）のようだった。クラークは道で村民に会うと、どんな内容でもきちんと話を聞き、共感を示し対応した。研究者で好古趣味があったアンドリュー・クラークは、十七世紀の作家アンソニー・ウッドとジョン・オーブリーの本の編集を行った。クラークは彼らと同じく、情報収集と記録に対する並外れた才能と、人間の行動が状況によって急に変化したり、特有の表現法を使ったりすることに、どこまでも強い関心を持っていた。ブレインツリー近くのペインフィールド・ホールで、年配の女性の使用人が混乱して話をするのを日記に書き込むとき、クラークは楽しそうにしていたに違いない。女性は六十年前のクリミア戦争の時代にタイムワープしていたのだ。「（彼女は）今戦争をしている敵

については ちゃんと話すことができず、クリミア戦争のときのことを想像している。彼女はロシア人を撃ってほしいと思っている。ロシア人は残酷だからわが国民を殺していると思い込んでいる」。

戦争が始まったとき、クラークは五十代後半だった。クラークは一八五六年にスコットランドのクラックマナンシャー州ドラーの農業労働者ロバート・クラークとエリザ夫妻の息子として生まれた。クラークの頭の良さは幼い頃から際立っており、地元の学校の幅広いカリキュラムと優れた指導に恵まれ、その才能を伸ばすことができた。一八七一年、十五歳のときにセント・アンドリューズ大学に進み、四年後にオックスフォード大学のベリオール・カレッジに入学、翌年にはリンカーン・カレッジの奨学金を獲得した。

クラークは一八七九年に二つの分野で優等を獲得し、リンカーン・カレッジでフェローに選出される前にいったんセント・アンドリューズ大学に戻り、カレッジのチューターと論理学の講師を務めた。一八八四年にクラークは聖職を授けられ、リンカーン・カレッジの礼拝堂付きの牧師となるとともに、オックスフォードの二つの教会、ノースゲートのオール・セインツ教会とセント・マイケルズ教会の聖職禄所有者となった。クラークはこのとき妻を得た。クラークより五歳年上で、セント・アンドリューズの学長の娘メアリー・ウォーカー・パターソンと結婚したのだ。二人はノース・オックスフォードに住み、最初の子メアリーが一八八七年に生まれた。それから約十年後、妹のミルドレッドが生まれた。

その間、クラークの学問的関心はオックスフォードのカレッジの文書庫と、ボドリアン図書館に保存されている豊かなコレクションに集中した。いろいろな仕事をする中で、クラークはアンソニー・ウッドの『オックスフォード市の遺物 *Antiquities of the City of Oxford* 』を収集して編集し、ウッドの『生涯と時代 *Life and Times*』を執筆し、オリジナル原稿をベースにしてジョン・オーブリーの『小伝集 *Brief Lives*』を編集した。

一八九四年にクラークがグレート・リーズで生活するよう申請したのは、メアリーが大学の社交生活を嫌ったからかもしれない。グレート・リーズはリンカーン・カレッジから与えられたものだった。クラークはその年の棕櫚の主日〔復活祭直前の日曜日〕に教区牧師として最初の勤めを行った。「家が点在する教区の務めに手いっぱい」で、初めは執筆活動が続けられないのではないかと思うほどだった。だが、根気強いクラークはすぐに地元の歴史に夢中になって「エセックス・レビュー」誌に寄稿し、エリザベス一世の時代以後の教区の記録を整理しようとした。

クラークが勤めた聖マリア教会には長く複雑な歴史があった。西の円形の塔（この州には同じような塔が数多くあった）は火打石とローマのタイルと礫岩でできていて、サクソン人が築いた土台の上に建っていた。聖マリア教会には十二世紀の教会堂、十四世紀の内陣があり、特徴的なノルマンのアーチ道で結ばれていて、他にも十九世紀に付け加えられたさまざまな装飾があった。ボーアム・ロードの先の教会の近くには牧師館とライアンズ・ホールという立派な古い家があり、トリトン家が一世紀以上暮らしていた。一九一四年、ライオンズ・ホールは現在の領主ジョゼフ・ハーバート・トリトンの屋敷だった。トリトンは、十九世紀末に同族会社の銀行バークレー・ベヴァン・トリトン・アンド・カンパニーが元になってつくられたバークレー銀行の支配人だった。

クラークの日記では、トリトンと妻のルーシーは親切だが多少堅苦しく、少々近づきがたい人物として登場する（トリトンの性格は、彼が銀行家協会に対して銀行家の三つの重要な特性として述べた言葉によく現れている。「容易に信じない、愛想が良い、ノーと言える力がある」）。トリトン家は領主としての義務をまじめに受け止めていた。トリトン家は地元の慈善事業に寛大で、自家用車を使って病人を病院に連れて行ったり、新しい村のポンプや教会の時計の代金を支払ったりした。四人の娘は――息子は五人いた――善行に熱心だった。領主と教区牧師は互いに敬意を持って接し、そのうちに協力して生産的に動くようになった。だが、二人の間には宗教に対する相違があるため、明らかにしっくり来ない部分があった。領主はクエーカーをベースにした福音派に熱心で、クラークの英国国教会流のカトリシズムには好印象を持っていなかった。クラークの国教会派的姿勢の影響を取り除こうと、トリトンは自分の土地に、地元で「ブリキの会堂」と呼ばれたなまこ板の小屋をつくり、非国教徒の村民の聖地にしようとした。

クラークは余暇を使い、イギリス革命期のオックスフォードの歴史を書こうと何度も考えた。一九一四年八月、クラークは過去の声に耳を傾ける試みから突然転じて、未来の歴史研究者のため、現在の教区の生活を記録する仕事に着手した。クラークは八月十日に日記を書き始めたが、この月の初めに書かなかった記録を再構築しようとして、日付の順序にこだわらず記録した。八月二十四日からは日付通り定期的に「一日一日」書くようになり、最初の巻に仮題「一九一四年の戦争の木霊」という題をつけた。

＊

戦争初年の秋、牧師館の日常生活の朝は早かった。近所の農場で動き出す蒸気式土かき機の騒音で、クラークは夜明けとともに目覚めることが多かった。軍が農場の馬を徴用したため、馬で行っていた耕作を機械が取って代わるようになり、種蒔きの準備のために土を耕し、主食の苗を植えたのだ。農機具の音で目が覚めないときは、国防義勇軍兵士が露営する近くのクリケット場で午前五時にラッパ手が鳴らす起床ラッパの音で起きた。朝食の直後にいつも、もう一つの大きな音が牧師館まで聞こえた。シューベリネスの海岸から遠くないところで行う砲火の訓練音だった。牧師館の窓はこの音でガタガタ揺れた。

トリトン家はこの教区の緊急事態に備えてリーダシップをとった。エセックス州の町では商品の価格が上昇し暴動が起こっているという知らせがあって以降、食料がなくなるのではないかという恐怖が広がった。そこで、トリトン家は家族を伝令にし、大小を問わずどの庭にも野菜の種、特に玉葱と人参の種を蒔くよう村民に指示を出した。ライオンズ・ホールから出た指示は、意図が正しかったにしても、必ずしも歓迎されたわけではなかった。十月にルーシーと娘たちはグレート・リーズの貧しい小農民に、マカロニチーズのような精のつく食べ物でなく、値が安いものを料理して節約した方がいいと助言したが、そうしたアドバイスは「恩着せがましい」し、そんなレシピは「ふだん食べているものより値が張る」と言って取り合わない者もいた。村の女性たちはすぐに、軍隊用の編み物と縫い物のために動員された。ルーシーが靴下編みの指示を出した。「糸は十五番。毛糸は最良のスコットランド細毛糸四オンス（約百十三グラム）か、二級品だったら五オンス（約百四十一グラム）」。しばらくすると戦線用の土嚢をつくるようになった。

グレート・リーズに部隊がやってくると興奮に包まれた。六千人の国防義勇軍部隊が八月半ばにこの村を通過したのだ。「グレート・リーズでこんな様子を見たのは初めてだ」と、村の長老として尊敬されていた、かつて狩猟番をやっていたコリンズ爺さんが叫んだ。アンドリュー・クラークはすぐに教会学校を休校にして、子どもたちが「動いている軍隊」を見ることができるようにした。このとき、二つの連隊が「ひどい」靴擦れを起こし、連隊の荷物のうち貨車二両分を列車でサンドベリーからブレインツリーまで運ばなければならなくなった。「最初の行軍は短く、ゆっくりやるべきだった」とクラークは日記に書いている。「連隊は一日に二十六キロの悪路を、焼け付くような暑さの中、重い荷物を持って進むという‼」。疲れて汚れた兵士たちは、村の店とイングランドで最も古くからアルコール販売の許可を持っていることで有名なセント・アンズ・キャッスルからジンジャービールとレモネードを買い、草むらに横になり、りんごやプラムをくれる村民とおしゃべりし、冗談を言い合った。「兵士の一人は腕に女性の顔を刺青していた。彼女の写真を戦地に持っていくということだ。別の男性はドイツ皇帝の髭を半分持ち帰ってくるよと言っていた」。

子どもたちにとってはどの兵士も「素敵に見え」、真似したくなった。グレート・リーズに隣接するリトル・

ウォルサム村では、小さな男の子が「自分と同年代の男の子たちを率いて道路を行進し、先頭にいた男の子が（「楽隊」役を務めて）口笛でこの年の連隊の行進曲『遥かなティペラリー』の曲を吹いた」。ブレインツリー・ハイ・ストリートでは、小さな子どもたちが列になって地元の本屋の窓にへばりつき、「要塞、鉄道、歩哨、騎兵隊、砲兵隊、軍服を着た国防義勇軍、キルトをはいたスコットランド兵……が動いていく装置を見ていた……子どもたちは何時間もじっとそこで見ていた」。

軍隊がフランスに向かうために集まり、宿営地の準備をしていた頃、グレート・リーズは兵士の宿舎を用意するなど直接の経験はなかった。だから、軍服を着ている人を見ると、新しいものを見るような興奮がいつまでも続いた。だが、クラークは日記に、他の地域が宿泊地になったときの衝撃について記している。たとえば、漁村のコミュニティ出身者で多くが占められていたスコットランド部隊がベッドフォードの貧しい小作農の家に宿泊したが、うまくいかなかったという話を聞いていた。「一度も体を洗っていないのではないかという臭いがした」からだ。近くのチェルムズフォードでは、ワーウィックシャーの国防義勇軍分隊が野放図な行動をとった。夜な夜な、兵士と将校が街頭で酔っ払ったのだ。その結果、ワーウィックシャーは宿営地をコルチェスターに移し、代わりにバークシャーの部隊が空いた家に宿泊した。だが、クラークは少なくともチェルムズフォードの住民にも責められるべきところが多少あることを示唆した。彼らは、「軍隊に入るのは皆、昔の悪しき時代に軍に入った宿無しや浮浪者だと思い込んでいる。新しい軍に入隊した者が紳士的な人々で、それに見合った扱いを受けたいと思っているという事実にいまだ気づいていない」。

この後間もなく、グレート・リーズでは日常的に見られることになるのだが、戦争をめぐる議論の的となる地元の新兵募集集会が猛暑の九月六日の日曜日、ライオンズ・ホールの納屋で初めて行われた。「エセックス州の村ではいつものことだが」、最初に納屋に入るのは女性で、男性は彼女たちが全員中に入るまで外で待った。クラークは壇上でトリトン、議長とともに席に着き、国防義勇軍の代表、ボーア戦争に従軍した退役兵、自由党と保守党の講演者を含む地元の高位の人々に対応した。

トリトンは長男のアランがコールドストリーム近衛歩兵隊で大尉として戦線で軍務に就いており、こう強調した。

何にも増して大切な大義がある。それは次の言葉で言うことができる。ドイツは徹底的に戦うつもりでいる。我々は隣国に義務がある。小さなベルギー王国……偉大なフランス共和国……私はこの二つの教区（リトル・リーズも代表を出していた）の父親、母親である皆さんにお話ししたい。どうか息子さんが国のために軍に入隊するのを邪魔しないでほしい。愛する息子を戦場に行かせた私だからこう言えるのです。

国防義勇軍から来ていたテイラー少佐が後に続いた。

キッチナー卿が十九歳から三十五歳までの男子全員に入隊するように求めています……しかし、普通の条件ではありません。通常、軍に入隊した男子は十二年間、軍にいることになります。今はこの戦争が続く間だけでよいのです……この危機にあって国に奉仕しようと考えている、働く皆さん全てにあえて言おうと思います。戦地に行っている間、家族のことを心配することはありません。きちんと面倒をみてくれます……。

五日後、別の集会が行われて新兵募集の手続きも実際に始まった。反応は残念なものだった。仕切っていた大佐は、若者がなかなか集まらないのは聴衆の「ご婦人方」の面前では恥ずかしくなってしまうのが理由だとした。この集会にやって来た若者について、大佐は「翌日には四～五人が入隊する」と予言した。クラークの日記によれば、何人かはその覚悟があったというのは本当だった。「若くて最も頑健な農場の働き手の一人」アルバート・ライトは、パン屋「マン」の馬車を引いていた「男の子」ジミー・ルウィンのように、志願したいと宣言した。もっとも、「これはジミーが自分で言っていることなので、本当かどうかわからないのだが」。もう一人、エドワード・ベイカーが入隊したがっていたが、クラークはベイカーが入隊できたら驚きだと考えた。「ベイカーは胸が薄く、吃音がある。手術の大きな傷跡もある」からだ。ライオン・ホールの庭師の責任者の息子も志願したいと思っていたが、胸囲を測ったら八十五センチしかなく、必要な基準を一センチ少々満たしていなかった。そこで、彼は体を鍛えようとダンベルを二つ買うことにし、二週間後にもう一度応募することにした。

だが、クラークによると、この村には「軍に入隊できる年齢で体もできているのにそうしない若者たちに」すでに悪感情が広がっていた——日記に、やって来なかった三人の名前を書き留めた。だが同じく、グレート・リーズの男性に軍に入るようプレッシャーをかける動きついても反感があった。ライオンズ・ホールの従僕が一人志願すると、自分の意思でそうしたのではなく、領主が影響力を行使したに違いないという噂が広がった。入隊するのを嫌がった「農場の使用人」のグループは、「自分たちはこの地区の農場主の息子たちが例を示してくれるのを待っているのだ」と言い返した。

「若者たちが言っているし、自分もそう思うのだが、『国がこんなに多くの若者を必要としているなら、全員戦争に行くべしと国が言えばよい』」。だが、徴兵制の導入については、まだ政界で支持が広がっていなかった。クラーク自身は、戦争に行くには歳を取りすぎていた。どんな形でクラークは戦争に奉仕することができただろうか？　下の娘ミルドレッドは父がかつていた大学セント・アンドリューズ大学で医学を学ぼうとしていたのだが、ブレインツリー・ホスピタルでボランタリー・エイド・デタッチメント（Voluntary Aid Detachment 通称ＶＡＤ）

の看護師となった（VADの組織は、国の危機の際に軍で働くプロの看護師を支援するため、イギリス赤十字およびセント・ジョン・アンビュランス協会の保護のもと、一九〇九年に導入された）。クラークは特別警察隊の地元支部に加わることにした。この組織は軍務に就く年齢を過ぎた市民による私的な全国規模の組織で、多いときでは週に二晩召集があり、一回につき数時間、貯水池や電気施設を警備し、街頭をパトロールして新たに始まった灯火規制を徹底させた（一九一四年秋には、特別警察官の中に著名な作曲家サー・エドワード・エルガーがいて、ロンドン北部のハムステッドを根気よく歩き回った）。

八月も終わろうとする頃、クラークは新たに就いた任務の詳細について書いた。「特別警察官は全員、名前が入った委任状を持っている。活動と警棒を使う権力を付与しているものだ。現在のところエセックス州には警棒が九百七十五本しかないが、特別警察官はすでに千六百八十二人登録されている」。警棒は挑発的な形で携帯するのではなく、ズボンの右ポケットの中にしまっておくものとされた。この仕事を引き受け、腕章とホイッスルを渡されたクラークは村の原っぱで行われた訓練に参加し、参加者たちと一緒になって押されたり引っ張られたり、「予想もしなかったポジションに動かされたり」で「楽しいことがいっぱい」だった。

だが、時が経つにつれて、クラークは次第に特別警察官としての任務を不毛に感じるようになった。こう思ったのは、グレート・リーズでもクラークだけではなかった。九月初めの任命式までに、新たに警察官に応募する人数が四十人から二十五人に急激に減少したのだ。教区の道路のパトロールは全く無意味だと思われた。村には敵が破壊したいと思うようなものは何一つなかったからだ。貯水池も鉄道駅もない。無線局も兵舎もない。さらに言うと、ドイツの侵入を恐れて暮らしている村民が、夜遅く、あるいは朝早く、自分の家の外を歩く足音に驚くことがよくあったのだ。

クラークの幻滅は特別警察の地元支部のリーダーとなった人物のため、さらに大きくなった。ロンドン警視庁の旧幹部サー・リチャード・ペンファザーが任命されたのだが、彼は親切だが小うるさく、他の多くの人々と同じで、「ドイツのスパイが橋を爆破し、電信柱を切り倒そうとうろついている」恐れがあると「心配ばかり」していた。ペンファザーが最近行ったスパイ狩りの経験談は、警察官たちの間で噴飯ものだった。雨の降った晩、ペンファザーとパトロール員は一人の男が大きな干し草の山の脇に隠れているのを見つけ、不審人物としてすぐさま捕まえた。しかし、爆弾も放火に使う道具も持っていなかったので即釈放した。「権力を持っている者が、どこにでもいる放浪者が雨の晩には場所を選ばず眠るということを知らないのは滑稽だとしか言いようがない」と、クラークは苦々しい思いで見ていた。

スパイ、敵の諜報員によるサボタージュ、濃い黒髭を生やしたロシア兵がイギリスを通過しているという噂について、真偽についての評価を加えずに、クラークは日記に書いた。尼僧の衣装を身につけたスパイがフェルステッドで捕まったという話があった。ブレインツリーのある化学者が外国のアクセントのある何者かに「毒薬を少々」頼まれ、そのことを警察に報告したところ、「その外国人」を逮捕するため間もなくやって来た。ドイツ兵に手を滅多切りにされ、ボッキングの修道院で療養しているベルギー人の少女がいるという話を聞いた。八月にこの村を通って行軍した国防義勇軍のうちの二人が翌日、一人は肺炎で、もう一人は敗血症で死んだという噂が広がった（どちらも後に作り話だったことがわかった）。クラークは、この村の人々の気質なのだと考えていた。「脆すぎて単純な事実を受け入れられず、伝説めいた話を付け加えないではいられない」。

必然的に、戦線の事実がグレート・リーズに届くのはごく限られていた。十月にダービー駅で止まった負傷者搬送列車を見たという者から聞いた話を、クラークは再現している。

負傷者は両サイドに並んだベッドにいるようだ。哀れな気持ちを催すケースもある。ある男は両足を失った。ある男は手を振ろうとするのだが、弱っていて手を挙げるのが精一杯だ。戦場から直接搬送された者もいる。ベルギーの泥で長靴がひどい状態だ。

その秋、クラークがいつものオックスフォード訪問から帰る汽車の中でサウス・スタッフォードシャーの軍曹と出会ったときの日記の内容はさらに厳しい。ほぼ二十年にわたってイギリス軍の常備兵として務めてきたこの軍曹は、ボーア戦争は今の戦争と比べれば「ピクニック」のようなものだとクラークに述べたのだ。いくつかの軍事行動では、ボーア戦争で使われた数の砲弾が、二十分のうちに撃ち込まれる。軍曹はこの戦争は「戦闘じゃない。殺人だ」と述べた。

＊

牧師館の書斎には大量の本、手紙、その他の文書とともに、糊のポット、ハサミ、毎日配達される「スコッツマン」紙、「スター」紙、「デイリー・エクスプレス」紙、「デイリー・テレグラフ」紙、「イーブニング・ニューズ」紙があった。これらの新聞はクラークが戦争当初に始めた日課である「戦時の英単語」を作成するための資料だった。

クラークは言語とその使い方に魅了された。クラークは村人たちの間で耳にした、普通と違う形で使われる表現を書き留めた。グレート・リーズで雷雨は「テンペスト（tempest）」と言われる。カエルは「リトル・ジェイコブ（little Jacobs）」、泥（mud）は「スラッド（slud）」、キツツキは「ワッフル（waffle）」だ。クラークは新しい『オックスフォード・イングリッシュ・ディクショナリー（ＯＥＤ）』を熱心に読んでいた。スコットランド人のジェームズ・マレーが編集し、「A—Ant（アリ）」までをカバーしたＯＥＤの最初の分冊がオックスフォード・ユニヴァーシティー・プレスから出版されて三十年経っていたが、編集作業は今なお進行中だった。一九一四年までに、辞書は「S」の項目まで到達した。十月には最新の「Speech–Spring」を収録した分冊が出たが、出版社の多くの者が戦地に赴くようになると、OEDの完成が遅れることは避けられなかった。

「辞書の分冊が出るたびに購入し、夢中になって熟読する」とクラークは一九〇〇年にマレーに述べていた。クラークはこの辞書の「会友」で、「歴史、法律、哲学、科学、その他専門用語」の定義と使用について助言する専門家の一人だった。

戦争が始まったことはクラークにとってまたとないチャンスだと思われた。歴史の重要なポイントで進行中の英語の発展について、証拠集めをするチャンスがあった。日記と同じように、戦時中のクラークの言語研究は日常のこと、普通のこと、そして束の間のことに的を絞っていた。クラークはノートに、戦争によって新たにつくられた言葉や表現に仮の定義をつけて記録した。どのように使われているか、新聞を切り抜いてそれぞれの見出しに貼り付けた。クラークはすでに出ているOEDが証拠としているものに対して反論となるあらゆる単語を秩序正しく整理し、「十分代表例がある」とか「直接的には見つけることができない」、「全くない」などと記録した。そのうちにクラークは、自分の仕事が将来的には辞書編集者の言語ギャップを埋める手助けになれば、と思うようになった。一九一四年十月までに、クラークは見出しが約四千ある四冊のノートを完成させた。結果的に、オックスフォード大学ボドリアン図書館の文書庫には六十五巻が配置されることになる。

戦争が始まってから最初の数ヵ月の間に、クラークは新しい単語とフレーズをたくさん収穫した。八月の終わりにドイツがルーヴェンを破壊すると、クラークは「フン族のような方法」という表現が新聞に出たと書き、十日後には「フン」という言葉が名詞として最初に用いられたと記した。「shirker（忌避者）」という言葉は八月二十九日までに使われるようになっており、関連する名詞「slacker（責任回避者）」も間もなくそれに続いた。戦場に行ける身体を持ちながら志願できない男性に対して女性が白羽を手渡す行為が広がるとすぐ、九月にクラークのノートの見出しに書き加えられた。だが、クラークの定義は厳密な辞書編纂上の公平さという観点からは逸脱していた。『白羽』を示すこと」はこれまで長く、ことわざ的な表現として、勇気の欠如を意味していた。戦争初期にヒステリックなフェミニストが「白羽を軍に入隊していない若者に送ることで、不満をぶち上げた」としたのだ。

こうした新しい言語の使用のうち、それほど論争にならなかったものとして、「shatter the nerve（神経をぼろぼろにする）」という言い方があり、「いつも使う表現」とされた。「the fog of war（戦争という霧）」は「戦争という状況下で情報を抑えている」ことを意味していたが、「一九一四年八月から十月にかけて使われることが多かった」フレーズだった。同郷など近しい人々を集めた大隊について、初めの頃は「battalions of chums（仲良しの大隊）」という表現が使われたが、後に「pals battalions（パルズ大隊）」という言い方が普通に使われるようになった。「Siege-war（包囲戦）」は伝統的な戦争のやり方とは違う、新しいタイプの戦い方を伝えようと一九一四年九月から十一月に好んで使われた名詞だった。クラークが取り上げた言葉全てが、戦時中であることを背景にしていたわけではなかった。「Non-starter（やるべきことをやらない者）」は興味深い新しい表現だが、この言葉は名前が挙がらない出所からの引用「No-starter——ドイツ皇帝のこと。わずか二ヵ月前、次のノーベル賞候補としてノミネートされた」が元だった。

クラークが見出しにしたものをアルファベット順に紹介すると、最初の「A」は「aeroplane（飛行機）」「aerial bombardment（空爆）」といった具合に、空からの新しい攻撃に関連するものが多かった。一九一二年、外国の競争相手に遅れてイギリスが陸軍航空隊を創設した年、ジェームズ・マレーは（「A」はすでに出版してしまったので）ＯＥＤに「aeroplane（航空機）」と「aeronautics（航空術）」という語彙がないことを残念に思った。クラークはこれを埋め合わせるどころではなかった。「Airmanship（エアマンシップ）」「Aviator（飛行家）」「Aerial raider（襲撃機）」「Aerial scouting（空中偵察）」「Air offensive（空襲）」を加えたのだ。もっと不吉なのは「B」だった。「Bomb-dropper（爆撃手）」にはクラークが用心して注釈をつけた。

イギリスを覆っている恐怖に言及した言葉として、「Z」のところに「Zeppelinphobia（ツェッペリン恐怖症）」があった。グレート・リーズにもこの新しい恐怖症の兆候があったし、この秋、イギリスがドイツ空軍の侵略に直面するまでどのくらいの時間が残されているのかといった話題が村中に広がっていた。牧師館の上に飛行機が見えただけで、教区牧師一家に驚きと恐怖が入り混じった気持ちがかき立てられ、家の外に飛び出して飛行機の動きを目で追ったのだ。

＊

毎日午後、領主の命令によりグレート・リーズの教会の鐘が鳴らされた。聞いた者が安らぎを感じ、「軍旗のもとに馳せ参じた人々全てに」祈りを捧げるようにとのことだった。聖マリア教会の中には、軍に奉仕した村民の名を記録したリストが掲示された。戦争の初め、その数は十三人だった。不本意ながら申し出た者もいたが、その数はすぐに二倍になり、やがて五倍になり、グレート・リーズの全人口の十分の一に達した。

クラークは八月初めの説教で、亡くなった人々のことを戦争が求めた若者の犠牲と表現したが、その犠牲が村で初めて出たのは十月半ばのことだった。犠牲者は十九歳のディック・フィッチで、農業労働者の十二人の子どものうちの一人だった。十五ヵ月ほど前に正規兵として第二連隊に入っていた。ディックの母親ソフィアは――戦争でさらに三人の子どもを亡くすことになるのだが――クラークを呼び、息子の遺品の返却を求める申請書に署名してもらった。

グレート・リーズという社会の中でヒエラルキーの頂点にあったJ・H・トリトンの息子の一人であるアランは、戦争が始まったときからフランスのコールドストリーム近衛歩兵連隊にいた。西部戦線でのトリトン大尉の経験の詳細を、クラークは母親のルーシーから聞いて日記に書きとめた。「今朝アランから手紙が来ました」とルーシーはクラークに手紙を書き、クラークはそれを十月三十日の日記の頁に貼り付けた。「アランはかなり長い間戦い続けています。同僚の将校三人は負傷し、亡くなりましたが、息子は無事です」。十一月の第三週、アランは一週間の休暇を得て家に帰り、「たいそう元気で、張り切っている」と日記に書いた。

十二月二十九日、クラークはトリトンから手紙をもらった。「大きな打撃です」。アランが三日前にフランスで戦死したという。後日、アランが戦死したときの状況の詳細が伝えられた。背が高かったアランは、塹壕の中を歩いているときに敵のスナイパーに頭を狙撃されたのだ。

トリトンから頼まれ、クラークはアランとディック（加えて、ディックの兄弟アーサーが数週間後に戦死した）の合同葬を執り行った。社会階層で一番下に置かれている者と頂点にいる者とを同時に追悼するのは、クラークにとってコミュニティの一体感を表現するものと思われた。戦争の影響を綴ったクラークの日記は、また別の形でこの一体感を確認するものでもあった。

見知らぬ者はスパイ

ロンドンの歴史を代表する指標の一つとなっているロンドン塔で、十一月初めの霧が立ち込める寒々とした早朝、ある種の動揺が起こった。百六十年間行われていなかった囚人の処刑が執行されたのだ。一七四七年にタワー・ヒル〔ロンドン塔の北西部にある小高い丘で、歴史上多数の公開処刑が行われてきた場所〕でジャコバイト〔ジェームズ二世の流れを支持し反乱を企てた〕のロヴァット卿が斬首されて以来、ロンドン塔の境域で処刑された者はいなかった。ある囚人――エリザベス一世のお気に入りのエセックス伯――が塔の建物の室内で処刑されてからは三百年以上も経っていた。マーチン塔とコンスタブル塔の傍の内部と西の外壁の間に、長い木製の小屋が処刑場として用意された。この建物は戦前、塔の守備隊のための屋内ライフル訓練場として建てられた。

わずか三日前にドイツ人スパイとして有罪判決を受けた囚人カール・ハンス・ロディは、午前七時にヴィクトリア時代の建物であるザ・ケースメイトの二十九番独房から帳壁の後ろに連行された。刑を執行する近衛歩兵連隊第三大隊の八名からなる銃撃隊が、塔のメイン・ガードのベランダに整列した。厳粛に葬儀を執り行うことになる教戒師を先頭に、両脇を武装した護衛に挟まれて囚人が後に続いた。八人の近衛兵がその後ろに続いた。

教戒師にとっては気が向かない仕事だった。祈りの言葉を述べる教戒師の声だけでなく、祈祷書を持った手も震えているのがわかった。護衛と銃撃隊も不安な様子だった。行進がゆっくりしていたために神経が磨耗し、できるだけ早く任務を終えたい様子がありありと浮かんでいた。冷酷な気持ちで人を撃った経験がある者は誰一人

Teutonic Barber. "SHAFE, SIR?"
Customer. "YE-ES—— THAT IS, NO!——I THINK I'LL TRY A HAIR-CUT."

1914年9月、「パンチ」誌の風刺画。ドイツのスパイが床屋で変装しているという噂話を描いている。

いなかった。

有罪判決を受けた人物だけが穏やかだった。ロディは三十七歳で、シャツとズボンというシンプルな服装だった。中背で黒い髪を真ん中で分け、目は透き通るような青色だった。ロディの歩調はしっかりとしており、顔は空を見上げていた。ベランダの端で、教戒師は道を間違えそうになった。ロディは前に進み、礼儀正しく笑って教戒師の手を取り、正しい方向へと優しく導き、ライフルの的になるドアに向かった。

中に入り、ロディは椅子に座り足を結わえられた。目隠しをするよう言われたが、ロディは断った。「曹長、用意はいいか?」と命令する将校が尋ねた。「はい」と答えが返った。将校は指揮棒を上げすぐに下ろした。一斉射撃の音が響き渡った。椅子に座っていた人物は痙攣し、前に倒れ、血が流れた。

＊

「スパイに対する不安は非常に大きく、見知らぬ者には誰もがスパイの臭いを感じる」。この言葉は戦時中のイギリスのスパイ熱を表現したもので、カール・ハンス・ロディがベルリンにいる雇い主に出した最後の報告書で書いたものだ。ストックホルムの仲介人を通じて発送したが、雇い主に届く前にイギリスの郵便検閲により押収された。一九一四年八月には、限られた人数だが、イギリスにいるドイツ人がスパイの疑いで身体拘束された。だが戦争が始まったときには、スパイの想像が急激に、はるかに大きく膨らんでいた。事実、このスパイ熱は大衆ヒステリーともいえる状態になることが多かった。

「純粋なスパイの危機と馬鹿げたスパイ騒ぎがある。この二つを区別することがたいへん重要だ」と、保守党議員でスパイの逮捕に熱心なウィリアム・ジョインソン＝ヒックスは一九一四年秋の下院の討論の中で断言した。残念ながら、この区別するという任務は、言葉ほど明確なものではなかった。宣戦後、内相が勝ち誇ったように発表した、ドイツのスパイ網を正式に検挙するという発言に対し、仲間たちからは「奴らを撃て！」と声が上がったものの、それさえ現実とは違っていた。反スパイ活動の長を務めるヴァーノン・ケルによると、二十一人のスパイ、もしくはスパイ容疑者が国の各地で逮捕されたとのことだった。実際には、イギリスで活動していると言われるスパイのうち、わずか十四人に対する逮捕が正式に認められ、警察はそのうち八人しか発見できていないことが後に明らかになった。裁判まで行ったのは八人のうち一人だけで、他の者は証拠不十分だった。

人々の想像の産物として存在しているスパイの方が、現実のスパイより数の点ではるかに勝っていた。九月半ばまでに警察は、ロンドンだけでも、怪しいドイツ人について市民から九千通の報告を受け取った。そのうち九十件について調査が行われたが、根拠があるものは一つとしてないことがわかった。警察に届けられた人々のうちの一割が敵の諜報員だったとしたら、戦争が終わる頃にはイギリスは少なくとも一万人のスパイに侵略されていたことになる。だが、逮捕はほとんどなく、純粋な破壊行為は一件も報告がなかった。電信線が切られたことはないし、武器や爆弾が溜め込まれている場所も発見されなかった。それでも人々は偽の報告をすることを止めなかった。戦争初日、ロンドン警視庁はオールダーショット近くの暗渠とケントとの鉄道橋が破壊工作者により爆破されたという情報を得た。どちらも何もなかったことが判明した。

ロンドン警視庁の犯罪調査部長で、軍の情報機関を動かす立場にあったバジル・トムソンが後に述べたように、スパイ熱は「悪性の伝染病」のようだった。あらゆる外国人、外国の名前だったり、外見が違っていたり、アクセントが違っていたりする見知らぬ人々は全て、ドイツの回し者である可能性があった。おそらくはそんなに目新しくもない国民の特徴が突然、前面に押し出された。数多くの外国人を雇用する美容院やパン屋など、ドイツ人の移民が多くいる商売は特に疑いの目で見られた。レストランとホテルのウェイターもそうだった。たとえば、一九一四年までに、ロンドンのレストランで働いているウェイターとウェイトレスの十％はドイツ人だった。「デイリー・メール」紙は読者に「オーストリア人かドイツ人のウェイターだったら断るように」助言し、「ウェイターがスイス人だといったら、パスポートを見せてもらうよう」警告した。十月に「スペクテーター」誌は「ウェイターの仕事は特にスパイ活動に便利だから、戦争中には敵国人を使うべきでない」と高飛車に書いている。

イギリスで奉公人として働き、生活しているドイツ人にも当然ながら疑いの目が注がれた。一九一四年秋の報道により「国内にいる敵」に対し暴力が用いられるのではないかと心配した鉄工所事務員のジョン・リドリーは、モートン＝イン＝マーシュにいる姉妹に手紙を送り、ドイツ人家庭教師の様子はどうかと尋ねた。「あの人を池で溺れさせようなどと言う人がいないことを望みます。大きくなったら、そんなことをする人を溺れさせてやります」。ダウニング・ストリート十番地のアスキス家もドイツ人家庭教師を雇っていたが、夫が戦地に派遣されることになりドイツに召還された。当の家庭教師はアスキス家で何年間も生活しており、ほとんど家族の一員だった。警察は最初、彼女に尋問しようとした。マーゴット・アスキスがこの家庭教師のため、内相マッケナとの間に入り、彼女は尋問を受けずに済んだ。主席裁判官レディング卿と植民相ルイス・ハーコートがそれぞれ雇っていたドイツ人の運転手は、戦争が始まると帰化申請をした。その話が表面化すると、新聞紙上で激しい抗議が行われた。

ドイツ人の名前を持つ人々はターゲットになりやすかった。数世代前に帰化した人々を含め、店名を慌ててイギリス風に改めたドイツ人店主もいた。「Deutsche Apotheke（ドイツ薬局）」という表示はすぐに、ドイツ人薬剤師の店の看板から消えた。食料品店を経営するラッキン・スミスの言によると燻製ソーセージを「ドイツソーセージ」とは呼ばなくなり、近くのエセックス州の市場町にならって「ダンモーソーセージ」という名前に変えたとのことだ、とグレート・リーズのクラークは日記に書いている。作曲家のグスターヴ・フォン・ホルストは、平和をテーマにした荘厳な組曲「惑星」の「木星」に着手したところだったが、軍に入隊しようとして拒絶された。視力が弱く、右手に神経炎があったからだ。それなのに、エセックス州北部のサクステッドでは「フォン・

ホルスト」が地元民から疑いの目で見られ、地元警察にドイツのスパイとして報告された。しかし、ホルストが言うように、「自分の中でドイツ的なものがあるとすれば、髪が立っていることくらい」だった。警察は当然、何の証拠も発見できなかった。村民たちは前にもましてこの作曲家に尊敬の念を持って接するようになり、ホルストのことを愛情を込めて「我々のミスター・フォン」と呼ぶようになった。飛行家の大富豪グスターヴ・ヘイメルはこの春、イギリス海峡を飛行中に行方不明となった。しかし、ドイツで生存しており、ドイツ政府の軍用機製造にアドバイスしているとまことしやかに噂された。ヘイメルの遺体は戦争の始まる一ヵ月前、フランス海岸で見つかっていたにもかかわらず、そんな風説が流れたのだ。

ドイツ語の名がついているという理由で、胴長短足のダックスフンド犬が何匹も、街頭で投石されて殺されたという話は確かにうさん臭いところがあった。だが、敵にメッセージを運ぶスパイとして使われるということで伝書鳩を殺したという事例は、文書で残っている。国土防衛法が改正され、愛好家は鳩を飼うのに許可が必要になった。九月、スパイ熱が初めてピークに達したとき、バジル・トムソンは「鳩と会話でもしているように見られるとまず危険だ。近くにいるだけでも安全とは言えない。（ロンドンの）公園で散歩している外国人が逮捕され、投獄された。彼がいた場所から鳩が飛び立つのが見えたからだ。彼が飛ばしたと思われたのだ」。新聞は国民に、鳩の姿を見たら撃つよう勧める記事を載せた。これについては、鳩を守るために国産の全ての鳩を登録するシステムを導入するよう政府に協力している全国伝書鳩連盟が非難した。

スパイがUボートを導いてイギリス船への攻撃を意図している、夜間に合図を送るのではないかという噂があった。十一月、帰化したドイツ人がサンダーランドのソープ湾近くの自宅に無線機と閃光を発する装置を持っていたことから裁判にかけられた。この件については、装置が「実際には交信状態になく、使われた証拠がない」ことが明らかになり却下された。バジル・トムソンはセントラル・ロンドン地区のベイズウォーターの窓から信号を送れば、「北海にいるドイツの潜水艦の司令官に何らかの形で伝わる」ことを思い出した。

固いコンクリートでつくられたテニスコート――特に高いところにある――は、侵入するドイツ人が大砲を備え付けるためのものだという噂があった。ドイツが侵入した場合、隠してある榴弾砲がどこかから出てくる、あるいは地下から引き揚げられ、イギリスの都市を爆撃すると噂された。一九一四年十月、警察がロンドン北西部のウィルズデン・ジャンクション近くにある工場を急襲した。軍務に就く年齢の外国人が中から出てきて、集まった群衆から嘲りを受けた。疑いはライプニッツ〔オーストリアの都市〕に支部を持つこの会社に関わることだった。平屋のコンクリート造りの建物の床が頑丈だったからだ。建築家はビルを高く建てる場合にはしっかりした基礎が必要だと主張し、無実だと抗議したのに、これは武器を発射するために使う可能性があると想定されたのだ。

芸術家を装ったスパイが秘密のコードを使っているとささやかれた。十月初め、「イラストレーテッド・ロンドン・ニューズ」誌は「スパイが描いた明らかに何でもなく見える風景画」に、実は「彼が奉仕する政府にはわかる秘密の絵画のコード」が含まれていることもありうるとアピールする二頁大の記事を出した。同誌はこう説明した。このコードは「たとえば、風車は灯台、森は要塞、一軒の農家もしくは小屋はビル群、数軒の家は町、教会は海軍の事務所かタウンホール、二重線（直接的には道路）は鉄道などを表している」。リバプール大学の学生グラディス・ドルビー・ニューは短期間だが、芸術家とスパイを一体視するこの強力な価値観によって咎めを受けたのだ。美術教師と一緒にマージー・エスチュアリー近くで写生していたところ、二人の兵士に逮捕された。ニューの作品はとてもドイツ人の役に立つような代物ではないと却下され、二人はようやく解放された。

警察にとって、また国内任務に就いている兵士にとって、スパイ騒ぎの興奮は退屈で単調な生活から救ってくれるものだった。だが、彼らの熱狂が行き過ぎて、例えば鉄橋のような攻撃を受けやすい場所を守ることに過剰に熱心になってしまうこともあった。ジョン・リドリーは勤務先のデプトフォード鉄工所の事業所からこう報告した。「事務所仲間の一人」が犬を連れて散歩しているときに逮捕された。「彼は……鉄橋で一分ほど立ち止まったところ、二人の兵士が銃剣を構えて駆け寄り、警察署に連れて行かれた」。戦争が始まったとき、補助的な役割を果たすということで動員されたボーイスカウトは、それ以上に熱心な行動をした。作曲家レイフ・ヴォーン・ウィリアムズの話である。ウィリアムズは戦争が始まる頃、母親と一緒にマーゲート近くに来ていた。イギリス海峡を見渡せる崖を歩いているとき、突然『揚げひばり』のメロディが頭に浮かんだウィリアムズは、座ってこの曲をノートに書きとめようとした。そこに、ボーイスカウトが逮捕しようと近づいてきた。「なぜ？」とウィリアムズが尋ねると、少年はこう答えた。「敵に渡す情報でしょう」。ウィリアムズは警察に連行されるに任せた。そこでウィリアムズは警告を受け、釈放されたのだ。

尋問や調査のため自動車やオートバイを止めることは日常茶飯事だった。五十歳のセシル・フォースターは八月二十八日の日記に、家族が旅行で乗っていた自動車が「私たちのことをドイツのスパイだと思った！」警官に止められて驚いた、と書いている。

八月の初め、エドワード・トマスの妻ヘレンは開戦の日、夫とロバート・フロストに合流するため、ピーターズフィールドからレドベリーまで列車や自動車を使っての複雑な行程の旅行をしたとき、同様の経験をした。二人の子どもと犬を連れてモールヴァーン・ヒルズを越えて月明かりの中ドライブのお伴をしたのは、ロシア人の少年ペーテル・ムロソフスキーだった。一緒に休日を過ごしていたのだ。レドベリーの市場でフロストが所有している人里離れたコテージに行く道を尋ねるため車を停めたところ、警察官がランタンで照らし、「お前たちは何者だ。こんな時間にどこに行くんだ？」と尋ねた。車内に外国人が乗っていることに気づき、さらに目的地が別の外国人のフロスト家だと知ると、疑いはさらに膨らんだ。

警察官は「ムロソフスキー」の名前のスペルをうまく書くことができなかった。その後、警察官は行ってよいと解放した。だが、数日後に村の警察官がリトル・イデンズを訪ね、トマス夫妻とフロスト夫妻がスパイだという匿名の手紙が何通か届いている、と伝えた。警察官はこの非難に何の根拠もないとわかっているが、市民から依頼があったときには調査しなければならないのだと釈明した。

エドワード・トマスはこのエピソードをジョークだと捉えたが、フロストはいかにも彼らしく、腹を立ててこう言った。「警察官がまたここにきてうるさいことを言ったら、撃ってやる」。

＊

「私は今日、ドイツ人のスパイ二人と同じバスに乗り合わせた」。ハーリー・ユーステース・マイルズは十月三十一日の日記にこう書いた。「暗い影があるようで恐ろしくなった」。うさん臭い外国人、奇妙な見かけの未知の人々に対する噂――「ズボンを履いた老女たち」がサフォーク州サウスウォルドの地元当局の不安の源泉となっていた――と、敵のスパイを捕まえた、逮捕したという噂がひっきりなしに広がった。いたるところで、平時であれば気がしっかりしていて理性的な人々の心をスパイ熱は捕らえたようだ。一九一四年九月に外国からマンチェスターに戻ったフローレンス・シュスターは、取り憑かれたような雰囲気が広がっていることに気分を害し、人々は「正気ではなくなっている」のだと考えた。

普通でないもの、あるいは嫌いな人など、何でもよいからとにかく当局に通報しようという誘惑が圧倒的に大きかった。もちろん、少しでも外国的だとなればすぐに取り上げられた。「カウショット駐屯地でブロークンイングリッシュとイディッシュ語を話し、早口でコミックソングを歌っている男のことを、私たちは疑っています」と書いたのは、オックスフォードシャーの訓練所でキッチナー卿の新軍から来た部隊をもてなしていたベアトリス・トレフュシスだ。「だから私は、従軍牧師のブルストロードさんに心配しているというメモを書いたのです

——おそらく、全く根拠はありませんが」。こうした不安がスパイに対する警戒を飛び越え、人命を脅かす可能性もあった。地元の貯水池で任務に就いていた歩哨が、貯水槽にチフス菌の入った瓶を投げ込んだと噂のある見知らぬ人物に発砲した、という手紙をケント州ドーヴァーから送ったのは、メーブル・ラドキンだ。

翌日、全家庭にメモが送られ、飲料水は全て、少なくとも二時間沸騰させるべしと指示されました……私はその通り沸騰させました……けれども、侵入者と瓶の話は当の歩哨が過剰に想像を働かせたからだと思って、多くの人は命令に背きました。沸騰したお湯も沸かしていない水も、なんともありませんでした。中毒になった人などいませんでした。

エイダ・リースはフランスに派遣された夫を待つ間はロンドンに滞在しようと、ケント州の海岸からそう遠くないスタリーにある家を貸すことにした。しかし、借り手はすぐに出て行かなければならなかった。地元の人々が「夜になると家の周りをうろついて一挙一動を見張っていたから」だ。十一月、イクスマウスのG・S・スティーヴンスは、最近近くに越してきたドイツ人家族が疑わしいとデボン州知事に手紙を書いた。手紙には、スパイ熱の明らかな兆候である「想像力を働かせすぎ」ている様子がありありと描かれている。

ヘンゲルさん一家はモートン・ロードに家を構えていました……数週間前、フィリップス・アヴェニューの私が住んでいる家の隣にある家具のない家を訪ねてきました。モートン・ロードの家を取り戻したオーナーは、食器棚に隠された鍋を見つけました。裏庭には穴が掘ってあったようです……彼は新居のために新しい家具を買いましたが、奇妙なことに鳥の剥製をたくさん持ってきました——ごく普通の鳥です——罪に関われる文書が中にしまってある可能性はないでしょうか？　昨日、二時頃に……この家の屋根の上に伝書鳩が飛んでいるのを見ました――河口までの最短コースです。鳩はすぐ見えなくなりました。私はヘンゲルさんが来てすぐに、家から百五十センチほど後ろにある庭の右手の壁沿いに七歩、歩いているのを見ました。このことを警察官に報告したところ、物干し綱のために測っているのかもしれないと考えたのです！

庶民がスパイについて想像をめぐらすときに共通して思うのは、スパイは検挙され、撃ち殺されるということだった。そうなれば不安に報いることになるし、熱を入れて想像した甲斐があるとでもいうかのようだった。戦争が始まって最初の一週間、エイダ・リースは友人から「ポーツマスの警戒措置とドイツ人スパイ四人が射殺された話を伝える」手紙をもらい、救われる思いをした。保守の論客としても有名だったデベナム・アンド・フリーボディ百貨店の支配人フレデリック・オリバーは、一九一四年九月にカナダにいる兄弟に手紙を書き、「二十年の間オルダーショットを代表する美容師だったドイツ人がシャツに隠した毒を持った状態で水道施設で捕まり、壁に押し付けられ直ちに射殺された」と伝えた。オリバーによると「新聞には掲載されていないが、開戦以来、陸海軍で何百人というスパイが銃殺されている」とのことだった。

処刑されたスパイの話は、即決であろうがなかろうが、どれも真実ではなかった。頭に血が上ったかのような警察の活動にもかかわらず、戦争が始まって三ヵ月の間に、イギリスにいると懸念されたスパイで、銃殺発砲部隊に出会った者は誰一人いなかったし、裁判にかけられた者もほとんどいないといってよかった。初期の重要な逮捕は――ヴァーノン・ケルの戦争が始まった時点の拘留者リストには全く載っていなかったのだが――カール・エルンストの逮捕だった。イギリス生まれのエルンストはロンドン北部のカレドニアン・ロードで美容室を経営しているドイツ人女性と結婚した。一九一四年十一月十二日、エルンストはスパイを行ったかどで有罪判決を受け、ベルリンにいるドイツ皇帝のスパイのボス、グスターヴ・シュタインハウアーの事務所から送られた手紙を取次ぐ密偵として行動し、とある海軍将校をドイツの間者に仕立てようとしたとして、七年の刑を言い渡された。

だが、裁判にかけられた者の大半は、ケント州北部のシアーネスのスタジオで数年間働いていたフランツ・ローゼルのように小物だった。ローゼルは夜八時に防波堤でカメラを構えていたとして八月に逮捕され、ラヴェリン砲台の写真を撮りドイツに送ったことを理由に訴追された。ローゼルは無罪を主張し、法廷でも有罪とする確たる証拠は示されなかった。しばらく拘留された後、ローゼルは国外追放となった。もっと哀れだったのは、十八歳のイギリス人ロバート・アーサー・ブラックバーンのケースだ。ブラックバーンは十月にリバプール巡回裁判で「敵に役立つ情報を別の人物に提供した」として有罪判決を受けた。話は五月に遡り、彼はロンドンのドイツ大使館に手紙を書き、スパイになりたいと申し出た。諜報員のボスであるベルリンのレオ・シリウスのためにブラックバーンが得た情報は、年鑑から抜き出した地元の詳細な情報と、リバプール商工会議所で行った調査に対する回答だったが、価値のないものだった。ブラックバーンはイギリス軍に入るつもりだと弁解したが、軍から「お前みたいな奴はいらない」と言われ、ボースタルの訓練場送りとなった。

ブラックバーンは裁判で、スパイになるという考えを思いついたのは、イギリスで活躍するドイツ人スパイについて書かれた本がきっかけだったと認めた。スパイ小説作家の代表であるウィリアム・ル・クーズの作品が影響力を持っていたことの証左と言える。ル・クーズはドイツ人が「自分たちの計画を展開しよう」と自分を捕まえに来るのではないかと不安になり、特別な保護をつけてほしい旨ロンドン警視庁に相談する必要があると心配したほどだが、彼の作品は開戦とともにますます売れた。一九一四年の秋に出た、ル・クーズの戦時中の最初のベストセラーはおなじみのル・クーズ流作品そのもので、『ドイツのスパイ』という題の小説だった。

戦争当初、高まるヒステリーの雰囲気を抑えるようなものはなく、政府内の者こそがドイツ寄りで罪があるという話が生まれた。自由党議員で家族が所有する化学会社の社長を務めていたサー・アルフレッド・モンドのようなドイツ人の血を引く人物が、容易に攻撃のターゲットになった。喉から声を出すドイツ語のアクセントで話をするモンドは、レスターの箱製造業者R・T・パーマーに中傷された。パーマーは手紙でモンドのことを「ドイツの豚」と呼び、「ベルギーとフランスにいる君の仲間の豚どもが引き起こした破壊と悲惨な状況に、君は満足している」のだろうと述べた。

その後間もなく、複数の政府関係者に対しデマ運動が始まった。第一海軍卿ルイス・オブ・バッテンバーグ公が大きな攻撃の標的となった。ドイツ出身であったことと、九月二十二日に北海で敵のUボートによってイギリスの巡洋艦三隻が沈められてしまったことで、バッテンバーグは十月末、「外国人の敵」としてロンドン塔に閉じ込められ反逆罪の裁きを受けるのを待っているという噂の中、職を追われることになった。この頃、D・G・ジョンソン将軍は妻から閣内にスパイがいるという話を聞かされた。妻はこの謎の人物をホールデーン卿か内相のレジナルド・マッケナだと考えた。海軍大将ビーティーは妻のエセルに、二人とも「閉じ込めて責任ある地位から引きずり下ろすべきだ」と手紙を書いた。

ホールデーン卿のドイツとのつながりは、彼がドイツは自分の「精神的拠り所」とよく発言していたことと、戦前軍の支出を抑え効率性を追求する改革を行っていたことが一緒になって、新聞の乱暴な攻撃の的となった。「デイリー・エクスプレス」紙に掲載された求めに応えて、国益を裏切ったとホールデーン卿に抗議する二万六千通の手紙が上院の彼の部屋に届けられた。これらの手紙はホールデーン卿の自宅に転送され、台所の下働きの女中が開封し処分した。「デイリー・エクスプレス」紙の投書欄は、大法官に対する口汚い攻撃で溢れかえった。ロンドン中心部フィンズベリー地区の読者は「ホールデーン卿がわが国の第三大隊を処分し……友人の『フン族の親分』と一緒になってお互い都合のよいことをやりあったのだから……ドイツ支持者には辞任して引退してもらってよい頃だ」と書いた。

ホールデーン卿はアスキスに辞任を申し出たが、しばらくの間、アスキスは押しとどめた。だが、街頭で襲撃されかかったホールデーン卿は後に、「撃たれるかもしれない」と語った。

内務省では、かつてサフラジェットに頑として立ち向かったレジナルド・マッケナが、右翼誌の標的となった。マッケナは敵の外国人に寛容で、スパイ騒ぎを軽んじていると攻められた。「新聞各紙はどれも、スパイとみなされる者に対しては、もっと思い切った措置をとれと騒ぎ立てている」。エイダ・リースは日記に「誰もが内務省の緩い自虐的なやり方に腹を立てている」と書いた。マッケナは、アスキスが時折ちょっかいを出している妻のパミラからドイツびいきの姿勢を焚きつけられているのだと言う者もいた。「この頃スパイの報告が内務省にあると――内相は妻女にけしかけられているということだが――内務省はあくせく働き、黙って、厳格に、これで決まりだといわんばかりにテープで束ね、調査し、批判し、そんな者は存在しないと、断定的に、否定の余地なく、口を挟ませず、間違いなどありえないとでもいうように、決然として、これは絶対だといった具合に結論を出すんだ」とエドウィン・モンタギューは九月、嘲るようにマッケナに書き送った。

ドイツ人の血を引き、ドイツとつながりのある王家――しかも名前がサックス＝コブルク＝ゴータだった――も疑いから逃れられなかった。ジョージ五世の従弟がドイツ軍に仕えていることが明らかになった後は特にそうだった。ヴィクトリア女王の三女であるプリンセス・クリスチャンの息子でシュレスウィヒ＝ホルシュタイン公となったアルベルト王子は、プロイセン軍の一部をなす第三槍騎兵連隊の中佐になっていた。ドイツ皇帝自身は、アルベルト――ドイツ皇帝の母ヴィッキーがヴィクトリア女王の娘だったから従弟だった――がイギリスとの軍事行動に参加しないよう配慮し、アルベルトはベルリン知事のスタッフとして戦争中の大半をベルリンで過ごした。だが十一月、何の正当性もなく、自由党議員ウィリアム・ヤングが下院で、ドイツ軍にアルベルト公の存在があるのに、イギリスが王室予算から生計費として年間六千ポンド支払うのはなぜかと質問をした（イープルの戦いでキングズ・ロイヤル・ライフルズ軍団の中尉モーリス・オブ・バッテンバーグが死亡と発表されるわずか数週間前のことだった。モーリスはヴィクトリア女王の孫の一人で、末子の五女ベアトリスの息子だった）。

だが、さらにたちの悪い激情がこの月に続いた。ヨーク大主教コズモ・ゴードン・ラングが、反ドイツ感情が過剰になっていることに公然と反対し、一九〇一年一月祖母ヴィクトリア女王の棺の前に、ドイツ皇帝がエドワード七世の横で跪いた「神聖な記憶」を愚かにも思い起こさせたのだ。この発言は抗議を呼び起こした。ラングは後に「非難の嵐」と表現している。ラングの行った「生きている人間の中で最大の敵に関する……発言」を非難する何百通という手紙が彼の元に届いた。十一月二十五日「ヨークシャー・ポスト」紙に投書したキースリー在住のメアリー・アクロイドの反応は、これらの攻撃の趣旨を伝えている。「このようなことを言わせないため罰を与えて、戦争が終わるまで大主教を外国人と一緒に強制収容所に拘留した方がよいのではないでしょうか?」。批判を含んだ軽蔑の猛攻撃を受け、ラングの神経は磨耗した。その結果脱毛症となり、若々しかった黒髪のラングの容貌は急激に衰えた。五十五歳のラングは突然、年寄りくさい白髪の禿頭になった。

スパイ熱に関していうと、イギリスのヒステリーは一九一四年の十月から十一月にピークを迎えた。「タイムズ」紙の記者マイケル・マクドナーによると、その理由は一般の人々が「実際に戦争状態にあるというショックを初めて受けた」からだった。だが、ヒステリーはいたるところにある不安に根ざしてもいた。一つは、日々明らかになってくる、この戦争が短期戦ではなさそうだという観測だった。もう一つは、イギリスが負けるのではないかと認識したことだった。十月初め、ドイツの攻撃でアントワープが陥落したことは人々の気持ちを大きく逆方向に向けた。併せて、ドイツ軍がどれだけカレーの近くにいるか確かな情報がないことと、ドイツ軍がイギリス海峡の港に到達する可能性があることから不吉な予感が生まれた。

敵のスパイがどこにでもいるという主張から生じる緊張を解き放つ、ふざけた行為もあった。この年の終わりに、例の新兵募集用のキッチナー卿が指を指しているポーズのポスターに関わったアルフレッド・リートは、週刊「ロンドン・オピニオン」誌に「スパイ、シュミット」という題の絵を発表した。シュミットは小柄で丸っこい髭を貯えたドイツ人で、イギリスにやってきてオランダ・チーズの籠に隠れている。シュミットは説得力があるとは言い難いさまざまな変装をし、ロンドンの日常生活を見ておかしな誤解をし、ドイツのボスに間違った情報を送る。街頭でアコーディオンを演奏している女性の救世軍のグループを見て、シュミットは「へんてこな武器で武装した女性軍」が「独自の戦争の叫び声を上げる」と誤った解釈をしたメッセージをベルリンに送る。このへっぽこスパイは、職務のため映画館の外で制服を着て立っているガードマンを見て、イギリスが戒厳令を出した証しだと誤解する。

一九一四年末にロンドンで最もヒットした芝居は、十二月十日にロイヤルティ・シアターで幕開けした。スパイ熱をからかう演劇なのだが、同時に敵のスパイが現実に脅威となっていることを軽視しないよう工夫した内容となっていた。リッキミアー・ウォールとJ・E・ハロルド・テリーによる『家にいた男』は、一九一四年九月のとある日の、少し気取ったイースト・コーストの寄宿舎を舞台として設定する。ウェーブ・クレスト・ホテルを所有する女主人はサンダーソンといい、夫のドイツ人将校を亡くしている。サンダーソンと息子のカールは海軍で仕事がしたいと主張するが、その実、海岸の位置情報を流していた。伝書鳩を使って文書を送り、遠くにいる船に合図を送るドイツのスパイだったのだ。この劇のヒーローで、親子の卑劣な計画を押し潰すのがイギリス人探偵のクリストファー・ブレントである。ブレントは、片眼鏡をかけた馬鹿な若者を装う。明らかに軍に入隊できずにいて、第一幕の初めのところで、この寄宿舎に滞在する若い女性から白い羽を手渡される。

劇のクライマックスで、ブレントはサンダーソン親子と「はっきりドイツ訛りで話す」ウェイターのフリッツを含む共犯者たちが沖合にある潜水艦に合図すべく、家に火を放つのを防ごうとする。ブレントはイギリスの軍艦に合図を送り、この潜水艦を破壊する。劇の配役の中にドイツ人の家庭教師がいるが、これまでも「いくつもの立派な家庭」に仕えた経験がある。彼女はサンダーソンのため港の地図を描く。観客の関心を鷲掴みにするもう一つのポイントは、火床の下から無線のメッセージを発着する機器となっている壁炉と、どうしても必要な地図を足に括りつけたフリッツの飼う伝書鳩である。

＊

イギリスに住むドイツ人の活動を監視、管理することは、戦争が始まって以来の厄介な問題だった。八月五日に下院はほぼ満場一致で外国人制限法を通過させた（ドイツ人スパイとしてリストに挙げられた疑わしい二十一人を逮捕したという発表を同時に行い、法を通過させやすくしようとした可能性もある）。この法は「外国人である敵国人の出入りと、イギリス国内での動きに制限を加える」ものだった。たとえば、認可された港以外から外国人は出入国できなくなった。開戦後にイギリスに残ったドイツ人とオーストリア人は全て登録を義務付けられ、八月十七日と二十四日それぞれに、たいていは地元の警察署だったのだが、直近の登録事務所で登録した。「マンチェスター・ガーディアン」紙によると、八月初旬のある日、ロンドンのトテナム・コート・ロード警察署の外に「多くは物静かに見える老婦人、教員らしき者、若いドイツ人の女学生、お金を持たずに捕まった観光客、床屋、株式仲買人、船の事務員、ウェイター、銀行家、それに加えて、あまりよく知られていない職業に就いている人々」の長蛇の列ができたという。

「国内にいる敵」に対するさらなる手段として、細切れに立法が行われた。八月二十日の命令では、内相レジナルド・マッケナの許可を得ることなくドイツ語の出版物を発刊することを禁止じた。九月九日の命令は通信伝達装置の所有に制限を加えた。十月八日の命令は、外国人が内相の承認を経ることなく氏名を変更することを禁じた。

これらの新たな権限は、国民の安全の名のもとに国家の役割を変更した。だが、アスキス内閣にとって最大となる変更は、最も実施困難だった。自由党が大切にしてきた原則と衝突するからだった。それは、敵国人を拘留する政策だった。目下、敵国の成人男性であればすべて拘留しようとまでは到っていなかった。だが、警察も軍も、イギリスに継続的にドイツおよびオーストリアの予備役となり得る存在を放置することに強力に反対した。危険の源だと考えたのだ。内務省は「最も危険な恐れがある者」を逮捕する際の指示書を発行することでこれに応えた。八月十三日までに約二千人の敵国人が拘留された。五週後、その数字は一万千に達した。拘留可能な場所は激減し、イギリスには国土防衛兵が不足する事態となった。

内務省は拘留政策に対して責任があり、その履行については陸軍省が責任を負っていた。最初に拘留された者たちは、さまざまなビルや間に合わせの仮兵舎、海軍省が徴用した大西洋横断航路用の船九隻の船上に収容された。ロンドンのオリンピアには三百人から千五百人が収容され、一九一四年十二月に別の収容所に移されるまで、囚人たちの情報交換の場となった。サリー州フリムリー、バークシャー州ニューベリーには早い段階で収容所がつくられたが、ニューベリーでは競馬で使用するレース場が拘留センターとなった。馬小屋に囚人を住まわせ、暖も明かりも取れない状態だった。ランカスターでは陸軍省が九月に古い貨車を徴用した。そこに収容された囚人は、漁船で捕まった十六歳くらいの少年たちだった。

八月と九月に数千人の戦争捕虜がイギリスに到着し、捕虜収容所の建造が急務となった。拘留センターとは対照的に、敵の姿を一目見ようと地元の人々が収容所に足を運んだ。ベアトリス・トレフュシスが十月の日記に記したのは、住んでいるサリー州ディープカット近くのフリス・ヒルにある収容所に、ドイツ人捕虜を見るために何百という人々がやって来たことだった。「まるで動物園の見せ物のようだ」とトレフュシスは書いた。ある折に訪ねたとき、「捕虜の一人が、単独で厳粛に軍隊式の行進をしている」のを見た。

トレフュシスは明らかに、庶民の中でも多数を占める「敵国人は全員拘留すべし」という考えの持ち主だった。戦争初期、内相レジナルド・マッケナは「国民は国内に留まるドイツ人の大多数が平和的で罪のない人々で、恐れる必要はないと思っている」と新聞で公表した。だが、「全員を拘留せよ！」との声が、新聞や議会の右寄りの急進派から突き上げられることが予測された。「デイリー・メール」紙は敵国人に対し強力な手立てを取ることを求めていたが、「ジョン・ブル」誌はさらに進んで、帰化したドイツ人全員を拘留することを求め、軍務に就くことができる男性のみを拘留することに反対を訴えた。七十歳の男性も女性もスパイである可能性があるからだ、という理由だった。

マッケナが率いた自由党の党員でさえ、限定して拘留を行うやり方は敵国人に甘すぎると非難した。ロイド・ジョージの仲間で新聞王のサー・ジョージ・リデルは、マッケナが「反ドイツの煽動を嫌っている。マッケナはいつも『紳士的に戦う』『冷静さを失ってはいけない』『ドイツが策謀をめぐらしているという証拠がない』『危険がない』等々と言っている」と批判した。マッケナに覚悟を決めてもらうおうと、「暴徒から襲われないようにするため、リデルはマッケナにG・H・ルーズのロベスピエール伝を渡した」。

だが、党内でも首相アスキスは、拘留について積極的な立場の人々とは違っていた。一九一四年秋に二度、アスキスはマーゴットとマッケナを伴って収容所を訪問したが、その実態を知り驚愕した。収容所の一つを視察した後、アスキスはヴェネチア・スタンリーにこう書いている。「『拘留されている』ということだけで、残酷で犯罪者的な扱いを受けている場合が多々ある……過剰なスパイ熱がとても残念だ」。

十月二十日、軍務に就くことができる年齢の全てのドイツ人とオーストリア人の逮捕をマッケナが明示したことで、政府の拘留政策が突如として一変した。これは、十月十七日から十九日にかけてロンドン南東部のデプフォードで起こった反ドイツ暴動に応えるもので、国民の利益を守る法制を強化するとともに、民間のドイツ人を保護する手立てでもあった。「デプフォードで反ドイツ暴動があったそうです。ドイツ人の店が何軒か襲われて、ベッドやピアノなど、家具が全て道路に放り出されたということです。居合わせなくてよかったと思います」と鉄工所事務員のジョン・リドリーは最初の晩の騒ぎが起こった後、母親にこうした手紙を書いた。

戦争初期、ドイツ人に対する暴動は他にも起こった。八月の宣戦直後、ドイツに対する悪感情が高まっていたときに、ロンドンのイースト・エンドでドイツ人の小売商とその資産が襲われる事件が数件発生した。この攻撃は関係するドイツ人からの挑発の結果でもあった。たとえばポプラーでは、ドイツ人のパン屋が挑戦するかのように敵国旗（ドイツ国旗）を掲げた。別の例では、ドイツ人のパン屋二名が、イギリスとイギリス軍に対して侮蔑的な言葉をぶつけ、店の窓が割られた。

八月第二週の二日間、ピーターバラで三千人ほどを巻き込む、さらに深刻な問題が起こった。根本的な原因は、ドイツ生まれで三十年この町に住んでいた地元の肉屋フレデリック・フランクが「現在の英独間の不幸な状況について挑発的な発言をした」ことだった。金曜日の夜、酒が入って気が大きくなった若い肉体労働者たちからなる群衆がフランクの店の外に集まり、レンガや他の飛び道具を窓に投げつけた。警察は群衆を抑えられず、結果的に郷士たちが介入した。彼らにも攻撃が向けられたが、馬に乗った十余人が人々を四方へ追い払った。翌晩、状況は悪化した。フランクはその午後、店の肉を競りにかけたが、彼の商品を買った者たちはそれを盗まれた。若者たちが電柱に上がり、電線からソーセージの輪をぶら下げた。夜中までに、大勢の人々が地元のパブに集まった。パブの経営者ゲストが肉屋を支持する発言をした、という噂だった。ゲストの店の窓も割られた。人々が乱暴にパブのドアに殺到し、ホースで水がぶちまかれた。

ウェスト・ヨークシャー州キーリーで、ドイツ人コミュニティを標的にした新たな暴力事件が発生した。イギリスの死傷者が二千人出たという発表があれば街頭でダンスをすると主張したドイツ人小売商の妻がいた、というのが建前だった。だが、ここで気持ちが高ぶったのは、地元の経済状況が悪化したことが理由だった。五月以来、キーリーでは金型工と機械工によるストライキが七日間続き、この騒動のある時点で攻撃は工場の所有者の資産に向けられた。

だが、デプトフォードの十月の暴動は、過去最も激しいものとなった。十九日の月曜日の晩、大通りで起こった騒ぎに五千人から六千人もの人々が関わった。初期の暴動に比べると、デプトフォードの群集は酔った若者たちばかりでなく（もちろん彼らもそれなりの役割を演じてはいるが）、この町の男女――加えて、子どもたちも含まれていた。子どもたちは大人からレンガを受け取り、ドイツ人とオーストリア人の店に投げ続けた。騒動がピークに達し、家具が窓から外に放り出されるようになると、警察が軍を招聘した。ライフル銃を持った兵士三百三十人が店を囲み、群衆を引き帰らせた。

数日後、リベラルな新聞は、罪のない敵国人に対して憎悪を焚きつけたとして右翼誌を非難した。たとえば「デイリー・メール」紙は「我々の只中にいるドイツ人とオーストリア人を扱うにあたり政府が無関心であること」に対し、新たな一斉攻撃を始めた。

デプトフォードの暴動の触媒となったのは、騒ぎが始まる直前、この地域にベルギーから八百人の難民がやってきたことだったのかもしれない。「デイリー・ニューズ」紙の記者によると、ベルギー人の姿と苦しんでいる様子を目の当たりにし、火がついたように「多くの群衆が醜い姿を晒すことになった」。ベルギー人に対するドイツの暴虐を伝える話は今やあまねく広がっており、「国内にいる敵」だと思う者に対してイギリス人が報復手段をとることも不思議な話ではなかった。ベルギーの陥落後、ドイツがイギリスに侵入するのではないかという不安が大きく高まり、敵のスパイに対する恐怖もやはりピークに達していた時期と、大きな暴動が起こった時期が重なっているのは偶然の一致ではない。

イギリスに在住するドイツ人への攻撃に対して抗議する、他とは距離を置いた声もわずかながら存在した。「リバプール・エコー」紙は十月二十七日付でこのように報じた。

私はイギリス人が、自分を守ることのできない個人に攻撃を加えるのを見るのが恥ずかしい……イギリスにいるドイツ人とオーストリア人のスパイは警察に任せてほしい。一般の人々の行動は邪魔になるだけだ。私たちが残虐さに残虐さをもって戦うことはできない。それは間違いない。そんなことをすれば、私たちは相手と同じくらい悪者になってしまう。

少し前の九月上旬、スウィンドンからニューカッスル＝オン＝タインまでイギリスを旅行したエドワード・トマスは、出会った人々の間に「凶悪で野蛮なドイツ人という、ひたすら単純で根強い発想」があると書いていた。一九一四年版の街頭インタビューを集めようとしていたトマスは、敵に対しどのような考えを持っているか、人々に取材した。ある人は、これまでドイツソーセージを食べてきたことに対し「気持ちが滅入って」いた。別の者は、ドイツの商品の輸入が禁止されたので、よい爪切りを買えなくなったという事実を嘆いていた。コミュニティ内にいるドイツ人の大きな脅威について、さらに直接的に意見を述べた者もいた。

「私はイギリスからドイツ人を全て追い出したいと思っている。ドイツ人も私たちを追い出したいと思っているだろう」。「俺はそうは思わない。大勢撃ち殺してやりたい」。「帰化したドイツ人——なぜそうしなければならなかったのかわからない。二心があるんだ。奴らはみんな二心がある。やつらは野蛮人だ。子どもと年寄りを殺している」。

*

スパイへの不安が高まっていたから、カール・ハンス・ロディの逮捕とスパイ行為について裁判を行い、明確な態度を示したことは、政府にとって思いがけない幸運な展開となった。もっとも、ドイツ人スパイについて持っている一般的な概念にロディが与えた衝撃は、最初に期待したものとはかなり異なっていることが明らかになった。「デイリー・エクスプレス」紙は「過去数年間のスパイ裁判にはない、生死に関わる法廷闘争」になるという「不気味な熱狂」があることを掴み、有罪になった場合、ロディは二十四時間以内に死刑になる可能性を読者に想起させた。

リューベック近くのノルトハウゼン〔ドイツのチューリンゲン州の都市〕で一八七七年に生まれたロディはドイツ海軍で一年過ごした後、一九〇一年に第一海軍予備役となった。それから商業に関わり、ハンブルク＝アメリカ航路の旅行代理人の仕事を見つけ、ロンドンにいるドイツ人とアメリカ人のガイド役を務めた。ロディが企画した史跡めぐりの旅程の中にロンドン塔も含まれていた。

一九一二年、ロディはドイツ系アメリカ人でオマハ〔アメリカ合衆国ネブラスカ州東部の都市〕の醸造業者の娘ルイーズ・ストーズと結婚した。ドイツとヨーロッパをめぐるツアーの最中に出会ったのだ。結婚生活は続かなかったが、離婚によりロディは経済的に独立できるようになった。一九一四年四月に離婚を強いられたロディに対し、義父が代償として一万ドルを支払ってくれたのだ。その晩春、ロディはドイツ海軍情報機関の事務局長フリッツ・プリーゲルに接触した。プリーゲルが諜報員として働く気はないかと勧誘したのだ。ロディは合意し、プリーゲルの誘いを「名誉」に感じた。国際的に緊張が高まる中、ロディはまず南フランスから報告を行った。その後、七月の危機が始まるとロディはイギリスに任地替えとなった。アメリカ人旅行者を装い、チャールズ・A・イングリスという名前のパスポートを携えて、ロディは八月二十七日にノルウェー発の蒸気船でニューカッスルに到着し、エディンバラに向かった。ロディはリースとグランジマスで第一級のイギリス軍艦および巡洋戦艦艦隊の配置状況を報告することになり、「両国の海軍が最初に衝突するまで」イギリスにとどまり、「イギリスの艦隊が実際にどれだけ損害を受けたのか情報収集する」よう指令を受けた。

ロディの最初の暗号電報は、八月三十日に町に普通に設置されている郵便ポストからストックホルムの接触相手アドルフ・ブルヒアルトに宛てて送られた。「ジョンソンを外せ。この四日間、非常に具合が悪い。少し休ませよ」と書かれていた。どう見ても意味がないメッセージがイギリスの検閲当局に押収された。五日後、エディンバラで投函されストックホルムの同じ住所に宛てた手紙も開封された。この手紙はブルヒャルトに「九月三日にロシア兵の大軍がエディンバラを通ってロンドンとフランスに向かった……私は駅に行ってブラインドを下ろした列車が高速で通過するのを見た」とベルリンに伝えるよう求めていた。

長靴に雪をつけたロシア人がイギリスに来た、というおなじみのデマだったが、九月半ばにロディが行ったわずか二度の報告のうちの一つ、ロンドン駐在の軍事諜報員がベルリンに届けるべきと思った報告がこれだった。他に押収したメッセージには「チャールズ」あるいは「ナチ」（バイエルンでは「イグナッツ（Ignatz）」の略）と署名があり、ベルリンの海軍諜報部のゲオルク・シュターメルに宛てて出されていたが、エディンバラのカールトン・ヒル周辺で行った巡視を中心とした内容の、興をそそらない観察記録が入っていた。カールトン・ヒルに行けば、フォース・ブリッジからリースの埠頭にかけて、湾内をはっきり見ることができた。「自分で確認できる範囲だが、北海では小さな船が二十二隻撃沈された。小さな巡洋艦がリースにいる。武装した巡洋艦が四隻、魚雷を積んだ船が約十隻、駆逐艦が二隻、グランジマスにいる」。

疑われないように、ロディは「他の」アメリカ人と付き合い、正午まではドラムシュー・ガーデンズにある宿舎の部屋にいることが多かった。九月半ば、ロディはロンドンに二日間滞在し、新軍の新兵募集状況を報告し、ハーリッチから来た船員と話をした。その船員は港に配置してある機雷について話をしてくれた。

だが、ロディは神経質になった。エディンバラの街を歩き回るのがだんだん怖くなり、捕まるのではないかと心配になった。プリーゲルはイギリスで働いているもう一人の諜報員に、ロディと接触し新しい住所を伝えるよう指示した。だが、連絡を取ったときにはすでに遅かった。「しばらく姿をくらますことが絶対必要だと思う。怪しい形で数人、近づいてきている」とロディはシュタールメル宛ての手紙に書いている。九月末、彼は「数日間、姿をくらます」ことにした。ロディは汽車でリバプールに行き、キングズタウン経由でダブリンに向かうS・S・マンスター号に乗船した。ロディはストックホルムに手紙を書き続けた。リバプールに向かう汽車の食堂車で、彼はアイルランドのナショナリスト議員ウィリー・レドモンド（ジョン・レドモンドの弟）の隣のコンパートメントに座り、「主にツェッペリンによりロンドンが爆撃され、侵入を受ける可能性」について会話しているのを漏れ聞いた。「議会、イングランド銀行、図書館といった重要な建物は強力なワイヤーの網をかけて保護している」とのことだった。

だが、ロディの他の報告書と同じように、この報告もイギリスの諜報部の手に渡った。諜報部は十月二日、スパイに対して行動を起こすことを最終的に決定した。陸軍省からダブリンの王立アイルランド警察隊に次のようなメッセージが送付された。「アメリカ人チャールズ・イングリスを名乗っていると思われるドイツのエージェント」を逮捕すること、そして「確保した文書は細心の注意を払って調査することが必要で、おそらく暗号を用いている」と。

地区の捜査官チーズマンは、ロディがキラニーのグレート・サザン・ホテルにいることを突き止めた。チーズマンは国土防衛法の条項により、ドイツのスパイ容疑で身体を拘束すると伝えた。「いったい何だ。私がドイツの諜報員だって？　気をつけたまえ。私はアメリカ市民だ」とロディは答えた。部屋を捜査すると、北海で撃沈された巡洋艦のリストとベルリンで接触を取っていた者の名前と住所が書かれているノートが見つかった。上着の胸ポケットの内側には「J・シュタインベルク、ベルリン。R・C・H・ロディ、八・五・一四」と書いてある仕立て屋のネームが縫い込まれていて、少なくともこの人物がロディであることは明らかだった。ロディはロンドンに連行され、ロンドン塔のウェリントン・バラックに収容された。

軍事作戦部第五課のレジナルド・ドレーク大尉はカール・ハンス・ロディの裁判を非公開にしたいと考えた。しかし、この考えはすぐに消え、十月三十日から十一月二日にかけて、ウェストミンスター寺院の向かいにある中世のゴシック様式のビル、ミドルセックス・ギルドホールで公開の軍法会議に付すことになった。公開裁判を行えば潜在的に存在する他のスパイを抑制することになるし、イギリス国民に敵国のスパイ事案の解決に成功したと思ってもらうことができるという期待があった。

初日、ロディは銃剣を構えた二人の兵士に挟まれて、樫の木でつくられた壁の向こうにある法廷に入り、反逆行為と敵国に有用な情報を提供したことに関する訴追に答えた。国選弁護人のジョージ・エリオットはイギリスのフェアプレー精神に訴えた。検察側はこの年初めのスターチフィールド殺人事件を担当したアーチボルド・ボドキンで、被告人を「危険人物」であり「敵国人」だと主張した。

だが、続く数日のうちに、法廷にいた傍聴人は網のかかったガラスの天蓋の下に座っている穏やかで柔和な人物が、検察側が指弾するような者だと思うことが難しくなった。「デイリー・メール」紙の記者は、ロディを悪意のあるスパイというよりも、むしろ典型的な事務職員のように感じた。この点で、ロディはカール・エルンストとは全く違っていた。エルンストの裁判はロディの裁判とほぼ同時に行われたが、彼は一般の人々がイメージする疑わしいスパイそのものだった。

ロディは愛国心、勇気、名誉を強調した証言を行った。ロディはドイツのボス、フリッツ・プリーゲルの名を挙げるよう求められた。しかし、ドイツがボスの名前を決して出さないよう命令していたわけでもなく、名前を出せば死刑を避けられる可能性があったのに、ロディは拒否した。「自分の名誉に関わることだから、私は名前を言いません」とロディは法廷で述べた。「私は秘密情報に関わる仕事をするよう言われました。けれども、スパイではありません。違います。涙が頬を伝った。ベルリンでスパイになれと言われたら、断っていました。この言葉の意味が同じものだとは、私は思いません」。このとき、ロディは姿勢を正そうとした。彼は裁判官に向かい、一ヵ月間牢獄にいたために、神経が参ってしまったと述べた。

名誉にこだわったロディの言葉のクライマックスは、判決をまとめる十一月二日のことだった。ジョージ・エリオットによると、ロディは愛国心から行動せざるをえなかったという。ロディは「自分がやったことに許しを請う哀れな臆病者」ではなく、「生まれた国を誇りに思い、その歴史と伝統を大切にする」人物だった。ロディの祖父は偉大な軍人で、ナポレオンに対し要塞を守り抜いた。ロディには「進んで国の犠牲になる覚悟があり……ロディがドイツのためにしたことと同じことを、多くの者がイギリスのためにするだろう」。

処刑の日の前日、自分はスパイとしてではなく祖国の将校として死ぬことになると、ロディは姉妹のハンナに手紙を書いた。勇気を備え名誉ある人物でいたいという彼の思いは、最後の瞬間まで続いた。憲兵隊の一行がロンドン塔のベランダで準備していた銃撃隊のところまでロディを連行していたとき、彼は憲兵隊長補佐に尋ねた。

「ドイツのスパイなんかと握手したいとは思わないだろうね？」。

「はい思いません」という答えが返ってきた。「でも、勇気がある方とは握手したいと思います」。

砲　撃

十二月十六日水曜日

❖午前八時

気の良い紳士の一団が海辺の町スカーバラのサウス・ベイ地区で日光浴をしていたときのことだ。彼らは突然、北東の海岸線に濃い煙が上がる、恐ろしい光景を目にした。朝のぼんやりした光の中では黒く不気味に見える三隻の軍艦――ヌーッと現れたドイツの巡洋戦艦デアフリンガーとフォン・デル・タン、それに三本の煙突を備えた軽巡洋艦コルベルク――が浜辺の方向に接近してきた。軍艦の巨大な大砲を前に、湾にいた船には逃げる時間もほとんどなかった。結果的に、船は港から八百メートルのところにとどまらざるをえず、軍艦が町に向けて行う砲撃を許した。煙突から吐き出される濃い煙で黒ずんだ空は、大砲から噴き出した炎であっという間に真っ赤になった。強い爆発力がある榴散弾が雷のように広範囲に飛び散って建物を破壊し、おびただしい瓦礫が空中に舞った。

大砲に弾を充填する束の間、ドイツの砲撃は止んだ。その間、浜辺で日光浴をしていた人々は自分の荷物をかき集め、防波堤の下に逃げ場を探すことができた。彼らは身を隠した場所で、何種類かの大きさの大砲から五百発ほど次々に砲弾が放たれ、町中で炸裂する様子を恐怖におののきながら見た。まだ床に就いていた人、着替えをしていた人、朝食を摂っていた人は、大きな音を立てて窓を激しくガタガタ鳴らす雷のようなものは何かと思い、慌てて外を見た。頭が混乱し、海で行われている攻撃を見て、「わが国の戦艦が演習を行っている」と思った者もいた。英独間の大海戦がついに始まった、と考えた者もいた。

最初の一斉砲撃はキャッスル・ヒルにある国防監視所に命中し、監視所は粉砕された。スカーバラの南北の湾の真ん中にある標高九十メートルの岬の、十二世紀に建てられたひときわ目立つ城が攻撃の対象になった。三メートルの厚みのある城壁は数ヵ所に砲弾を浴び、「立木のように」崩れ落ちた。砲弾は廃墟となっていた城の本丸を破壊し、近くにある使われなくなっていた郷士の兵舎を直撃した。そう遠くないところにいたハイ・クリフ小学校の児童フィリス・ランは級友と一緒に学校の地下にあるクロークルームに避難したが、建物全体が揺れて「自分たちに迫ってくるようだ」と感じた。「泣いている女の子」の二人がフィリスにしがみついてこう尋ねた。「ドイツ人が私たちのことを殺しに来るの？」。

ドイツの軍艦は砲撃の方向を城からサウス・ベイの町の人口密集地に変えた。湾を見下ろす黄色いレンガのグランド・ホテルに三十五発の砲弾が撃ち込まれた。クリスマス客がまだやって来ていなかったので、かろうじて死傷者を出さずにすんだ。遊歩道沿いにあるホテル、グランヴィルの外の階段で、アリス・ダフィールドが頭上で爆発した砲弾により致命傷を負い、最初の死者となった。サウス・クリフ地区フィリー・ロードの大屋敷ダノリーでは、正面玄関の上で榴散弾が爆発し、曹長に郵便を配達しようとしていた郵便配達人アルバート・ビールと奉公人のマーガレット・ブリッグスが即死した。ブリッグスの遺体は後にメインの廊下で発見されたが、胃がぱっくりとえぐられていた。ウッド・エンドのザ・クレセントの中にあるサー・ジョージ・シットウェルの家では、砲弾が正面のドアを破壊したとき、一家と使用人たちはかろうじて逃げることができた。夫の懇願にもかかわらず、レディ・アイダ・シットウェルはいつものようにベッドで朝刊を読む習慣を変えようとせず、他の者と一緒にいるのを拒んだ。家の者たちは地下室に避難した。翌日、アイダは息子のオズバートが近衛歩兵連隊に加

1914年12月、ドイツ海軍による東海岸の砲撃によって生じたハートルプールのバプティスト教会の被害を2人の少年が見ているところ。

わってフランスに出発する前に会っておこうと、スカーバラを発った。息子の幸運を願い、ドイツが放った砲弾のかけらを彼に贈った。

ホテルや寄宿舎、教会、礼拝堂、学校、倉庫、工場に加えて個人の住宅が被害に遭った。家の中でじっとしていられなくなった人々は町にたくさんいた。彼らはパニックに襲われ、驚愕し、通りへと出たのだ。そこにガラス片や砲弾のかけらが飛んできたり、瓦礫が落ちてきたりして怪我をする人が続出した。アバディーン・ウォークの郵便局では、ドイツ人が上陸してこの地を蹂躙する前に貯えを持って逃げようと躍起になった群衆で溢れた。「スコルビー・ロード、ステプニー・ロード、シーマー・ロード沿いの町から人々が流出している」と「スカーバラ・マーキュリー」紙は後日、記事にしている。「慌てて逃げたため、靴下のまま歩いている人もいた」。自家用車やタクシーは年寄りや身体の弱い人々を乗せようとした。G・B・ホーリデーは「荷物を背負ったり、手押し車やベビーカーに載せたりして荒野に向かう人々」のことを覚えていた。大混乱の中、安全に運ぼうと枕カバーの中にクリスマスケーキを入れて持っていた女性がいた。田舎に逃げたとしても、攻撃から無事でいられる保証はなかった。砲弾はこの町の南のケイトン村や西に数キロ離れたエイトン村まで届くと言われていた。「繰り返し轟く爆音」は三十キロほど離れたモールトンにも聞こえるほどだった。

砲弾は明らかに鉄道を狙っていた。ウェイバリー・ホテルに泊まっていたブラッドフォードの商人ハロルド・ヘインズワースによると、砲弾は「狙いをほとんど外さなかった」のに、駅へと逃げる者もいた。ピカリング、ハル、ヨーク、ロンドン……とにかく乗れる便があれば何でも利用しようと人々が殺到した。午前八時二十五分発リーズ行きの三等のコンパートメントが満員だとわかると、乗客は一等コンパートメントに入ったが、車掌や他のスタッフはお役所仕事で容赦がなかった。列車が出発の汽笛を上げる前に追い出されたのだ。

砲撃が始まって三十分後、軍艦はウィトビーに向かって北に移動した。別れ際、スカーバラのシンボルの一つである灯台が砲撃された。三日後、「極めて危険な状態だ」と発表され、灯台の解体作業が始まった。

ドイツの攻撃によって、女性と子どもを含めた十八人の死者、八十人以上の負傷者が出た。パニックも広がり、大騒ぎとショックが後に残った。小学生のフィリス・ランはこう日記をつけた。「九時二十五分に終わりました……私たちは上の階に行って掃除と片付けをしました……その後コートを着て帽子をかぶり、図書館で『はるかなティペラリー』〔イギリスで愛唱された軍歌〕を歌いながら……先生たちがヨークまで、私たちと一緒に歩く用意ができるまで待っていました。このときは汽車に乗ろうとしても無駄でした。駅は逃げる人、人、人で溢れていました。私たちには乗る場所がありませんでした。馬は恐ろしさで気が触れたようになっていました」。

スカーバラの攻撃とほぼ同じ頃、海岸をさらに北上したハートルプールとウエスト・ハートルプールでも砲撃が行われていた。ここではドイツ軍艦セイドリッツ、モルトケ、ブリュッヘルの三隻が海岸線に接近し、日常的にパトロールを行っていたイギリスの駆逐艦ドゥーン、ウェイブニー、テスト、モイが抵抗した。だが、激しい砲撃を受けて駆逐艦は退かざるをえず、砲撃が継続した。

スカーバラとは反対に、ハートルプールは海岸防衛を維持した。将校十一人と兵士百五十五人で構成された「ライトハウス」砲兵中隊と「ヒュー」砲兵中隊を抱えた国防義勇軍の部隊であるダーラム王立守備砲兵隊が駐屯していたのだ。この古い町の岬の上に百五十メートル間隔で六インチ砲の大砲を三門、配置していた。最初の攻撃で、ダーラム軽歩兵隊の歩哨一名とその他三名が戦死した（その中には兵士テオフィルス・ジョーンズがおり、第一次世界大戦の間、イギリス国内で戦死した最初の兵士とされた）。ハートルプールの市民は砲床から聞こえる砲撃演習の音に慣れていて、多くの人々は最初、早朝からうるさい音が聞こえる程度に思っていた。実際に砲弾が住宅地に飛んできたときは、大規模に破壊されて「電線に当たる風のような」音が聞こえてきた。「ドイツ人のものだとは思わなかった。演習の音だと思った」とジョージ・ジョブリングは、翌日この事件の調査が行われた際に述べた。

ドアを覗くと人々が走り回っているのが見えた。私はもう一度家に戻った。ちょうどお茶を飲もうとしていたとき突然、家の隅に一撃を受けた。私は家の反対側に飛ばされた。動けるようになるのに数分かかった。身を起こしてドアのところに戻ったら、レンガがたくさん崩れていた。三人の子どもが室内におり、うち二人は私の孫だった(ジョブリングの子どもは海軍の火夫として任務に就いていた)。二人の子どもが家に当たった砲弾で亡くなった。

失った命と財産に対する被害は、スカーバラへの攻撃よりも甚大だった。最終的に死者百十八人(このときの怪我がもとで死亡した者数名を含む)、負傷者約二百人と報告された。死亡した人のうち、二十三人が自宅で死亡した。他には鉄道や警察署に行こうとして、あるいは単に町中に逃げようとして、街頭で死亡した。ハートルプールガス水道会社でガスのメーター三つが砲撃を受けたとき、激しい砲撃で空は明るくなり、何キロも離れた場所から見えるほどだった。港に停泊した船も破損し、駅や商品集荷場も被害を受けた。リーズ行きの列車は発車間際、かろうじて砲撃を免れた。

砲撃は約五十分間続き、町には砲弾千五百発が撃ち込まれた。多くは爆発せず、その後に回収しなければならなかった。砲兵隊はドイツの軍艦が見えなくなるまで抗戦し、百二十三発を発砲、ドイツの乗員を何人か殺傷した。

❖午前九時五分

一方、スカーバラを砲撃した軍艦は東海岸沿いの小さな、絵に描いたような漁村ウィトビーに向かった。イースト・クリフに駐在していた警備兵は初めて見る船を発見し、旗竿にメッセージを掲げた。「あの船は何だ？」。軍艦デアフリンガーは一斉砲撃でそれに応えた。砲弾の一発が海岸警備兵フレデリック・ランドールの頭を貫通した。朝食のテーブルから立ち上がり、湾にいる船をよく見ようとして外に駆け出したときだった。ランドールは即死だった。

襲撃はちょうど十一分続き、その間に三人が死亡し、イースト・クリフの下にある古い町の家々に深刻な被害を与えた。砲弾は「馬一頭埋められるくらい大きな穴」を地面に開けた。爆発音が辺り一面で響き渡る中、ザ・クラッグ五十二番地の住民グリフェンは産気づき、四千五百グラムの赤ちゃんを出産した。「かわいそうなあの子。砲撃だの砲弾だの、そんな話ばかりだったんです。でも、この子は何も知らないのよ」。翌日、グリフェンは誇らしげに赤ちゃんを差し出すようにして「ウィトビー・ガゼット」紙の記者に答えた。

ウィトビーの最も歴史的な建造物で、十一世紀に建てられたセント・ヒルダ修道院の西側のドアの通路の壁が吹き飛ばされ、大きな穴が開いた。「破壊的な一仕事を終えた」後、軍艦は「突然東に向きを変え、霧の中に消えていった。やって来たときと同じように静かだった」。

昼になるまでに、この襲撃の噂が国中に広がった。リーズ、ハル、ブラッドフォードに向かう汽車はどれも、襲撃された町から逃れた難民たちを輸送しているように思われた。彼らの姿は哀れで、パジャマ姿の者もいた。着の身着のままの場合がほとんどだった。だが、多くの人々は経験した危険な状況について「スリリングな話」をたくさん持っていた。話を聞いてくれた人々に、自分の目で破壊状況を確認し、土産として榴散弾のかけらを拾ってくるよう、切符を買って行くことを勧めたりする者もいた。八十キロほど内陸にあるナーズバラの市場町では、砲撃の話は信じ難いものとして受け止められていたが、このニュースが事実であることを伝える電報が店のウィンドウに掲示された昼には、疑っていたトマス夫妻も口を閉ざした。すでに破壊されてしまった町の一つであるウェスト・ハートルプールでは昼食時、榴散弾の断片が置いてあった箪笥を貫いたことにちなみ、ハートルプールの苦しみを象徴するものとして薄青色の絹の切れ端のリボンが大通りの店に並べられ、戦争救済切手の売り上げを促進しようとした。

検閲によって課された制約によって、イースト・コーストの地元紙は翌日まで、午前中の出来事の詳細を発表できなかった。遠く離れたロンドンでは、エイダ・リースは襲撃が行われた日の昼休みに「ドイツ人がヨークシャーの海岸の町を砲撃した」というニュースを伝えるプラカードに気づいた。エイダは「私たちが思っていたような大海戦なのかどうか」不思議に思い、「今でも警戒しなければならないと思うには至っていない」と述べた。

南部の住人が経験したものの自分たちには直接に関係しないという感覚は、続く数日のうちに雲散霧消した。破壊の痕をたどる目撃者の強力な説明と衝撃的な写真があわさって、イギリスの人々は戦争の現実に直面せざるをえなかった。

＊

一九一四年十二月の東海岸への襲撃は意表をつくものではなかった。イギリス海軍は、東部に広がる五百八十キロほどの海岸を守る能力がなかった。東海岸はヨーロッパ大陸に面しており、敵が攻撃しようとすれば簡単で狙いやすい標的であるだけでなく、逃走するドイツ艦隊からみれば近道だった。襲撃の六週間前、十一月三日の早朝に、結果的にスカーバラ攻撃に関与することになったセイドリッツを含むドイツの巡洋艦四隻がイギリス海峡を渡り、初めて東海岸の町を砲撃した。四隻は機雷と衝突するリスクを避けて十六キロ離れた場所から、アングリア地方東部のグレート・ヤーマスを十五分間砲撃した。陸に届かず海に落ちた砲弾もあり、届いたとしても浜辺までがせいぜいだった。不安な興奮状態がヤーマスと隣のローズトフトの住人の間に広がった。多くの人々が大胆な気持ちになり、爆弾が投下されたときの大量の水しぶきを見ようと水辺まで歩いた。ある新聞記事によると、「砲弾が弧を描いて飛んでいくのを見ることができ、空気が爆音で振動するのがわか」ったという。国防義勇軍が召集され、ドイツの軍艦が出発するときに潜水艦三隻が追走した。港を出ようともがいているうちに機雷に当たり、ドイツ軍艦一隻が沈んだ。だが、町自体は無傷で、パニックの兆候はほとんどなかった。

だが、ドイツ人が再び攻撃を仕掛けてくる可能性は高く、今後、東海岸の別の町に襲撃が行われれば犠牲は甚大なものになり、敵が侵入してくることもありうるという報道が、全国紙にも地方紙にも載るようになった。十一月末、ウースターシャーの開業医の娘、九歳のおませなキャサリン・アレグザンダーは日記に、隣の人が教えてくれた偽情報のことを書きとめた。「ドイツ人がひっきりなしに上陸して、国の軍隊が自動車で東海岸に送られてきて、市民はもっと内陸に行かなければならなくなる」と言われたのだ。戦争中の噂話を額面通り受け取らなくてもよいということをすでに知っていたキャサリンは、こう付け加えた。「本当だったらすごい」。

事実、十二月八日にフォークランド諸島でイギリス海軍はドイツの巡洋艦数隻を撃沈していたが、これはドイツの首脳部にとって屈辱的な敗北だった。ドイツ海軍の士気に著しい打撃を受けたことから、ドイツは必ずやすぐに復讐しようとして、イギリスの海岸沿いの町を巧みに封鎖するに違いなかった。十二月十四日、ロンドンの海軍本部は海軍諜報部から受けた報告をもとに、攻撃が差し迫っていると確信していた。十五日の午後、「ドイツの巡洋戦艦、巡洋艦、駆逐艦が明日の夜明けにわが国の海岸に来る可能性が高い」と報告したほどだった。海軍本部が明確に指定できなかったのは、この計画された攻撃が行われる場所のことだった。

東海岸襲撃の直後、海軍が防衛に失敗したことについて、砲撃を受けた町の代表や当局、その住人たちから怒りの抗議があった。海軍の戦略を擁護し、「ザ・タイムズ」紙は読者に、イギリスを安全に守ることが戦時中の海軍の第一目的ではないことを思い起こさせる必要性を感じた。「海軍の目的は、敵の船と戦い、破壊することにある……襲撃も、侵入があったとしても、艦隊が創設された本来の目的、すなわち海洋を維持する目的から逸脱して艦隊を動かすことはありえない」。そして、現実に攻撃に弱いイギリスの東部海岸にドイツ軍が上陸する可能性をもう一度言及し、「そのような試みが行われた場合には、敵を撃退する義務」は海軍ではなく「国民の力」にかかっていると「ザ・タイムズ」紙は断言した。

戦争が始まった頃、ドイツが侵入してくるのではないかという不安がイギリス人の間に重くのしかかっていた。アースキン・チルダーズとウィリアム・ル・クーズが戦前に出した小説が、起こりうるイメージを提供した。ベルギーで見られた光景により、現実味を増した。ドイツがベルギー人の命と財産を奪ったことは、決して遠くの出来事ではなかった。プロパガンダ、新聞記事、報道写真の中で、またイギリスの往来や家庭にいるベルギー人難民の打ち沈んだ姿によって、それは絶えず突きつけられた。「誰もが心の内に、ドイツ人は最終的に攻撃に打って出て、侵入を企てているのではないかという絶え間ない不安を抱えている」とアーノルド・ベネットは早くも八月十日に書いていた。

ドイツ陸軍が一九一四年秋にイギリス海峡沿いに前進するにつれて、イギリスがベルギーと同じ運命をたどることになるのではないか、ドイツの侵入が差し迫っているのではないかという不安が、地域によっては形になり始めていた。「侵入が行われるのか?」と「ザ・タイムズ」紙は十月半ばに書いた。「ザ・タイムズ」紙は「我々は国内で攻撃を受けることを想定しなければならないし、我々は攻撃されないといった甘い幻想にしがみついてはならない」と警告し、このような攻撃の目的は「我々に破壊をもたらす講和に力ずくで調印させる目的で、イギリスの遠征軍を上陸させる」ことに他ならないと論じた。

若き日のＣ・Ｓ・ルイスは在籍していたモールヴァーン・カレッジから、侵入騒ぎにそれなりの正当性を与えてしまっている、と父親をやんわり非難した。父親はロシアの軍隊が長靴に雪をつけたままイギリスを移動しているという物語と同じ程度の信憑性だと言っていたのだ。だが、十二月十六日の東海岸襲撃のパニックの中で、砲撃は侵入軍上陸の前段階だと広く考えられたのは驚くに当たらない。軍事行動が最高潮に達していたとき、一人の兵士がハートルプールの中心街を駆け抜けながら、「命を守れ。ドイツ人が上陸した」と叫んだ。その朝、ダラム州のフェリーヒルで通学途中だったレズリー・クレイグは、「遠くから聞こえる雷」のような大砲の話を聞いていたのだが、二十二キロほど離れたハートルプールの市民は、すでにドイツ軍に降伏したと伝えられた。同様に、スカーバラから三十二キロほど内陸に入ったノース・ヨークシャー州モールトンの町では、「リーズ・マーキュリー」紙が「何度も話題になっていたドイツ軍の侵入がついに起こったという噂がかなりのスピードで広がっている」と報じた。

十月七日の帝国防衛委員会（ＣＩＤ）の後、ドイツがカレーからイギリス侵入を開始することが少なくとも可能性としてはあるということを政府は認めたが、アスキスは「現在、こうしたことが起こる可能性はない」ことに出席者全員が同意したと書き留めた。国内の防衛が不十分というわけではない、とまで首相は発言した。正規軍のほとんどは遠征軍としてフランスに派遣されていたし、銃と銃弾の備蓄は少なかったのが現実だが。

それにもかかわらず、侵入が仮説にすぎなかったとしても、現実にそれが起こった際に何らかの準備を国民にしておいてもらうのは当然、不可欠のことだった。ＣＩＤの事務局長モーリス・ハンキーは、襲撃は侵入を意図したものではなく、むしろ国民の間にパニックを引き起こすために行われている可能性があると考えているが、「不測の事態がありえないわけではなく、無視できない」とカンタベリー大主教に告白した。ドイツが上陸する場合、第一の標的は東海岸、特にグレート・ヤーマスからクロマーにかけての地域の可能性が高いと考えられた。

その他、サウスエンド・オン・シーに隣接するエセックス州の海岸線、タイン川河口、それに何といってもケント州の海岸線だった。

十一月初旬、政府の覚書「敵の上陸の際の民間当局の行動の準備」が、地方緊急委員会のガイドブックとして送付された。これらの委員会と命令系統のさらに下部組織に当たる教区委員会の任務は、民間人に「軍当局に対する妨害行動をとらず、支援するよう」指示することだった。中でも重要なことは、住民が自宅にとどまるよう促すことで、侵入があった場合に逃げようとしないことだった。逃亡者が総崩れ状態になればイギリス軍および砲兵隊の動きに脅威となるからだ。海岸線は塹壕で囲って確保しておき、地域によっては「塹壕を掘る公務のため……農場主は三日間、人を出す」よう求められた。この作業には四万人ほどの参加が必要になると見込まれた。

侵入があったとき、敵の前進を阻むために取る必要な手立てについての指示も含まれていた。六点にまとめたガイドラインが示され、求められる行動を提示した。家畜と食糧に加え、輸送および通信伝達の全ての手段を除去するか破壊すること。大都市ではすでに導入されている午後十一時以降の徹底した灯火管制を地方都市に拡大し、毎日実施すること。マルコーニ社の無線施設に近接していることから特に重要だと認識されているチェルムズフォードの八百屋の店主は、クリスマスまで店の明かりを落とすことを拒否したため、七日間投獄された。

侵入に備えて準備をしなければならなくなった地域では民間防衛の問題、すなわち、普通の人々が武器を携行したり軍服を着用したりするのが許されるのかといった問題を中心に議論が展開した。戦争が始まったとき、エセックス州に住んでいたH・G・ウェルズは、軍務に就くべき法定年齢を超えた者とそれ未満の者からなる、国内自衛組織をつくろうとした。ウェルズに反対した人々はすぐに、ベルギーのフランス義勇兵はドイツに対し武装して抵抗する中で殺され、侵入を全く止めることができなかったと指摘した。これに対し、ウェルズは強く答えた。「多くの男性、少なくない女性も、ドイツ人を撃ち殺すことができる。ベルギーの事例があっても平気だ……彼らは撃つ。ドイツのルールと手法が確立されれば家は焼かれるのだ……だからまずそれを理解し、避けようもない困難に先んじて、何とかしようと撃つのだ」。ウェルズの提案は賛同を得られなかった。どんな状況下でも、民間人が武装して抵抗することは禁じられた。

政府が最も望まなかったのは、国中で既存の警戒レベルを引き上げることだった。だが、予防措置を講じたにもかかわらず、ドイツ軍が海岸地域を蹂躙し、罪のないイギリス市民を虐殺して財産を破壊するという悪夢を打ち消すことができなかった。標的となる恐れのある地域に近いカンタベリーでは、大主教ランドール・デビッドソンがアスキスに知らせたように、「ケント州の特別な一角に侵入もしくは襲撃すること」に恐れおののいている教区牧師の相談に乗り、助言した。教区牧師だけでなく、上級聖職者も不安を表明していた。十二月初め、サフォーク州の海岸に近いセント・エドマンズベリー教会とイプスウィッチ教会の主教はデビッドソンに手紙を書き、ドイツの侵入者から守るために聖体拝領用の器と教区台帳を埋めてもよいかどうか、助言を求めた。中世の教会が九世紀から十世紀にかけてバイキングの略奪者から取り戻した秘蔵の宝物だと考えたのだ。デビッドソンは気をきかせて、主教に価値のあるものはロンドンに送るよう勧め、加えてこう述べた。「強く言いたいのですが、価値のあるものを埋めるのはどうかと思います」。

国の機関だけでなく、一般市民も財産を守るための手はずを取り始めた。ベルギーの虐殺の証拠を検証したラドヤード・キプリングは、ドイツがイギリスを征服すれば物資を奪うはずだと痛切に感じ、原稿と家宝を別のところに隠した。ケンブリッジのフィッツウィリアム・ミュージアムの館長シドニー・コッカレルは、「この町がうまく防衛できるわけがない、敵の最初の目標」となると考えた。十二月十一日、コッカレルは「時計、象牙の品、エナメル、硬貨、宝石、写本」をかき集め、安全な場所に移した。

五日後、東海岸の町への襲撃は本格的な侵入には至らなかったが、多くの人々は今後、最悪の事態が起こることを確信した。敵の攻撃に対するショックと怒りの中で、イギリス北部で発行されている複数の新聞が騒動の話を掲載した。想像上の話だったが説得力のある内容で、近づきつつある侵入の詳細な計画を丹念に描いていた。それによると、ドイツ陸軍は東海岸に上陸し、ウェスト・ライディングを突き抜けてランカシャーに入り、行く先々で工場や商店を破壊し、何百万という人々が家を失い貧困に陥るというものだった。

＊

攻撃直後のスカーバラとハートルプール、ウィトビーの町は、死傷者に関する公的調査が行われ、亡くなった人々の最初の葬儀が執り行われたことで、憂鬱な一日となった。ウェスト・ハートルプールでは副議長のクローナーが議事を開き、出席者に「侵略により苦しむこととはどういうものなのか、ベルギー人とフランス人を理解するようになった」と発言した。戦争とは本来どういうものであるのか身近なことになったからだ、と。

東海岸の人々の苦しみがどれほどのものだったか、途方もないほどの証言が残っている。砲弾によって体が穴だらけになった者、手足を切断され見分けがつかなくなった者、腕や足をなくすなどした犠牲者もいれば、吹き飛んだ足がぐちゃぐちゃになった者もいた。十九歳のフリーダ・ウェインライトを遺体置き場で発見したのは義父だった。フリーダは腕を失い、頭の一部が吹き飛んでいた。あまりにも突然だったことへのショック、予想もできなかった死の衝撃が、検死によって幾度も重くのしかかった。ウェスト・ハートルプールのグロズヴナー・ストリート五十七番地のウィリアム・カウズは、妻と娘、息子が後ろの居間で朝食を摂っていたときの様子について話した。一発の砲弾が天井で炸裂し、娘のドロシーが焼死したのだ。

ドイツ軍艦の大砲の射程範囲が驚くほど広範であることが明らかになった。砲弾はプロスペクト・ロード沿いにあるスカーバラの海岸通りの背後の数ブロックにまで達する性能があった。雑貨屋の所有者エミリー・メリウェザーが友人を急かして地下シェルターに逃げ込もうとしたとき、砲弾の断片で致命傷を負った。砲弾は何度も、稲妻のようなスピードで数軒の家を内部まで貫き、粉砕した。ある砲弾はスカーバラの遊歩道にある家に撃ち込まれ、まっすぐ突っ切って庭の壁面に届き、ベルベデール・ロード一番地にある通りを越えて別の家の中に入り、奉公人エミリー・クロスビーの命を奪った。その後もその砲弾は飛び続け、隣家に入った後ようやく裏庭に落ちた。

スカーバラのウィケアム・ストリート二番地にあったベネット家は際立って悲劇的な運命を経験した。当日の朝食時、家には七人の者がいた。ベネットと妻ジョアンナ、彼らの子どもであるクリストファー（二十五歳）とアルバート（二十二歳）、そして孫のジョージ（九歳）とジョン（五歳）、使用人のミセス・エドモンドだ。家が直接砲撃に遭い、家族四人が死亡した。残った家族は怪我とショックで治療を受けなければならなかった。生存者のクリストファーは寝室からキッチンに飛ばされた。キッチンの隅に弟のアルバートと、片手を失った母親がいた。もう一方の隅に子どもたちがいた。「私たちは小さなジョンとジョージと母を庭に移した。だが、手遅れだった……母は庭に行く前に亡くなった。私は小さなジョージを抱いて隣家に運んだが、降ろしたときには息が絶えていた」とクリストファーは回想した。ジョンとアルバートはその日の午後に死亡した。

襲撃の最中に家から出て安全な場所に逃げようとすることの危険性は、ハートルプールのウィリアム・ストリートにあったディクソン一家の経験が明白に示している。ディクソン一家が急いで通りを歩いていたとき、砲弾が正面で炸裂した。十四歳のジョージ、八歳のマーガレット、七歳のアルバートはほぼ即死だった。母親は爆発で地面に吹き飛ばされ熱風で片足を失ったが、赤ん坊のジョンをしっかり抱いていた。母親は薄れゆく意識の中、生き残った十二歳の息子ジョゼフに怪我をした三歳の弟ビリーを安全な場所に連れて行くよう頼んだ。ジョゼフとビリーは二人の兵士に発見され、病院へ運び込まれた。ジョゼフは両足から榴散弾の破片十七個を摘出することになった。

スカーバラで審理を行った判事は、ドイツによる「意図的な殺人」だと主張しようとしたが、検死官は、それは不可能だと説明した。各事案はほとんど感情の籠らない「敵の船舶からの砲撃による死」という言葉で記録された。

イギリス中の新聞が検死官の報告書と目撃者の説明、この攻撃にまつわるさまざまな人の話を厖大な紙面を割いて掲載した。その結果、十二月十七日の「ザ・タイムズ」紙の朝刊は午前九時十五分に売り切れた。人々の関心は多数の報道写真が載った頁に引きつけられた。犠牲者と葬儀に集まった人々、壊れた家の外に立ち、ショックから覚めやらない表情……公共の財産および私財に対する損害は、砲弾が貫通した建物を含めて数十万ポンドに及ぶとみられた。警察官のハリー・ハンターと彼の肩マントは新聞に発表された中で、最も有名な象徴となった。砲撃が始まる前、ハンターは夜のパトロールから帰り、濡れた肩マントを乾かそうとスカーバラ城の垣根に干しておいた。肩マントを取りに戻ると、肩マントは城壁を破壊した榴散弾でばらばらになり、リボンのようになっていたのだ。

「目撃者が少し色をつけた話」を読み、ハロルド・カズンズは皮肉を込めて日記にこう書いた。「死傷者の多くは物見遊山のため通りに出て、そういう目に遭ったようだ」。対照的に、エセル・ビルズバラは「フン族」の野蛮さに強い憤りを表明した。「百人以上の命が奪われた――殺されたのだ。こんなことが開化した今の時代に起こるなんて。恐ろしいことだが、ドイツ人はことの善悪をわきまえておらず、正義感、道徳心、名誉といった感覚がないことを毎日証明している」。ベルギーでドイツ人がもたらした死や破壊と関係していることは明らかで、エセル・ビルズバラの日記に挟まれた二枚の新聞の切り抜き写真を見ると、それがさらに明確だ。写真のキャプションにはこうある。「砲撃後、複数の赤ん坊の遺体が出てきたスカーバラの家」。

スカーバラの亡くなった赤ん坊と、秋の初めにベルギーに侵入したドイツ人が子どもたちに対して行った虐殺の報告との間の関連性について、十二月二十日に第一海軍卿のウィンストン・チャーチルが語ったことが広く報道されて、了解事項となった。

スカーバラ市長に宛てた公開書簡で、濃い霧のためドイツ軍艦を港まで逃がしてしまったことを悔やみ体調を崩していたチャーチルは、ドイツ海軍のために「スカーバラが蒙った」損失に共感を寄せた。結びの言葉ではドイツ海軍を「スカーバラの幼児殺し」と名指しした。議論の余地はあるものの、プロパガンダであったと多少なりとも言える。アスキスはこの言葉を「どちらかというと、陳腐で安っぽいレトリックが多く、混乱した怒りだけだ！」と評した。マーゴット・アスキスはさらに容赦なかった。「戦争中に誰も飲み込めないものが一つある。レトリックだ――強い言葉を並べ立てるのは……今は全く場違いだ」。

チャーチルがスカーバラへの共感を公にしたことに対し、当然のことながら、ハートルプールの人々は憤った。十二月十六日にもっと激しい襲撃を受けていたのだ。同時に、チャーチルの発言は、一九〇七年の第九回ハーグ会議で確立した国際法に照らすと、ハートルプールがドイツ攻撃については法に適った標的になることを意味しているように思えた。なぜなら、ハートルプールには陸軍と海岸防衛隊の一部が置かれていたからだ。それならば、「ハートルプールを要塞化した町として扱うなら、町に対する防衛はそれに見合うくらい十分なものであるべきではないかと尋ねる権利が我々にあるのは自明だ」と「ノーザン・デイリー・メール」紙はコメントした。

再度の侵入があるのではないかという不安が高まる中、リーズ・ライフル部隊として知られる国防義勇軍の歩兵大隊が、町の防衛と秩序維持を支援するためスカーバラに参じた。攻撃からしばらくの間、町の被害を見ようと何百という見物人がやって来た。時期外れの「クリスマス観光」を望んだスカーバラの期待は長続きしなかった。二週間以内に、六千人ほどがこの町を去ったと報道された。シルヴィア・パンクハーストはクリスマス・イヴにスカーバラを訪れた。シルヴィアは人々が「疲れきってぼろぼろ」になり、大きな娯楽施設が「砲火によって傷つき打撃を受けている」ことに気づき、すぐにロンドンに戻った。「スカーバラは私には悲しすぎる」。

全く同時に、スカーバラは新たなタイプの名声が集中するところとなった。砲撃から四十八時間以内に、男性に入隊を勧めるポスターと、「スカーバラの復讐を！」「罪のない女性と子どもを殺した」といった言葉が、国中の広告掲示板で目にするようになった（イーディス・ケンプ＝ウェルチの絵をもとにした最も広く知られたイメージは、炎に包まれたスカーバラを背景に剣を携えたブリタニアが軍に入隊するため立ち上がるというものだった）。後にさまざまな合金を使った記念メダルのセットが鋳造された。一つは六ペンス硬貨大のもの、もう一つは半クラウン金貨大のものだった。戦争になって初めてのクリスマスまでの準備期間、東海岸への襲撃は会話の話題に上る唯一のテーマだったとキャサリン・マンスフィールドは書いている。十二月二十三日、「パンチ」誌の編集者オーエン・シーマンは敵に挑戦しようという国民の雰囲気をこのように要約している。

好きなところに行きたまえ――海は広い
好きな日を選びたまえ――いつでもいい
私たちはもう馬にまたがっている
凪であろうと嵐になろうと攻撃を待つ
だが――恥を知らないフン族を恥じるなら
取り戻せるものもあるだろう
男たち、軍艦、大砲は戦いに出る
女のところで安息をむさぼるのとは違う

砲撃の後の土曜日にスカーバラの聖マリア教会で説教をしたヨーク大主教コズモ・ゴードン・ラングは、今なおドイツ皇帝に共感を示すような発言をしたことを悔やんでいたのだが、東海岸の「残酷な猛襲」を「わが国の大義が正しいということを新たに立証するもの」だと解釈した。襲撃はそれとともに「現実の戦争が恐ろしいものだということを生々しい形で突きつけた。だから大戦が必要とする、避けることのできない大きな犠牲を払うことも辞さないと思う私たちの気持ちを固めることになったのだ」。

襲撃がイギリスに新たな一体感と戦争遂行目的を与えたと考えたのはラングだけではなかった。フランスでロイヤル野戦砲兵隊に従軍していたアラン・モートンは、婚約者のアイリス・ホルトに、この砲撃が戦争の現実について「少しでも国民を目覚め」させることにつながってほしいと書いた。だが、襲撃が新兵募集に好影響を与えるに違いないという多くの人々の想定は、見当違いだったことが判明した。「ザ・タイムズ」紙は「イースト・ライディングの農業労働者とノース・ライディングの工場労働者は自分たちの目の前に突きつけられた戦争に恐怖を感じ、新兵募集が結果的に加速したことは間違いない」と自信を持っていた。愛国心旺盛で声高に発言を繰り返していた詩人のジェシー・ポープは、次のように表現している。戦争に心を動かされなかった「ブラウンという若者が」、刺激を受けてスカーバラのことを考えて軍に入ろうと「気持ちを新たに」し、「幸せな夏のお祭り騒ぎが懐かしい／砲撃が行われた！」

ヨークシャーの女たちが遺体となって横たわる
知らせを聞いても曖昧なまま――彼は目をつぶっていようとした
その後彼は立ち上がった　「これは」彼は穏やかに言った
「もう限界だ！」

だが、新兵募集所に人が殺到するのではないかという期待は実現しなかった。ヨークシャー州では、「襲撃が少しでも効果を及ぼしたようには見えなかったし、新兵の入隊状況は前週の金曜日の水準を下回っている」と「リーズ・マーキュリー」紙が十二月十九日の記事で論説した。多くの人々は「クリスマスが終わるまで態度を保留している」と思われた。志願して外国で軍務に就くより、家にとどまり、これから行われる可能性がある攻撃から家族を守ると覚悟を決めた人々もいた。

東海岸の町々が経験した運命から生まれたものといえば、それは間違いなく、軍人と民間人が一緒になって共通の敵と戦っているという新たな感覚だった。敵は今や純然たる悪を体現して立ちはだかっているのだ。正当性のある軍事上の標的と、罪のない女性や子どもたちを虐殺することとを線引きすることが遵守できないドイツにより、イギリスは流血状態となった。ドイツ「文化」の歪んだ価値観に対し早急に決定的な勝利を得ることは、文明の未来に密接に関わることだと、かつてないほど強く思われるようになった。

自由党議員のサー・フランシス・エークランドの妻エリノア・エークランドは、十二月十九日の日記に、この新しい目的意識を宣言した。「これまで戦う理由だと思っていたことにうんざりし始めたちょうどその頃」砲撃が行われた。「戦争を始めたときに抱いていた、戦う理由を思い出させてくれた。ポツダムの真の意図を改めて示してくれたのだ……悲鳴が繰り返されるとすぐに慣れてしまう。私たちは現実にちくりと刺されることで気合を入れていたいのだ」。

すすり泣くような爆音

「悲しい日々です」。十一月の第三週、シャーロット・デスパードはこう書いた。「あらゆる種類の不幸な話が聞こえてくるし、戦争は膠着状態のようです。ドイツと連合国は今なお対峙したままです。進展がほとんどありません。この恐ろしい戦争はいつ終わるのでしょうか?」これは、著名なフェミニストで社会主義者、平和主義者であるデスパードが、イギリス遠征軍の司令官だった弟のサー・ジョン・フレンチに宛てて書いた質問だった。戦争についての考え方は真反対だったが、シャーロットは弟のことを大切に思い続けていた。

クリスマス直近の何週間か、ハーリー・ユーステース・マイルズは長い死傷者リストを見るにつけ、戦争の影が濃くなっていると感じていた。シャーロットは「私たちは次々に友を失いつつある」と絶望的な気持ちで日記をつけた。ハウスホールド旅団にいた親族の一人が休暇で帰ったときに、塹壕戦の経験について話をした。「本当に恐ろしい、と彼は言った。なかでも一番恐ろしいのは、負傷して死にかけた者たちの悲鳴と呻き声、それなのに助けに行けず塹壕にいなければならないということだ」。ケイト・コートニーは、戦線から戻った将校たちから聞いた報告をもとに、「どちらの側でも恐ろしい塹壕戦の緊張に我慢できないから」戦争は一九一五年の春までには終わる可能性があると考えた。

戦争の最初の冬を迎える中、東海岸が砲撃されたニュースによって暗い雰囲気が国中に浸透、広がっていた。あまりに暗いと感じた人々もいた。ロンドンのある男性は明るいニュースがないことにひどく落ち込み、自分が生まれて「不幸になり幻滅した」のは父親のせいだとして、父親に対し訴訟を行った。弁護士は健全な法律上の原則に基づき、ある人物が他者に怪我をさせ、その被害者が避けることができなかったとしたら、また、被害者が被害を受けても仕方がないと思わなかったのであれば、その者は償わなければならないと論じた。だが、年末までに道理が通り、訴訟は撤回された。

劇的な天気の変化も国民の低調な気分に関係していた。この秋はいつになく穏やかで乾燥していた。エセックス州グレート・リーズのアンドリュー・クラークは「例外的に穏やかな秋」と書きとめ、教会の暖房のため火を焚かなくともよいと十一月初めまで記録した。九月半ばから十月の最終週までイギリス各地では乾燥した天気が続いたが、十月の終わりになると各地で激しい雨となった。変化に先立って、暴風と高波がイギリスの北東および東海岸を襲った。十月三十日、天候が原因となって病院船H・M・H・S・ロヒラ号がウィトビーの岩礁で沈没するという悲劇的な事故が起こった。ロヒラ号は手術室を二つ備え、二百二十九人の乗客――船員、医師、看護婦――を乗せ、リースからダンケルクに向かうところだった。戦時の灯火管制のため航海灯がなく、早朝で暗かったうえに吹き荒れる嵐に阻まれ、船は東部断崖の底に走っている岩礁にフルスピードで激突した。

ロヒラ号は浜辺からわずか五百五十メートルのところで難破したが、油断ならない天気のために――猛烈な風で、波の高さは六メートルに達していた――救急隊が船に近づくことはできなかった。甲板にいた女性が五人、最初に救出された。そのうちの一人、乗務員のメアリー・ロバーツは二年半前のタイタニック号沈没事故の生存者だった。ロバーツはロヒラ号の経験の方がはるかにひどいものだったと主張した。救出されるのを待つ間、甲板にいた男性は難破船にとどまるか荒れる海に飛び込んで浜辺まで泳いでいくかの選択を迫られた。六隻の救命ボートがロヒラ号に接近を試みる中、五十人の男性がロヒラ号で二日間以上を過ごした。リースから船に乗った二百二十九人のうち、生存者は百四十五名だった。浜辺に打ち上げられた遺体もあったが、多くは海中に沈んだ

1914年12月、「デイリー・エクスプレス」紙の第一面に掲載された想像画。ツェッペリンが議会の上空で威嚇している様子。

ままとなった。

　十二月はイギリス中で雨がひっきりなしに降り続いた。雨の観測のない日はわずか六日で、この二十年で最も湿気の多い十二月となった。十二月の終わりに、雨と南東からの暴風がイギリス南部の大部分を襲い、ロンドン、ケント州、エセックス州で建物が壊れ、死傷者が出た。

　アマチュア気象者の中には、豪雨の原因は大陸で爆発した相当量の火薬の分子だという理論を披歴する者もいた。キッチナー卿の新兵たちが歩行訓練をしている訓練場は沼地状になり、間もなく出かけることになる西部戦線の液状になった泥地を前にして、確かに都合のよいものだった。「ソールズベリ平原のキャンプでは、兵士たちは十五センチから四十五センチの深さに達する泥の海を滑りながら歩いている」と教育省の政務次官クリストファー・アディソンは述べている。天候の悪化により、軍は野営地建設に手間取った。ショーアムでは宿舎の準備が整わない間、人々はテントで寝起きした。道はどろどろにかき回した状態になっており、就寝する場所に行くのに、訓令兵は「アクロバットが綱渡りをするようにして」泥の中をくるぶしまで浸かる必要があった。

一方、残忍だが、場違いとも言いたくなるような――水に関連する話なのだが――ある古典的な殺人事件が最高潮に達していた。ジョージ・ジョゼフ・スミス（重婚者で、またの名をオリバー・チャールズ・ジェームズ、あるいはウィリアム・ロイド、ジョン・ロイド、その他さまざま）はすでに二人の妻を殺害していた。妻に権利があったお金や生命保険の所有権を確実に手に入れたと見るや、二人を浴室で溺死させたのだ。一九一四年十二月十七日、バース（ぞっとするような偶然の一致。風呂 bath と地名 Bath）で、ジョン・ロイドを名乗っていたスミスは、次に牧師の娘マーガレット・ロフティと結婚した。マーガレットは最後の犠牲者となった。同日、新婚のカップルはロンドンに旅行し、ハイゲイト・ヒルからわずかに離れたビスマルク・ロード（後にウォータールー・ロードと改名）の寄宿舎に部屋を取った。翌日の午後、マーガレットは風呂に入った。大家の女将は浴室から水がはねる音を聞いた。その後、濡れた手もしくは腕を風呂の脇に置く音がし、最後にため息の音が聞こえた。

数分後、タイタニック号が沈没するときに演奏していたといわれる「主よ、御許に近づかん」の悲しげな調べが、カップルの居間にあったハルモニウム〔インドのオルガン〕から聞こえた。

＊

エドワード・トマスは九月にイギリスをめぐる旅を終えて帰宅した。約束した記事を書くため、人々が持っていた戦争についての印象を聞き集めた。トマスは「剣を扱うこともペンを扱うことも」ないような人々に話しかけている自分が「りんごの中にいる虫のようだ」と感じていたから、ハンプシャー州に戻ることを残念だとは思わなかった。だが、トマスは再び自分の将来に不安を感じるようになった。旅行中いたるところで粗野な若者たちが志願の列に並んでいるのを見て、トマスの気持ちは入隊へと傾いていた。「自分が家族の面倒をみられない」

とわかった段階で、他の人に彼らの生活の面倒をみてもらえるなら国防義勇軍に入ってもいいと、友人のジョゼ・ベリッジに話していた。あるいは、アメリカで新生活を始める良いタイミングかもしれなかった。だが、そのために妻と幼い子どもたちを残していく心の準備はできていなかった。気持ちが揺れ動き続ける中、トマスはその秋にリトル・イデンズから引っ越し、ライトンのアバークロンビーの小屋に滞在していたロバート・フロスト一家を二度訪ねた。その夏にたくさんの話をしながら長い間散歩をしたことで、トマスとフロストは固い友情ができあがっていた。だが、フロスト自身の体調が悪く、優柔不断なトマスを助けることができなかった。

トマスは「何か本当に強烈なインパクト」が現れるのを待っていたが、将来は以前として未解決のままだった。十一月にロンドンを通り過ぎて、議会新兵募集委員会の事務所から入隊応募用紙を手に入れることまでしたが、記入を躊躇した。友人の中には、いまさら軍に入隊することを考えていることに驚きを表明した者もいた。結局、トマスには考えなければならない家族があったし、年齢こそ――三月で三十七歳になるところだった――入隊の年齢制限内にあったものの、しばらくの間はトマスに代わる若者たちが大勢いた。

では、エドワード・トマスを入隊の意志へと引っ張ったものは何だったのか？　トマスは臆病者とそしりを受けることを恐れていたかもしれないが、「好戦的な気持ち」があるようにはみえなかった。可能なうちに自分の将来の舵取りをしておきたいと考えていたことは間違いない。そうしなければ、徴兵制が導入されたとき、自分は軍隊に「無理やり入れられてしまう」かもしれない。トマスは「ジャーナリズムのごたごた」から逃れるには歳を取りすぎたのではないかと思っていた。そうしてしまうと十分な生計が得られなくなる。だが、軍人としての存在は、この頃自分を挫けそうにする抑鬱や絶望に抗うための、一つの手段だと捉えていたのかもしれない。

トマスの動機となったのは、初めて感じるようになったイギリスへの愛情だった。戦争によって目覚め、守りたいという気持ちを新たに持つようになった。彼はかつて「ネーション」紙の記事で認めていたように、イギリスのことを「愚かなやり方で、ただ美しいものでも見るように、あるいは奴隷のように愛していた。ベルギーの女性や年寄りや子どもたちが自分の国を去るまで、イギリスを去るくらいなら死ぬくらいの覚悟がなければ、イギリスを自分のものにすることができないということに気づかなかった」ことを認めた。

イギリスの景色を「再び冷静に見る」ことができるようになる前に、自分にはやらなければならないことがある、とトマスは続けた。だが、イギリス軍に入るという最終的な決断は、求めていた「強い衝撃」を与えてくれる神の顕現を経験した十二月三日からさらに八ヵ月後のことだった。強い衝撃は、エドワード・トマスを軍人ではなく、親しい仲間たちが何年間もトマスには本当に創造性があると確信していた詩人に変えたのだ。

トマスがいつも携帯していたフィールドノートに書き留めていた印象をつぶさにたどると――六月に遡り、アドルストロップの駅を叙述した箇所もそうなのだが――トマスは散文を書いていくうちにそれが詩の形になっていることがよくあったのだ。十二月三日から七日まで、トマスは「風に向かって」「十一月」「行進」「老人」「道標」を書いた。作者自身が取るべき方向性を選ぶことができないでいることをドラマ化した詩だった。「僕は間違いなくこの詩の中にいる」とトマスはフロストに手紙を書き、自分が新たに解放されたという感覚を表現した。「僕は散文の形では決してできなかった気持ちを完全に表すことができるのではないかという気持ちになり、夢中になっている」。

エドワード・トマスはイギリスとイギリスらしさの中に自分の愛国心の核を発見するにつれて、それが彼の詩の中心テーマとなった。新年になったばかりの頃、入隊の決断は転んでくるぶしをひどく捻挫したために再度遅れることになった。寝たきりになった一週間、トマスは詩を書き続けた。天候の変化に合わせて、水浸しの日々が終わったことを記念する詩の一つを書いた。「雨後」という題だった。

エドワード・トマスは同世代の若者ルパート・ブルックが九月下旬にイギリス海軍師団に入隊できたことを、ほとんど嫉妬の目で見ていた。ブルックはウィンストン・チャーチルと同程度の高い地位にいる人物のコネを使い入隊できた。トマスは戦争に関わろうとしたときのような不安定さを示すことは一切なかった。一方、ブルックは初め、自分が正式に入隊できなかったことに不満を覚えていた。ブルックは戦争通信員として、気持ちが入らないまま仕事をしていたのだ。仕事がうまくいかなかったブルックは、自分の知性を活かすことのできる特別な任務を探し、「単なる機械の一部」にならないようにしようと決意した。

かつてよくあったように、ブルックの内面の混乱は彼の女性関係を反映していた。北米と南海の旅に出る直前にブルックの心を捕らえたキャスリーン・ネズビットとの関係は冷めつつあった。対外的には、ブルックはキャスリーンに愛情を降り注いでいるように見えた。キャスリーンはブルックの人生で最良の人で、崇拝し、敬慕していた。しかし心の奥底で、この関係からは永続するものや成熟していくものは何も生まれないのではないかとブルックは執拗に感じていた。そこでブルックは、関心を他のあらゆる方面に向け始めるようになった。ウェリントン公の娘アイリーン・ウェルジーとの関係は、ブルックにとって単純な戯れだった。彼女の執心も大したことがなかったように思えたブルックは、首相の娘ヴァイオレット・アスキスとの友情に重きを置くようになった。

だが、戦争がブルックに全てを断ち切る機会を与えてくれた。戦争により最近の混乱してドロドロした恋愛から距離を置くことができた。激しいパラノイアのようになり、かつてのブルームズベリーの仲間たちに対して行った攻撃から一線を画して自分を律するチャンスだった。正確なリズムを刻む軍生活は、この混乱と不確かさからの出口だった。ブルックは後日、「この新しい安心感と明るさ」をとても幸せに感じるとキャスリーン・ネズビットに書き送った。

十月の第一週、ブルックはイギリス海軍師団の一員として（「Ｏｃ」と呼ばれていたアスキスの息子アーサーとともに）、アントワープ包囲に加わっていた。ベルギー軍はイギリス海軍師団が到着する頃には、すでに退却していた。だが、焼けて廃墟となっているフラマンの町でも、ドイツの侵入に対してイギリスの港湾を防衛し強化するための時間稼ぎをすることができた。少しの間、ブルックは戦争の真の恐怖を直に味わった。それは、ブルックの詩の背後にある力は遠く離れたところで経験したナイーブな愛国心にすぎないという、後世の人々の見下したような非難とは相反するものだった。戦線から四十キロ余り退却する間、ブルックの旅団は薄汚れ、砲弾のショックを受け、「史上最大の犯罪の一つ」を目撃した。「燃え盛る炎」の光で、彼らは何千人というベルギー人の難民が逃げるのを見た。老人と「目をつぶった」女性たちがどこまでも続く列をなし、「ほとんどすすり泣いているような状態になって」いた。「ベルギーは一人の兵士につき三人の民間人が殺された国だった……こんな扱いを受けた国があっただろうか？　この罪をどうやって拭い去ることができるのだろうか？」とブルックは怒りを込めて書いた。

イギリスに戻ると、ブルックはチャタムの海軍宿営所に移った。十一月初め、ブルックはイギリス海軍師団のフード大隊に加わり、ドーセットのブランドフォードの訓練所に送られた。ここでブルックは七人の将校と木造の宿営所に泊まり、いつものルートを行進し、悪天候と闘った。「なんてこった。この泥！」とブルックは叫んだ。ブルックは五つの戦争のソネットに取り掛かった。後に『一九一四年、その他』の題で出版されるもので、不朽の名声を得ることになる作品だ。一連の最初の作品は――作成順からすると二番目なのだが――間違って「平和」と呼ばれている。本来は、戦争がもたらした個人的な道徳的再生を祝した詩である。

向きを変えて、澄んだ水に飛び込むのだ
喜んで年老いた冷たく倦んだ世界から離れよう

名誉のためにと思うことがなくなった病んだ心を捨てよう
一人前になるのだ　耳障りでわびしい歌などやめて
ちっぽけな虚しい愛などいらない！

戦争を表現するとき、昔から使われてきた言葉をふんだんに駆使し、ブルックのソネットは「名誉、栄光」「犠牲」「ヒロイズム」について述べた——そして、怪しげな「イギリス」なる概念についても。まだ愛国心が浸透せず入隊しないでいるイギリス人に対する集合ラッパになったとしても不思議はなかった。ブルックの時間は尽きかけていた。一九一四年のクリスマスイブの前日、フィールドノートに一行書いた。それはブルックの五番目の、そして最後のものとなるソネットの書き出しだった。「自分が死ぬのだったら、このことだけを思い出してほしい」。四ヵ月後、ルパート・ブルックも死者の仲間に加わった。

＊

できるだけ例年通りクリスマスを祝うことが、国を愛する者の義務だった。さまざまな新聞がこの方向を取り、広く受け入れられたように思われた。一八七〇年の普仏戦争のときのパリ市民とは違い、ドイツに起源があるという理由でクリスマスツリーを飾らない、ということはなかった。愛国心はユニオンジャックのついたクリスマスカードを送る、決まりきった飾りを止めて全ての連合国を代表する明るい色の旗を飾るという行為の中に現れていた。イギリス、フランス、ロシア、ベルギー、加えて日本の旗だ（日本は八月二十三日に正式にドイツに宣戦していた）。

伝統的なクリスマスのディナーは平和時よりわずかに値段が高くなる程度に抑えられた。七面鳥一ポンドが前年十一ペンスだったのに対し、一シリング二ペンス（一シリングは十二ペンス）だった（悩める主婦のためにロンドンのデパート「セルフリッジズ」は、電話で注文でき温めるだけでよい出来合いのクリスマス料理を考案した)。一般に大都市の店は、お祭りシーズンになるまで混み合っていた。ロンドンの主婦エイダ・リースは、これは「ウールを扱うカウンター以外では何もすることがなかったちょっと前とは大違い」で、店によっては外に「購入なさらず、店員とお話するだけでもどうぞお立ち寄りください」と掲示が出ていると書いた。ロンドンでは、マクロード・イヤーズリーは「通りと店は人で溢れていたが、ふだんの年と比べると少ない。人々の中に、カーキ色の服を着ている者があちこちいる」と書いた。マイケル・マクドナーはそう考えず、平服にはっきり表れていた階級の違いがカーキ色の服で廃れたと書き、ロンドンのウエスト・エンド地区の通りはこれまでのクリスマスと同じくらい「混雑している」印象だった。「郊外の肉屋は牛肉と羊肉であふれていた。鶏肉店ではガチョウと七面鳥、食料品店ではワインとスピリッツとビール、果物屋はりんごとオレンジでいっぱいだった。商品はふんだんにあった。値段は前年と比べるとわずかに高いようだ」。

マクドナーにとっては「ほとんどの点で」例年と変わらない、昔ながらのクリスマスだった。一番驚いたのは、善意の季節が「歴史の中で最大の戦争」のショックに耐えたことだった。もちろん、「戦争が続いているのに」楽しい思いをするのは間違いだと考える「ピューリタン的な心を持った」人々もいた。グラッドストンの娘メアリー・ドルーもその一人だった。家族が住んでいるハワーデンから友人に送った手紙で、彼女はお祝いムードに反発した。「私はロールパンにもダンスパーティーにもミンスパイにもクリスマスカードにも七面鳥にもがまんできません。クリスマスの前の週のチェスターは自動車で溢れ、楽しそうにしている軽い人たちでいっぱいでした――笑って、おしゃべりして、買い物して、お店は混んでいました。あの人たちは少しもわかっていないのです」。

キャサリン・マンスフィールドは休日をD・H・ロレンスとその妻フリーダと一緒に過ごした。ドイツ人であるフリーダの立場は「ちょっとデリケートな」問題だった。キャサリンは控えめに、次のように書いた。フリーダは満足そうにマジパンをケーキに飾りながら、彼女の従兄弟のオットーとフランツ――「今は死んでなくても、この戦争で殺されてしまうに違いない」――について快活に話をした。ロンドンのクリスマスは茶番のようだとキャサリンは考えた。何でも軍に関連づける、と。オックスフォード・ストリートのショップ・ウィンドーには「カーキとウールとワセリンの瓶と行軍用の靴下」がたくさん飾られていた。行く先々で、女性は編み物をしているようだった。店員の少女たち、バスや地下鉄に乗っている女性たちのことだ。「結果がどうなるのか不思議に思わないわけにはいかない」。

多くの店に「戦線にいる男性への贈り物」と書いた看板がかかり、大きなデパートでは買い物客たちが負傷した兵士にプレゼントを贈ることができるよう、籠を置いていた。「特にプレゼントをもらうことになったのは軍服を着ている英雄と子どもたちだった」と「ザ・タイムズ」紙は報じた。軍人に人気があったのは「塹壕で使える」「いかした小さな編み紐がついたライター」と「塹壕でシートになる防水布」だった。この季節になると、例年にはあったクリスマスプレゼントの中で、ほとんど目にすることがないものがあった。「見世物用の安っぽい品々で、クリスマスが終わると消えていく類だ。こうしたプレゼントはもともとドイツからの輸入品だったと思われる」と記事は続けた。戦争を反映した子どもたちのおもちゃ――女の子のための看護婦の制服や、男の子向けのおもちゃの兵隊や武器――はすぐ売り切れた。いわゆる「サンタクロース」の船、イアーソン号が十一月末にプリマスに停泊した。イアーソン号は戦争孤児となった、あるいは父親が戦線に出征した「ヨーロッパの交戦国」の子どもたちのため、アメリカ合衆国の子どもたちから贈られた五百万個のプレゼントを積んでいた。

クリスマスの時期、軍隊に送られた郵便物がある時点で郵送システムの許容を超えた。十二月十二日までに二十五万個の小包が軍に送られ、翌週にはさらに二十万個が送られた。重量三キロまでの荷物を送ることが認められていた。禁止品の中にはボトル類やプディングの容器など、割れやすい物が含まれていた。ジョージ五世とメアリー王妃はフランダース、フランス、北海で軍務に就いている兵士一人ひとりに、合わせて七十万通のクリスマスカードを発送した。

国王の十七歳の娘メアリー王女が十月に始めた、戦線と海洋で任務に就いている全ての人に「国からの贈り物」をしようというキャンペーンは、クリスマスまでに十五万ポンドの寄付金を集めた。建築家アドシードとラムジーがデザインした浮き出し模様のついた金属製の箱をつくるために、その寄付金が使われた。蓋の表面には王女の横顔が描かれ、蓋には象形文字で「大英帝国」と刻まれ、両側面に剣と鞘が描かれていた。箱の中身はさまざまだった。喫煙者向けにはパイプとタバコ一オンス（約三十グラム）とシガレット一包、ライターだった。タバコを吸わない者には葉酸錠一包とカーキ色の布でつくった筆入れだった。どちらの箱にも、クリスマスカードと王女の絵が入っていた。負傷者は入院中でも療養中でも、戦死者の妻や親と同じく、このプレゼントをもらう資格があった。

買い物客が忙しく行き来する街頭に、灯火管制が暗い雰囲気を醸し出していた。店の窓に飾られた喪服や「戦死者名簿」は、「戦没者」の拡大写真、あるいは等身大の写真を含めて、多くの人々が愛する者を亡くした最初のクリスマスを送るのだ、ということを思い起こさせた。東海岸への砲撃に続き、ドイツが新たに襲撃を行うのではないかという不安から、国土防衛の役に立つようイギリス諸島で訓練を行っていた兵士の休暇がぎりぎりになって取り止めになった。だが、キッチナー卿の何千人にもなる新兵は無料鉄道パスをもらって休暇を得た。「兵士を家に招待しよう」「友人のいない兵士をクリスマスに招こう」という言葉が、今となってはあまり歓迎されない「ベルギー人のことを忘れていないことを確認しよう」という提案と一緒に新聞に掲載された。アールズ・コート地区では三千人のベルギー人にクリスマスディナーが振る舞われ、クリスマスツリーが与えられた。ロンドン北部のアレクサンドラ宮殿でも二千五百人以上が同じもてなしを受けた。

イギリスとアメリカ合衆国が一八一四年に調印したガン条約百年記念が、クリスマスイブの日に行われた。だが、一年前に計画された、二つの英語圏の国の間で堅い平和が維持されてから百年を祝う公式行事は、ヨーロッパの戦争で今や頓挫していた。クリスマスから数日後、予想もしていなかった平和の出来事のニュースが塹壕から伝わってきた。新聞社のいくつかの部署では予測していたのだが、クリスマス休戦――西部戦線でイギリスが関わっている三分の二以上のところで、ドイツ兵とイギリス兵の間で行われた非公式の停戦――は多くの人々から驚きを持って受け止められた。ましてや兵士たち自身はそうだった。「考えてみてください。お父さんたちが七面鳥を食べたりしている間に、僕は数時間前には殺そうとしていた相手と握手し言葉を交わしたのです‼　大変なことでした！」とロンドン・ライフル大隊のオズワルド・ティリーは興奮して両親に書いている。

「戦時における平和の力」。ある新聞はこう見出しをつけた。だが、市民の側では、全てのドイツ人に対するこの突然のクリスマス期間の善意の発露は不協和音を引き起こした。スカーバラ、ハートルプール、ウィトビーの出来事によって、敵が純然たる悪意の固まりであることを確信させられて間もなくのことだったからだ。「私たちはドイツ人が私たちを憎むほど、ドイツ人のことを憎んではいないが、この数日のうちに、以前よりそんな気持ちに近づいていると思わざるを得ない」。砲撃から一週間も経たないうちに、ある聖職者がこう述べている。

＊

この十二月の日記で、エイダ・リースは戦争が始まって五ヵ月の間に自分の人生が変わってしまったことに思いをめぐらせた。戦争によって上流、中流階級の女性が決まりきったように週日の午後に訪問しあうという、ヴィクトリア時代から続く退屈で「アット・ホーム」な雰囲気が終わったことをエイダは喜んだ。さらにエイダは、戦時経済のために友人たちの何人かがしたように、家事の規模を切り詰めなければならなくなったことで救われた。

ウェスト・ケンジントンのアディソン・ガーデンズにある小さな屋敷で、リース家はメイドを三人とコックを一人雇っていた。十月、リース家が使用人を紹介してもらった地元の召使登録所から、家内労働者に宛てて一般回覧を送付された。そこにアドバイスされていたのは、「思い切って家計を助けること。いかなる無駄も国に対する犯罪となるときなので、求められたときには追加仕事を進んで引き受け、賃下げにも応じ、できるだけ自分の職を確保すること」だった。エイダ・リースは賛同する旨を書きとめ、「召使の視点から」書いたのだったらもっと効果があるのにと付記した。

エイダは上の息子のハロルドの状況が不安だった。夫のディックは徴兵制の導入が遠くないし、ケンブリッジ大学の医学生ハロルドが「命令によって軍に入隊するのではない方がよい」と思っていた。そこでディックはハロルドが入隊を申し込むことに反対していたのだが、それを覆した。ディック自身、ホノラリー・アーティラリー・カンパニーの砲兵中隊の軍医だったから、エイダは夫が実際に軍務に就きたいのだということをよくわかっていたが、五十二歳になっていて歳が行きすぎていることを心配し、夫が健康を損ねることを恐れていた。「でも、夫は軍の仕事が好きだし、心は砲兵中隊とともにあるのだ」。夫がフランスに行くことになりそうだという話が何度か出ては消えたが、別れなければならないかもしれない緊張が繰り返されて、全てが重く堪え始めた。「疲れてしまってきちんと行動するのがつらく、思っている以上に無理をしている」。十月半ば、ディックの出征が中止になった後、エイダは日記にこう書いた。「竜頭蛇尾、不確実、またやり直し」。

エイダが自分自身の大きな変化を感じたのは、夫が不在の間に新たに発見した力だった。エイダは「全ての決定を夫に委ねる」ことに馴れきっていて、「全てを自分の手に託され任されること」の責任を恐れていた。子どもたちのために「賢明な」決定をすることができるのか？　エイダはアディソン・ガーデンズに戻った夫のディックが「少しばかりすばらしい調和」といったことを押しつけ「昔のちょっと威張った態度」を取るといつも、戦前の生活とはすっかり自分が変わったのだということに、すぐに気がついた。銀行はディックの口座から引き出す許可を与えていたが、夫の通帳が届いて引き出せるのがわずか十三ポンドだけだとわかると、そんなものは「虚しい名誉」にすぎないことを理解した。

家族のクリスマスは例年より小さな規模で行われた。「今年、私たちはクリスマスカードを送らなかったし、受け取ったカードも比較的少なかった。プレゼントは『実用的』な類のものだった。もちろん……召使の分を減らしたりはしなかったが、クリスマスの贅沢は小規模だったし、止めてしまったものもあった」とエイダは書いた。ディックはクリスマス休暇を取って十二月二十一日に家に帰った。だが、ドイツ艦隊が「ついに輸送船を従え、上陸用のボートを積み込んで海に出た、翌朝にはノーフォークの海岸の沖合いに来る」という報告があり、二十三日にディックはすぐに再召集された。

これもまた間違った情報だということが明らかになったが、「侵入が近づいていてロンドンをツェッペリンが襲うという噂」が溢れていた。エイダの母親がクリスマスイブにやってきて、妻がドイツにいるという知り合いからもらった手紙に書かれた「ぞくぞくするような内容」について話をした。その手紙には「お願いだからクリスマスにはロンドンを離れてほしい」という警告があった。エイダの母親は「ひどく神経質」になっており、その不安は娘に伝わって、「小さい宝石と使えるお金を袋にまとめて枕の下に置いて寝る」ようになった。クリスマスの朝、悪いことが起こらなかったので、エイダは子どもたちと濃い霧が立ち込めるなか教会に行った。その後、下の子どもたちは「楽しみ」にしていた二幕の劇を見て、グラモフォンとピアノーラに合わせてダンスをした。

ディックは十二月二十七日に戻り、一家はウエスト・エンド地区にある劇場に行った。そして三日連続で『チャーリーのおば *Charley's Aunt*』、ウィチャリーの原作を改編し、キンキン声で妖精のような女優ガーティー・ミラーが演じたデビッド・ギャリックの『喝采 *The County Girl*』、それに『虹の果て *Where the Rainbow's Ends*』を観た。最後の作品はクリフォード・ミルズとジョン・ラムジーが書いた子ども向けの劇で、ロジャー・キルターが音楽を担当していた。もともとは英独海軍競争が最高潮に達していた三年前に、最初の興行が行われた劇だった。これはもはや、もっと無邪気な時代の名残のように思われる作品だった。男の子二人が姉妹の女の子二人と一緒に魔法の絨毯に乗り、魔人と一緒に「虹の果てるところ」まで旅をする。イギリスのセント・ジョージが子どもたちの守護者で、ドラゴンキングが敵である。子どもたちはイギリス海軍の士官候補生の制服を着ている。この劇の底流にあるメッセージは、イギリスには大海軍が必要だというものだ。

チェルシー地区に住み弁護士を夫に持つジョージナ・リーは、ドイツ人がイギリスに「クリスマスプレゼント」を贈ってくるかもしれないと心配しながら休日を過ごしていた。二十五日の朝、ジョージナが目を覚ましたとき、濃い霧が立ち込めていた。ジョージナの頭の中にすぐ、「空襲にふさわしい天気だ」という考えが浮かんだ。

ボクシング・デー〔十二月二十六日。召使に贈り物をする習慣があった〕の日の新聞には、エイダ・リースとジョージナ・リーが恐れていた知らせが、少なくとも部分的に起こっていたという記事が掲載された。報道によれば、クリスマスイブにドイツの複葉機がドーヴァーのとある庭園に爆弾を投下し爆発した、しかし死傷者はなく、クリスマス当日には別の敵の複葉機がロンドンに向かってシアーネスの上空を飛んでいるのが見えた、というものだ。複葉機はロンドン南東地区のエリスまで達し、三機のイギリス機がテムズ川を下って追走、その後エセックス州上空で霧のため見えなくなったという。

「失敗に終わったサンタクロースのサプライズ」と見出しをつけた「グラフィック」紙の記事は、「ひどく自慢していたイギリスに対する空襲」が大音響の爆音というより、「哀愁を誘うようなすすり泣く声にすぎないものだったとしたら、警戒するほどでもない」とコメントした。だが、空威張りしたにもかかわらず、重大な出来事が起こったという事実を認めないわけにはいかなかった。それはイギリスに対する最初の空爆だったのだ。

三週間前、「デイリー・エクスプレス」紙の一面に出た模型図は、多くの人々が想像した悪夢そのものだった。議会の上空を脅かすように舞うツェッペリンが描かれていたのだ。クリスマスの二週間前、「デイリー・エクスプレス」紙は、イギリス人女性ミス・カービーに関する記事を掲載していた。カービーはドイツから戻って間もなかったが、ドイツの高官たちが「上下の両サイドから銃撃できる百機の飛行船を従え、イギリスを襲撃するツェッペリン」について話しているのを耳にした、と主張した。「デイリー・エクスプレス」紙は、十四年前に最初の飛行船による飛行に成功したフェルディナント・フォン・ツェッペリン伯爵が、「この年の終わりにドイツ皇帝に対してイギリス、それも特にロンドンを空襲することを約束した」と読者に伝え、脅威をいっそうかき立てた。

開戦以降、ツェッペリンがイギリスを攻撃するという不安は徐々に高まり、その結果、多くの偽の発見情報があった。九月五日の夜、ヘンドンの興行主でいまやイギリス空軍の飛行司令官となっていたクロード・グレアム＝ホワイトはロンドン上空の夜間パトロールを初めて行い、存在しないツェッペリンを探してエセックス州の海岸まで飛行した。もう一人、戦前の著名な飛行家B・C・ハックスはブレリオの単葉機でレイク・ディストリクトまで飛行し、ツェッペリンがグラスミア近辺の秘密基地で操作されているという噂を払拭した。

チャーチルの海軍省は独自の英国海軍飛行隊を備え、可能なところでは英国陸軍航空隊の支援を受けてロンドンやその他の無防備な大都市の防衛に責任を負っていた。十月、チャーチルは内閣に、空からの潜在的な攻撃に対する備えが今のところ「満足できる状態」ではないと述べていた。「近い将来には死傷者が出る可能性があり、一般から数多くの抗議が寄せられることになる」とチャーチルは述べた。ツェッペリンを監視するため、ヘンドンに霧や雲が低く立ち込めた場合でも操作できる監視用係留気球を設置する対策が取られた。地上の明かりをツェッペリンがどれだけ頼みにできるのかについての研究もかなり行われた。九月のある霧の夜、メイトランド中佐とロック大尉は、ツェッペリンが霧の中でもターゲットを狙えるのかどうか確認するためベータ号という飛行機でロンドン上空を飛行した。離陸してすぐに彼らは方向を見失い、ゴールダーズ・グリーン地下鉄駅の明かりが見えるくらい低空で飛行することでようやく、位置を再確認できた。

ロンドン警視庁が一般人に与えた唯一のアドバイスは、「ドイツの飛行士がロンドンにやってきた場合には」室内にとどまり、「地下室があれば」地下室に逃げる、というものだった。クリスマスにツェッペリンが来たときに備えようと、内陸および海岸のさまざまな空港に飛行機が待機した。だが、イギリス当局にはわからなかったのだが、ドイツには飛行船で直接爆撃するだけの資源がなく、十二月の攻撃はドイツ海軍の最初の飛行艇部隊の小型フロート水上機から行ったものだった。

十二月二十一日の攻撃は、ほとんど誰の目にも留まらなかった。その日の昼食時、フリードリヒシャーフェンFF-29フロート水上機がドーヴァー沖に現れ、海軍埠頭近くの海に爆弾を二発投下した。だが、クリスマスイブの朝は、町の多くの人々が鈍い爆発音に驚き、海岸に駆けつけた。何分か前から様子を見ていた者たちは、薄茶色の飛行艇が海からおよそ千五百メートルのところに接近するのを見た。

イギリスの大地に敵国の爆弾が初めて落ちたのは午前十時四十五分で、競売人兼鑑定士のトマス・A・ターソンが所有するチャーチ・ヴィラの裏庭に幅三メートル、深さ一・五メートルの穴を開けた。狙われていたのは明らかにドーヴァー城だったが、爆弾は一・五キロほど届かなかったのだ。隣接する牧師館の庭園の庭師ジェームズ・バンクスは、クリスマス飾りのために常緑樹を切っていた。バンクスは目がくらむような光に襲われ、耳を劈くような爆音を聞いた。爆弾は常緑樹に当たり、バンクスは地面に倒れたが怪我はなかった。ターソンの温室の窓と近隣の他の建物の窓が割れ、庭で育てていたキャベツが遠くまで吹き飛ばされた。爆弾から飛び散った鋭くて尖ったギザギザの小さな断片が、茂っていた木々の枝を落とした。マーケットスクエアに向かった飛行士は、向きを変えて海へと飛んだ。その後をイーストチャーチから来たブリストルの飛行機二機が追跡したが、うまく追いつくことができず海峡を越えた。

数丁離れたハロルド・テラスに住んでいたメイベル・ラドキンは、大きな衝突音を聞いたときミンスパイをつくっている最中だった。メイベルは作業を続けていたが、二十分後に夫のエラスムスが家に駆けつけて、「ドイツ人がやってきた！」と大仰に叫んだ。メイベルは麺棒をしっかり握ったまま、「獰猛な略奪者であるチュートン族が大勢」「かつて平和だったドーヴァーの通りを行進している」姿をしばらく想像したが、夫はそれを正して、「略奪者は一人か二人」の飛行士だと教えた。通りの外ではドーヴァーの人々が榴散弾の破片に群がり、小さなかけらをシリング銀貨や半クラウン金貨で買い漁っていた（爆弾の標本がつくられ国王に送られた）。

クリスマス当日のドイツの出撃はさらに大胆だった。今回は、海軍中尉シュテファン・プロンジンスキが操縦するフリードリヒシャーフェン機がグレイン島北部を飛行し、西に方向を変えてテムズ川を遡上した。ドイツ機はヴィカーズ・ガンバス機に乗っていたチドソン少尉とマーチン伍長により、イアリス上空で捕まった。ドイツ機がパーフリートとティルベリーに達し、テムズ川を横切って二発の爆弾をクリフの鉄道駅近くの畑に投下したとき、イギリス機は機関銃を発射した。敵機はまたしても逃げ切ったが、後にドイツの情報筋はフリードリヒシャーフェン機のフロートと胴体が機関銃の銃撃で損傷したことを認めた。翌日、プロンジンスキは逃げ切ったことを讃えられ、鉄十字勲章を与えられた。

一週間で三度の空襲があったことから、一九一五年にはさらに多くの空襲があるのではないかと国民は思うようになった。ジョージナ・リーは、爆発音を聞いたときの対応を厳密に定めた指示書を家人のために用意した。羽根布団と敷物とコートを持って地下室に向かう。「わが家はツェッペリンの攻撃には対応できている。地下室には、外の通りに向かう出口と庭に向かう出口がある。だから、家が半壊状態になっても地下に閉じ込められる恐れはほとんどない」。

ジョージナ・リーは新年になって、九歳の息子ハリーの面倒をナニーに見てもらうことにしてロンドンを離れた。「攻撃を受ける恐れがあるというのに、あなたをロンドンに置いて出て行くなんて変だと思うことでしょうね。ここでは皆そうするのが当たり前になっています。攻撃を受ける恐れがあるからといって計画を変更する人は誰もいません。私たちは皆、穏やかな気持ちで、運命論者になったような気持ちで受け止めています。なるようになるのです」。ジョージナは日記にこう書いて、自分の思いを息子のハリーに伝えようとした。母親が大戦の経験のことを書いたこの日記を、いつか息子が読むことになるだろうと想像したのだ。

*

「ドイツがケントの海岸に爆弾を投下した」とアスキスは十二月二十六日にヴェネチア・スタンリーに書いた。首相一家はケント州の海岸沿いにあるウォルマー城に滞在していた。ウォルマー城はイングランド南海岸の特別五港知事のウォーデン卿が週末の別荘として貸してくれたところだが、アスキスは「うってつけの標的」になるはずだと考えた。

ヴェネチアはホワイトチャペルにあるロイヤル・ロンドン・ホスピタルの看護婦補助員になろうと決心していた。ヴェネチアが病棟で生活することになれば心を打明けることのできる友でいられる時間がなくなってしまうと思ったアスキスは、ヴェネチアの計画を妨害した。十二月三十日の深夜、アスキスはヴェネチアに手紙で、一九一四年を振り返って「古代人がいう『大きなことが起こった年』そのものだ」と書いた。「世界的な視野」に立つと、この一年が「価値観や大事なこと」をどれだけ変えてしまったか、その大きさを考えると、いくら誇張しても誇張しきれないほどだった。だが、二人の個人的な関係にとっても、一九一四年は決定的な転換点となった年だった。

振り返ってみると、三百六十五日のうち君に手紙を書かなかったり、君の姿を見なかったりした日は一日たりともなかったと思う。手紙を書いて君に会った日もよくあった。君が僕の姿を見ず、僕に手紙をくれなかった日もごくわずかだった。私たちは何でも分かち合った――大きなことも小さなことも。男と女がこんなにも全てを、そして率直に信頼しあうことはないのだ。君の場合はどうなるかはわからないが、こんなにも男の心を掴み、頼りにすることはまずないことだろう。

アスキスがヴェネチアを必要とする気持ちはますます強くなっていた。アスキスはよく吐露したものだが、ヴェネチアの心が離れてしまえば、彼は真っ逆さまに落ちて完全に崩壊してしまうかもしれなかった。「一九一五年も君は同じでいてくれるかな?」」。二人の特別な関係の終わりがすでに見え始めていることに気づかず、アスキスは尋ねた。ヴェネチアと同世代の多くの若者がフランダースやフランスで戦死したことで、彼女の結婚に対する姿勢は変わっていた。かつての求婚者エドウィン・モンタギューが再び結婚を申し込むと、ヴェネチアはそれを受け入れた。ヴェネチアがモンタギューと婚約したことが明らかになれば、アスキスの個人的な、また政治的な均衡は揺らぐに違いなかった。そしてその知らせは、アスキス内閣の戦争の運営に対する国民の批判が高まり、決定的に強くなる時期に届くのだ。

＊

「一休みは終わった」。「デイリー・ミラー」紙は西部戦線のクリスマス休戦が終わったことと新年の見通しに関する記事の中でこう述べた。「不条理と悲劇が新たに始まった」。八万人のイギリス人がすでに戦死していた。数ヵ月後、キッチナー卿の新軍の最初の一団が戦線に送られる。「また新たに、私たちは国の最良の人々の多くが亡くなっていくのを悼まなければならないのだ」と「デイリー・ミラー」紙は続けた。

一九一四年は恐ろしさを突きつけられたまま過ぎ去った。新たに明らかになったのは、短期間で戦争が終わるという幻想から、勝利のためにどこまでも戦争が続くという確信に取って代わったことだった。「戦争がすぐに終わると思っている人々に出会うことはまずない。最初の頃は大勢がそう思っていた。今でもこうした人に会うこともあるが、稀なことだ」とカンタベリー大主教のランドール・デビッドソンは十二月半ばに書いている。

それでもなお、一九一五年が戦闘の終わりとなるという希望を信じる人間がただ一人いた。リッチフィールドでは戦時の新年ということで、暗くくすんだ祝福として教会の鐘が鳴り、炭鉱のサイレンが鳴らされる中、醸造業者のウィリアム・ピードは日記を書いた。ピードは「多くの問題や困難を克服しなくてはならないし……良くないことが数多く起こるに違いない」と確信していた。だが、ピードはそれでも、「神のご加護がある」イギリスは「敵に抵抗し、この新たな年が終わる前に戦争に勝つ」ことを願っていた。

同じ頃、チェシャー州ホールトン村で、イービー・デイビーズはフランスで任務に就いている夫のウィルに手紙を書いた。イービーはこの四ヵ月間夫に会っていなかったが、最近になって子どもを身ごもっていることに気づいた。自分たちの人生に激しい変化をもたらした一年を振り返って、イービーはこう述べた。「どうなるのかかわかりません。これから起こることについては暗い気持ちしかありません」。

おそらく他のどの年よりも、一九一四年のイギリスは未来について何もわからない、という思いを抱えていた。

一九一四年のイギリスの背景

断り書きがなければ、数字はイングランドだけの数字である。

人口

約三千四百万人（二〇一二年　約五千万人）
イングランドおよびウェールズの人口のうち、農村で生活している人口は二十一・九％
男女比　男性一に対し女性一・〇六八

大都市圏の人口

グレーター・ロンドン　七百二十五万六千人
サウス・イースト・ランカシャー　二百三十二万八千人
ウェスト・ミドランズ　百六十三万四千人
ウェスト・ヨークシャー　百五十九万人
マージーサイド　百十五万七千人
タインサイド　七十六万千人

平均寿命

五十一・五〇（男性）　五十五・三五（女性）
一九一三年のイギリス　九十歳以上で亡くなった者の数　二百六十二名／百歳以上二十六名
（二〇一〇年　百歳以上／一万二千六百四十人）

結婚率
一九一四年の結婚数　二十九万四千
千人の未婚男性につき五十二・九％の男性が結婚　女性は四十四・三％
一九一四年の離婚および結婚無効令　八百五十六件（二十世紀に入ってから急上昇）

家の所有
イギリスの住居のうち所有者が生活している者　十％
（住居を所有していることが一九一八年まで投票権の前提となっていた）
一九一三年、イギリスにおける切実な住居不足は十万戸から十二万戸とされる。

輸送
一九一四年のイギリスの自家用車数　十三万二千台
オートバイ　十二万四千台
バス、タクシー、乗合自動車　五万千台
路面電車　総延長約四千キロ、一万三千両
鉄道　総延長三千二百二十四万千百四十二キロ

一九一三年のロンドンの交通調査によると、馬車による移動はわずか六％だった。一九一四年までに、ロンドンの街頭を走っていた昔の馬車は、地方で子どもたちを学校に運ぶために使われるようになった。ロンドン消防隊を運んでいた最後の葦毛の馬は、三年以内に自動車に取って代わられることになっていた。だが、ロンドンで運ぶ商品のうち八十八％は、依然として馬車が用いられていた。

宗教上の慣例
信仰団体の成人のメンバー（イギリス国教会員、自由教会とその宗派、ローマ・カトリック、非キリスト教のコミュニティ）は成人人口の二十七％だった。

一九一四年のイースターの際、イギリス国教会で教会に出席したのは二百二十二万六千人だった（十九世紀半ばより出席者が多かった）。

貧富

イギリスの人口のうち二・五％が国富の三分の二を所有していた。
所得税がかかる最低ラインは所得百六十ポンドだった。
イギリスの中で一万三千八百五十人が所得五千ポンド以上だった。
年収二千ポンド以上の者は四万七千人存在した。
　財務相の給与　年五千ポンド
　議員の給与　年四百ポンド
　サラリーマンの平均所得　年三百四十ポンド
　男性工業労働者の平均賃金　年十ポンドから年十二ポンド
　老齢年金は状況により週一シリングから五ペンス

一九一三年、モード・ペンバー・リーヴズ（*Round Gboot a Pound a Week*）は、男性二百万人、扶養家族を含めて全体で八百万人が週二十五ペンス以下だと結んでいる。

価格

商務省の計算によると三・八四人の男性に必要なカロリーに相当するものを基本に考えて、一九一四年、平均的なイギリスの家庭は、週二十三シリングの食費を使っているとしている。内容は次の通り。
　一ポンド当たり約六ペンスから八ペンスの肉　約三・二キロ
　一シリングのベーコン　四百五十グラム
　各五ペンスのパンの塊　千八百グラム×六
　一パイント（〇・五七リットル）当たり二ペンスの牛乳　九から十パイント
　一個一ペニーの卵　十個

「ザ・タイムズ」紙　一ペニー（一九一四年三月に二ペンスから値下げ）
小説の平均価格　六シリング
吊るしのスーツ　三十七シリング
女性のコルセット　二十一シリング九ペンス
二人乗りの自動車　三百五十ポンドから五百五十ポンド

イギリスの主要政党の状況（戦前に行われた最後の選挙である一九一〇年十二月の総選挙の結果に基づく）
住居を持つ全ての男性に投票権があった（イギリスの成人男性約八百万人に選挙権があった）。
自由党（党首アスキス）　二百七十一議席
保守党（党首アンドリュー・ボナー・ロー）　二百七十一議席
労働党（党首ラムジー・マクドナルド）　四十二議席
アイルランド国民党（党首ジョン・レドモンド）　七十四議席

ハーバート・ヘンリー・アスキスの自由党政府がジョン・レドモンドのアイルランド国民党の支持を得て政権をとっていた。

イギリス軍
一九一四年一月、正規軍の数は二十五万人以下で、世界中に分散していた。
陸軍予備役　十五万人
特別予備役　六万三千人
国防義勇軍　六万三千人
軍の支出　年二千九百万ポンド以下（海軍には年五千百十万ポンド使っていた）

文献

全体について

次に示す全国紙、雑誌、季刊誌は一九一四年のイギリスを再構築するうえで不可欠のものである。地方紙と外国の定期刊行物については本文で示した。特別な言及がない場合には、新聞記事をもとにしている。

Aeroplane, Bystander, Country Life, Daily Chronicle, Daily Express, Daily Graphic, Daily Herald, Daily Mail, Daily Miller, Daily Sketch, Daily Telegraph, Economist, Evening News, Financial Times, Flight, Graphic, Illustrated London News, Lloyd's Weekly Newspaper, London Budget, Manchester Guardian, Morning Post, Nation, New Statesman, News of the World, Nineteenth Century and After, Pall Mall Gazette, The Passing Show, Play Pictorial, Punch, Spectator, Sphere, The Suffragette, Sunday Times, The Times, Votes for Women, Westminster Gazette

議会討論の公式の報告として一九一四年の *Hansard* を用いている。
年表は一九一四年の *Annual Register* をもとにしている。
Oxford Dictionary of National Biography（2004-）は欠かすことのできない資料である。

この時期の歴史一般については次の文献が参考となる。
R. C. K. Ensor, *England 1870-1914*（1936）
Edgar Feuchtwanger, *Democracy and Empire: Britain 1865-1914*（1985）
G. R. Searle, *A New England? Peace and War 1886-1914*（2004）
Richard Shannon, *The Crisis of Imperialism 1865-1915*（1974）
James Stevenson, *British Society 1914-1945*（1984）

James Cameron の *1914*（1959）はさらに印象的である。

はじめに

川遊びのオリジナル写真はジョージ・チャップマンとマーガレット・チャップマン夫妻が所有している。幸運にも戦争を生き延びたジョージ・チャップマンの父親ハーバート・チャップマンはカーゾン・ランドリー社の配達人で、写真では前列で、ボタンホールに花を挿し、レールに寄りかかっている人物だ。ハーバートは一九一五年から一九年にかけて、パレスチナのイギリス軍に従軍した。

フィリップ・ラーキンが「MCMXIV」に書いた背景は、アーチー・バーネットの序文とコメント付で編集した *The Complete Poems of Philip Larkin* の中で読むことができる（2012）。

一九一四年八月四日付でヘンリー・ジェームズがエドワード・ジョイスに宛てた手紙は、*Henry James: A Life*, edited by Philip Horne（1999）からの引用である。

ジョン・ジョイスについては、二〇〇六年三月二十六日に筆者が書いた文 'The Name of the Game' で詳しく述べている。

プロローグ——一九一四年の幕開け

一九一四年の年始の出来事に関する全情報は当時の新聞記事による。ロンドンの新年の説明についてはGeoffrey Marcus, *Before the Lights Went Out 1*（1965）から補足している。

スコットの日記とサー・フレデリック・ケニヨンのコメントを大英博物館が受け入れたことについては、*Journals: captain Scott's Last Expedition*, edited by Max Jones（2006）に書かれたすばらしい序文と、編集者の言葉を参照のこと。ハーバート・ポンティングが撮ったスコットの遠征の写真は、一九一四年初めにロンドンのニュー・ボンド・ストリートにあるファイン・アート・ギャラリーに展示された。ポンティングは一九一四年一月から三月にかけて、ロンドンのフィルハーモニック・ホールでスコットに関する講演を百回行い、十二万人に及ぶ聴衆を集めた。一九一四年五月十二日にはバッキンガム宮殿で、ポンティングは国王の前で同じ講演をした。

一九一四年七月、ジョン・ミットフォードは*Sporting Life*の編集者を告訴し、結婚の破綻について訴えようとした。

第一部　一月から四月まで

チョーク発午後四時十四分列車殺人

ウィリー・スターチフィールドの殺害について主に資料としているのは、犯罪捜査時にロンドン警視庁で収集した手紙のやり取りと、目撃証言であるNA/MEPO3/237B（1914-21）、NA/CRIM1/145による。

公文書館は一九一二年以後のスティーヴン・タイタス事件に関する記録をも保有している。この事件でジョン・スターチフィールドはタイタスの逮捕に協力し、その過程で負傷した（NA/CRIM1/135/2）。

ジョン・ジャスパーの「裁判」については、*Trioal of John Jasper, Lay Precentor of Cloisterham Cathedral in the County of Kent, for the Murder of Edwin Drood, Engineer. Headed by Mr. Justice Gilbert Keith Chesterton, sitting with a Special Jury, in the King's Hall, Covent Garden, W.C., on Wednesday, the 7th January,* 1914（1914）に発表されている。

スピリズベリーが行った少年の検死報告は「解剖メモ」に記録されている。ロンドンのウェルカム・ライブラリーの索引カードにある（PPSPI/A/2）。

主任捜査官W・C・ゴウの経歴の概要は、自伝*From Kew Observatory to Scotland Yard*[n. d.]に描かれている。一方、ヴィクトリア時代とエドワード時代に探偵が活躍したことについては、Haia Shpayer-Makov, *The Ascent of the Detective: Police Sleuth in Victorian and Edwardian England*（2011）に書かれている。

この時期の簡易宿泊所の詳細については、Tom Crook, 'Accommodating the outcast. Common lodging houses and the limits of urban governance in Victorian and Edwardian London', *Urban History*（2008）とケイト・マクドナルドのオンライン論文'The Use of London Lodgings in Middlebrow Fiction 1900-1930s' in *Literary London; Interdisciplinary Studies in the Representation of London*: http://www.literarylondon.org/london-journal/march2011/macdonald.htmlを参照のこと。

この事件に関する警察文書は当時は未発表だったため、その価値に限界はあるものの、スターチフィールド殺人事件について叙述した次の二つの説明は興味深い。ウィニフレッド・デュークが *The Stroke of Murder*（1937）という題で未解決事件を集めた作品があるが、これは新聞報道をもとに時系列に叙述している。ジョナサン・グッドマンが編集した *The Railway Murders*（1984）は、ウィリー・スターチフィールドについて一章を設け、一八六四年のトマス・ブリッグスの列車殺人についても説明している。

首相の恋

本書のさまざまな場面で基礎資料としているのは、アスキスがヴェネチア・スタンリーに宛てた書簡集 Michael and Eleanor Brock (eds.), *H. H. Asquith, Letters to Venetia Stanley*（1982）である。本書は優れた編集がなされており、ブロック夫妻はすばらしい序文と記録により、この尋常ではない手紙のやり取りについて、刺激的なコメントを記している。

この愛の三角関係の別の側面については、次が参考になる。Naomi B Levine, *Politics, Religion and Love: The Story of H. H. Asquith, Venetia Stanley and Edwin Montagu, Based on the Life and Letters of Edwin Samuel Montagu*（1991）.

アスキスとヴェネチア・スタンリーには性的な関係もあったと考える人々が Bobby Neate の *Conspiracy of Secrets*（2012）を読むと、自分たちの疑念を改めて燃え上がらせることになる。Neate は著書で、自分の義父に当たるフォーミュラ・ワン・レースのマネージャーであるルイ・T・スタンリーは、アスキスとヴェネチアの私生児だと主張している。現在、この主張を証明、あるいは反証する術はない。

アスキスについては次の二つが参考になる。Roy Jenkins, *Asquith*（1964）. Stephen Koss, *Asquith*（1976）。アスキスの家庭生活についてさらに詳しく知りたければ、次が参考になる。Mark Bonham Carter and Mark Pottle (eds.), *Lantern Slides, The Diaries and Letters of Violet Bonham Carter 1904-1914*（1996）。マーゴット・アスキスの日記は Bodleian にある。ヴェネチアがワーフにいるときにいつも退屈していたというマーゴットの口頭証言は、小説家アンソニー・パウエルの *Journals 1982-1986*（1995）から引いている。

カラッハ事件と一九一四年の自治法の背景を理解するうえで大いに役立つのは James Fergusson, *The Curragh Incident*（1964）、A. T. Q. Stewart, *The Ulster Crisis*（1967）、Patricia Jalland, *The Liberals and Ireland*（1980）の三冊である。

切り裂かれた「鏡のヴィーナス」

ベラスケスの「鏡のヴィーナス」（NG2057）に関するナショナル・ギャラリー文書には、エメリー・ウォーカーが損壊した絵の写真のネガ（2067/2）とともに、報告書と書簡のやり取りが収められている。ナショナル・ギャラリーは、後世になって偶像破壊者が現れ、触発されて行動するのを抑えようと、オリジナルのネガのプリントを禁じている。ナショナル・ポートレート・ギャラリーのハインツ・アーカイブとライブラリーには、コレクションの中にある絵画に対しサフラジェットが加えた損傷の詳細とともに、「一九一四年の評議会のメモおよび文書」を保管している。

メアリー・リチャードソンがサフラジェットだった頃の自伝 *Laugh a Defiance* は、Hilda Kean が 'Some Problems of Constructing and Reconstructing a Suffragette's Life: Mary Richardson, Suffragette, Socialist and Fascist, *Women's History Review*（1998）と、C. Eustance and J. Ryan が編集した *Seeing through Suffragette: New Themes and Directions in the Study of British Suffrage History*（1999）に収められた論文'A Study of Mary Richardson, Suffragette, Socialist and Fascist' の中で、自伝の正確さについて批判している。リチャードソンの生涯の詳細としては、Elizabeth Crawford, *The Women's Suffrage Movement: A Reference Guide 1866-1928*（2001）が参考になる。

リチャードソン自身の肉声は、この絵に対する武闘派サフラジェットとしての経験を語った、一九六六年四月二十三日にBBC国内放送で放送された Sorel Bentink のインタビューの中で聞くことができる。当時、Bentink は十八歳の事務見習いでリチャードソンが亡くなる約六ヵ月前、ヘースティングスにあったリチャードソンの自宅でポータブルテープレコーダーを使い、このインタビューを録音した。録音はBBCのオンラインアーカイブ（http://www.bbc.co.uk/archive/suffragettes/8321.shtml）で聞くことができる。

ベラスケスと「鏡のヴィーナス」の背景については、Andreas Prater の *Venus at Her Mirror: Velazquez and the Art of Nude Painting*（2002）と Jose Lopez-Rey の *Velazquez: Catalogue Raisonne*（1999）が参考となる。ナショナル・ギャラリーがこの絵の購入を確保するに当たってクリスティアーナ・ヘリンガムが果たした役割については、Mary Logo が *Cristiana Herringham and the Edwardian Art Scene*（1995）で検証している。

ウォレス・コレクションの館長に宛てたアナベル・ジャクソンの書簡は、グラスゴー大学の Women's Suffrage Collection にある（MS MacColl 31）。ヴェラ・ブリテンの日記は編集による *Chronicle of Youth: Vera Brittain's War Diary 1913-1917*. edited by Terry Smart and Alan Bishop（1981）からのものである。サージェントによるヘンリー・

ジェームズの肖像画の運命についてのコメントは、Leon Edel, *Henry James: A Life*（1987）から引用している。

一九一四年のサフラジェットの攻撃に役立つ分析としては Rowena Fowler, 'Why Did Suffragettes Attack Works of Art?', *Journal of Women's History*, 2（1991）を参照のこと。この論文は A. E. Metcafe, *Women's Effort: A Chronicle of British Women's Fifty Years' Struggle for Citizenship 1865-1914*（1917）を引用している。攻撃された絵画のリストが付されている。さらに一般的に概観した研究としては Suzanna MacLeod の 'Civil Disobedience and Political Agitation: The Art Museum as a Site of Protest in the Early Twentieth Century', *Museum and Society*, 5（2006）がある。Lynda Nead の The Female Nude, Art, Obscenity and Sexuality（1992）の 'The Damaged Venus' の章は、一九一四年の女性がヌードに対してどのような姿勢をとっていたかという文脈で、リチャードソンによる攻撃を扱っている。

次の二つの論文が、サフラジェットの生活と武闘派の破壊行動についてについて言及している。Brian Harrison, 'The *Act of Militancy: Violence and the Suffragettes 1904-1914' in Peaceable Kingdom, Stability and Change in Modern Britain*, edited by Michael Bently and John Stevenson（1982）および June Purvis, 'Deeds not Words': The Daily Life of Militant Suffragettes in Edwardian Britain', *Women's Studies International Forum*, 18（1995）。ハリソンが伝記としてサフラジェットとサフラジスト〔暴力を用いずに女性参政権を主張した人々〕を描いた *Prudent Revolutionaries: Portraits of British Feminists between the Wars*（1987）も参考になる。

メアリー・リチャードソンの *Tortured Women: What Forcible Feeding Means--A Prisoner's Testimony* は、ロンドン博物館のコレクションに収蔵されている（50.82/601）。J. F. Geddes, 'Culpable Complicity: The Medical Profession and the Forcible Feeding of Suffragettes 1900-1914', *Women's History Review*, 17（2008）は医療専門家が強制摂食の実践を非難しきれなかったことを考察している。

E. S. Pankhurst, *The Suffragette Movement: An Intimate Account of Persons and Ideals*（1931）は、サフラジェットの爆弾、放火などの攻撃のインパクトを説明したものとしては基準となっている。この本に対し、C. J. Bearman, 'An Examination of Suffragette Violence', *English Historical Review*, 120（2005）は刺激的な挑戦を行っている。

子どもたちの力

バーストン・スクールとストライキに関する記録は当校のファイルに収蔵されている（NA/ED21/12712B）。ノーフォーク・レコード・オフィスにある資料には、ストライキに関するノーフォーク教育委員会のメモ（C/ED 16/6）とノーフォーク・カウンティー・カウンシルのファイル（C/ED 36/5）が含まれている。ノーフォーク・レコード・オフィス・インフォメーション・リーフレット六十五号 'The Burston School Strike' は、中心となる州の記録の詳細について述べている。

トム・ヒグドンの *The Burston Rebellion*（1917,reprinted 1984）はこの出来事の主役を務めた登場人物による叙述である。一九七四年、子どもたちが先生を支持して村の周りを行進した六十年後、Bertram Edwards がオリジナルの報告および資料と生存している参加者からの聞き取り証言をもとに、重要な研究 *The Burston School Strike* を発表した。エドワーズの本を補足するものとしては 'The Burston Rebellion:1914' in Wilhelm van der Eyken and Barry Turner, *Adventures in Education*（1969）と同名のＢＢＣテレビドラマに併せて発表した Betka Zamoyska による説明 *The Burston Rebellion*（1985）、バーストン校財団が発表したパンフレット 'The Burton Strike School［n. d.］がある。'Pupil Power, 1914: The Burton School Strike', *Listener*, 1 August 1974 はこのストライキに関するＢＢＣテレビ Yesterday's Witness プログラムを記録したものである。ストライキの中心となったヴァイオレット・ポターのインタビューが含まれている。

ドロンフィールド小学校のミス・ウートラムの「性教育」の詳細は NA/ED 50/185 にある。Frank Mort, *Dangerous Sexualities: Medico-Moral Politics in England since 1830*（1987）には、この事件をめぐる議論が含まれている。

もっと一般的に学校のストライキを検討する場合には、Stephen Humphries, *Hooligans or Rebels? An Oral History of Working-Class Childhood and Youth 1889-1939*（1981）と Williams Baker, 'Explaining the outbreak and dynamics of the 1911 school strike wave in Britain', *Reflecting Education*, 6（200）を参照のこと。国家と教育については、S. J. Curtis and M. E. A. Boultwood, *An Introductory History of English Education since 1800*（1966）と、A. Morton, *Education and the State* が役に立つ。Robert Lee, Rural, *Society and the Anglican Clergy 1815-1914; Encountering and Managing the Poor*（2006）は教会と地方社会の関係という文脈の中にバートン校のストライキを位置付けている。

現在、一九一七年にオープンしたバーストン・ストライキ校を訪問することができる。バーストン・ストライキ校は第二次世界大戦が始まるまで機能し続けた。トム・ヒグドンは一九三九年八月に死去し、それから数ヵ月後にこの学校は閉鎖した。一九四六年まで存命したキティだが単独では学校を運営できず、残っていた十一人の児童はカウンティー・スクールに転校した。ストライキ校はバーストンの中央、ちょうどチャーチ・グリーンの教会の真後ろにある。四つの財団が学校を運営し、博物館、ビジター・センター、教育文書館など、村民の空間として展開してきた。九月の第一日曜日には毎年、一九一四年の最初の集会を記念するため、年次集会が行われている。詳細については http://burstonstrikeschool.wordpress.com/ を参照のこと。

ちくしょう、ありえない

ショーの『ピグマリオン』の現代版が Methuen Drama のニュー・マーメイドシリーズで出版されている。これは L. W. Conolly の編集によるもので、長い序文はこの劇の最初のイギリス上演についても触れており、価値がある。

BLAdd.MS 506629, G. B. Shaw Papers: Series II, Vol. XXXVII はこの劇の台本のコピーで、一九一三年に校正用原稿として Constable が出版した。ショーはこれにリハーサルメモとテキストの変更を書き込み、配役に対する演出を行った。

BL Add. MS 66056F, Lord Chamberlain's Play には、『ピグマリオン』の上演許可を推薦した一九一四年二月二十三日付の G. S. Street の手紙が収蔵されている。

ショー、ミセス・パット、トゥリーに関する伝記は、次の研究をもとにしている。*Bernard Shaw: Collected Letters. Volume 3: 1911-1925*, edited by Dan H. Laurence（1985）、*Bernard Shaw and Mrs. Patrick Campbell: Their Correspondence*, edited by Alan Dent（1952）、*Margot Papers, Bernard Shaw and the Actresses*（1980）、Michael Holroyd, *Bernard Shaw,1898-1918: The Pursuit of Power*（1989）. Madeleine Bingham, *The Great lover: The Life and Art of Herbert Beerbohm Tree*（1978）.

Richard Huggett の *The Truth about 'Pygmalion'*（1969）はこの劇の初演の夜につながる出来事について、異なる説明をしている。Bernard F. Dukore, 'The Director as Interpreter: Shaw's Pygmalion', Shaw, 3（1983）は最初のイギリス版作成でショーが採った方向性について、鋭い洞察をしている。Peter Conolly-Smith, 'Shades of Local Color: Pygmalion and Its Translation and Reception in Central Europe, 1913-1914', Shaw, 29（2009）は、ウィーンで行われた初演について考察している。*George Bernard Shaw's Pygmalion*, edited by Harold Bloom（1988）は、この劇について重要な論文を集めたものとして役に立つ。*Theatre and Fashion: Oscar Wilde to the Suffragettes* by Joel H. Kaplan and Sheila Stowell（1955）は、ヒズ・マジェスティーズ・プロダクションのエリザの衣装デザインについてすばらしい考察をしている。

筆者が最初に『ピグマリオン』の舞台上演を見たのは一九七四年で、小学生だった。このとき見たのはジョン・デクスター・プロダクションによるもので、ダイアナ・リグがエリザ役、アレック・マコーエンがヒギンズ役だった。他に記憶に残っているものは、二〇〇八年にオールド・ヴィクのピーター・ホールで上演されたミシュル・ドカリーとティム・ピゴット＝スミスが出演したものがある。ウェンディー・ヒラーとレズリー・ハワードが出演し、アンソニー・アスキスが監督した一九三八年の映画は、ショーがハワードをヒギンズ役にしたことについて留保しているものの、魅力的である。

第二幕　五月から八月

ハネムーン・イン・ザ・スカイ

イギリスの二大航空誌 *Aeroplane* と *Flight* が一九一四年に発行した号は、この年の飛行について再構築するうえで不可欠である。Gustav Hamel の *Flying: Some Practical Experiences*, co-written with C. C. Turner（1914）は、当時の飛行経験についてその魅力を書いている。

R. Dallas Brett, *History of British Aviation 1908-1914*（1934）、Harald Penrose, *British Aviation. The Pioneer Years 1903-1914*（1967）、Christopher Chant, *Aviation: An Illustrated History*（1983）、Hugh Driver, *The Birth of Military Aviation: Britain 1903-1914*（1997）は草創期の展開について述べている。

Graham Wallace, *Claude Graham-White: A Biography*（1960）はヘンドンのロンドン飛行場を創設したことを含めて、大成功を収めた草創期の飛行士と航空機製造業者の一人であるグレアム＝ホワイトの生涯とキャリアを描いている。Clive R. Smith, *Flying at Hendon: A Personal Record*（1974）は、貴重な写真を数多く含んでいる。Andrew Horall, *Popular Culture in London c.1890-1918: The Transformation of Entertainment*（2001）は、飛行がこの時期に注目されるスポーツだったと捉えている。ジョン・リッディーの手紙は Liddle にある。空中戦争を予言的に描いた大衆フィクションについては、Michael Paris, *Winged Warfare: The Literature and Theory of Aerial Warfare in Britain 1859-1917*（1992）を参照のこと。

ロバート・ブラックバーンについては、*Dictionary of Business Biography* の中で Humphrey Wynn が書いた項目および A. J. Jackson, *Blackburn Aircraft since 1909*（1968）を参照のこと。ウィンストン・チャーチルの飛行の功績については Randolph Churchill, *Winston S.: A Young Statesman 1901-1914*（1967）で述べられている。

ヘンドンのロンドン飛行場の史跡に今日置かれているロイヤル・エアフォース・ミュージアムには、初期の航空機が展示されているだけでなく、グレアム＝ホワイトのつくったイギリスの飛行機の歴史について描いた小さな展示を行っている。

予兆

一九一四年春の国際関係について本文ではあまり触れていないが、この時期の国際情勢については *The Oxford Illustrated History of the First World War*, edited by Hew Strachan（1998）の中で Samuel R. Williamson が書いた章 ‘The Origins of the War’ を参考にしている。サー・アーサー・ニコルソンの発言と情況については、ハロルド・ニコルソンの書いた父親の伝記 *Sir Arthur Nicolson*（1930）を参照のこと。英独の敵対意識については、Paul Kennedy, *The Rise of the Anglo-German Antagonism*（1980）と Lawrence James, *Rise and Fall of the British Empire*（1994）の関連する章が参考になる。

ドイツとの戦争の可能性について、ウィルトシャー州ダウントン村での出来事については Edward Green, *Downton and the First World War*（2002）から引用している。I. F. Clarke, *Voices Prophesying War 1763-1984*（1966）は、次に起こる戦争を予言して書いたものとして基準となる作品である。ル・クーズについては、D. A. T. Stafford, ‘Conspiracy and Xenophobia: The popular spy novels of William Le Queux 1893-1914’, *Europa*, 4（1981）と David French, ‘Spy Fever in Britain 1900-1915’ *Historical Journal*, 21（1978）を参照のこと。フレデリック・アドルフス・グールド事件の詳細については NA/CRIM 1/145/2 にある。

英独の絆については、*Wilhelmaine Germany and Edwardian Britain: Essays on Cultural Affinity*, edited by Dominik and Robert Gerwarth（2008）で検証がなされている。特に役に立つのは David Blackburn の論文 ‘“As dependent on each other as man and wife”, Cultural Contacts and Transfers between Wilhelmaine Germany and Edwardian Britain,’ Thomas Weber, ‘Our friend “the enemy”: German Students in Britain. British Students in Germany,’ Sven Oliver Muller, ‘“A musical clash of civilization?” Musical Transfers and Rivalries between Britain and Germany around 1900,’ Marc Schalenberg, ‘“Only connect”: Personal and Cultural Entanglement between Britain and Germany in E. M. Forster’s *Howards End* である。Peter Firchow の論文 ‘Germany and Germanic Mythology in E. M. Forster’s *Howards End*’, *Cultural Literature*, 33（1982）も、フォースターの「虹の架け橋」について述べた興味深い論文である。

一九一四年のイギリスにおけるドイツ人については、Panikos Panay, *The Enemy in Our Midst: Germans in Britain during the First World War*（1990）も参照のこと。オックスフォード大学の一九一四年のエンカニアの重要性については J. M. Winter in 'Oxford and the First World War' in *The History of the University of Oxford*, volume VIII: *The Twentieth Century*, edited by Brian Harrison（1994）が指摘している。

Samuel Hynes, *A War Imagined, The First World War and English Culture*（1990）は来たる戦争の「先駆けとなる衝突」について、刺激的な議論を提供している。

英独の敵対意識と海軍競争に対するトマス・ハーディの姿勢については、*The Life and Work of Thomas hardy by Thomas Hardy*, edited by Michael Millgate（1985）で概観が描かれている。J. O. Bailey, *The Poetry of Thomas Hardy*（1970）の中の 'Hardy's Apocalypse' に関する章は、ハーディの詩の中で戦争についてペシミズムが膨らんでいると叙述している。筆者は Roger L. Tarr が論文 'Hardy's "Channel Firing"', *Explicator*, 36（1978）で分析した 'Channel Firing' を参考にしている。

Michael Short の *Gustav Holst: The Man and His Music*（1990）は、Imogen Holst が描いた父親像 *Gustav Holst: A Biography*（1938; second edition 1969）同様、作曲家ホルストを好意的に描いている。アラン・レオが果たした役割を含めてホルストの天文学については、Raymond Head, 'Holst: Astrology and Modernism in The Planets', *Tempo*, 187（1993）と Patrick Curry, *A Confusion of Prophets: Victorian and Edwardian Astrology*（1992）を参照のこと。『惑星』について特に批判的な面を示しているのは Richard Green の *Holst: The Planets*（1995）である。Daniel Jaffe, 'A Holst in Rob Young, *Electric Eden: Unearthing Britain's Visionary Music*（2000）も併せて参照のこと。

「火星」の演奏録音については、次の二つを特にお薦めする。サイモン・ラトル指揮フィルハーモニア楽団（1987）と、コリン・デービスが二〇〇三年から行っているロンドン・シンフォニー・オーケストラの演奏である。ホルストが十二ポンドで購入した中古ピアノはチェルトナムのホルスト・バースプレイス・ミュージアムで、ホルストに関連する他の思い出の品とともに見ることができる。

デビッド・ボンバーグの *The Mud Bath* はロンドンのテート・ギャラリーに展示されている。ボンバーグの生涯と作品について読むべきものは、Richard Cork's David Bomberg（1987）である。*Vorticism and Its Allies* の展示カタログ（Hayward Gallery, London, 27 March-2 June 1974）は、コークによる序文と再生された「ブラスト」誌発刊号とともに、一九一四年の芸術界におけるこの運動の位置を説明している。*London, Modernism and 1914*, edited by Michael

J. K. Walsh（2010）はWalshの'Introduction: Avant-garde and Avant-guerre'とSarah MacDougallの"'Something is happening there": Early British Modernism, the Great War and the "Whitechapel Boys"'を含めて、啓発的な論文集となっている。

アドルストロップ

Yes. I remember Adlestrop-
The name, because one afternoon
Of heat the express-train drew up there
Unwontedly. It was late June.

The steam hissed. Someone cleared his throat
No one left and no one came
On the bare platform. What I saw
Was Adlestrop- only the name

And willows, willow-herb, and grass
And meadowsweet, and haycocks dry
No whit less still and lonely fair
Than the high cloudlets in the sky.

And for that minute a blackbird sang
Close by, and round him, mistier,
Farther and farther, all the birds
Of Oxfordshire and Gloucestershire

一九一五年一月十五日に書かれたエドワード・トマスの原稿はBL Add. Mss 44990にある。トマスが一九一四年六月二十四日、アドルストロップでこの駅を記録したフィールドノートはEdward Thomas, *Collected Poems and War Diary 1917*, edited by R. George Thomas with an introduction by Peter Sacks（2004）に再掲されている。

Adlestrop Revisited: An Anthology Inspired by Edward Thomas's Poem, compiled and edited by Anne Harvey（1999）は「アドルストロップ」がつくられる過程と持った影響力について興味深い説明をしているとともに、この詩が長く愛された理由を説明している。究極的に言えば、ハーヴィーの研究はトマスの詩がどれだけ詩的であるのかを示すものである。この詩がロンドンからオックスフォード、ウースター、モールヴァーンを通るウェスタン鉄道沿いのさまざまな停車駅から得た印象を融合したものであること、六月二十四日にトマスが乗った列車がアドルストロップに停車したのは異例だったことを表している。エドナ・ロングリーがThe Annotated Collected Poems: Edward Thomas（2008）の中でこの詩についてコメントしているが、微に入り細にわたり正確である。アドルストロップ駅はビーチング博士の予算削減の犠牲となり、一九六六年一月三日に閉鎖となった。

トマスの全書簡集は存在していない。だが、*Selected Letters*, edited by R. George Thomas（1995）を利用することができる。併せて、*Letters from Edward Thomas to Gordon Bottomley*, edited by R. George Thomas（1968）および*Elected Friends. Robert Frost and Edward Thomas to One Another*, edited by Matthew Spencer（2003）も利用できる。

エドワード・トマスに関する伝記的な作品としては、R. G. Thomas の*Edward Thomas: A Portrait*（1985）と、Eleanor Farjeon の*Edward Thomas: The Four Last Years*（1958）がある。加えて、Helen Thomasの自伝的な作品もあるが、これは詩人である夫の死による絶望感からある種の心理療法の一環として書かれたものだと言われている。*As It Was*（1926）と*World without End*（1931）がそうだが、*Under Storm's Wing*（1988）として一冊にまとめられ再刊されている（再刊版にはフロストからトマスに宛てた六通の手紙が掲載されているとともに、ヘレンと娘のMyfanwyのさらなる思い出話が含まれている）。トマス自身の自伝的な書き物は*Prose Writings: A Selected Edition. Volume 1: Autobiographies*, edited by Guy Cuthbertson（2011）の最新版に集められている。

多くの点でトマスについて伝記と論評をまとめた最重要作品といえば、今なおWilliam Cookeの*Edward Thomas: A Critical Biography*（1970）であることに変わりはないものの、Matthew Hollis, *New All Roads to France: The Last Years of Edward Thomas*（2011）は、トマスを詩人に変えていったさまざまな力を繊細に感動的に扱った作品である。Jean Moorcroft Wilsonは現在、トマスの新しい伝記を作成中である。彼女の文'The sere and ember', *The Times*

Literary Supplement, 31 August 2012 は、ニューヨーク・パブリック・ライブラリーのバーグ・コレクションの中にあるトマスのノートから発見されたエドワード・トマスの最初の詩が、一九一三年九月にセント・マーティンズ・レーンのレストランでロバート・フロストと会う一ヵ月前に書かれたものだったことを示す決定的な証拠を提示している。

Jack Wisniewski, *Edward Thomas: A Mirror of England*（2009）と Keith Clark, *The Muse Colony: Rupert Brooke, Edward Thomas, Robert Frost and Friens--Dymock, 1914*（1992）も参考になると思う。一九一四年の天気についてまとめたものとして役に立つのは John Kington, *Climate and Weather*（2010）である。

一九一四年のルパート・ブルックについては、*The Letters of Rupert Brooke*, edited by Geoffrey Keynes（1968）と Nigel Jones, *Rupert Brooke: Life, Death and Myth*（1999）を参照のこと。ジョーンズの作品は Christopher Hassall の大胆さに欠いた *Rupert Brooke: A Biography*（1964）に取って代わる勢いにある。

夏の大騒動

ジョージ・パイクのバッキンガム宮殿侵入はこの時期を説明する作品から全く欠落している。この話は当時の新聞記事 Morning Post, 8 June 1914 などから再構築したものである。

バッキンガム宮殿に行ったサフラジェットの代表については、新聞記事に加えて、E. S.[Sylvia]Pankhurst, *The Suffragette Movement: An Intimate Account of Persons and Ideals*（1931）、June Purvis, *Emmeline Pankhurst: A Biography*（2002）、Martin Pugh, *The Pankhursts*（2001）がある。

ブロムフィールドの出来事についてキャリー・キプリングが行ったコメントは、サセックス大学のスペシャル・コレクションに収蔵されている日記から抜粋した（C. E. Carrington 作成のコピーを引用している。University of Sussex Special Collections, Book 3, 1914-1918, ff. II I/II）。Kitty McLeod, *The Last Summer*（1983）も参照のこと。平和舞踏会については Maud Warrender, *My First Sixty Years*（1933）に描かれている。セルボーン卿が見たブロムフィールドと、ジョージ五世と話をしたことについての説明は、妻モードに宛てた手紙の中からの引用である（Bodleian MS Selborne 1012）。バーミンガムの集会についてのフィリップ・スノードンのコメントは C. J. Beaman in 'An Examination of Suffragette Violence', *English Historical Review*, 120（2005）。

サラエヴォ事件については、David Stevenson, *1914-1918: The History of the First World War*（2005）が暗殺とこの事件の副産物についてすばらしい説明をしている。Martin Gilbert の *The First World War*（1994）はサラエヴォ

事件とその後生じた危機について、最初に読むべき価値のある作品である。D. C. Watt, 'The British Reactions to Assassination at Sarajevo', *European Studies Review*, 3（1971）は、暗殺に対しイギリスの世論がどう変わっていったか、興味深い新聞研究である。「ザ・タイムズ」紙に掲載されたH. Wickham Steed の書いたこの事件の衝撃の記憶は、*Trough Thirty Years 1892-1922*（1924）の中に入っている。ジョージ・セシルが母親ヴァイオレットに、暗殺された大公の写真を買ってほしいと頼んだ手紙は、Bodleian Violet Milner Papers 27 にある。イーディス・セラーの文「暗殺された大公」は *Nineteenth Century and After* の一九一四年八月号に掲載されている。エドマンド・ゴッセの説明 'What I Saw and Heard: July-August 1914'（revised and completed 16 October 1914）は BL Ashley 5738 にある。

クローフォード伯爵の手紙と日記は *The Crawford Papers, The Journals of David Lindsay, twenty-seventh Earl of Crawford and tenth Earl of Balcarres, 1871-1940, during the years 1892 to 1940*, edited by John Vincent（1984）として出版されている。ハリー・ケスラー伯爵の日記 *Journey to Abyss: The Diaries of Count Harry Kessler 1880-1918* は Laird M. Easton により翻訳、編集がなされている。ウィンストン・チャーチルの言葉は *The World Crisis 1911-1914*（1923）からの引用である。

どん底から逃れて

一九一四年のサー・エドワード・グレイの私生活および政治生活については、Keith Robbins, *Sir Edward Grey: A Biography of Lord Grey of Fallodon*（1971）が網羅している。それを補うのが G. M. Trevelyan の *Grey of Fallodon*（1937）である。*The Cottage Book. The Undiscovered Country Diary of an Edwardian Statesman: Sir Edward Grey*, edited and introduced by Michael Waterhouse（1999）のテーマとなっているのは、イチェン・アバスで充足して過ごしたグレイの生活である。この田舎暮らしの日記は、ドロシー・グレイの死後、ハンプシャー州に移り住みともに生活した幸福な日々の証言として、小さな友人たちのグループのため、一九〇九年に私家版として出版したものがもとになっている。*Capital of Happiness: Lord Grey of Fallodon and the Charm of Birds*, selected and introduced by Jan Karpinski（1984）はイチェン・アバスの生活の背景に対し、グレイが持っていた鳥類学的関心を検証している。

一九一四年の外務省については、Zara Steiner, *The Foreign Office and Foreign Policy 1898-1914*（1969）を参照のこと。グレイの外交政策については、*British Policy under Sir Wdward Grey*, edited by F. H. Hinsley（1977）が論文集として際立っている。*Choose Your Weapons: The British Foreign Secretary–200 years of Argument, Success and*

Failure（2010）の中の Douglas Hurd によるグレイの章には、現職の外相という有利な点から書いた序文があり、役に立つ。

一九一四年八月にヨーロッパが戦争をすることを決定した複雑な理由を解きほぐすのが、*Decisions for War 1914*, edited by Keith Wilson（1995）である。John C. G. Rohl による論文 'Germany' と Keith Wilson による論文 'Britain' は特に役に立つ。イギリスの立場については Keith Robbins, 'Britain in the Summer of 1914' in *Politicians, Diplomacy and War in Modern British History*（1994）も検証している。戦争につながる運命的な道筋についてもっと一般的な研究としては 'George Malcom Thompson の *The Twelve Days: 24 July to 4 August 1914*（1964）がある。リヒノフスキ公はベルリンの計画を知らなかったことについて、自伝 *Heading for the Abyss: Reminiscences*（1928）で弁解している。ハーバート・サミュエルのコメントは Cameron Hazlehurst, *Politicians at War, July to May 1915: A Prologue to the Triumph of Lloyd George*（1971）からの引用である。広範な文献資料に基づく価値ある研究である。

Geoffrey Marcus, Before the Lamps Went Out（1965）には、ヨーロッパの危機が募っていくことに対する報道の反応を調査したもので役に立つ。一方、Patrick Esposito の 'Pubic Opinion and the Outbreak of the First World War: Germany, Austria-Hungary and the War in the Newspapers of Northen England' unpblished M. St. Thesis, Oxford 1996 はこのテーマについて、普通とは異なる、首都を離れた外からの見方となっている。

キャスリーン・イシャーウッドの発言は 'Christopher Isherwood, *Kaslean and Frank*（1971）からの引用である。ドロシー・ホルマンの日記は Devon Record Office にあり、Catriona Pennell, *A Kingdom United: Popular Responses to the Outbreak of the First World War in Britain and Ireland*（2012）からの引用である。レディ・コートニー・オブ・ペンウィスの日記 *Extracts from a Diary during the War* は一九二七年、私家版として出されている。Liddle に複製がある。

メアリー・クールズの日記は IWM にある。ハリー・ユースティス・マイルズは、自身の日記を *Untold Tales of War-Time London: A Personal Diary*（1930）として出版している。ベッシー・レインとクレメント・ウェッブの日記は Bodleian にある。ジョージナ・リーの日記は *Home Fires Burning: The Great War Diaries of georgina Lee*, edited by Garvin Roynon（2006）として出版されている。

ウィルフレッド・スコーエン・ブラントが中立を即刻宣言すべしと確信したことについては、*My Diaries: Being a Personal Narrative of Events 1888-1914*, Volume 2（1920）から引用している。カンタベリー大主教がドイツ皇帝の首席牧師に宛てた手紙は、Rendall Davidson, *Archbishop of Canterbury* by G. K. A. Bell（1935）から引用している。

イギリス国教会の聖職者の起こるかもしれない戦争に対する反応は、Adrian Gregory, *The Last Great War: British Society and the First World War*（2008）を参照のこと。

八月二日の二つのミドランドの会合についての S. C. Joad の回想は Liddle にある。トラファルガー広場での集会についてのエドマンド・ゴッセの説明は、ゴッセの 'What I Saw and Heard, July-August 1914': BL Ashley 5738 から引いている。

バンク・ホリデー

バンク・ホリデーについてのメイベル・ラドキンの叙述は、ラドキンの *Inside Dover 1914-1918: A Woman's Impressions*（1933）からの引用である。アグネス・スミッソンの回想は Liddle にある。

八月三日のロンドンについてのエセル・ビーティーの観察については *The Beatty Papers. Volume I: 1902-1918--Selections from the private and Official Corresupondence of Admiral of the Fleet Earl Beatty*, edited by Briyan Ranfit（1989）からの引用である。

一九一四年の映画については、*The Big Show: British Cinema Culture in rthe Great War 1914-1918* by Michael Hammond（2006）を参照のこと。

グレイの演説についてのクリストファー・アディソンの発言は、アディソンの *Four and a half Years: A personal Diary from June 1914 to January 1919*（1934）から引いている。アーノルド・ロウントリーが妻に宛てたメモは *The Letters of Arnold Stephenson Rowntree to Mary Katherine Rowntree 1910-1918*（2002）の中にある。グレイの演説に対するベアトリス・ウェッブの見方は、日記 *The Diary of Beatrice Webb*. Volume iii: 'The Power to Alter Things', edited by Norman MacKenzie and Jeanne MacKenzie（1984）から引いている。八月三日のジョージ五世の日記は Catriona Pennell, *A Kingdom United: Popular Responses to the Outbreak of the First World War in Britain and IrelandS*（2012）からの引用である。

グレイの有名な発言「光が消えつつある……」は、Grey（with J. A. Spender）, *Twenty-five Years 1892-1916*（1925）が初出である。

エイダ・エノリア・リースのずば抜けてすばらしい日記は Liddle にある。エイダはパーキンスの姪で、一八六七年に生まれ一九六八年に没したが、二十世紀の間、死ぬまでほとんど誰からも邪魔されることなく日記を書き続けた。一八九四年、エイダは感染症学および衛生学の研究者で、後に厚生省で高級医務官となったリチャード・ジェームズ・リース博士（一八六二―一九二四）と結婚した。二人の息子と二人の娘がいた。*British Medical Journal*, 3 May 1924 に収められたリチャード・リースの追悼文を参照のこと。

紙幣の発行については Thomas Johnston, *The Financies and the Nations*（1934）が扱っている。

一九一四年の「戦争に対する熱狂」がどのようなものであったかについての問題、またイギリスの一般の人々が興奮状態にあったというのは誇張されているとする修正主義の議論については、Adrian Gregory, *The Last Great War, British Society and the First War*（2008）および Gregory のこれに先行する論文 'British "War Enthusiasm" in 1914: A Reassesment' in *Evidence, History and the Great War: Historians and the Impact of 1914-1918*, edited by Gail Braybon（2003）を参照のこと。Hartmut Pogge von Strandmann, 'The Mood in Britain in 1914' in the *Legacies of Two World Wars: European Societies in the Twentieth Century*, edited by Lothar Kttenacker and Torsten Riotte（2011）も併せて参照のこと。

Irene Cooper Willis の回想は、ウィリスの *England's Holy War: A Study of Enlish Liberal Idealism during the Great War*（1920）から引いている。ジェームズ・マッケイ師の回想はボドリアン・ライブラリーの IWM, those of R. W. M. Gibbs にある。

イギリスの中立を支持するホームズファースの村民の決議は、Cyril Pearce, *Comrades in Conscience: The Story of an English Community's Opposition to the Great War*（2001）から引いている。

第一回グラストンベリー・フェスティバルの詳細については *Rutland Boughton and the Glasutonbury Festival* by Michael Hurd（1993）から引いている。

第三幕　八月から十二月

開戦時と戦争の初期段階でのイギリスの反応について、これまで共通してあった想定に挑戦する、次の新しい二冊の本 Adrian Gregory, *The Last Great War: British Society and the First World War*（2008）および Catriona Pennell, *A Kingdom United: Popular Responses to the Outbreak of the First World War in Britain and Ireland*（2012）が役に立つ。

他の作品では、Arthur Marwick, *The Deluge: British Society and the First World War*（1965）が今なお、大きな価値がある。一方、Trevor Wilsomn, *The Myriad Faces of War: Britain and the Great War 1914-1918*（1986）はイギリスの戦争の経験について書かれたスタンダードな作品である。もっと軽い読み物としては、E. S. Turner, *Dear Old Blighty*（1980）がイギリスの第一次世界大戦のホーム・フロントについて書かれたしっかりした研究である。

筆者はKit Goodの未発表の博士論文 'England goes to war 1914-1915', University of Liverpool（2002）も参考にした。食料、反ドイツ暴動、ベルリン難民、スパイ騒動に関して地方紙に掲載された記事について、多くを述べた論文である。

別世界

ジョン・ゴールズワージーの日記はH. V. Marrot, *Life and Letters of John Galsworthy*（1935）からの引用である。デビッド・ロブソンのコメントはIWMにある。エルジー・スティーヴウンスのコメントはStuart Daley, 'The Response in Cornwall to the Outbreak of the First World War', *Cornish Studies*, II（2003）からの引用である。ミセス・S・パーブルックのコメントはIWMにある。

ドロシー・ホルマンの日記はDevon Records Officeにあり、Catriona Pennell, *A Kingdom United: Popular Response to the Outbreak of the First World War in Britain and Ireland*（2012）からの引用である。メアリー・リーの料理に対する反応はIWMにある。ベアトリス・マッカンが書いた、郵便配達員が戦争のニュースを入手しようとして行った努力はLiddleに記録されている。アイリーン・ランキンの回想も、ルシアン・ハントとA. D. Gardenerの回想同様、Liddleにある。ウィリアム・ジョンソンが休暇から帰ったときに戦争のことを知らなかった話はIWMのジョンソン文書のなかに含まれている。

フレデリック・ロビンソンの日記はIWMにある。戦争の初期段階の鉄道については、Adrian Gregory, 'Railway Stations: gateway and termini' in *Capital Cities at War; Paris, London, Berlin 1914-1919*. Volume 2および*A Cultural History*. edited by Jay Winter and Jean-Louis Robert（2007）を参照のこと。ジェームズ・マッケイが出発する兵士を観察した話についてはIWMにある。

ベアトリス・トレフュシスの日記はLiddleにある。ウィリアム・ピードの日記はIWMにある。軍が馬を徴用したことについては、John Singleton, 'Britain's military Use of Horses', *Past and Present*, 139（1993）を参照のこと。

ウィル・エヴァンズの塹壕のレポートは Catriona, Pennel, *A Kingdom United*（2012）からの引用である。グラディス・クルイックシャンクの叙述は Bodleian にある。

ロンドンの灯火管制に関するジョン・バーンズの話は、BL Add. Mss 46332 に収められているバーンズの日記からの引用である。W・W・コリンズが兄弟に宛てた手紙は Liddle にある。マイケル・マクドナーの日記は *In London during the Great War*（1935）として出版されている。

ジョン・ゴールズワージーの描いた一九一四年のインディアン・サマーの美しさはゴールズワージーの短編 'Told by the Schoolmaster', reprinted in *The Penguin Book of the First World War Stories*, edited by Barbara Korte and Ann-Marie Einhaus（2007）に収められている。ロバート・ブリッジの発言は *The Selected Letters of Robert Bridges: With the Correspondence of Robert Bridges and Lionel Muirhead*, edited by Donald E. Stanford（1982-4）からの引用である。キャサリン・マンスフィールドの発言は、*The Collected letters of Katherine Mansfield*. Volume 1: 1903-1917, edited by Vincent O7Sulivan and Margaret Scott（1984）からの引用である。

戦争のポスター一般については、'Philip Dutton, 'Moving Images? The Parliamentary Recruiting Committee's Poster Campaign', *Imperial War Museum Revieu*, 4（1989）を参照のこと。初期の頃、軍旗のもとに人々が押し寄せた動きについては、Peter Simkins, *Kitchner's Army: The Raising of the New Armies 1914-1916*（1988）を参照のこと。

フレデリック・オリバーが兄弟に宛てた手紙は、*The Anvil of War: Letters between F. S. Oliver and His Brother William Edgar Oliver 1914-1918*, edited by Stephen Gwynn（1936）からのものである。

食料を集め貯えておくことについて述べたケンジントンの女性の日記と、ミス・G・ウェストの日記は IWM にある。

ウィルフレッド・タワーズの日記は IWM にある。

ウェルズとウェストの関係を叙述するにあたり、Gordon Ray の *H. G. Wells and Rebecca West*（1974）をおもしろいと感じた。一九一四年のウェルズの手紙は *The Correspondence of H. G. Wells. Volume2: 1904-1908*, edited by David C. Smith（1998）にある。他の伝記作品としては、Norman and Jeanne MacKenzie, *Time Traveller: The Life of H. G. Wells*（1973）、Anthony West, *H. G. Wells: Aspects of a Life*（1984）、David C. Smith, *H. G. Wells: Desperately Mortal*（1986）、Michael Sherborne, *H. G. Wells: Another Kind of Life*（2010）を参考にした。

ウェルズの *Mr. Britling Sees It Through*（1916）は今となっては無名の作品となっているが、一九一六年に発表されたときには、ウェルズの下降気味の名声を復活させ、すぐにベストセラーとなり、十四ヵ月の間で十三版を重ねた。

この作品は自伝的な要素が透けて見える——たとえば、魅力的で頭のよい姉妹セシリーとレティーはレベッカ・ウェスト（本名がセシリー）と妹のレティティアを描いている——ウェルズ自身の戦争に対する姿勢が変化していることを示そうとするものである。一九一四年のイギリスに関心を持つ者に、*Mr. Britling Sees It Through* は大いにお薦めできる作品である。

The War That Will End War はオンラインで読むことができる（http://archive.org/stream/wartatwillendwaoooowelluoft#page/no/mode/2up）。

エンターテインメントの世界の戦争協力については、Samuel Hynes の *A War Imagined: The First World War and English Culture*（1990）を参照のこと。L. J. Collins, *Theatre at War 1914-1918*（1998）も併せて参照するとよい。D. G. Wright, 'The Great War, Government Propaganda and English Men of Letters 1914-1916', *Literature and History*, 7（1978）は作家の戦争責任を研究するうえで大いに価値がある。

ライオネル・ギブがジョージ・ベルに宛てた手紙は、ランドール・デビッドソンの説教のテキスト同様、Lambeth にある。D・G・ジョンソン曹長の妻からの手紙は Liddle の Johnson Papers の中にある。

エイダ・マクガイアが姉妹に宛てた手紙は IWM にある。ラドヤード・キプリングが出版社に宛てた手紙は *The Letters of Rudyard Kipling*, Volume 4, edited by Thomas Pinney（1999）から引いている。

アール・コートのベルギー難民ロンドン収容所については、*British Nursing Journal*, 23 October 1914 のレポートを参照のこと。

戦争の長さについて大主教コズモ・ゴードン・ラングがロバート・セシル卿に宛てた手紙は、BL Add. MSS 51154 にある。ヴェラ・ブリテンの手紙は、*Letters from a Last Generation: First World War Letters of Vera Brittain and Four Friends*, edited by Alan Bishop and Mark Bostridge（1998）からの引用である、イルマ・マクレオドの発言は Liddle にある。ウォルター・ハインズ・ページのコメントは、Caroline E. Playne, *Society at War 1914-1916*（1931）からの引用である。

全てが国王の僕

白羽運動について扱った Nicoletta F. Gullace, *The Blood of Our Sons: Men, Women, and the Renegotiation of British Citizenship during the Great War*（2003）は本書を執筆するうえで非常に役に立った。併せて、Gullace が以

前に書いた論文 'White Feathers And Wounded Men: Female Patriotism and the memory of the Great War', *Journal of British Studies*, 36（1977）も参照のこと。

徴兵制が必要だというチャールズ・ペンローズ・フィッツジェラルドの思いは、フィッツジェラルドの *From Sail to Stream*（1916）で述べられている。マクレオド・イヤーズリーの未発表の回想録は IWM にある。

アイリス・ホルトの手紙は Liddle にある。白羽を使う女性に対するコンプトン・マッケンジーの見解は、マッケンジーの *My Life and Times: Octave Four 1907-1915*（1964）に書かれている。

フランク・ペッティンゲルのミュージカルの独白は IWM にある。白羽運動に巻き込まれたデヴォン州の男性たちの詳細については'Bonnie J. White, 'Volunteerism and Early Recruitment Efforts in Devonshire, August 1914-December 1915', *Historical Journal*, 52（2009）から引いている。

一九一四年の新兵募集について不可欠のガイドとなっている根幹をなす作品は、Peter Simkins, *Kitchener's Army: The Raising of the New Armies 1914-1916*（1988）である。

モンスからのニュースに関するジェームズ・ブレイディーの記憶とアレグザンダー・トムソンの手紙は IWM にある。アンドリュー・バクストンの手紙は *Andrew R. Buxton: The Rifle Brigade—A Memoir*, edited by Edward S. Woods（1918）からの引用である。

ジミー・カーペンターの入隊と訓練の敬虔については、'*Jimmy Carpenter's War Diary. Part One*', edited by Peter Mealyer and Colin Hague, Stand To!, 72（2005）から引いている。

新兵募集に対する農業労働者の反応の一般的な背景については、Nicolas Mansfield, *English Farmworkers and Local Patriotism 1900-1930*（2001）を参照のこと。コーンウォールでの新兵募集の微々たる結果については、Stuart Dally, 'The Response in Cornwall to the Outbreak of the First World War', *Cornish Studies*, II（2003）が検証している。デヴォンの結果については'Bonnie J. White, 'Volunteerism and Early Recruitment Efforts in Devonshire, August 1914-December 1915', *Historical journal*, 52（2009）が検証している。John Hartigan の論文 'Volunteering in the First World War: The Birmingham Experience, August 1914-May 1915', *Midland History*, 24（1999）は、バーミンガムの調査をもとに、志願について経済、「パル」運動、プロパガンダ、他の心理的な圧力といったさまざまな要素を背景とした影響を効果的に提示している。David Silbey, *The British Working Class and Enthusiasm for War 1914-1916*（2005）は一九一四年に入隊した労働者階級の人々の動機を、必ずしも説得力があるとはいえないまでも、野心的に説明しよ

うとしている。

J. E. B. Gray 宛ての手紙は IWM にある。Laurie Milner, *Leeds Pals*（revised edition 1998）は、あるコミュニティにかかった新兵募集の圧力を詳細に説明している。

エドワード・トマスのエッセイ 'Tipperary' と 'It's a Long, Long Way' は、普通の人々の戦争に対する国中の反応を書き留めており、*The Last Sheaf*（1928）の中に再録されている。

筆者はアーノルド・ベネットの物語（'The White Feather: A Sketch of English Recruiting' by George Simmers's blog on his website 'Great War Fiction': http://greatwarfiction.wordpress.com/）に驚きを感じている。

ブルース・ベイリーの発言は父親宛ての手紙からの引用で、IWM にある。エドワード・ロビンソンの発言は Laurie Milner, *Leeds Pals* で引用されている。

息子リンスターの手紙の上部に書き込まれたミセス・タリーのコメントは Liddle にある。ウィリアム・オーチャードの手紙は IWM にある。

薄れゆく希望

ラドヤード・キプリングの 'The Children' のスタンザの最後の部分は、*Rudyard Kipling's Verse: Definitive Edition*（1940）から引用している。

墓所の発見は *'Fifteen Rounds a Minute': The Grenadiers at War, August to December 1914, edited from the Diaries and Letters of Major 'Ma' Jeffreys and Others by J. M. Craster*（1976）に描かれている。

ジョージ・セシルに関係する手紙と日記は、Bodleian の Violet Milner Papers から引いている。ジョージと両親の伝記的な背景については、Hugh and Mirabel Cecil, *Imperial Marriage: An Edwardian War and Peace*（2002）および Kenneth Rose, *The Later Cecils*（1975）に書かれている。

負傷者および行方不明者調査事務所については、Eric F. Schneider の論文 'The British Red Cross Wounded and Missing Enquiry Bureau: A Case of Truth-Telling in the Great War', *War in History*, 4（1997）のテーマとなっている。

貴族が積極的に戦争に加わったことについては、Gerald Gliddon, *The Aristocracy and the great War*（2000）を参照のこと。

カンタベリー大主教に宛てたヒュー・セシル卿の手紙は Lambeth にある。負傷者リストについてのメアリー・ドルーの発言は、*Mary Gladstone Mrs. Drew: Her Diaries and Letters*, edited by Lucy Masterman（1930）に書かれている。R・D・ブルメンフィールドの日記は、R. D. Blumenfield, *All in a Lifetime*（1931）に引用されている。

Benyon の 'For the Fallen' については、John Hatcher, *Laurence Binyon: Poet, Scholor of East and West*（1995）を参照のこと。ビニヨンの詩の作成時期は確定していない。また、筆者の見解は、'For the Fallen' がモンスの退却後につくられた最初の負傷者リストが発表されたことを反映している可能性があるとする Hatcher の意見とは異なる。

ジョン・キプリングの戦争の話については、Tonie and Valmai Holt が *My Boy Jack: The Search for Kipling's Only Son*（1998）で語っている。キプリングの戦争に対する姿勢と、息子の入隊に対する態度については David Bradshaw が 'Kipling and War', *The Cambridge Companion to Rudyard Kipling*, edited by Howard J. Booth（2011）が論じている。

ジョージ・セシルの死について真実を明らかにしようとしたキプリングの努力については、*The Letters of Rudyard Kipling*, Volume 4, edited by Thomas Pinney（1999）が述べている。

Pat Jalland は *Death in War and Peace: A History of Loss and Grief in England 1914-1970*（2010）の中で、ヴァイオレット・セシルが行方不明となった息子を探す極めて感動的な一章を書き、彼女がジョージとともに軍務についていた労働者階級の兵士たちの家族を慰めようとしたことについて述べている。

戦時中の州の教区

オリーブ・メイ・テイラーの回想は IWM にある。ベッシー・レインの日記は Bodleian にある。ミス・E・バークワースの日記については、Adrian Gregory, *The Last Great War: British Society and the First World War*（2008）が論じている。フレデリック・ロビンソンの日記は IWM にある。

アンドリュー・クラークの日記は、Bodleian MSS Eng. Hist. E. 88-177-c. にある。日記は一九一四年八月から一九一九年十二月まで続いており、一九一五年から一九二〇年まで図書館に送られた。クラークは一九二二年に死去した。

日記からの選り抜きが *Echoes of the Great War: the Diary of the Reverend Andrew Clark 1914-1919*, edited by James Munson（1985）として出版されている。筆者は Munson のすばらしい序文から学ぶことが多かった。序文は戦争中を生き抜いたグレート・リーズの村民の記憶を引用しており、その多くが筆者のクラークとグレート・リーズに関する情報の土台となっている。残念ながら、この選り抜きは絶版になっており、再版する価値があると思う。

Trevor Wilson, *The Myriad Faces of War: Britain and the Great War 1914-1918*（1986）には、この日記について興味深い一章がある。

トリトン家については、J. H. Tritton, *Tritton: The Place and the Family*（1907）を参照のこと。J. H. Tritton が銀行家の研究所に対して行った演説については、*Journal of the Institute of Bankers*, November 1886 を参照のこと。

Andrew Clark の ‘English Words in War-Time’ for 1914 は Bodleian MSS Eng. Misc. c. 265-7 にある。Lynda Mugglestone, ‘Andrew Clark, the OED and the Language of the First World War’ in *Current Issues in Late Modern English*, edited by Ingrid Tieken-Boon van Ostrade and Wim Van Der Wurff（2009）はこのプロジェクトの意義を評価している。

見知らぬ者はスパイ

カール・ハンス・ロディの処刑については、Sidney Felstead, *German Spies at Bay: Being an Actual Record of the German Espionage in Great Britain during the Years 1914-1918, Compiled from Official Sources*（1920）と Leonard Sellers, *Shot in the Tower: The Story of the Spies Executed in the Tower of London during the First World War*（2009）を参照のこと。ロディの死刑判決の記録は NA/WO 71/1236 にある。Nigel Jones, *Tower: An Epic of the Tower of London*（2011）は処刑地についてさらに詳細な説明を行っている。

正式なスパイ検挙については、Christopher Andrew, *Secret Service: The Making of the British Intelligence Community*（1986）と、Andrew がドイツのスパイに対抗するイギリスの動きが成功したと断言していることについて反論する N. P. Hiley の二つの論文 ‘The Failure of the British Counter-Espionage against Germany 1907-1914’, *Historical Journal*, 28（1985）および ‘Counter Espionage and Security in Great Britain during the First World War’, English Historical Review, 400（1986）を参照のこと。

想像上のスパイと現実に存在するスパイについては、David French, ‘Spy Fever in Britain 1900-1915’, *Historical Journal*, 21（1978）を参照のこと。バジル・トムソンの観察したスパイマニアについては、トムソンの *Queer People*（1922）から引いている。

目に見えるコードについては、James Fox, ‘“Traitor Painters”: artists and espionage in the First World War 1914-18’, *British Art Journal*, 9（2009）を参照のこと。グラディス・ドルビー・ニューの回想は Liddle にある。

レイフ・ヴォーアン・ウィリアムズの経験については、Ursula Vaughan Williams, *R. V. W.: A Biography of Ralph*

Vaughan Williams（1964）に書かれている。セシル・フォースターの日記は Liddle にある。

フローレンス・シュスターの発言は Liddle にある日記からのものである。G・S・スティーヴンスがデヴォン州知事に宛てた手紙は Devon Record Office から引いており、Catriona Pennel, *A Kingdom United: Popular Responses to the Outbreak of the First World War in Britain and Ireland*（2012）に引用されている。

カール・エルンストの裁判については、Robert Jackson, *Case for the Prosecution. A Biography of Sir Archibald Bodkin, Director of the Public Prosecutions 1920-1930*（1962）を参照のこと。

D・G・ジョンソン将軍の文書は Liddle にある。ホールデーン卿に対する批判については、Richard Burdon Haldane, *An Autobiography*（1929）を参照のこと。レジナルド・マッケナのスパイマニアおよび拘留に対する姿勢については、Martin Farr, *Reginald McKenna: Financier among Statesmen 1863-1916*（2008）を参照のこと。コズモ・ゴードン・ラングのドイツ寄りの発言に対してなされた攻撃の影響については、J. G. Lockhart, *Cosmo Gordon Lang*（1949）に書かれている。

アルフレッド・リートの 'Schmidt the Spy' の戯画は、一九一六年に *Schmidt the Spy and His Message to Berlin* として本の形で出版された。同年、ルイス・シドニーが出演する無能なスパイの失敗冒険譚の映画がイギリスで上映された。

Panikos Panayi, *The Enemy in Our Midst: Germans in Britain during the First World War*（1991）は拘留政策を含む「国内の敵」に対する立法措置を扱う重要な作品であり、一九一四年秋の反ドイツ暴動の原因を分析している。

カール・ハンス・ロディの生涯、逮捕、裁判については、Thomas Boghardt, *Spies of the Kaiser: German Covert Operations in Great Britain during the First World War*（2004）と James Morton, *Spies of the First World War*（2010）が扱っている。ロディの裁判については、Robert Jackson, *Case for the Prosecution. A Biography of Sir Archibald Bodkin, Director of Public Prosecutions 1920-1930*（1962）を参照のこと。ロディが有罪となる原因となった電報と手紙の原本および写しは、NA/WO 71/1276 と NA/HO 144/3324 にある。

砲撃

東海岸に対する攻撃に関係した公式文書としては、次のものがある。NA/AIR 1/604/16/15/235（負傷者の詳細）、NA/BT 102/27（商務省の保障要求部が見積もった、一九二〇年から一九二二年の負傷者数、財産の損害）、NA/CAB

45/262-4（公式の海軍作戦行動史に関係する文書の中に書かれたスカーバラとハートルプールに対する襲撃に関する資料）。NA/WO 32/5261-2 には、沿岸の町に対するドイツの砲撃に関する記録がある。

Mark Marsay, *Bombardment! The Day the East coast Bled*（1999）は一九一四年十二月の出来事について、十分な説明をしたものとして権威があり、数多くの写真と、攻撃についての生の説明を含んでいるとともに、地方紙の記事や調査時に行われた証言が出ており、犠牲者の名前の索引もある。Marsay の作品を補足するものとしては、F. Miller, The Hartpooles and the Great War（1920）、J. M. Ward, *Dawn Raid: Bombardment of the Hartlepools, Wednesday, December 16th, 1914*（1989）、David Mould, *Remember Scarborough 1914*（1978）がある。

スカーバラの砲撃について、小説の中にも今なお読む価値がある説明がある。Winifred Holtby, *The Crowded Street*（1922）は、スカーバラのクイーン・マーガレット校の生徒として自らが経験した攻撃の記憶を綴っており、町に行われた砲撃が、食い物にされてしまうヒロインのミュリュエル・ハモンドの生涯に決定的な影響を及ぼしたことを描いている。Osbert Sitwell, *Before the Bombardment*（1926）の中では、ドイツの攻撃により安泰で黄金期だったエドワードの時代を突然終わらせる合図となる。「死が海から彼女に向かってくる。ミセス・ワディントンは部屋とともに粉々になり、劈くような耳障りな音とともに消えてゆき、埃りが立ち込める空気の中で潰れていった」。

フィリス・ランの説明は Liddle にある。

グレート・ヤーマスに対する攻撃については、Richard van Emden and Steve Humphries, *All Quiet on the Home Front: An Oral History of Life in Britain during the First World War*（2003）を参照のこと。

キャサリン・アレグザンダーの日記は Liddle にある。アーノルド・ベネットの発言は、*The Journals of Arnold Bennett*, Volume 2: 1911-1921, edited by Newman Flower（1932）から引いている。C・S・ルイスが父親に宛てた手紙は、ルイスの *Collected Letters*, Volume 1: *Family Letters 1905-1931*（2000）から引いている。レズリー・クレイグの回想は Liddle にある。

モールス・ハンキーのカンタベリー大主教宛ての手紙は、'Preparation by civil authorities for action in the event of a hostile landing' のコピーとともに、Lambeth で見ることができる。ランドール・デビッドソンがアスキスに宛てた手紙とセント・エドマンズベリーおよびイプスウィッチの主教に宛てた手紙も Lambeth にある。

シドニー・コッカレルの日記は BL Add. MSS 52651 にある。

ハロルド・クージンズの日記とエセル・ビルスバラの日記は IWM にある。

イースト・コーストの町への砲撃に対するナショナリスティックな反応については、Troy R. E. Paddock, *A Call to Arms: Propaganda, Public Opinion and Newspapers in the Great War*（2004）を参照のこと。シルヴィア・パンクハーストが見たものについては、パンクハーストの著書 *The Home Front: A Mirror to Life in England during the First World War*（1932）から引いている。イーディス・ケンプ＝ウェルチの絵画は今日スカーバラ・タウン・ホールに展示されている。

アラン・モートンがアイリス・ホルトに宛てた手紙は Liddle にある。エリノア・エークランドの日記は、Cameron Hazlehurst, *Politicians at War, July 1914 to May 1915: A Prologue to the Triumph of Lloyd George*（1971）に引用されている。

すすり泣くような爆音

シャーロット・デスパードの日記は、Public Record Office of Northern Ireland にあり、Catriona Pennell, *A Kingdom United: Popular Responses to the Outbreak of the First World War in Britain and Ireland* が引用している。Adam Hochschild, *To End All War: A Story of Protest and Patriotism in the First World War*（2011）には、デスパードと弟のサー・ジョン・フレンチの関係が描かれている。

落胆したロンドンの男の物語は、James Cameron, 1914（1959）で述べられている。ロヒラ号の沈没が Ken Wilson, *Wreck of the Rohilla*（1981）と Colin Britain, *Into the Maelstrom: The Wreck of the K. M. H/ S. Rohilla*（2002）のテーマである。ロヒラ号から生還した人々を救出する模様を撮影したブリティッシュ・パテ社のニュース映画がある。http://www.britishpathe.com/video/hospital-ship-rohilla-aka-rescue-of-suvivors-from.

The Magnificent Spilsbury and the Case of the Brides in the Bath by Jane Robins（2010）はこの有名な一連の殺人事件を、現代において検証したものである。

エドワード・トムソンのエッセイ 'England' はもともと Nation に発表されたもので、選集 *The Last Sheaf*（1928）に再録されている。

オスワルド・ティリーが両親に宛てた手紙は、Malcom Brown and Shirley Seaton, *Christmas Truce: The Western Front, December 1914*（revised edition 1994）に引用されている。非公式の平和についてすばらしい説明をしている。

イギリスに対するドイツの空からの脅威については、Joseph Morris, *The German Air Raids on Great Britain 1914-*

1918（1925）とChristopher Cole and E. F. Cheesman, *The Air Defence of Britain 1914-1918*（1984）を参照のこと。

ドーヴァーの爆撃については、Michael George and Christine George, *Dover and Folkstone during the Great War*（2008）を参照のこと。

ランドール・デビッドソンの発言はLambethにある。イービー・デイビーズが夫に宛てた手紙はIWMにある。

一九一四年のイギリスについて背景となる情報

情報のもととしているのは、A. L. Bowley and A. R. Burnette-Hurst, *Livelihood and Poverty*（1915）、A. L. Bowley, *Prices and Wages in the United Kingdom 1914-1920*（1921）、*Census of England and Wales 1911, General Report*（1917）、B. R. Mitchell, *British Historical Statistics*（1988）、Maud Pember Reeves, *Round About a Pound a Week*（1913）である。

謝辞

こうした本を書くことができたのは、第一次資料にアクセスすることができたからに他ならない。収蔵資料を責任を持って保管し、提供してくださった以下の図書館と文書館に、感謝を申し上げる。ブリティッシュ・ライブラリー（特にコリンデールにあるニューズペーパー・ライブラリーには感謝申し上げる）、オックスフォードのボドリアン・ライブラリー、インペリアル・ウォー・ミュージアム、ランベス・パレス・ライブラリー。リーズ大学のリドル・コレクション、キューのナショナル・アーカイブ。ナショナル・ギャラリー・アーカイブ、ナショナル・ポートレート・ギャラリーのヘインツ・アーカイブ。ロンドン・ライブラリーのスタッフの素晴らしい能力とプロフェッショナリズムにも、とてもお世話になった。

　私の研究のために尽力してくださった方々にお礼を申し上げる。一九六一年に行ったサフラジェットのメアリー・リチャードソンとの会見を記録したソレル・ベンティンク、ニッキ・ブロウントン、ヒュー・セシル、一九一四年八月に行われたカーゾン・ランドリー社のバンク・ホリデーの遠出の写真を提供してくださったジョージ・チャップマンとマーガレット・チャップマン夫妻、ビヴァリー・クック、アラン・クルックハム、修士研究論文のコピーを手に入れるのにお骨折りくださったパトリック・エスポシート、購入したばかりのルパート・ブルック＝キャスリーン・ネズビット書簡を早い段階でアクセスすることを認めてくださったブリティッシュ・ライブラリーのレイチェル・フォス、未発表の博士論文に含んでいるさまざまな時期の新聞記事から引用することを認めてくださったキット・グッド、ハー・マジェスティーズ劇場を案内してくださり、ショーの『ピグマリオン』のイギリス初演が行われた舞台の上を歩くことを許してくださったクリス・グリーン、ボドリアン・ライブラリーのスペシャル・コレクションの支配人コリン・ハリス、モダン・ポリティカル・ペーパーズを管理するヘレン・ラングリー、一九一四年のイギリスの天気についてご助言くださったイースト・アングリア大学気象研究部のジョン・キングトン、戦争につながる時期のサフラジェット運動について質問に答えてくださったジュン・パーヴィス。

考えのヒントや参考になることなど、さまざまな支援を友人たちからいただいた。次の方々の名前を挙げさせていただきたい。ティモシー・J・カトリン、ダニエル・デ・ルカ、アントニア・フレイザー（何度か昼食をともにさせていただいた）、リンダル・ゴードンとシアモン・ゴードン夫妻、リズ・ハートフォード、デビッド・ホースプール、マーガレット・ハワソンとアラステア・ハワソン夫妻、ギスレーン・ケニヨンとニコラス・ケニヨン夫妻、パミラ・ノリスとジョン・センター、パトリシア・ウィリアムズ（ボドリアンで仕事をしているときに泊めていただいた）、シャーリー・ウィリアムズ、レベッカ・ウィリアムズ、フランシス・ウィルソン。クレア・ハーマンはこの本の話を辛抱強く聞いてくださった。励ましていただいたこと、賢明な助言をいただいたことに、大いに感謝している。ロビン・ベアード＝スミスは、具合が悪くなかなか仕事を続けることができずにいる執筆の最終段階で、私を支えてくださった。何者にも代えがたいほどありがたかったと感じている

マーゴット・アスキスの日記については、版権所有者のクリストファー・オボーンとボドリアン・ライブラリーのご厚意により、本書で引用させていただいた。マイケル・ブロックとエリノア・ブロック編集による *Letters to Venetia Stanley*（1982）からの引用は、オックスフォード・ユニヴァーシティー・プレスから許諾を得ている。ジェームズ・マンソンは、注目すべき本アンドリュー・クラークの日記から選んだ *Echoes of the Great War*（1985）の中から二枚の写真を再掲することを、ご厚意により認めてくださった。この本のおかげで私は、この日記の存在を知ることができた。著作権所有者と接触するべく最大限の努力をしたつもりである。著者と出版社の皆様は、著作権所有者が省略や利用について条件の変更を認めていることを確認でき、安心していただけたと思う。

大戦初期のイギリスの経験についての歴史を大きく修正する代表的な二冊の本に価値を見出し、手引きとした。このテーマを深く掘り下げたいと思う読者に、次の二冊を薦めたい。Adrian Gregory, *The Last Great War: British Society and the First World War*（2008）および *Catriona Pennell, A Kingdom United: Popular Responses to the Outbreak of the First World War in Britain and Ireland*（2012）である。

バイキングおよびペンギン社で編集者のイレオ・ゴードンと仕事ができたことは幸いだった。本書に対するイレオの関わりは非常に大きかった。イレオと筆者は優秀なジリアン・テイラーに支援をしていただいた。筆者はまた、キース・テイラー、ジェニー・フライ、ヴェネチア・バターフィールド、アミリア・フェアニー、ベン・ブルージー、ロビン・ロード（早い段階で原稿を読んでくださった）、ニコラ・エヴァンズにも感謝したい。ドナ・ポピーは原稿を丁寧に整理してくださり、おかげで酷い間違いをしないで済んだ。デイヴ・クラダックは索引の労をとってくださった。ジョナサン・チャドウィックは美しい表紙のデザインをしてくださった。私のエージェントたち、WMEのサイモン・トレヴィン、ユナイテッド・エージェントのジョージアナ・ゴードン＝スミスとアリーラ・フェイナーにも感謝する。

筆者の大切な友人が、本書の執筆中に亡くなった。長い闘病生活の間に彼が示した勇気と不屈の精神は、一九一四年の世代で最も善良な人々が示した勇気に勝るとも劣らないものだった。彼の名をここに挙げるとともに、彼の生きた年代を記したい。

クリストファー・ハニー

MCMLIX（一九五九）— MMXII（二〇一二）

訳者あとがき

本書は *Mark Bostridge, Fateful Year; England 1914*, Penguin, 2014 の全訳である。

本書は第一次世界大戦が始まった一九一四年の一年間に、イギリスで起こった印象的な出来事を描写した作品である。この年の六月、サラエヴォで起こったオーストリア皇位継承者フランツ・フェルディナントとその妻ゾフィーの暗殺に端を発し、八月四日に始まった戦争は四年半にわたって続き、一千万近くの戦死者を出す想像を絶する戦争となった。世紀が変わる頃から、列強間の戦争が起こるかもしれないという危機感があった。前の世紀の終わりにつくられていった大国同士の同盟関係は、いったん動員を開始すると、後戻りすることが不可能な構造になっていた。平和を願う運動があり、平和の大義に献身する人々がいた。その一方で、ナショナリズムを煽る大きなうねりがあり、戦争を賛美する価値観が大衆の中に浸透していた。二度にわたるモロッコの危機とバルカンにおける戦争は、大国間の戦争が現実のものとなる可能性を示していたが、危機はその都度、なんとか回避された。政治家の間では戦争が現実の選択肢として何度も話題になり、それを後押しする軍人がいた。大衆はスパイ小説を現実の可能性として読みあさった。その一方で、各国の経済的依存関係はますます強まり、敵対するはずの国同士の貿易関係も、これまでにないほど大規模に膨らんでいた。黒い雲が何度も頭上にかかってきたが、雨が降る前に青空がのぞき、嵐にはならなかった。サラエヴォの暗殺事件もまた、そうした暗雲の一つではないかという思いがあった。暗殺事件後すぐに、緊張がみなぎったわけではなかった。それぞれの国は五里霧中のうちに大きな決断をしていった。

一九一四年のイギリスの人々の関心を集めたのは、高まる労働争議であり、自由党内閣が推進した議会法の成立によっていよいよ現実のものとなったアイルランド自治をめぐる内戦寸前の緊張した状況であり、ついに実力行使に訴えるようになったサフラジェットの戦闘的な行動の数々だった。本書にあるように、開戦ぎりぎりまで、最大の政治問題はアイルランドの内戦危機だった。

本書で描かれた出来事は、ボストリッジが述べているように、歴史として叙述したものではなく世相を示すエピソードや物語を、ランダムに三幕構成で集めたものである。「運命の年」である一九一四年の幕開けは、サヴォイホテルの新年のファンファーレと新たに流行したタンゴの踊りで華々しく始まる。戦争の可能性など思いもよらなかった一月から四月までを扱う第一幕最初の逸話は、ロンドンの鉄道で起こったミステリアスな列車殺人で、ロンドンの下層階級の人々の暮らしぶりが生き生きと描かれている。「首相の恋」は、第一次世界大戦に踏み切ることになる首相アスキスが、自分の娘と同年代の「恋人」ヴェネチア・スタンリーに宛てたラブレターを中心に話が展開する。自由党の首相アスキスは、一九〇六年の選挙後に首相になったキャンベル＝バナマンが病に倒れたあとを受けリベラリズムの旗手として改革に努め、社会保障制度の導入に向けて舵を切った。そして、グラッドストン以来の課題だったアイルランド自治に向け、保守党の牙城である上院（貴族院）を組み伏せるため選挙を続けざまに行い、議会法を成立させた。裕福な家庭に生まれたものの父親を早く亡くし、母親とともに親族の家を頼りにしながら育ったアスキスは、明晰で卓越した頭脳によって、オックスフォード大学のベリオール・カレッジに進み、卒業後は法律家となり名声を得、議員となった。アスキスは若くして結婚したが、最初の妻が死の病に臥せっていた頃、頭が良くて気性の激しいマーゴットと電撃的な恋に落ち、妻が死去するとすぐに再婚した。しかし、最初の妻の子どもたちとマーゴットとの折り合いが悪く、家庭内に悩みを抱えるようになった。目覚しい政治の成果を挙げたあと、アスキスは政治に対する熱意を失ったように見え、過度な飲酒が目立つようになった。仲間内でブリッジをして過ごすが多くなり、「酔っ払い」と周囲から揶揄されるようになっていた。そんな折に、アスキスはまたしても世界の景色が違って見えるほどの「女の子」に会い、夢中になった。頭脳明晰でわが道を行くヴェネチアは、アスキスが政治話をするときに良い聞き役となった。

「首相の恋」では、アスキスの恋に絡め、切迫したアイルランド問題を扱う。アイルランド問題は第二幕の大戦が始まる直前に、袋小路に入ることになる。アスキスの自由党のライバルであったロイド・ジョージも、自分の娘と同年代のフランシス・スティーヴンソンにラブレターを送っていた。聡明なフランシスはロイド・ジョージの秘書となり、やがて愛人となり、彼の妻が死んだ後に新たな伴侶となった。ロイド・ジョージがフランシスに宛てたラブレターはA・J・P・テイラーが編集しており、フランシスの手紙と日記も出版されている。アスキスほど裕福ではなかったロイド・ジョージも幼い頃父親を亡くし、弟とともに母親と母方の叔父のもとで育てられた。靴屋を経営し聖職にも関わる名士だった叔父は、目端の利くロイド・ジョージに大きな期待を寄せてかわいがった。ロイド・ジョージが強い上昇志向を持っていたのは、叔父の期待に応えるためでもあったようだ。彼は政治家として名声を馳せた後も、叔父に宛てて手紙を書き続けた。同時代を生きた二人の政治家が、大きく年の離れた恋人にラブレターを書き続けたことは興味深い。

「切り裂かれた『鏡のヴィーナス』」では、サフラジェットによる芸術品に対する攻撃がテーマとなっている。サフラジェットたちの心情が切ないまでに描かれている。サフラジェットの運動はさらに先鋭化し、第二幕の「夏の大騒動」の一つとなる。「子どもたちの力」では、農村の学校の様子が描かれている。「ちくしょう、ありえない」は、バーナード・ショーの『ピグマリオン』上演をめぐる物語で、ショーのロマンスの一つが描かれている。

第二幕は一転して、戦争に突入することになる五月から八月までを扱う。本書ではこの年の天候がところどころに挿入され、効果的に一つひとつのエピソードを際立たせている。ヘイメルが乗った飛行機が消えていった濃霧、詩人として生きていくことに自信を持てず、手探りを続けていたエドワード・トマスが歩いたアドルストロップの静かな日差しが印象的に描かれている。ルパート・ブルックスの逸話とともに、多くの詩人が第一次世界大戦に志願して戦地に赴き、戦死する前ぶりとなっている。「どん底から逃れて」では、外相エドワード・グレイの苦渋に満ちた参戦の決定の瞬間が描かれている。「バンク・ホリデー」では、戦争を前にした人々の思いが、後によく言われているよりはるかに複雑で多様だったことを示している。

第三幕は戦争が現実となり、「牧歌的な」穏やかな夏が、予想をはるかに超えた陰惨な戦争の現実に直面せざるをえなくなる九月から十二月を扱っている。志願兵の応募ラッシュがある一方で、地方によっては反応が冷淡だった。また、戦地に行かず内地にとどまっている男性に対し圧力をかけて志願を促す白羽運動が行われた一方で、この動きに反発する冷静な視点があった。愛国心や名誉の呼びかけが行われる傍ら、食糧の買占めが行われたこと、ベルギー難民に対する温かな感情が広がる中、他方では難民に対する冷ややかな見方があった。人々の間にあったこのような多様な思いが、逸話として描かれている。「薄れゆく希望」では、フランスの戦線で「行方不明」となり「戦死」した兵士の運命が描かれ、「砲撃」「すすり泣くような爆音」では、戦争全体から見ればわずかなものではあったものの、イギリス本土が直接攻撃を受けたことと、その衝撃の大きさを述べている。スパイとして処刑されたドイツ人の逸話も印象的である。

ボストリッジは当時の新聞や雑誌、演劇作品、文学作品、芸術作品等を縦横無尽に駆使し、一九一四年のイギリスの庶民の生活から、文学界、芸術界、政界などさまざまな人々を絡めて、濃密に、そしてどこか懐かしく、運命の年である一九一四年を素描している。

マーク・ボストリッジはオックスフォード大学セント・アンズ・カレッジで近代史を専攻し、グラッドストン・

メモリアル賞を受賞し、BBCテレビなどで仕事をしたのち、文芸評論家、伝記作家として活動している。本書は二〇一五年、ヘッセル・ティルトマン賞のショートリストに選ばれている。本書にも登場するヴェラ・ブリテンの伝記を書くとともに、第一次世界大戦中にブリテンが戦場にいる弟や婚約者、友人たちとやり取りをした書簡集を編集している（*Vera Brittain: A Life*, co-written with Paul Berry, 1995, Letters from a Lost Generation, edited with Alan Bishop, 1998）。ヴェラ・ブリテンはオックスフォード大学に在学中、自ら志願して看護師として戦場に赴任し、フランス、マルタ島で勤務する中、婚約者、弟、友人二人を相次いで失っている。戦後、ブリテンはジャーナリスト兼作家となり、平和運動に関わった。また、ボストリッジはフローレンス・ナイチンゲールの伝記を書いており、二〇〇九年にエリザベス・ロングフォード賞（伝記）を受賞している（*Florence Nightingale: The Woman and Her Legend*, 2008）。

原稿を丁寧に読み、いつものように文章をチェックし整理してくださったたえにし書房の塚田敬幸氏にはたいへんお世話になりました。心から感謝申し上げます。

ワ

ル

レ

ロ

モ

ヤ

ユ

ヨ

ラ

リ

ミ

ム

メ

ホ

マ

へ

ヒ

フ

ナ

ニ

ネ

ノ

ツ

テ

ト

ソ

タ

チ

ス

セ

シ

サ

キ

ク

ウ

索　引

英字

ア

イ

〔著者紹介〕マーク・ボストリッジ

1961年生まれ。オックスフォード大学セント・アンズ・カレッジで近代史を専攻し、グラッドストン・メモリアル賞を受賞。文芸評論家、伝記作家として活動し、The Times Literary Supplement 紙や Spectator 誌等に数多くの論評を執筆。テレビ、ラジオにも出演している。伝記作家としては、ヴェラ・ブリテンの伝記 *Vera Brittain: A Life*,1995（ポール・ベリーと共著）、ナイチンゲールの伝記 *Florence Nightingale: The Woman and Her Legend*, 2009で高い評価を得ており、前者はウィットブレッド伝記賞、フォーセット賞のショートリストに選ばれ、後者は2009年のエリザベス・ロングフォード賞歴史部門賞を受賞している。本書 *The Fateful Year: England 1914*, 2014は、ヘッセル・ティルトマン歴史部門賞のショートリストに選ばれている。また、2015年1月にリリースされたBBC映画ヴェラ・ブリテンの自伝 *Testament of Youth* をもとにした、2015年1月リリースのBBC製作の映画では、監修を行っている。弟に著名なテノール歌手、イアン・ボストリッジがいる。

〔書評〕
「出来事、エピソードをちりばめた万華鏡のような作品……エキサイティングで心が揺さぶられ夢中にさせられる」Guardian
「傑作、共感たっぷりに描かれているが、公平に見ている。きわめて楽しく読める」New Statesman
「緻密な研究をもとに美しく描かれている」「美しく詳細に描かれた本書でボストリッジが示しているように、1914年は『運命の年』だった。イギリスは二度と元に戻ることはなかった」Independent
「傑作である……きわめて読みやすい」「無意識のうちにカタストロフィに向かって歩んでいく国のムードを描いた心惹かれる歴史」Financial Times
「見事な作品。ボストリッジは平和だった頃の最後の場面と、開戦直後の場面の景色、匂い、音を映像カメラで撮影している」Evening Standard
「1914年を説明し、感動的で従来の神話に挑戦する作品。子ども殺し、政治家の恋愛、古典的な詩ができあがるに当たり強いインスピレーションを与えた旅行、反逆者の処刑、文壇の交友、美しい海岸の村に対して行われた破壊的な攻撃などいくつもの話が描かれている」Juliet Nicolson, Suday Telegraph
「この時期に関心があるだけでなく、塹壕や条約の話だけにかぎらず興味を持っている人々にとってはありがたい、当時の雰囲気を叙述した作品」Obserber, Book of the Week

〔訳者紹介〕真壁 広道（まかべ ひろみち）

1957年生まれ。1981年一橋大学社会学部卒業。翻訳者。
訳書：マーガレット・マクミラン『ヒストリーズ・ピープル――人格と個性が歴史を変える』（えにし書房、2018年）、マイケル・R・マラス『ホロコーストに教訓はあるか――ホロコースト研究の軌跡』（えにし書房、2017年）、マーガレット・マクミラン『第一次世界大戦――平和に終止符を打った戦争』（滝田賢治監修、えにし書房、2016年）、同『誘惑する歴史――誤用・濫用・利用の実例』（えにし書房、2014年）、A.J.P. テイラー『トラブルメイカーズ――イギリス外交史に反対した人々』（法政大学出版局、2002年）他。

1914——運命の年

第一次世界大戦開始時のイギリス社会

2019年1月25日 初版第1刷発行

■著者　マーク・ボストリッジ
■訳者　真壁広道
■発行者　塚田敬幸
■発行所　えにし書房株式会社
〒102-0073 東京都千代田区九段南2-2-7 北の丸ビル3F
TEL 03-6261-4369　FAX 03-6261-4379
ウェブサイト　http://www.enishishobo.co.jp
E-mail　info@enishishobo.co.jp

■印刷／製本　モリモト印刷株式会社
■装幀　又吉るみ子
■編集協力・DTP　木村暢恵

ISBN978-4-908073-61-8 C0022

周縁と機縁のえにし書房

誘惑する歴史　誤用・濫用・利用の実例

マーガレット・マクミラン 著／真壁広道 訳

四六判 並製／ 2,000 円＋税　978-4-908073-07-6 C0022

サミュエル・ジョンソン賞受賞の女性歴史学者の白熱講義！
歴史がいかに誤用、濫用に陥りやすいか豊富な実例からわかりやすく解説。安直な歴史利用を戒めた好著。歴史の「使われ方」を知るための座右の書。

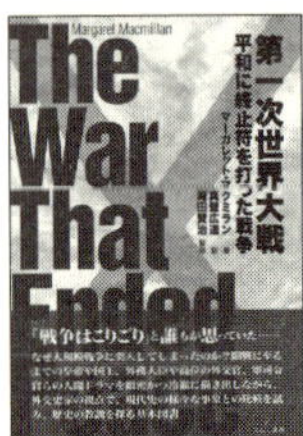

第一次世界大戦　平和に終止符を打った戦争

マーガレット・マクミラン 著／真壁広道 訳／滝田賢治 監修

A5 判 上製／ 8,000 円＋税　978-4-908073-24-3 C0022

世界中で話題を呼んだ *The War That Ended Peace: How Europe Abandoned Peace for the First World War* の邦訳。第一次世界大戦以前に欧州が経験していた大きな変容を描き、なぜ平和な大陸が混乱に沈んでいったのかを明確に説明。

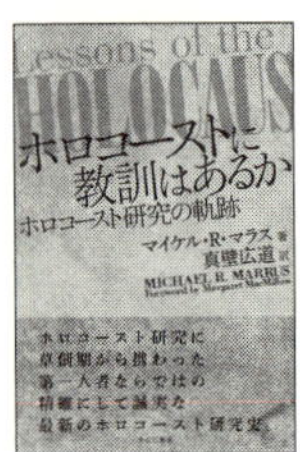

ホロコーストに教訓はあるか　ホロコースト研究の軌跡

マイケル・R・マラス 著／真壁広道 訳

四六判 並製／ 2,300 円＋税　978-4-908073-38-0 C0022

草創期からホロコースト研究に携わった第一人者ならではの精確にして誠実な最新の研究史。多様な視点から、膨大な研究の発展の成果を丁寧に辿り、課題を概観するともに「ホロコーストの教訓」の濫用の危険を訴える。

ヒストリーズ・ピープル　人格と個性が歴史を変える

マーガレット・マクミラン 著／真壁広道 訳

四六判 並製／ 2,300 円＋税　978-4-908073-53-3 C0022

高名な国際的歴史研究者で博覧強記を誇る著者が、政治家、軍人、思想家、作家、探検家から市井の人に至るまで、人々に共通する感情や特性が歴史にどう影響を与えたのかなどを、膨大な事例を挙げ、縦横無尽に解説する。

〈復刻版〉アラス戦線へ　第一次世界大戦の日本人カナダ義勇兵

諸岡幸麿 著／大橋尚泰 解説

四六判 並製／ 3,900 円＋税　978-4-908073-62-5 C0022

第一次世界大戦でカナダ在住の日本人が志願兵（カナダ義勇兵）として勇敢に戦った。そのうちの１人、北仏アラス戦線で重傷を負った諸岡幸麿が書いた幻の回想録を忠実に翻刻。これまで未解明だった点を明らかにした詳細な解説と注を付す。